독학사 1단계 합격을 결정하는

필수 암기 키워드

영어

01 | 동사

● 동사의 종류

동사	자동사 (목적어 無)	완전자동사(보어 無) → 1형식
		불완전자동사(보어 有) → 2형식
	타동사 (목적어 有)	완전타동사(목적어 1개) → 3형식
		수여동사(목적어 2개) → 4형식
		불완전타동사(목적어 & 보어) → 5형식

● 문장의 형식과 동사의 종류

• S: 주어 • V: 동사 • C: 보어 • O: 목적어

자동사	1형식	S+V
	2형식	S+V+SC
타동사	3형식	S+V+O
	4형식	S+V+IO+DO
	5형식	S+V+O+OC
1형식 S+V+(부사구)	예 She goes (to school).	
2형식 S+V+SC (명/형) 21	예 She is a teacher. (명사) She is smart. (형용사) • 오감동사: look, smell, taste, sound, feel • 상태동사: stay, stand, lie, remain, keep, continue • 판단동사: appear, seem, prove, turn out • become 동사류 : become, get, come, run, fall, make, go	
3형식 S+V+O	예 She loves a teacher.	
4형식 S+V+IO+DO	예 She gives you a book. • give 동사류(to 사람): give, owe, offer, send • buy 동사류(for 사람): buy, make, cook, choose • ask 동사류(of 사람): ask, beg, inquire, require ※ 4형식으로 착각하기 쉬운 3형식 동사 introduce, explain, describe, suggest, confess, propose, announce	
5형식 S+V+O+OC 21 24	예 I call you Lee. • 지각동사: see, watch, observe, look at, listen to, notice, hear, smell, feel, perceive • 사역동사 – make, let, bid, help+O+동사원형 – have+O+동사원형/과거분사 – get+O+to 부정사/과거분사 • 인식류 동사: think, imagine, believe, know, guess, suppose, consider +O+to be 명사 • 기타 동사: tell, ask, urge, oblige	

- dismiss(해고하다) ↔ employ(고용하다)
- encourage(격려하다) ↔ discourage(낙담시키다)
- freeze(얼어붙다) ↔ melt(녹다)
- separate(분리하다) ↔ unite(결합하다)
- underestimate(과소평가하다) ↔ overestimate(과대평가하다)
- ability(능력) ↔ inability(무능력)
- literate(글을 아는) ↔ illiterate(문맹의)
- treat(대접하다) ↔ maltreat(푸대접하다)
- nutrition(영양) ↔ malnutrition(영양실조)
- ascent(동의) ↔ dissent(이의)

- odds 차이, 승산, 가망성
- present 참석한, 현재의, 선물, 현재, 제출하다, 소개하다
- rather 오히려, 차라리, 다소, 약간, 좀 24
- rear 뒤(의), 후방(의), 기르다
- second 초, 두 번째의, 지지하다
- serve 봉사하다, 근무하다, ~에 쓸모가 있다
- stuff 재료, 속, ~을 채우다
- tell 말하다, 구별하다
- utter 말하다, 발언하다, 완전한, 전적인
- want 원하다, 부족하다, 결핍
- well 우물, 건강한, 잘
- yield 산출하다, 낳다, 양보하다 24

10 | 자주 출제되는 다의어

- account 계좌, 설명, 이유, 고려, 설명하다
- address 주소, 연설을 하다
- alternative 양자택일, 대안
- apply 지원하다, 적용되다 24
- appreciate 이해하다, 감상하다, 감사하다
- apprehend 이해하다, 염려하다, 체포하다
- article 기사, 논설, 조항, 조목, 물품, 관사
- attribute 특성, ~의 탓으로 돌리다
- balance 균형, 저울, 나머지, 잔액
- bear 곰, 낳다, 참다, (생각이나 태도 등을) 품다
- block 큰 덩어리, 한 구획, 장애(물), (통로를) 막다, 방해하다
- bound 튀어 오르다, ~로 향하는, 묶인, 꼭 하는, ~해야 하는
- command 명령하다, (경치가) 내려다보이다, 지배
- convention 회의, 관습, 인습
- count 중요성을 지니다, 간주하다, 세다
- dear 친애하는, 비싼
- decline 거절하다, 기울다, 쇠퇴하다
- divine 신성한, 점치다
- domestic 가정의, 국내의
- even 평평한, 짝수의, 조차도, 더욱[비교급 앞에서]
- fare 공평한, 맑은, 아름다운, 박람회
- fine 훌륭한, 벌금, 미세한
- grave 무덤, 중대한, 근엄한
- issue 논쟁점, 발행(물), 발행하다, 발표하다 24
- lean 기대다, 구부리다, 마른
- long 긴, 장황한, 따분한, 열망하다
- matter 문제, 물질, 중요하다 23
- mean 의미하다, 수단, 재산, 중간의, 비열한 24
- note 메모, 지폐, 주목, 적다, 주목하다
- object 물건, 대상, 목적, 반대하다
- observe 관찰하다, 준수하다, (명절 등을) 쇠다
- odd 남는, 나머지의, 홀수의, 이상한

11 | 독해의 팁

1. 주어, 동사 찾기

문장에서 주어와 동사를 찾는 것이 우선이다. 짧은 문장의 경우 주어와 동사를 찾는 것이 어렵지 않겠지만, 주어와 동사가 수식어구를 받고 있는 경우 어떤 것이 주어이고 어떤 것이 동사인지를 찾기 어려울 수 있다. 구(句)로 구분하면서 주어와 동사를 찾도록 하자.

2. 문장 형식 파악하기

문장의 구조가 어떻게 구성되어 있는지 확인한다. 주어와 동사를 수식하고 있는 구를 표시하고 단어(구)끼리 어떤 관계에 놓여 있는지를 파악한다.

3. 해석하고 이해하기

문법사항에 따라 해석한다. 동사의 시제, 형태, 문법 등에 맞춰 꼼꼼하게 해석을 한다. 그리고 전체적으로 어떤 주제를 나타내고 있는 글인지를 이해하도록 한다. 단순 독해가 아니라 전반적인 글을 이해할 수 있는 능력이 필요하다.

02 | 시제

● 시제의 구분 21

현재시제	현재의 반복되는 습관 예 I eat breakfast. (계속 반복)
	진리, 속담, 과학적 사실 예 She said that the earth goes round the sun.
	왕래 · 발착 · 개시 · 종료 동사(go, come, arrive, depart, start, finish, leave)+미래 표시 부사구 → 미래 예 I go Seoul tomorrow.
	시간이나 조건의 부사절에서는 현재시제가 미래를 대신한다. 예 When he comes here, I will tell him the news.
과거시제 23	과거 사실 예 He played tennis yesterday.
	역사적 사실 예 Columbus discovered America first.
	would/used to+동사원형 예 I would smoke. (현재 상황은 모름) I used to smoke. (현재의 단절)
미래시제	will/shall(= be going to)+동사원형
현재완료 25	완료(지금 막 ~해 버렸다) 예 I have already eaten dinner.
	결과(과거에 일어난 일이 현재까지 영향) 예 I have lost my book.
	경험(~해 본 적이 있다) 예 I have never seen the house.
	계속(지금까지 ~해왔다) 예 I have lived in Seoul since 2000. ※ since, for 등과 함께 쓰임

● 현재완료의 개념

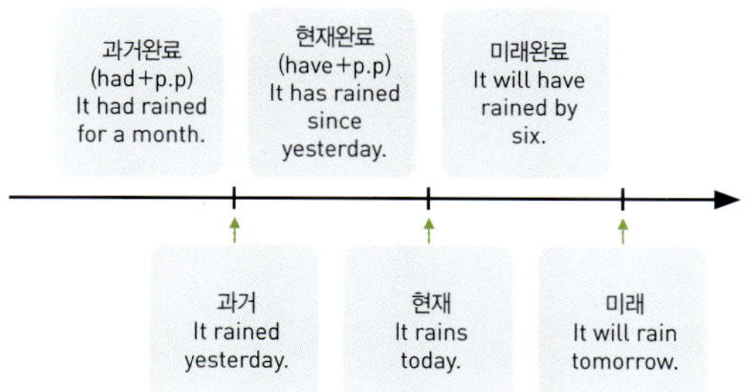

03 | 수동태

● 수동태의 기본 형태 24

3형식 문장	S+V+O → O+V(be+p.p)+by S 예 I love you. → You are loved by me.
4형식 문장	S+V+O+O: 사람O+V(be+p.p)+사물O+by S / 사물O+V(be+p.p)+사람O+by S 예 I give you a book. → You are given a book by me. / A book is given you by me. ※ 원칙적으로 수동태 뒤에는 명사가 나올 수 없지만, 예외적으로 '4형식 동사(be+p.p)+명사'는 가능하다.
5형식 문장	S+V+O+OC → O+V(be+p.p)+OC+by S 예 I call you Lee. → You are called Lee by me. ※ 예외적으로 '5형식 동사[be+p.p(given, named, elected, called, considered)]+명사'는 가능하다.

● 기타 수동태

지각동사 수동태	예 I saw him dance on the street. → He was seen to dance on the street by me.
명령문의 수동태	예 Do it at once. → Let it be done at once. [let(5형식 사역동사)+목적어+동사원형]
의문사가 있는 의문문의 수동태	예 Who broke the window? → The window is broken by whom. → By whom is the window broken?
그 외	• be laughed at by S • be spoken to by S • be referred to as S

● 혼합가정법

- 한 문장 안에 두 시제의 가정법이 함께 존재하는 것
- 대개 조건절에는 가정법 과거완료, 주절은 가정법 과거가 오는 형태가 많이 쓰인다.

예 If you had worked harder, you could live happily now.

→ As you didn't work harder, you can't live happily now.

● 기타 조건문

- unless ~하지 않는다면(if ~ not)
- provided/providing/so long as/if only 만일 …이라고 한다면
- In case (that) 만일의 경우에 대비해서
- on condition that ~인 조건으로, 만일 …이라면
- Grant(Granted, Granting) that 가령 …라고 해도
- Suppose(Supposing) 만일 …이라면

08 | 자주 출제되는 동의어

- account for(= explain) ~을 설명하다
- at first hand(= directly) 직접적으로
- at second hand(= indirectly) 간접적으로
- be in charge of(= be responsible for) ~에 책임이 있는
- break away(= escape, run away) 도망가다
- break up(= disperse, scatter) 해산시키다
- bring up(= rear, educate) 기르다, 양육하다
- call down(= reprimand, scold, rebuke) 꾸짖다
- candid(= frank, straightforward) 솔직한, 공평한
- carry out(= accomplish, execute) 달성하다, 수행하다
- come by(= obtain, get/visit) 얻다, 획득하다
- count on(= rely, depend on, rest on, be dependent upon, fall back on) ~에 의지하다
- enhance(= improve) 개선하다
- figure out(= make out, understand, grasp, calculate) ~을 이해하다/계산하다
- get[take] hold of(= grasp) 붙잡다
- give birth to(= bear, produce, turn out) 만들다, 생산하다
- have done with(= finish, have no connection with, get through) ~을 끝내다
- immense(= enormous) 거대한
- lay aside(= save, lay by, put aside, put by) 저금하다
- let on(= reveal, disclose) (비밀을) 누설하다
- look back on(= recall, recollect) ~을 회상하다
- look forward to(= anticipate) ~을 기대하다
- look up to(= respect, esteem) 존경하다
- lose heart(= depressed) 낙담하다
- make believe(= pretend) ~인 체하다
- make haste(= hasten, hurry up) 서두르다
- one and all(= unanimously) 만장일치로
- once and for all(= finally, decisively) 마지막으로, 단연코
- pass over(= overlook) 간과하다
- prevail on(= persuade) ~을 설득하다
- put an end to(= cause to end, stop) 끝내다
- put off(= postpone, holdover) 연기하다
- put up with(= endure, bear, tolerate, stand) 참다, 견디다
- reimburse(= repay) 갚다
- run out of(= exhaust, run short of) 고갈되다
- set up(= establish) 설립하다
- significant(= considerable, substantial) 상당한, 현저한, 중요한
- take after(= resemble) 닮다
- take in ① 숙박시키다, 받아들이다(= accommodate)
  ② 속이다(= cheat)
- tell on(= influence, effect on) ~에 영향을 끼치다
- think over(= ponder, deliberate) 심사숙고하다
- work on(= influence, effect) 영향을 끼치다
- yield to(= surrender, give way to, give in) 항복하다

09 | 자주 출제되는 반의어

- antipathy(반감) ↔ sympathy(동정, 동감)
- expense(지출) ↔ income(수입)
- inferiority(열등, 열세) ↔ superiority(우월, 우세)
- mercy(자비) ↔ cruelty(잔인)
- optimism(낙천주의) ↔ pessimism(비관주의)
- synonym(동의어) ↔ antonym(반의어)
- vice(악덕) ↔ virtue(미덕)
- absolute(절대적인) ↔ relative(상대적인)
- abstract(추상적인) ↔ concrete(구체적인)
- arrogant(거만한) ↔ humble(소박한)
- artificial(인공적인) ↔ natural(자연적인)
- doubtful(의심스러운) ↔ obvious(명백한)
- guilty(유죄의) ↔ innocent(무죄의)
- permanent(영구적인) ↔ temporary(일시적인)
- sharp(날카로운) ↔ dull(둔한, 재미 없는)
- superior(우월한) ↔ inferior(열등한) 24
- voluntary(자발적인) ↔ compulsory(강제적인)
- conceal(숨기다) ↔ reveal(폭로하다)

● 자주 나오는 접속사

상관 접속사	both A and B	'A도 B도(같이)'
	either A or B / neither A nor B	'A이거나 B이거나' / 'A도 아니고 B도 아닌'
	not only A but also B	'A뿐만 아니라 B도'
종속 접속사 (부사절) 24 25	as soon as	'~하자마자'
	no sooner ~ than	'~하자마자 ~하다 (= hardly ~ when, scarcely ~ before)'
	because / since / as	'~ 때문에'
	so …(형/부) that ~ / such …(명) that ~	'~할 만큼 …하다, 너무 …해 ~하다'
	so that	'~하기 위하여(목적), 따라서 ~하다(결과)'
	in case	'~에 대비하여'
	though / although	'~에도 불구하고'
	while / whereas	'~인 반면'(대조)
	as / as if(as though)	• as: '~처럼'(양태, 비교의 부사절) • as if(as though): '(마치) ~처럼'(가정을 내포한 양태, 비교의 부사절)
	as far as / as(so) long as / in so far as	'~인 한'

● 주의할 접속사 용법

접속부사 21	본래 부사이던 것이 접속사처럼 쓰인다. • besides • else • hence • however • so • therefore • nevertheless • otherwise • still • then • yet 예 I think, therefore I am.
접속명사	시간을 나타내는 접속사의 역할을 한다. • the moment(minute, instant) • next time • every time(= whenever) • by the time(~할 무렵에는) 예 The moment she saw me, she raised her hand.

07 가정법

● 가정법의 종류

현재	현재 또는 미래에 관하여 불확실한 것 〈If+주어+동사원형, 주어+will/can+동사원형〉 예 If it be[is] rainy tomorrow, I will not go to church.
과거 25	현재 사실과 다르거나 현실성이 없는 상황 〈If+주어+동사의 과거형, 주어+would/should/could/might+동사원형(be동사는 were)〉 예 If I knew her address, I would write to her.
	〈I wish+동사의 과거형(be동사는 were)〉: ~이었으면 좋았을 텐데 예 I wish I were rich. = I am sorry that I am not rich.
과거완료 23	과거 사실에 반대되는 상상 〈If+주어+had+p.p, 주어+would/should/could/might+have+p.p〉 예 If I had had much money, I would have bought the house.
미래	미래에 일어날 확률이 극히 낮거나 있을 수 없는 일 〈If+주어+should+동사원형, 주어+조동사의 과거+동사원형〉 예 If you should fail, what would you do? ※ 주절에는 '조동사의 과거+동사원형'이 일반적인 형태지만 미래형이나 현재형도 사용된다. 예 If he should come, I will tell you.

● 가정법 도치와 생략 21

• 조건절이 없어도 추측할 수 있는 경우, 조건절을 생략할 수 있다.

예 I should like to make a tour round the world (if I could).

• 주절이 없어도 추측할 수 있는 경우, 주절을 생략할 수 있다.

예 If only you would work harder! (How glad I should be!)

• if ever: 설사 ~한다 해도

예 I seldom, if ever, have a dinner.

• had best: ~하는 게 가장 좋다

예 You had best take a walk after dinner.

• If로 시작되는 가정법 문장에서 접속사 if를 생략할 수 있다. If를 생략하게 되면 if절의 주어와 동사의 순서가 바뀐다.

예 If I were a bird, I could fly to you. = Were I a bird, I could fly to you.

04 | 준동사

● 준동사의 기본틀

하나의 문장에는 동사가 2개 나올 수 없다.

준동사 형태	• to 부정사 • 동명사 • 현재분사 • 과거분사
준동사의 공통점 (동사적 성격)	• 보어를 취한다. • 목적어를 취한다. • 부사에 의해서 수식을 받는다.

예 I like play tennis. (×) → I like to play tennis.
→ I like playing tennis.

동명사 (동사+ 명사적 성격)	• 주어로 쓰인다. • 보어로 쓰인다. • 목적어로 쓰인다. • 전치사의 목적어로 쓰인다.
분사 (형용사적 성격) 21	현재분사 예 I saw him studying very hard.
	과거분사 예 I saw him punished by his father.
to 부정사 21 22 24	• 동명사가 지닌 명사적 성격 • 분사가 지닌 형용사적 성격 • 부사적 성격 • 동사적 성격

● 동명사와 현재분사 구분하기

예 Seeing you is loving you.

성분	동사 앞 → 주어 / be동사 뒤 → 보어
구성	S - V - C 동명사 - 동사 - 분사(×) 동명사 - 동사 - 동명사(○) 분사 - 동사 - 분사(○)
동명사 = 동사적+ 명사적 성격	Seeing이 you라는 목적어를 취하고 있다.
	loving이 you라는 목적어를 취하고 있다.
to 부정사	예 To see you is to love you. (○) To see you is loving you. (×)

● 동명사의 성격 파악하기 24

예 The boy playing tennis over there is my son.

명사적 성격	S, C, O, 전치사의 목적어로 쓰이지 않는다.
동사적 성격	playing이 tennis라는 명사를 받는다.
	playing이 over there이라는 부사의 수식을 받는다.
형용사적 성격을 지닌 to 부정사	예 The boy to play tennis over there is my son.

● 부사절을 분사구문으로 고치는 방법 24

접속사 생략	예 Because the work was finished, I am free now. → The work finished, I am free now.
부사절의 주어와 주절의 주어 비교	주어가 서로 일치 → 부사절 주어 생략 예 If you turn left, you can find it. → Turning left, you can find it.
	주어가 서로 불일치 → 부사절 주어 생략 불가
부사절 동사시제와 주절 동사시제 비교	동사시제가 일치 → 부사절 동사의 단순형 (~ing)
	동사시제가 불일치 → 부사절 동사의 완료형 (having+p.p) 예 When he saw me, he ran away. → Seeing me, he ran away.
부사절을 분사구문으로 바꾸었을 때	문장 안에서 being, having been 생략 가능
	분사구문 앞에는 접속사 생략 가능 예 (When) seeing me, he ran away.

● 동명사의 관용법

- There is no ~ing = It is impossible to ~ (도저히 ~할 수 없다)
- There is no use ~ing = It is no use ~ing (~해도 소용이 없다)
- cannot help ~ing = cannot but V (~하지 않을 수 없다) 22
- of one's own ~ing = ~ed by oneself (~가 직접 ~한)
- feel like ~ing (~하고 싶은 심정이다)
- On ~ing = As soon as, When ~ (~하자마자)
- go ~ing (~하러 가다)
- be worth ~ing (~할 가치가 있다)

- not[never] ~ without ~ing (~하면 반드시 ~하다)
- It goes without saying (that) (~은 말할 것도 없다)

05 | 전치사 21 24 25

● 전치사와 부사에 따른 용법

자동사+ 전치사	자동사의 목적어는 반드시 전치사 다음에 온다. 예 Look at the picture. (○) Look the picture. (×)
타동사+ 부사	타동사의 목적어는 타동사 다음에 올 수도 있고, 부사 다음에 올 수도 있다. 예 Put on your coat. (○) Put your coat on. (○) Put on it. (×) ※ 대명사는 반드시 타동사와 부사 사이에 온다.

● 시간을 나타내는 전치사

at	일정한 시간, 비교적 짧은 시간 (명절이나 night, weekend 앞)
in	하루 중 일부(morning, afternoon 등) 월 · 계절 · 해(年) 등 비교적 긴 시간 ※ ~ 안에, ~ 지나서
on	요일, 날짜 등 일정한 일시
till(until) / by	'~까지' • till: 동작의 계속 • by: 일회적이거나 동작의 완료
for / during / through	'~ 동안' • for: 일정한 길이의 시간, 숫자 앞 • during: 계속 진행되는 특정 기간 • through: 처음부터 끝까지
from / since	• from: '~부터'(시간의 출발점) • since: '~ 이래로'(계속)

● 장소 · 위치를 나타내는 전치사

at / in / on	• at: 한 지점, 주소 앞, 경유지나 지도상의 한 지점 • in: 일정한 공간이나 지명, 거리명, 도시나 마을의 공간 • on: 표면 또는 지명, 건물의 층수, 거리명
between / among	• between: '(둘) 사이에' • among: '(셋 이상) 사이에'
before / behind / after	• before: '~의 앞에' • behind: '~ 뒤에' • after: '~의 뒤를 쫓아'
by / along / across / through	• by: '~ 옆에' • along: '~을 따라서' • across: '~을 건너' • through: '~을 통하여'
round / around / about	• round: '~을 돌아서', 동작 • around: '~ 주위에, ~ 둘레에', 정지 상태 • about: '~의 주위에', 막연한 주변

● 방향을 나타내는 전치사

on / beneath / over / under / above / below	above(보다 위에) ↑ over(바로 위에) ↑ on(표면에 접촉된 바로 위에) beneath(하면에 접촉된 바로 밑에) ↓ under(바로 밑에) ↓ below(보다 아래에)
up / down / in / out / into /out of	up(위쪽으로) ↑ into(안으로) → in(안에) → out of(밖으로) out (밖에) ↓ down(아래쪽으로)
to / for / toward / from	• to: '~로(에)', 도착 지점 • for: '~을 향하여', 방향 • toward: '~쪽으로', 운동 방향 • from: '~로부터', 출발점

● 기타 전치사의 용법

관련 / 제외	• on: '~에 관하여' 예 He has many books on psychology. • except: '~을 제외하고' 예 Everyone except him liked the idea.
찬성 / 반대	• for: '~에 찬성하는' 예 Are you for the plan? • against: '~에 반대하는' 예 She is against the idea.
~를 가진 / ~를 입고	• with: '(신체상의 특징)을 가진' 예 The woman with long hair is Jack's wife. • in: '(옷 · 장신구)를 입고' 예 The man in the black suit is his father.

06 | 접속사

● 접속사의 형태

하나의 문장에 여러 개의 동사가 나올 때 접속사가 필요하다.

※ 동사의 개수 = 접속사의 개수+1

명사절을 이끄는 접속사	예 I believe the fact. I believe that she died. (that은 목적어절을 이끄는 접속사)
형용사절을 이끄는 접속사	예 She is a smart lady. She is a lady who is smart. (who는 형용사절을 이끄는 접속사)
부사절을 이끄는 접속사	예 Yesterday I met my father. When it rained, I met my father. (when은 부사절을 이끄는 접속사)

● 명사절을 이끄는 접속사

that 용법 21 22 25	예 That she died is true. (that은 주어절을 이끄는 접속사)
	예 The fact is that she died. (that은 보어절을 이끄는 접속사)
	예 I believe that she died. (that은 목적어절을 이끄는 접속사)
	예 I believe the fact that she died. (that은 동격절을 이끄는 접속사)
If or Whether (목적어절을 이끄는 접속사)	• If나 Whether은 '타동사+목적어절'일 때 '~인지 아닌지(목적어절)'의 의미로 쓰인다. 예 I wonder whether he loves me(or not). (목적어절) I wonder if he loves me. (or not을 쓸 수 없음)
	• If는 주절로는 사용하지 못하고, 목적어절로만 쓰인다. 예 If she died is true. (×)
의문사	• 주어절을 이끄는 접속사 → 명사절을 이끄는 접속사 예 When paper was introduced to Europe is not certain. (명사절) • 부사절을 이끄는 접속사 예When paper was introduced to Europe, it was expensive. (부사절)

● 형용사절을 이끄는 접속사

관계대명사 23 24 25	• 선행사는 관계대명사 앞에 위치한다. • 관계대명사 뒤에는 불완전한 문장이 나온다. 예 I am a teacher who gives dream and courage to the students who want to transfer a good university which is S university. (who나 which 관계대명사: 앞에 나온 명사를 보충, 부연설명)
	〈관계대명사 연습〉 주격 관계대명사: I am a teacher./The teacher is smart.→ I am a teacher who is smart. 목적격 관계대명사: I am a teacher./John loves the teacher.→ I am a teacher whom John loves.
관계부사 22 23 24	• '접속사+부사'의 역할로, where, when, why, how가 있다. • 선행사를 수식하는 형용사절을 이끌며, '전치사+관계대명사(which)'로 바꾸어 쓸 수 있다. 예 I don't remember the day when Mr.Lee left Seoul. = I don't remember the day on which Mr. Lee left Seoul.
	〈복합관계부사〉 선행사를 포함하고 부사절을 이끈다. (wherever, whenever, however) 예 He gets lost wherever he goes.

● 등위접속사

단어와 단어, 구와 구, 절과 절을 문법상 대등한 관계로 연결

and	• 절과 절을 연결하여 동작의 순서를 나타내기도 한다. • 명령문 뒤에서 결과를 나타내는 절을 연결하기도 한다.(~하라, 그러면…)
but	• not A but B: 'A가 아니라 B' • not that A but that B: 'A 때문이 아니라 B 때문이다'
or / nor	• 명령문 뒤에서 결과를 나타내는 절을 연결하기도 한다.(~하라, 그렇지 않으면 …) • and나 or의 전후에 부정어구를 반복하는 대신 접속사 nor를 사용하기도 함
for	• 접속사로 쓰일 경우 앞에 comma(,)가 오며, 간접적 또는 부가적인 이유를 나타낸다 • for가 이끄는 절은 반드시 다른 절의 뒤에 놓인다.

시대
에듀

끝까지 책임진다! 시대에듀!

QR코드를 통해 도서 출간 이후 발견된 오류나 개정법령, 변경된 시험 정보, 최신기출문제, 도서 업데이트 자료 등이 있는지 확인해 보세요!
시대에듀 합격 스마트 앱을 통해서도 알려 드리고 있으니 구글 플레이나 앱 스토어에서 다운받아 사용하세요.
또한, 파본 도서인 경우에는 구입하신 곳에서 교환해 드립니다.

편집진행 천다솜 · 심수연 | **표지디자인** 박종우 | **본문디자인** 차성미 · 이다희

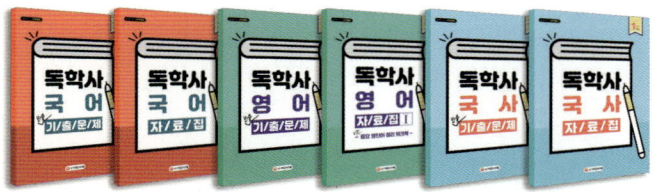

이 책의 구성과 특징 STRUCTURES

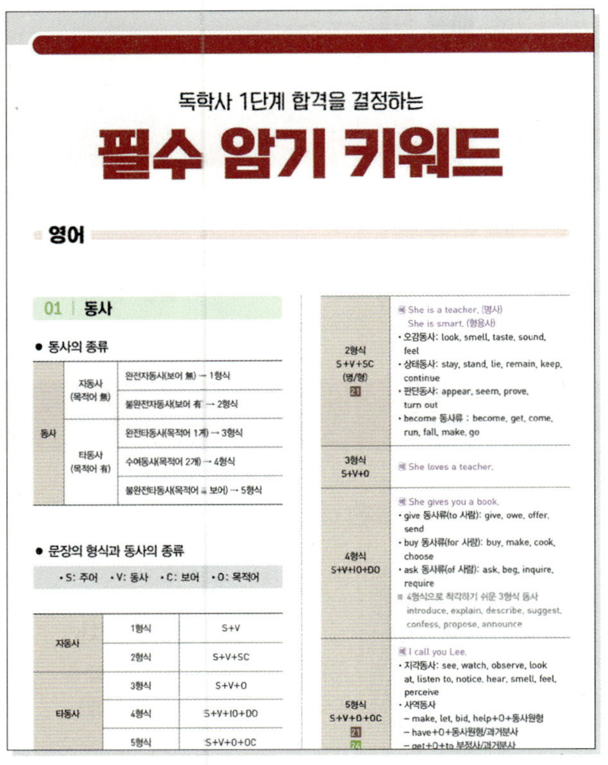

독학사 1단계 합격을 결정하는

필수 암기 키워드

영어

01 | 동사

● 동사의 종류

동사	자동사 (목적어 無)	완전자동사(보어 無) → 1형식
		불완전자동사(보어 有) → 2형식
	타동사 (목적어 有)	완전타동사(목적어 1개) → 3형식
		수여동사(목적어 2개) → 4형식
		불완전타동사(목적어 + 보어) → 5형식

● 문장의 형식과 동사의 종류

• S: 주어 • V: 동사 • C: 보어 • O: 목적어

자동사	1형식	S+V
	2형식	S+V+SC
타동사	3형식	S+V+O
	4형식	S+V+IO+DO
	5형식	S+V+O+OC

2형식 S+V+SC (명/형) 21	예 She is a teacher. (명사) She is smart. (형용사) • 오감동사: look, smell, taste, sound, feel • 상태동사: stay, stand, lie, remain, keep, continue • 판단동사: appear, seem, prove, turn out • become 동사류 : become, get, come, run, fall, make, go
3형식 S+V+O	예 She loves a teacher.
4형식 S+V+IO+DO	예 She gives you a book. • give 동사류(to 사람): give, owe, offer, send • buy 동사류(for 사람): buy, make, cook, choose • ask 동사류(of 사람): ask, beg, inquire, require ※ 4형식으로 착각하기 쉬운 3형식 동사 introduce, explain, describe, suggest, confess, propose, announce
5형식 S+V+O+OC 21 24	예 I call you Lee. • 지각동사: see, watch, observe, look at, listen to, notice, hear, smell, feel, perceive • 사역동사 – make, let, bid, help+O+동사원형 – have+O+동사원형/과거분사 – get+O+to 부정사/과거분사

01 필수 암기 키워드

핵심이론 중 반드시 알아야 할 중요 내용을 요약한 '필수 암기 키워드'로 개념을 정리해 보세요.

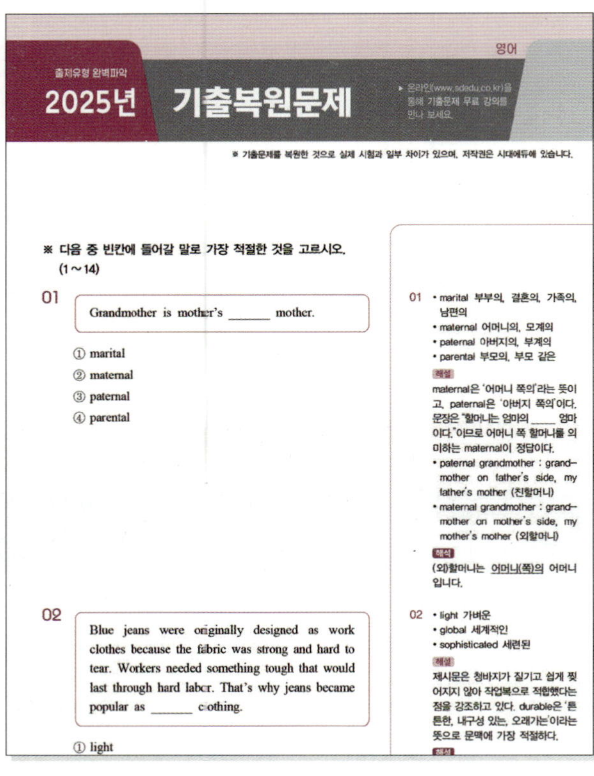

영어

출제유형 완벽파악

2025년 기출복원문제

▸ 온라인(www.sdedu.co.kr)을 통해 기출문제 무료 강의를 만나 보세요.

※ 기출문제를 복원한 것으로 실제 시험과 일부 차이가 있으며, 저작권은 시대에듀에 있습니다.

※ 다음 중 빈칸에 들어갈 말로 가장 적절한 것을 고르시오. (1 ~ 14)

01

Grandmother is mother's ______ mother.

① marital
② maternal
③ paternal
④ parental

01 • marital 부부의, 결혼의, 가족의, 남편의
• maternal 어머니의, 모계의
• paternal 아버지의, 부계의
• parental 부모의, 부모 같은

해설
maternal은 '어머니 쪽의'라는 뜻이고, paternal은 '아버지 쪽의'이다. 문장은 "할머니는 엄마의 ____ 엄마이다."이므로 어머니 쪽 할머니를 의미하는 maternal이 정답이다.
• paternal grandmother : grand-mother on father's side, my father's mother (친할머니)
• maternal grandmother : grand-mother on mother's side, my mother's mother (외할머니)

해석
(외)할머니는 어머니(쪽)의 어머니입니다.

02

Blue jeans were originally designed as work clothes because the fabric was strong and hard to tear. Workers needed something tough that would last through hard labor. That's why jeans became popular as ______ clothing.

① light

02 • light 가벼운
• global 세계적인
• sophisticated 세련된

해설
제시문은 청바지가 질기고 쉽게 찢어지지 않아 작업복으로 적합했다는 점을 강조하고 있다. durable은 '튼튼한, 내구성 있는, 오래가는'이라는 뜻으로 문맥에 가장 적절하다.

02 최신기출문제

'2025 ~ 2023년 기출복원문제'를 풀어 보며 출제 경향을 파악해 보세요.

03 핵심포인트

핵심만 간추려 정리한 '핵심포인트'로 주요 내용을 빠르게 학습해 보세요.

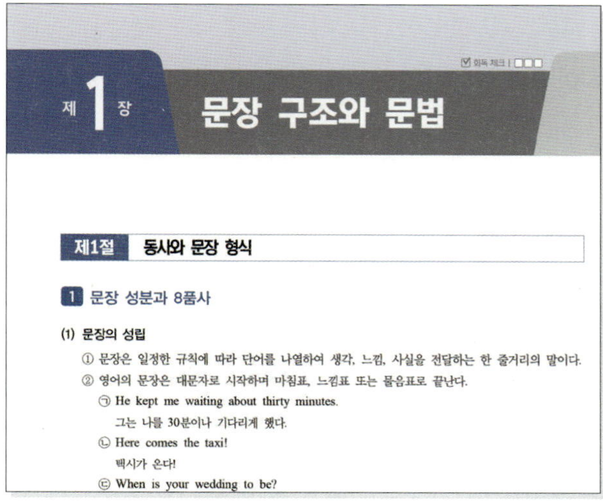

제 1 장 문장 구조와 문법

제1절 동사와 문장 형식

1 문장 성분과 8품사

(1) 문장의 성립

① 문장은 일정한 규칙에 따라 단어를 나열하여 생각, 느낌, 사실을 전달하는 한 줄거리의 말이다.

② 영어의 문장은 대문자로 시작하며 마침표, 느낌표 또는 물음표로 끝난다.

㉠ He kept me waiting about thirty minutes.
그는 나를 30분이나 기다리게 했다.

㉡ Here comes the taxi!
택시가 온다!

㉢ When is your wedding to be?

04 적중모의고사

학습한 내용을 바탕으로 '적중모의고사'를 풀어 보면서 실전 감각을 길러 보세요.

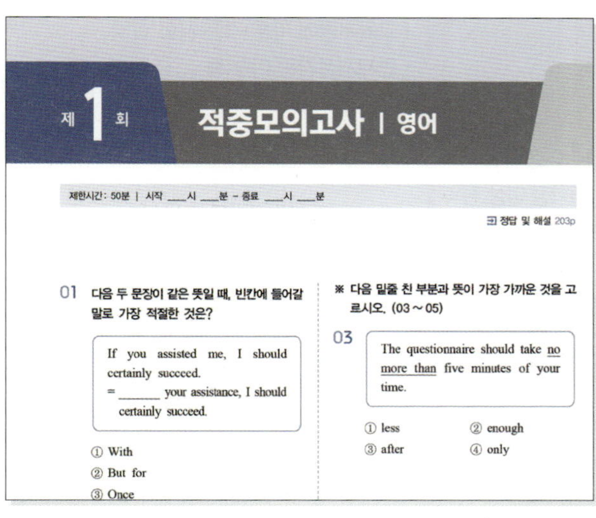

제 1 회 적중모의고사 | 영어

제한시간 : 50분 | 시작 ___시 ___분 - 종료 ___시 ___분

정답 및 해설 203p

01 다음 두 문장이 같은 뜻일 때, 빈칸에 들어갈 말로 가장 적절한 것은?

If you assisted me, I should certainly succeed.
= _______ your assistance, I should certainly succeed.

① With
② But for
③ Once

※ 다음 밑줄 친 부분과 뜻이 가장 가까운 것을 고르시오. (03 ~ 05)

03 The questionnaire should take no more than five minutes of your time.

① less ② enough
③ after ④ only

+P/L/U/S+

1단계 시험을 핵심자료로 보강하자!

국어 / 영어 / 국사 <핵심자료집 PDF> 제공

1단계 시험을 준비하는 수험생을 위해 교양과정 필수 과목인 국어 / 영어 / 국사 핵심자료집을 PDF로 제공하고 있어요. 국어는 고전문학 · 현대문학, 영어는 중요 영단어 · 숙어 · 동의어, 국사는 표 · 사료로 정리했어요.

※ 경로 : www.sdedu.co.kr → 독학사 → 학습자료실 → 강의자료실

독학학위제 소개 INFORMATION

독학학위제란?

「독학에 의한 학위취득에 관한 법률」에 의거하여 국가에서 시행하는 시험에 합격한 사람에게 학사 학위를 수여하는 제도

과정별 응시자격

4개의 과정(교양, 전공기초, 전공심화, 학위취득 종합시험)을 모두 거쳐 합격하면 학사 학위 취득 가능

단계	과정	응시자격	과정(과목) 시험 면제 요건
1	교양	고등학교 졸업 이상 학력 소지자	• 대학(교)에서 각 학년 수료 및 일정 학점 취득 • 학점은행제 일정 학점 인정 • 국가기술자격법에 따른 자격 취득 • 교육부령에 따른 각종 시험 합격 • 면제지정기관 이수 등
2	전공기초		
3	전공심화		
4	학위취득	• 1～3단계 합격 및 면제 • 대학에서 동일 전공으로 3년 이상 수료 (3년제의 경우 졸업) 또는 105학점 이상 취득 • 학점은행제 동일 전공 105학점 이상 인정 (전공 28학점 포함) • 외국에서 15년 이상의 학교교육과정 수료	없음(반드시 응시)

※ 시험 일정 : 1단계–2월 중/2단계–5월 중/3단계–8월 중/4단계–10월 중
※ 접수 방법 : 온라인으로만 가능
※ 자세한 일정 및 제출 서류 등은 독학학위제 홈페이지(bdes.nile.or.kr) 참조

합격 기준

❶ **1～3단계 :** 각 과목을 100점 만점으로 하여 전(全) 과목 60점 이상 득점(합격 여부만 결정)

- 1단계 : 5과목 합격
- 2～3단계 : 6과목 합격

❷ **4단계 :** 총점 합격제 또는 과목별 합격제 선택

구분	합격 기준	유의사항
총점 합격제	• 총점(600점)의 60% 이상 득점(360점) • 과목 낙제 없음	• 6과목 모두 신규 응시 • 기존 합격 과목 불인정
과목별 합격제	• 각 과목 100점 만점으로 하여 전 과목 (교양 2, 전공 4) 60점 이상 득점	• 기존 합격 과목 재응시 불가 • 1과목이라도 60점 미만 득점하면 불합격

문항 수 및 배점

❶ 1～2단계 : 일반 과목과 예외 과목 구분 없이 객관식으로 40문항 출제(40문항×2.5점 = 100점)

❷ 3～4단계

- 일반 과목[총 28문항(100점)] : 객관식(24문항×2.5점 = 60점) + 주관식(4문항×10점 = 40점)
- 예외 과목[총 20문항(100점)] : 객관식(15문항×4점 = 60점) + 주관식(5문항×8점 = 40점)

※ 시험 범위 : 독학학위제 홈페이지(bdes.nile.or.kr) → 학습정보 → 과목별 평가영역에서 확인

독학학위제 전공 분야 (11개 전공)

※ 간호학 : 4단계만 개설
※ 유아교육학 : 3, 4단계만 개설
※ 정보통신학 : 4단계만 2026년까지 응시 가능하며 이후 전공 폐지
※ 시대에듀는 현재 6개 전공(국어국문학, 영어영문학, 심리학, 경영학, 컴퓨터공학, 간호학) 개설 완료

1단계 시험 과목 및 시간표

교시	시간	시험 과목명
1교시(필수)	09:00～10:40(100분)	국어, 국사
2교시(필수)	11:10～12:00(50분)	외국어 : 영어, 독일어, 프랑스어, 중국어, 일본어 중 택 1과목
중식 12:00～12:50(50분)		
3교시	13:10～14:50(100분)	현대사회와 윤리, 문학개론, 철학의 이해, 문화사, 한문, 법학개론, 경제학개론, 경영학개론, 사회학개론, 심리학개론, 교육학개론, 자연과학의 이해, 일반수학, 기초통계학, 컴퓨터의 이해 중 택 2과목

※ 시험 일정 및 세부사항은 반드시 독학학위제 홈페이지(bdes.nile.or.kr)를 통해 확인
※ 시대에듀에서 개설된 과목은 빨간색으로 표시

2025년 기출 경향 분석 ANALYSIS

총평

2025년 독학사 영어는 기본 문법 개념과 문맥 이해 능력을 통합적으로 평가했습니다.
'문법과 구조'에서는 시제, 조동사, 가정법 등 핵심 문법 사항이 문맥 속에서 출제되었고, '독해'에서는 주제, 목적, 추론, 지시어 등 다양한 사고 유형을 요구하는 문항이 고르게 포함되었습니다. '영작'은 문장 완성과 배열 중심으로 쓰기 기반 이해력을 평가했으며, '생활영어'는 실제 대화 상황에 기반한 실용 회화 표현 판단 문항이 출제되었습니다.

학습 방법

최근 출제 경향을 살펴보면, 어휘와 문법이 결합된 복합 문항, 문맥 추론을 요구하는 독해 문제, 생활 회화에 기반한 실용적인 문장 완성 문제가 다수 포함되어 있습니다. 이에 따라 단순한 암기보다는 문장 속에서 어휘의 기능과 의미를 파악하고, 문법 개념을 실제 문장에 적용해 보는 연습이 필요합니다.

- '어휘/숙어' 영역은 단어 암기보다 구문 속 어휘의 기능과 의미 파악 중심 학습이 효과적입니다.
- '문법과 구조' 영역은 기본 개념 학습과 함께 문장 구조 분석 훈련이 병행되어야 합니다.
- '독해' 영역은 단락 구조 파악과 논리적 전개 방식(비교, 인과 등)에 대한 이해가 중요합니다.
- '영작' 영역은 짧은 문장을 중심으로 어법 정확성과 배열 능력을 높이는 연습이 필요합니다.
- '생활영어' 영역은 실생활에서 자주 쓰이는 표현을 다양한 상황에 맞춰 익히며, 반복 학습을 통해 자연스럽게 체득하는 것이 효과적인 학습 전략입니다.

출제 영역 분석

출제 영역	문항 수		
	2023년	2024년	2025년
어휘/숙어	14	11	10
문법과 구조	7	11	12
독해	10	11	11
영작	3	2	2
생활영어	6	5	5
합계	40	40	40

합격수기 COMMENT

ma*****

★★★★★

시대에듀의 문을 두드리시는 많은 학습자분들처럼, 저 또한 직장생활과 육아를 병행하며 공부에 대한 열정을 놓지 않았습니다. 학력에 대한 미련이 있었기에 독학사에 자연스레 관심이 생겼고, 시대에듀 교재로 공부를 해서 합격했습니다. 처음 독학학위제 공식 홈페이지에서 평가영역을 봤을 때, 많은 범위들을 보고 막막했습니다. 하지만 시대에듀의 교재는 이를 일목요연하게 정리해주어 방대한 학습량을 쪼개어 이해할 수 있도록 도와주는 길잡이 역할을 해주었습니다. 또한 예상문제 수록으로 회독이 지루하지 않게 도와주었습니다.

ar*****

★★★★★

시대에듀 덕분에 많은 불안감을 뒤로하고 시험에 합격할 수 있었습니다. 제가 시대에듀를 선택한 이유는 무엇보다 교재의 내용이 매우 훌륭했기 때문입니다. 중요한 개념은 보기 좋게 표시되어 있었고, 예상문제도 질적 · 양적으로 모두 만족스러웠습니다. 시험이 임박한 시점에 최종모의고사를 통해 효과적으로 마무리 정리를 할 수 있었던 점이 특히 큰 도움이 되었습니다. 저는 사실 공부란 책 한 권으로 혼자 열심히 이뤄내는 과정이라고 생각했습니다. 하지만 시대에듀를 통해 양질의 책과 강의로 공부하는 것이 효율적이고 중요하다는 것을 깨달았습니다.

ss*****

★★★★★

시대에듀 독학사 패키지를 통해 10개월 만에 학위를 취득한 직장인입니다. 직장생활을 하면서 전문성을 키우고 싶었으나, 정규 대학은 시간도 금액도 부담이 되었습니다. 그러던 중 독학사 제도를 알게 되었고, 시대에듀의 효율적인 온라인 강의에 매력을 느껴 선택하게 되었습니다. 2~3단계를 학습할 때는 배운 내용을 실제 일상과 업무에 적용하며 이해도를 높이려 노력했고, 마지막 학위취득 과정인 4단계에서는 모의고사 등 문제풀이를 통해 학습한 내용을 총정리하였습니다.

일과 학업을 병행하는 과정이 쉽지는 않았습니다. 하지만 목표를 상기하며 꾸준히 노력한 덕에 합격할 수 있었습니다. 이 과정에서 시대에듀가 큰 도움이 되었습니다!

wl*****

★★★★★

타 업체 도서로 먼저 공부하다가 시대에듀 도서를 봤는데, 이론이 체계적으로 한눈에 들어오게 구성되어 있고, 중요 표시도 잘 되어 있어서 좋았습니다. 단원별로 풍부하게 수록된 문제들을 통해 충분한 연습이 가능했고, 해설이 문제 바로 옆에 배치되어 학습 시간을 크게 단축할 수 있어 효율적인 학습에 매우 적합한 교재였습니다. 강의도 들었는데, 이전 업체 강의보다 훨씬 상세하고 쉽게 설명해 주셔서 기대 이상의 큰 도움이 되었으며 그 가치를 충분히 느꼈습니다. 직장생활과 병행하며 공부하는 게 정말 쉽지 않았지만, 자기계발을 위한 시험으로는 독학사만한 게 없다고 생각합니다. 처음부터 시대에듀로 했더라면 더 좋았을 것 같아요.

목차 CONTENTS

부 록 필수 암기 키워드

기출편 최신기출문제

이론편 핵심포인트

문제편 적중모의고사

해설편 정답 및 해설

기록의 힘

나만의 학습 플래너

D -

공부 시작일(YEAR/MONTH/DAY) / /

2026 독학학위제 시험 일정 / /

WEEK 1	WEEK 2	WEEK 3

WEEK 4	WEEK 5	WEEK 6

WEEK 7	WEEK 8	< MEMO >

학습 진행률 확인

	20%	40%	60%	80%	100%

기출복원문제 및 적중모의고사 점수 변화

점수

80

60

40

20

0

회차

나만의 키워드 정리

절취선

과목

키워드	설명	비고

※ 공부하면서 어려웠거나 헷갈렸던 개념, 중요한 개념 등을 한 번 더 정리해 보세요!

나만의 키워드 정리

절취선

과목

키워드	설명	비고

※ 공부하면서 어려웠거나 헷갈렸던 개념, 중요한 개념 등을 한 번 더 정리해 보세요!

영어

최신기출문제

2025년 기출복원문제

2024년 기출복원문제

2023년 기출복원문제

출/ 제/ 유/ 형/ 완/ 벽/ 파/ 악/

훌륭한 가정만한 학교가 없고, 덕이 있는 부모만한 스승은 없다.

– 마하트마 간디 –

출제유형 완벽파악

2025년 기출복원문제

▶ 온라인(www.sdedu.co.kr)을 통해 기출문제 무료 강의를 만나 보세요.

※ 다음 중 빈칸에 들어갈 말로 가장 적절한 것을 고르시오. (1 ~ 14)

01

Grandmother is mother's _______ mother.

① marital
② maternal
③ paternal
④ parental

02

Blue jeans were originally designed as work clothes because the fabric was strong and hard to tear. Workers needed something tough that would last through hard labor. That's why jeans became popular as _______ clothing.

① light
② durable
③ global
④ sophisticated

01
- marital 부부의, 결혼의, 가족의, 남편의
- maternal 어머니의, 모계의
- paternal 아버지의, 부계의
- parental 부모의, 부모 같은

해설

maternal은 '어머니 쪽의'라는 뜻이고, paternal은 '아버지 쪽의'이다. 문장은 "할머니는 엄마의 _____ 엄마이다."이므로 어머니 쪽 할머니를 의미하는 maternal이 정답이다.

- paternal grandmother : grand-mother on father's side, my father's mother (친할머니)
- maternal grandmother : grand-mother on mother's side, my mother's mother (외할머니)

해석

(외)할머니는 어머니(쪽)의 어머니입니다.

02
- light 가벼운
- global 세계적인
- sophisticated 세련된

해설

제시문은 청바지가 질기고 쉽게 찢어지지 않아 작업복으로 적합했다는 점을 강조하고 있다. durable은 '튼튼한, 내구성 있는, 오래가는'이라는 뜻으로 문맥에 가장 적절하다.

해석

청바지는 원래 튼튼하고 잘 찢어지지 않는 천으로 만들어져 작업복으로 디자인되었다. 노동자들은 힘든 일을 견딜 수 있는 질긴 옷이 필요했다. 그렇기 때문에 청바지는 튼튼한(내구성 있는) 의류로 인기를 끌었다.

정답 01 ② 02 ②

03

Students who attend the English class regularly and do not miss more than eight sessions will receive a _______ at the end of the semester. This is to encourage consistent participation and punctuality.

① suspension
② degree
③ certificate
④ authenticity

03
- punctuality 시간 엄수, 정확함
- suspension 정학, 중단
- degree 학위
- certificate 수료증, 증명서
- authenticity 진위성

해설
제시문은 영어 수업을 8번 이상 결석하지 않으면 어떤 것을 '받는다(receive)'고 말하고 있다. ③은 수업의 참여를 인정하는 데 적절한 표현이다.
①·② 수업 하나에 대한 보상으로는 적절하지 않다.
④ 문맥상 어울리지 않는다.

해석
영어 수업에 정기적으로 참석하고 8회 이상 결석하지 않는 학생은 학기말에 수료증을 받게 됩니다. 이는 일관된 참여와 시간 엄수를 장려하기 위한 것입니다.

04

Songdo International Business District is a master-planned city located in Incheon, South Korea. It was designed to be a smart city with state-of-the-art infrastructure and green spaces. The district is divided into several functional zones to enhance convenience and efficiency. There are areas dedicated to business activities, including office buildings and convention centers. Other parts of the city are designed for shopping and entertainment, offering malls, restaurants, and cultural venues. In addition, Songdo includes _______ zones where people live in high-rise apartments and residential complexes. These zones provide easy access to schools, parks, and community centers.

① agricultural
② industrial
③ residential
④ recreational

04
- agricultural 농업의
- industrial 산업의
- recreational 오락의

해설
제시문은 송도국제도시가 다양한 기능 구역으로 구성되어 있으며, 특히 사람들의 '거주' 공간에 해당하는 구역이 있다는 점을 설명한다. 정답인 residential은 '주거의, 거주용의'라는 뜻으로, 주거 지역을 설명하는 데 적합하다.

해석
송도국제비즈니스지역은 한국 인천에 위치한 계획도시이다. 이 도시는 첨단 인프라와 녹지 공간을 갖춘 스마트 도시로 설계되었다. 이 지역은 편의성과 효율성을 높이기 위해 여러 기능별 구역으로 나뉘어 있다. 이 도시는 사무실 건물과 컨벤션 센터를 포함한 비즈니스 활동 전용 구역이 있다. 도시의 다른 부분들은 쇼핑과 오락을 위해 설계되었으며 쇼핑몰, 레스토랑, 그리고 문화 공간을 제공한다. 또한 송도는 고층 아파트와 주거 단지가 있는 주거 구역도 포함하고 있다. 이 구역은 학교, 공원, 커뮤니티 센터에 쉽게 접근할 수 있도록 되어있다.

정답 03 ③ 04 ③

05

Dr. Portner was a Swiss physician known for his dedication and service. He was responsible for not only treating individual patients but also taking care of the health of the _______ community. His work included organizing public health campaigns and providing medical support to people in remote areas. He believed that medicine should reach beyond hospitals and help society as a whole. His efforts had a lasting impact on the region.

① official
② general
③ whole
④ voluntary

06

A : Should I buy a car? _______________, would you buy it?
B : Yes, I would. Having a car would make your commute much easier.

① If I am you
② If you were me
③ If you bought car
④ If I had enough money

05
- official 공식적인
- general 일반적인
- voluntary 자발적인

해설

문맥상 Dr. Portner가 '전체 지역 사회(the whole community)'의 건강을 책임졌다는 의미이므로, '전체의'라는 뜻을 가진 whole이 가장 적절하다.

해석

포트너 박사는 헌신과 봉사로 알려진 스위스 의사였다. 그는 개인 환자 치료뿐 아니라 그 지역 사회 전체의 건강을 책임졌다. 그는 공공 보건 캠페인을 조직하고, 외딴 지역 사람들에게 의료 지원을 제공했다. 그는 의학이 병원을 넘어서 사회 전체에 기여해야 한다고 믿었다. 그의 노력은 해당 지역에 지속적인 영향을 미쳤다.

06

해설

조건절 표현 'If you were me'는 '네가 내 입장이라면'이라는 뜻으로, B의 판단을 이끌어내는 표현이다. 문맥상 가정법 과거 문장이며, 'should I ~?'와 함께 조언을 구할 때 사용된다.

①·③·④ 시제나 주어의 조합이 문법적으로 어색하다.

해석

A : 내가 차를 사야 할까? 네가 내 입장이라면, 너는 그것을 살래?
B : 응, 살 것 같아. 차가 있으면 출퇴근이 훨씬 편할 거야.

정답 05 ③ 06 ②

07

People living in Los Angeles pay _______ to go out with friends compared to those in other cities. This is because the cost of dining, entertainment, and transportation is relatively expensive. For example, a typical night out might include valet parking, pricey movie tickets, or upscale restaurants.

① less
② more
③ better
④ higher

07 **해설**

문장에서 'pay ___ to go out' 구조가 쓰였고, 문맥상 '더 많은 돈을 지불하다'는 의미이므로 more가 가장 적절하다.

① less는 반대 의미이므로 적절하지 않다.
③ better는 '더 나은'으로 문맥상 어울리지 않다.
④ higher는 형용사로, pay와 바로 연결되지 않고 higher cost 등과 함께 쓰여야 자연스럽다.

해석

로스앤젤레스에 사는 사람들은 다른 도시와 비교하면 친구들과 외출할 때 더 많은 비용을 지불한다. 이는 외식, 오락, 교통비 등이 상대적으로 비싸기 때문이다. 예를 들어, 일반적인 저녁 외출에는 발레파킹, 비싼 영화 티켓, 고급 레스토랑이 포함될 수 있다.

정답 07 ②

08

About 66 million years ago, a large asteroid struck the Earth near what is now the Yucatán Peninsula in Mexico. The impact caused massive wildfires, earthquakes, and tsunamis. It also released huge amounts of dust and gases into the atmosphere. These particles blocked sunlight for months, possibly years, leading to a dramatic drop in global temperatures. Photosynthesis slowed down, and many plants died. As a result, herbivorous dinosaurs lost their food source, followed by carnivorous ones. Marine ecosystems also collapsed due to changes in ocean chemistry. The entire food chain was affected. These changes may have ______________.

① been helpful to humans
② protected ancient mammals
③ been disastrous for dinosaurs
④ prevented future evolution

09

A : Have you ever listened to the music on the school radio?
B : What kind of music, and what are you _______?
A : There's a lot — hip-hop, rock, electronic, and more. What about you?

① in
② for
③ into
④ about

08 • particle 입자, 먼지, 작은 조각
• photosynthesis 광합성

해설
제시문 전체가 멕시코 유카탄 반도에 떨어진 운석이 초래한 환경 변화와 그것이 공룡 멸종으로 이어졌다는 과학적 설명을 담고 있다. 문맥상 마지막 문장은 "이러한 변화는 __________ 했을 것이다"라는 의미이며, "These changes may have been disastrous for dinosaurs."가 가장 자연스럽다.
①·②·④ 제시문의 내용과 다르거나 문맥에 맞지 않는다.

해석
약 6600만 년 전, 멕시코 유카탄 반도 근처에 거대한 운석이 지구에 충돌했다. 이 충돌은 대규모 산불, 지진, 쓰나미를 일으켰다. 또한 엄청난 양의 먼지와 가스를 대기 중으로 방출했다. 이 입자들은 햇빛을 수개월, 어쩌면 수년 간 차단하여 전 세계 기온을 급격히 떨어뜨렸다. 광합성이 느려졌고, 많은 식물이 죽었다. 그 결과 초식 공룡들이 먹이를 잃었고, 그 뒤를 육식 공룡들이 따랐다. 해양 생태계도 해양 화학 변화로 붕괴되었다. 전체 먹이사슬이 영향을 받았다. 이러한 변화는 공룡에게 재앙적이었을 수도 있다.

09 **해설**
be into something은 '~에 관심이 있다, 좋아하다'라는 뜻의 구어체 표현이다. 문장에서 B는 "너는 어떤 음악 좋아해?"라는 의미로 묻고 있으므로, "What are you into?"가 가장 자연스럽다.
① in, ② for, ④ about은 이 표현과 어울리지 않는다.

해석
A : 학교 라디오에서 나오는 음악 들어본 적 있어?
B : 어떤 음악? 너는 뭐 좋아해?
A : 힙합, 락, 일렉트로닉 등 많아. 너는 어때?

정답 08 ③ 09 ③

10

A : Is Sam married?
B : Yes, he _______ married for ten years.

① was
② had
③ has been
④ is

10 해설

"He has been married for ten years."는 '그는 10년 동안 결혼해 있는 상태이다'라는 의미의 현재완료 표현이다. 'has been + 과거분사(married)'는 현재까지의 상태 지속을 나타내는 데 적합하다.

① was는 단순 과거로, 과거에 결혼했지만 지금은 아닐 수도 있는 인상을 줄 수 있으므로 부적절하다.
② had는 단독으로 과거 완료로 쓰이지 않는다.
④ is married for ten years는 현재 시제와 기간 표현 for ten years가 어울리지 않아 문법적으로 부적절하다.

해석

A : 샘은 결혼했니?
B : 응, 그는 10년째 결혼한 상태야.

11

A : _______________
B : It started raining an hour ago.

① When was it start raining?
② When did it start raining?
③ How long has it been raining?
④ How long did it rain?

11 해설

B의 대답이 "It started raining an hour ago(한 시간 전에 비가 내리기 시작했어)."인 점에서, A는 과거의 비 '시작 시점(starting point)'에 대해 묻고 있음을 추론할 수 있다. 따라서 시제 일치와 의미가 가장 잘 맞는 문장은 "When did it start raining?"이다.

① 문법적으로 틀린 문장이다(was + 동사원형(start) 구조는 불가능하다).
③ 현재완료형으로 '지속 시간(duration)'을 묻는 표현이며, B의 답변과 시제가 일치하지 않는다.
④ 과거 완료된 사건의 '전체 기간(the entire duration)'을 묻는 것으로 문맥과 맞지 않는다.

해석

A : 비가 언제 시작됐어?
B : 한 시간 전에 비가 오기 시작했어.

정답 10 ③ 11 ②

12

A : I'd like to make a reservation to get a haircut today.
B : ______________, we only have 15 minutes left until closing time.

① By the way
② I'm afraid
③ As you know
④ In that case

12 해설

"I'm afraid"는 공손하게 부정적인 사실이나 유감스러운 정보를 전달할 때 자주 쓰이는 표현이다. B는 영업시간이 거의 끝났다는 사실을 전하려 하므로, 유감의 뜻을 담은 "I'm afraid"가 가장 적절하다.

① By the way는 화제를 전환할 때 쓰이는 표현이다.
③ As you know는 이미 알고 있는 사실을 강조할 때 쓰이는 표현이다.
④ In that case는 앞 문장을 받아서 결과를 말할 때 쓰이는 표현이다.

해석

A : 오늘 머리 자르기 위해 예약하려고 해요.
B : 죄송하지만, 저희는 마감 시간까지 15분 남았어요.

13

A : Do you have the time?
B : Let me see. It's ______________.
A : Two ten? Thanks.

① ten after two
② ten before two
③ two after ten
④ two before ten

13 해설

영어에서 시간을 표현할 때 'ten after two' 또는 'ten past two'으로 '2시 10분'을 표현한다. 문맥상 A가 '2시 10분'이라고 이해했기 때문에 정답은 'ten after two'이다.

② 'ten before two' 또는 'ten to two'는 '1시 50분'을 의미한다.
③ · ④ 어순과 시간 표현 모두 부적절하다.

해석

A : 지금 몇 시예요?
B : 잠시만요. 2시 10분이에요.
A : 2시 10분이요? 감사합니다.

정답 12 ② 13 ①

14

____(A)____ of the medicine we use today comes from plants. It's no surprise that ____(B)____ of the world's pharmaceutical research focuses on discovering plant-based compounds.

	(A)	(B)
①	None	any
②	Most	much
③	Many	few
④	A lot	many

15 다음 빈칸에 공통으로 들어갈 말로 가장 적절한 것은?

• His salary increased _______ 10%.
• Please send this _______ mail.
• Come and sit _______ me.

① at
② by
③ on
④ with

14 해설
(A) medicine은 셀 수 없는 명사이므로, 'most'와 함께 단수 동사를 쓴다.
(B) research도 셀 수 없는 명사이므로 'much'가 적절하다.
① 의미상 어울리지 않고 문맥상 부정적이다.
③ medicine은 셀 수 없는 명사이므로 'many of the medicine'은 문법적으로 틀린 표현이다.
④ 'many of world's pharmaceutical research'는 문법적으로 틀린 표현이다.

해석
오늘날 우리가 사용하는 약의 대부분은 식물에서 유래한다. 전 세계의 많은 제약 연구가 식물 기반 화합물 발견에 집중하고 있는 것은 놀라운 일이 아니다.

15 해설
• by + 수치 : "His salary increased by 10%" → 단위 : '~을 단위로 하여, ~씩, ~에 얼마로' 수치만큼 증가/감소할 때 by를 사용한 경우
• by + 수단 : "Send this by mail" → 경유, 운수, 전달의 수단/방법을 나타낼 때 by를 사용한 경우 (예 by car, by phone, by mail)
• by + 위치 : "Come and sit by me" → 위치, 통과 : '~옆/곁에서'의 의미로 by를 사용한 경우
① at : 시간이나 지점(at 10 o'clock, at the station)
③ on : 표면 위(on the table), 날짜(on Monday)
④ with : 함께함을 의미하지만, 세 문장 모두에는 어울리지 않는다.

해석
• 그의 월급은 10%만큼 올랐다.
• 이것을 우편으로 보내 주세요.
• 와서 내 옆에 앉아.

정답 14 ② 15 ②

※ 두 문장의 의미가 같도록 다음 빈칸에 들어갈 말로 가장 적절한 것을 고르시오. (16 ~ 17)

16

> The rocks were very hard to climb, but I never gave up and made it!
> → The rocks were very hard to grab, but ______ ______________

① I tried to climb, but I failed.
② I stopped trying and gave up.
③ I kept trying to climb, and I finally succeeded.
④ I thought it was impossible and turned back.

16 **해설**
제시문에서 'I never gave up and made it.'은 포기하지 않고 결국 성공했다는 뜻이므로, 'I kept trying to climb, and I finally succeeded.'가 의미상 정확하게 대응된다.
①·②·④ 모두 포기하거나 실패한 의미로, 'I never gave up and made it!'의 의미와 일치하지 않는다.

해석
그 바위들은 오르기 매우 힘들었지만, 나는 포기하지 않고 결국 해냈다.
→ 그 바위들은 잡기 어려웠지만, 나는 계속해서 오르려 시도했고 결국 성공했다.

17

> I regret that I could not do it.
> → I wish I ______________ it.

① could do
② could have done
③ could not do
④ could not have done

17 **해설**
'I wish + 과거완료' 구조는 과거의 사실에 대한 후회를 나타낼 때 사용된다.
'I regret that I could not do it.'은 그 일을 못 한 것에 대해 후회한다는 의미이므로, 과거의 사실을 반대로 표현하려면 "I wish I could have done it."이 정확하다.
① 현재 또는 미래에 대한 소망을 나타낼 때 사용하는 표현으로 부적절하다.
③·④ 실제 후회 내용과 반대되는 의미이므로 부적절하다.

해석
나는 그것을 하지 못 한 것을 후회한다.
→ 그것을 할 수 있었더라면 좋았을 텐데.

정답 16 ③ 17 ②

※ 다음 밑줄 친 부분의 의미와 가장 가까운 것을 고르시오. (18 ~ 20)

18

Some scientists are developing a new type of gas sensor that simulates the functions of a human body. For example, it can detect harmful chemicals in the air just like a nose senses dangerous smells. This sensor uses advanced materials to behave like human organs and respond quickly to environmental changes. Such technology helps ensure safety by performing body-like functions in various environments.

① affects
② clarifies
③ imitates
④ identifies

19

We figured on $1,000 per person for a one-week vacation.

① saved
② supported
③ fulfilled
④ planned for

18 해설

simulate = 모방하다, 흉내 내다, 모의실험하다 → imitate(모방하다)와 의미가 비슷하다.
① affect 영향을 주다
② clarify 명확히 하다
④ identify 식별하다

해석

일부 과학자들은 인체의 기능을 모방하는 새로운 유형의 가스 센서를 개발하고 있다. 예를 들어, 이것은 공기 중 유해 화학 물질을 마치 코가 위험한 냄새를 감지하듯이 탐지할 수 있다. 이 센서는 첨단 소재를 사용하여 인간 장기처럼 작동하고 환경 변화에 신속히 반응한다. 이러한 기술은 다양한 환경에서 인체와 유사한 기능을 수행함으로써 안전을 보장한다.

19 해설

figure on = 기대하다, 예측하다, 계획을 세우다 → plan for(계획하다)와 의미가 비슷하다.
① save 저축하다
② support 지지하다
③ fulfill 달성하다

해석

우리는 1주일 간의 휴가를 위해 1인당 1,000달러를 예상했다/계획했다.

정답 18 ③ 19 ④

20

This suggestion is <u>counter to</u> the ideas of traditional educators.

① opposite to
② parallel with
③ familiar with
④ vulnerable to

21 다음 밑줄 친 부분 중 어법상 적절하지 <u>않은</u> 것은?

① He is used <u>to playing</u> basketball every weekend.
② I prefer driving <u>to taking</u> the subway during rush hour.
③ She objects <u>to waiting</u> in long lines.
④ I'm looking forward <u>to go</u> on vacation next week.

20 **해설**
counter to = ~에 반대되는, ~에 반하여 → opposite to(~에 상반되는)와 의미가 비슷하다.
② parallel with 유사한
③ familiar with 익숙한
④ vulnerable to 취약한

해석
이 제안은 전통 교육자들의 생각에 <u>반대되는</u> 것이다.

21 **해설**
go → going으로 고쳐야 한다.
look forward to + ~ing ~을 고대하다
① be used to + ~ing ~에 익숙하다
② prefer A to B A를 B보다 선호하다 (A와 B 모두 동명사 형태로 병렬 구성)
③ object to + ~ing ~에 반대하다

해석
① 그는 매주 주말에 농구를 하는 것에 익숙하다.
② 나는 혼잡 시간대에 지하철보다 운전하는 것을 선호한다.
③ 그녀는 긴 줄에서 기다리는 것에 반대한다.
④ 나는 다음 주 휴가 가는 것을 고대하고 있다.

정답 20 ① 21 ④

22 다음 밑줄 친 부분 중 의미상 적절하지 않은 것은?

Bees play a vital role in pollinating plants, making them essential to agriculture. However, their population has significantly (A) dropped over the past decade. Scientists are concerned that the (B) disappearance of bees could have serious effects on food production. One of the (C) increasing concerns is how this change may impact crop yields. Experts say that the decline in bees (D) results in higher productivity for many farmers.

① (A)
② (B)
③ (C)
④ (D)

22 • pollinate 수분(受粉)하다
• pesticide 농약, 살충제
• crop(s) 농작물, 수확물
• yield 수확물, 수확량

해설

(D) 문맥상 '꿀벌의 감소가 농가 생산성을 높인다(higher productivity)'는 내용은 논리적으로 맞지 않다. 적절한 표현은 'decline in bees results in lower productivity' 또는 'reduced yields'가 되어야 한다. 따라서 문법적으로는 문제가 없지만 의미상 부적절하므로 정답은 ④ results in higher productivity이다.

(A) bee population(꿀벌 개체 수)의 감소를 의미하는 자연스러운 표현이다.

(B) 제시문의 주제상 적절한 표현이다.

(C) 우려가 증가한다는 의미로 어법 및 의미 모두 적절하다.

해석

벌은 식물을 수분시키는 데 중요한 역할을 하며, 이로 인해 농업에 필수적인 존재이다. 그러나 지난 10년 동안 꿀벌 개체 수는 크게 (A) 감소했다. 과학자들은 (B) 꿀벌의 사라짐이 식량 생산에 심각한 영향을 미칠 수 있다고 우려하고 있다. (C) 증가하고 있는 우려 중 하나는 이 변화가 농작물 수확량에 어떤 영향을 미칠 수 있는가이다. 전문가들은 꿀벌 감소가 많은 농부들에게 (D) 생산성 증가의 결과로 이어진다고 말한다.

정답 22 ④

23 다음에서 제시된 통증의 목적으로 가장 적절한 것은?

Pain is a natural part of the human experience. Although we often try to avoid it, pain serves an important function. It warns us when something is wrong with our body. For example, touching something hot causes immediate pain, telling us to move our hand away. Pain can also signal deeper issues inside the body, allowing us to seek treatment early. In this way, pain plays a key role in helping us survive and stay healthy.

① Pain shows how much stress we are under.
② Pain prevents us from feeling emotions.
③ Pain strengthens the immune system.
④ Pain warns us of injury or danger and helps protect us.

23 **해설**

제시문에서는 통증이 단순한 고통이 아니라, 신체의 문제를 경고하고 보호하기 위한 생존 원리라는 점을 강조하고 있다. 특히 'It warns us when something is wrong with our body', 'pain plays a key role in helping us survive and stay healthy' 등의 표현에서 정답의 근거를 찾을 수 있다.

①·②·③ 제시문과 관련이 없거나 내용상 부적절하다.

해석

통증은 인간 경험의 자연스러운 일부이다. 우리는 종종 통증을 피하려 하지만, 통증은 중요한 기능을 한다. 통증은 우리 몸에 무언가 이상이 생겼음을 경고한다. 예를 들어, 뜨거운 것을 만졌을 때 즉각적인 통증이 생기며 손을 떼라는 신호를 보낸다. 통증은 또한 내부의 더 깊은 문제를 알릴 수 있어 우리가 조기에 치료를 받을 수 있도록 한다. 이런 점에서 통증은 우리가 생존하고 건강을 유지하는 데 중요한 역할을 한다.

정답 23 ④

24 다음 글의 제목으로 가장 적절한 것은?

Digital Dining is an easy way to order food using digital devices. First, customers open the restaurant's app or use the tablet provided at the table. Next, they browse the digital menu and select their dishes. They can customize their order by adding or removing ingredients. Finally, they confirm the order and make payment online. This process is quick, convenient, and reduces wait times.

① Popularity of Digital Dining
② Disadvantages of Digital Dining
③ The instruction for Digital Dining
④ A joy of meals at the Digital restaurant

24 **해설**
제시문은 디지털 기기를 활용한 음식 주문 절차를 단계별로 설명하고 있으므로, 설명문에 해당한다. ③ The instruction for Digital Dining → '디지털 다이닝 이용 방법'으로, 내용과 가장 정확하게 일치한다.
①・②・④ 인기, 단점, 즐거움은 제시문의 중심 내용과 일치하지 않다.

해석
디지털 다이닝은 디지털 기기를 이용해 음식을 주문하는 쉬운 방법이다. 먼저, 고객은 식당 앱을 열거나 테이블에 비치된 태블릿을 사용한다. 다음으로, 디지털 메뉴를 살펴보고 원하는 음식을 고른다. 재료를 추가하거나 뺌으로써 그들의 주문을 원하는 대로 만들 수 있다. 마지막으로, 주문을 확인하고 온라인으로 결제한다. 이 과정은 빠르고 편리하며 대기 시간을 줄여 준다.

정답 24 ③

25 다음 내용과 일치하는 것은?

The International Space Station (ISS) is a large spacecraft that orbits Earth. It serves as a home and workplace for astronauts from different countries. The ISS is a joint project among five space agencies : NASA (United States), Roscosmos (Russia), JAXA (Japan), ESA (Europe), and CSA (Canada). Astronauts on the ISS conduct scientific research in microgravity, including experiments in biology, physics, and materials science. Supplies such as food and equipment are regularly delivered by cargo spacecraft. The ISS travels at a speed of about 28,000 kilometers per hour and completes an orbit around Earth roughly every 90 minutes. It can often be seen from Earth with the naked eye under the right conditions.

① The ISS is managed only by NASA and Roscosmos.
② Astronauts on the ISS cannot do scientific research.
③ The ISS stays in one place above the Earth.
④ The ISS is used by astronauts from various countries.

25 • microgravity 극미중력(인력(引力)이 미약한 우주 궤도의 상태)
• naked eye (안경 등을 쓰지 않은) 육안

해설
'It serves as a home and work place for astronauts from different countries' 문장을 통해 ④가 적절함을 확인할 수 있다.
① ISS는 다섯 개 기관이 함께 운영한다. (NASA, Roscosmos, JAXA, ESA, CSA)
② ISS 우주인들은 미세중력 상태에서 생물학, 물리학, 재료과학 등 다양한 과학 실험을 수행한다.
③ ISS는 지구 주위를 90분마다 한 바퀴 도는 궤도 우주정거장이다.

해석
국제우주정거장(ISS)은 지구를 도는 큰 우주선이다. 이곳은 여러 나라의 우주인들이 함께 거주하고 일하는 장소이다. ISS는 미국(NASA), 러시아(Roscosmos), 일본(JAXA), 유럽(ESA), 캐나다(CSA) 등 5개 우주 기관이 함께 운영한다. 우주인들은 극미중력 상태에서 생물학, 물리학, 재료과학 등 다양한 과학 실험을 수행한다. 식량과 장비 같은 보급품은 화물 우주선을 통해 정기적으로 운반된다. ISS는 시속 약 28,000km로 이동하며, 90분마다 지구를 한 바퀴 돈다. 적절한 조건에서는 지상에서도 육안으로 볼 수 있다.

정답 25 ④

26 다음 내용에서 도출될 수 있는 결론으로 가장 적절한 것은?

My father built a green school in Bali, and he chose bamboo for all of the buildings on the campus. He believed that bamboo was not only strong and flexible, but also beautiful and environmentally friendly. It grows quickly, doesn't require replanting after harvesting, and absorbs large amounts of carbon dioxide. Using bamboo helped reduce the environmental impact of the construction. He hoped that the school would inspire others to build in harmony with nature and raise awareness about sustainable architecture.

① Bamboo was selected mainly because it is cheap and widely available.

② The school's design was based solely on traditional Balinese culture.

③ Bamboo was chosen due to its durability, elegance, and eco-friendliness.

④ Bamboo was used to make the school buildings look more modern.

26
- harvest 수확, 추수, 생산
- absorb 흡수하다
- carbon dioxide 이산화탄소
- sustainable (환경을 파괴하지 않고) 지속가능한, 유지할 수 있는

해설

strong = durability
beautiful = elegance
environmentally friendly = eco-friendliness

① 대나무의 가격이 저렴하고 이를 쉽게 구할 수 있다는 내용은 언급되지 않았다.
② 발리의 전통문화 기반으로 학교가 설계되었다는 내용은 언급되지 않았다.
④ 건물이 현대적으로 보이기 위해 대나무를 학교 건축에 썼다는 내용은 언급되지 않았다.

해석

나의 아버지는 발리에 친환경 학교를 지으셨고, 교내 모든 건축물에 대나무를 사용하셨다. 그는 대나무가 튼튼하고 유연할 뿐 아니라 아름답고 친환경적이라고 믿으셨다. 대나무는 빠르게 자라고 수확 후에도 다시 심을 필요가 없으며, 이산화탄소도 많이 흡수한다. 대나무를 사용한 것은 건축의 환경적 영향을 줄이는 데 도움이 되었다. 아버지는 이 학교가 다른 사람들에게 자연과 조화롭게 건축하는 방식을 알리고, 지속 가능한 건축에 대한 인식을 높이는 영감을 주기를 바라셨다.

정답 26 ③

27 다음 내용의 밑줄 친 부분 중 지시하는 것이 다른 하나는?

A pedicab is a small cab that is pulled by a bicycle. This human-powered transportation has been popular in Asian countries for many years. Two years ago, a local businessman decided to introduce it in Denver, Colorado. So far, he has four of (A) <u>them</u> on the road. He explained that (B) <u>they</u> do not take the place of taxis, because people use (C) <u>them</u> for short rides. The passengers are often people who don't want to walk because (D) <u>they</u> are dressed in evening clothes.

① (A)
② (B)
③ (C)
④ (D)

27 • pedicab 삼륜 자전거

해설

(D) 'they are dressed in evening clothes'이므로 '승객들'을 가리킨다.

(A), (B), (C) 모두 pedicab을 가리킨다.

해석

페디캡은 자전거에 의해 끌리는 작은 택시다. 이 인간 동력 교통수단은 수년간 아시아 여러 나라에서 인기를 끌었다. 2년 전, 한 지역 사업가가 이를 콜로라도주 덴버에 도입하기로 결정했다. 지금까지 그는 (A) <u>그것들(페디캡)</u> 4대를 도로에 운영 중이다. 그는 사람들이 짧은 거리를 이동할 때 (C) <u>그것들(페디캡)</u>을 사용하기 때문에 (B) <u>그것들(페디캡)</u>이 택시를 대체하지 않는다고 설명했다. 승객들은 보통 (D) <u>그들(승객들)</u>이 드레스를 입었기 때문에 걷고 싶어 하지 않는 사람들이다.

정답 27 ④

28 다음 내용 중 〈보기〉의 문장이 들어가기에 가장 적절한 위치는?

보기

However, one kind of frogs is different.

Frogs are not known to be good parents. (A) Female frogs lay eggs and then leave, and the babies hatch and survive on their own. (B) This kind of frog, regardless of gender, stays until the babies hatch from the eggs. They even take the babies to specific plants. (C) They directly carry the babies to watery flowers. But that's not all. (D) They also bring food to the babies every day.

① (A)
② (B)
③ (C)
④ (D)

28 • hatch (알이) 부화하다, (병아리를) 깨다

해설
제시문은 일반적인 개구리의 양육 행동(돌보지 않음)을 설명하다가, 특정 종류의 개구리가 예외라는 점을 강조한다. 따라서 〈보기〉의 문장은 전환의 역할을 하며, 일반적인 설명이 끝난 직후인 (B) 앞에 들어가는 것이 자연스럽다.

해석
개구리는 좋은 부모로 알려져 있지 않다. 암컷 개구리는 알을 낳고 떠나며, 새끼들은 스스로 알에서 깨어나 살아남는다. <u>하지만 어떤 종류의 개구리는 다르다</u>. 이 개구리는 성별에 상관없이 알에서 새끼가 깨어날 때까지 곁에 머문다. 그들은 특정 식물로 새끼를 데려다주기도 한다. 물이 있는 꽃으로 새끼를 직접 데려가기도 한다. 이게 전부가 아니다. 그들은 매일 새끼에게 음식을 가져다주기도 한다.

29 다음 밑줄 친 문장을 가장 적절하게 해석한 것은?

A : Thank you for your help. <u>I'd like to show my appreciation with this small gift</u>.

B : It was no trouble to help you, but thank you for the present.

① 당신이 준 이 작은 선물이 참 마음에 들어요.
② 이 작은 선물을 받고 감사를 전하고 싶어요.
③ 이 작은 선물로 제 고마운 마음을 전하고 싶어요.
④ 도움을 주셔서 죄송해서 작은 선물을 드리고 싶어요.

29 해설
appreciation은 '감사, 고마움'이라는 뜻이며, with this small gift는 그 감사를 선물의 형태로 표현하겠다는 의미다. 따라서 ③이 의미와 문맥 모두에 가장 적절하다.

해석
A : 도와주셔서 감사합니다. <u>이 작은 선물로 제 고마운 마음을 전하고 싶어요</u>.
B : 도와드린 건 전혀 부담이 아니었어요. 그래도 선물 감사합니다.

정답 28 ② 29 ③

30 다음 내용에서 밑줄 친 부분을 가장 적절하게 영작한 것은?

> This house has a modern and cozy interior. The kitchen is spacious, with white cabinets and a large island in the center. There are two bedrooms, each with big windows that let in plenty of sunlight. The bathroom is simple but clean, with a walk-in shower and a large mirror. <u>거실에서는 계곡이 내려다 보인다</u>.

① The living room overlooks the valley.
② The valley is overlooked by the living room.
③ The valley is being looked by the living room.
④ The living room oversees the valley.

30 • walk-in (가구 등이) 서서 들어갈 수 있는 크기의

해설

overlook은 '~을 내려다보다'라는 뜻으로, 건물이나 장소가 풍경이나 지역을 위에서 바라보는 경우에 적절한 표현이다.

② 수동태 문법상 맞지만 일반적으로 'look'과 같은 감각 동사는 'be looked by' 형태로 수동태로 잘 사용되지 않는다. 특히 'the living room이 계곡을 바라본다'는 의미에서는 능동적인 표현이 더 자연스럽고, 이 문장처럼 비인격 주어(the valley)가 감각의 대상이 되는 경우 어색하게 느껴질 수 있다.
③ look은 자동사로 쓰일 때 수동태로 바꿀 수 없으므로 문법 오류이다.
④ oversee는 '감독하다'는 뜻으로 문맥상 부적절하다.

해석

이 집은 현대적이고 아늑한 내부를 가지고 있다. 부엌은 넓고, 중앙에 큰 아일랜드 식탁과 흰색 찬장이 있다. 침실은 두 개 있으며, 각각 햇빛이 잘 들어오는 큰 창문이 있다. 욕실은 단순하지만 깨끗하며, 워크인 샤워 부스와 큰 거울이 있다. <u>거실에서는 계곡이 내려다보인다</u>.

정답 30 ①

※ 다음 글을 읽고 물음에 답하시오. (31 ~ 32)

New York and San Francisco have many things in common. First of all, both cities have exciting cultural centers. The cities are ___(A)___ because they both have many beautiful buildings, lovely, large parks, and bridges. On the other hand, there are also differences. One major difference is in lifestyle. People in New York are usually busy, while San Francisco has a more relaxed atmosphere. Also, the streets of San Francisco are usually very clean. ___(B)___ San Francisco, the streets of New York are usually dirty.

31 주어진 글의 전개 방식으로 적절한 것은?

① Time order
② Cause and effect
③ Listing items
④ Compare and contrast

32 다음 중 (A), (B)에 들어갈 말로 가장 적절한 것은?

	(A)	(B)
①	alike	Alike
②	alike	Unlike
③	unlike	Alike
④	unlike	Unlike

31 ~ 32

해석
뉴욕과 샌프란시스코는 많은 공통점을 가지고 있다. 우선, 두 도시 모두 흥미로운 문화 중심지가 많다. 두 도시는 아름다운 건물들과 사랑스럽고 넓은 공원들, 그리고 다리들이 많기 때문에 (A) 비슷하다. 반면에, 차이점들도 존재한다. 가장 큰 차이점 중 하나는 생활 방식이다. 뉴욕의 사람들은 보통 바쁘게 지내는 반면, 샌프란시스코는 좀 더 여유로운 분위기를 가지고 있다. 또한 샌프란시스코의 거리는 보통 매우 깨끗하다. 샌프란시스코와 (B) 달리 뉴욕의 거리는 보통 더럽다.

31 **해설**
주어진 글은 뉴욕과 샌프란시스코의 공통점(비교)과 차이점(대조)을 중심으로 구성되었으므로 compare and contrast 방식이 사용되었다.

32 **해설**
(A)에는 공통점을 나타내는 형용사 alike, (B)에는 대조를 나타내는 전치사 unlike가 들어가야 적절하다.

정답 31 ④ 32 ②

※ 다음 글을 읽고 물음에 답하시오. (33 ~ 34)

Countries around the world have growing mountains of trash because people are throwing out more trash than ever before. How did we become a 'throwaway society'? Our appetite for new products contributes to the problem. We are (A) addicted to buy things. As consumers, we want the latest clothes, the best TVs, and cellphones with the latest features. Companies (B) tell us to buy. Advertisements (C) persuade us that a new one is better than the old one. The result is that we throw away useful possessions to (D) make room for new ones.

33 주어진 글의 밑줄 친 부분 중 어법상 적절하지 않은 것은?

① (A)
② (B)
③ (C)
④ (D)

34 주어진 글의 주제인 쓰레기 문제의 요인으로 가장 적절한 것은?

① 무분별한 일회용품 사용
② 과도한 음식물 쓰레기 배출
③ 재활용 기술 부족
④ 새것을 선호하는 소비 문화

33 ~ 34

해석

전 세계의 나라들은 사람들이 과거보다 훨씬 더 많은 쓰레기를 버리기 때문에 점점 늘어나는 쓰레기 문제를 안고 있다. 우리는 어떻게 '버리는 사회(throwaway society)'가 되었을까?
새 제품에 대한 우리의 욕구가 이 문제에 일조하고 있다. 우리는 물건을 (A) 사는 데 중독되어 있다. 소비자로서 우리는 최신 옷, 최고의 TV, 최신 기능의 휴대폰을 원한다. 기업들은 (B) 우리에게 물건을 사라고 말한다. 광고는 이전 것보다 새것이 더 낫다는 것을 (C) 우리에게 설득한다. 그 결과, 우리는 (D) 새 물건을 위한 공간을 만들기 위해 여전히 쓸 수 있는 물건들을 버리게 된다.

33 해설

'addicted to + 동명사(동사원형+ing)' 구조가 와야 하므로, addicted to buying이 적절하다.

② 'tell + 사람 + to 동사원형' 형태로 문법상 적절하다.
③ 'persuade + 사람 + to부정사/that절'은 '~을 설득하여 시키다'라는 표현으로 문법상 적절하다.
④ 'make room for ~'는 '~을 위한 공간을 만들다'라는 표현으로 문법상 적절하다.

34 해설

제시문 전체가 '새로운 물건에 대한 욕구'와 '아직 쓸 수 있는 물건을 버리는 소비 행태'를 중심으로 쓰레기 문제를 설명하고 있다. 따라서 쓰레기 문제의 핵심 요인은 '새것을 선호하는 소비 문화'이다.

정답 33 ① 34 ④

※ 다음 글을 읽고 물음에 답하시오. (35 ~ 36)

We have easy access to water. Just turning a cap on a water bottle or a faucet gives us water with little effort. ___(A)___, one billion people around the world suffer from a lack of clean water. Each year, billions of people die from drinking dirty water. There is a simple solution to this problem : Life Straw. It looks like a straw from a fast-food restaurant, but it's a blue tube that filters out bacteria, germs, and parasites when you suck water through it. It can purify up to 700 liters of water and can be used for one person for a whole year. ___(B)___, the most surprising thing about this invention is its price — only $3.

35 다음 중 (A), (B)에 들어갈 말로 가장 적절한 것은?

	(A)	(B)
①	However	However
②	As a result	Similarly
③	However	In other words
④	As a result	In other words

36 주어진 글에서 언급되지 않은 것은?

① How Life Straw works
② Who invented Life Straw
③ What Life Straw is for
④ What Life Straw looks like

35 ~ 36
• faucet 수도꼭지

해석
우리는 물을 쉽게 접할 수 있다. 병뚜껑이나 수도꼭지를 돌리기만 해도 어렵지 않게 물을 얻을 수 있다. (A) 그러나 전 세계적으로 10억 명의 사람들이 깨끗한 물 부족으로 고통받고 있다. 매년 수십억 명이 더러운 물을 마셔 사망한다. 이 문제를 해결할 수 있는 간단한 방법이 있다. 바로 Life Straw이다. 이 제품은 패스트푸드점의 빨대처럼 생겼지만, 파란색 튜브로, 빨아들이면 내장된 필터가 박테리아, 세균, 기생충을 걸러낸다. 최대 700리터의 물을 정수할 수 있고, 1인 기준으로 1년간 사용 가능하다. (B) 그러나, 이 발명의 가장 놀라운 점은 가격이 단 $3이라는 것이다.

35 **해설**
(A) 앞 문장은 우리가 쉽게 물을 접할 수 있다는 내용이고, 뒤 문장은 전 세계적으로 물로 인해 죽는 사람들이 많다는 내용으로, 대조 관계이므로 However가 적절하다.
(B) 앞에서 Life Straw의 성능과 효과를 설명하고 있으며, 이어지는 문장은 Life Straw의 저렴한 가격을 언급하고 있다. 즉, 뛰어난 성능과 효과에도 불구하고 가격이 저렴함을 설명하기 위한 문장이므로 역접, 이외성(강조)의 의미를 가진 However가 가장 적절하다.

36 **해설**
① Life Straw를 빨아들이면 내장된 필터가 세균을 걸러낸다고 설명하였다.
③ 더러운 물을 정수해서 사람을 살리는 용도라고 분명히 말하였다.
④ 파란색 튜브로 생겼고, 패스트푸드점의 빨대처럼 보인다고 묘사하였다.

정답 35 ① 36 ②

※ 다음 글을 읽고 물음에 답하시오. (37 ~ 38)

Many students feel stressed while preparing for exams. A moderate amount of stress can help with studying, but too much of it can negatively affect your health. Here's what you need to remember : do your best, but let go of the pressure to be 100% every single day. Instead, ___(A)___ well. Your brain needs fuel. Eat plenty of fresh fruits and vegetables. Also, try to share your feelings honestly with friends. You'll realize that you are not strange—what you're feeling is natural. And ___(B)___. Without enough of it, even what you've prepared won't work well. On the day of the test, take deep breaths and try to stay calm. Good luck!

37 주어진 글의 목적으로 가장 적절한 것은?

① To explain why exams are stressful for students.
② To describe the health risks of too much stress during exam periods.
③ To provide tips for managing stress and doing well on exams.
④ To discuss the importance of giving 100% in every test.

38 다음 중 (A), (B)에 들어갈 말로 가장 적절한 것은?

	(A)	(B)
①	eat	rest
②	drink	energy
③	study	sleep
④	prepare	exercise

37 ~ 38

해석

시험을 준비하면서 스트레스를 받는 학생들이 많다. 적당한 스트레스는 공부에 도움이 되지만, 그 정도가 지나치면 건강에 나쁜 영향을 줄 수 있다. 기억해야 할 것은 이것이다: 최선을 다하되, 매일 100%를 다하려는 강박은 버려라. 대신, 잘 (A) 먹어라. 당신의 뇌는 연료가 필요하다. 신선한 과일과 채소를 충분히 섭취하라. 그리고 또래 친구들과 감정을 솔직히 나누어 보아라. 당신이 이상한 게 아니라, 자연스러운 감정임을 알게 될 것이다. 그리고 (B) 휴식을 취하라. 충분한 여유가 없다면 준비한 것도 제대로 해낼 수 없다. 시험 당일에는 깊게 숨을 쉬고, 마음의 안정을 찾으려고 노력하라. 행운을 빈다!

37 **해설**

제시문의 전반적인 내용은 스트레스의 원인이나 위험을 설명하는 데 집중하지 않고, 학생들이 시험을 준비하며 스트레스를 관리할 수 있도록 조언하고 응원하는 내용이다. 그러므로 ③이 제시문의 목적으로 가장 적절하다.

38 **해설**

(A) "Your brain needs fuel. Eat plenty of fresh fruits and vegetables."라는 문장이 바로 뒤에 이어지므로 'eat'이 자연스럽다.

(B) "Without enough of it, even what you've prepared won't work well."은 휴식이 부족하면 준비한 것도 잘 안 된다는 뜻이므로 'rest'가 가장 적절하다.

정답 37 ③ 38 ①

※ 다음 글을 읽고 물음에 답하시오. (39 ~ 40)

A professor at Stanford University conducted a famous experiment with five-year-old children. Each child was brought into a room and shown a plate with one marshmallow on it. The professor said, "I'm going to leave the room for a while. If the marshmallow is still here when I come back in 15 minutes, you will get _______ one." Some children ate the marshmallow right away, while others waited for 15 minutes and received an additional one. Years later, the children who had waited were found to achieve higher levels of success in life.

39 주어진 글의 중심 내용으로 가장 적절한 것은?

① How to resist temptation in order to be successful
② The relationship between patience and success
③ The importance of early habits in predicting future careers
④ The ability to wait for a better reward and its impact on future success

40 주어진 글의 빈칸에 들어갈 말로 가장 적절한 것은?

① each
② another
③ other
④ the other

39 ~ 40

해석

스탠퍼드 대학의 한 교수는 5세 아이들을 대상으로 유명한 실험을 진행했다. 아이는 한 명씩 방으로 들어가서, 마시멜로 하나가 놓인 접시를 받았다. 교수는 "나는 잠깐 방을 나갔다 올 거야. 내가 15분 뒤에 돌아왔을 때도 이 마시멜로가 여기에 있으면, 너는 하나를 더 받을 수 있어."라고 말했다. 어떤 아이들은 바로 먹었고, 어떤 아이들은 15분을 참고 기다려서 마시멜로를 하나 더 받았다. 수년 후, 기다렸던 아이들은 더 높은 삶의 성취를 보였다.

39 **해설**

글의 핵심은 '즉각적인 만족(instant gratification)을 참는 능력이 훗날 성공과 관련이 있다'는 내용이다. 따라서 ④가 가장 핵심을 정확히 짚은 선택지이다.

② patience는 다소 일반적이며 실험의 요점인 보상을 미루는 구체적 능력을 표현하기에 부족하다.

40 **해설**

another one은 '추가로 하나 더'라는 뜻으로, 앞서 언급된 one marshmallow에 더해 하나 더 준다는 문맥에 가장 적절하다.

① '각각의'라는 뜻이므로 부적절하다.
③ 비교 대상이 있을 때 사용되며 관사 없이 쓰면 일반적으로 복수로 이해되므로 부적절하다.
④ '두 개 중 남은 하나'를 의미하는데 주어진 글에서는 '추가로 하나 더'가 정확하므로 the other는 틀린 표현이다.

정답 39 ④ 40 ②

출제유형 완벽파악

2024년 기출복원문제

▶ 온라인(www.sdedu.co.kr)을 통해 기출문제 무료 강의를 만나 보세요.

※ 빈칸에 들어갈 말로 가장 적절한 것을 고르시오. (1 ~ 18)

01

An international company that tried to export competitive local food to the Middle East sent out a catalog with a female model without a hijab, but failed to sign a contract. This is because they were unaware _______ the conservative Middle East culture about women.

① of
② to
③ on
④ for

01
• unaware of ~을 알지 못하는
• conservative 보수적인

해석
경쟁력 있는 로컬 푸드를 중동에 수출하려던 한 국제 기업은 히잡을 쓰지 않은 여성 모델이 있는 상품 카탈로그를 발송했다가 계약에 실패했다. 이는 그들이 여성에 대해 보수적인 중동 문화를 몰랐기 때문이다.

02

The government has announced that it will extend the prohibition on U.S. beef imports. Such measures are due to the detection of feed additives necessary to increase feed efficiency. The period of this prohibition is expected to be _______ further.

① initiated
② abolished
③ prolonged
④ diminished

02
• prohibition 금지
• feed additives 사료 첨가물

해설
① initiate 시작하다, 개시하다, 창시하다, 창설하다
② abolish (관례・제도 등을) 폐지(철폐)하다; 완전히 파괴하다
③ prolong 늘이다, 연장하다(lengthen)
④ diminish (수량・크기・정도・중요성 따위를) 줄이다, 감소시키다, 작게 하다

해석
정부가 미국산 소고기 수입에 대한 금지를 연장한다고 발표하였다. 이와 같은 조치는 사료 효율 증가에 필요한 사료 첨가물이 검출되었기 때문이다. 이 금지 조치 기간은 더 연장될 것으로 보인다.

정답 01 ① 02 ③

03

Please, don't _______ Tom find out about the party. It's going to be a surprise party.

① get
② give
③ allow
④ let

04

_______ short, the project was successful.

① Of
② Up
③ In
④ By

05

You should not apply for this project unless you are willing to _______ yourself to the project for three months.

① commit
② comment
③ commence
④ command

---

03 **해설**
사역동사로는 make, have, let이 있으며, '~가 … 하게 시키다(하게 하다)'의 의미를 갖는다. 문장 구조는 '사역동사 + 목적어 + 목적보어(동사원형)'이다. 목적어(Tom) + 동사원형(find)의 구조이므로 'let'이 적절하다.
① get은 사역동사와 유사한 의미이지만, '주어 + 동사(get) + 목적어 + 목적보어(to V)'의 형식을 취하므로, 목적보어 자리에 동사원형이 올 수 없다.
③ allow는 'allow + 목적어 + to 부정사'의 형식을 취한다.

해석
부탁인데, 탐이 그 파티에 대해서 알지 못하게 해줘. 깜짝 파티로 할 예정이거든.

04 • in short 한마디로 말하면, 요컨대
해석
한마디로 말하면, 그 프로젝트는 성공적이었다.

05 • be willing to V 기꺼이 ~하다
해설
① commit oneself to ~에 전념하다
② comment on(upon/about) ~에 의견을 말하다; 논평하다
③ commence 시작하다, 개시하다
④ command ~에게 명(령)하다, ~에게 요구하다

해석
당신이 기꺼이 이 프로젝트에 3개월 동안 전념하지 않을 거라면, 이 프로젝트에 지원하지 않아야 한다.

정답 03 ④ 04 ③ 05 ①

06

If you want to reset the drip coffee machine, press button 1 and 2, _______.

① respecting
② respectfully
③ respectably
④ respectively

06 **해설**
① respecting ~에 관하여; ~에 비추어
② respectfully 공손히
③ respectably 점잖게
④ respectively 각각, 제각기

해석
드립 커피 머신을 리셋하고 싶다면, 1번과 2번 버튼을 각각 누르세요.

07

Unfortunately, he _______ for the items he didn't order.

① billed
② was billed
③ bills
④ was billing

07 • bill ~에 계산서(청구서)를 보내다

해설
주어(he)가 계산서를 받은 것이므로, 수동태(be + p.p) 문장이 적절하다.

해석
운 나쁘게도, 그는 주문하지 않은 품목에 대해 계산서를 받았다.

08

_______ the work of his design company, he must stay in Bangkok for 10 days every three months.

① Supervised
② Supervises
③ Has supervised
④ Supervising

08 **해설**
접속사와 주어를 생략하고 동사에 -ing를 붙여 '이유나 원인'을 나타내는 분사구문의 형식이다. (Because he supervises → Supervising)

해석
그는 자신의 디자인 회사의 업무를 감독하기 때문에, 3개월마다 10일 동안 방콕에서 머물러야 한다.

정답 06 ④ 07 ② 08 ④

09

All the items ordered by customers were ______ on time.

① to deliver
② delivering
③ delivered
④ to be delivered

10

Inflation in the UK is due to ____________.

① a steady rise in prices
② rise prices steadily
③ price rising steady
④ prices steadily rise

09 • deliver (물품 · 편지를) 배달(송달)하다

해설
주어는 물품(All the items)이고 그 물품들이 배달된 것이므로, 수동(be + p.p)의 형태가 적절하다.

해석
고객들이 주문한 모든 물품들이 정각에 배달되었다.

10 • be due to ~에 기인한다

해설
be due to에서 'to'는 전치사이므로 뒤에는 명사나 동명사가 와야 한다.
② 전치사 to 뒤에는 명사 또는 동명사가 와야 하므로, 동사 rise는 올 수 없다. rise를 명사로 보더라도 위치가 적절하지 않다.
③ 물가 상승의 의미일 때에는 복수형 prices가 적절하다.
④ rise를 rising으로 수정해야 적절하다.

해석
영국의 인플레이션은 꾸준한 물가 상승에 기인한다.

정답 09 ③ 10 ①

11

A : Thank you for helping me.
B : It was nice that I could help you.
A : I _______ without you.

① can't do
② couldn't do
③ can't have done
④ couldn't have done

12

A : I'm sorry, I'm late.
B : It's okay. Traffic conditions are always unpredictable.
A : ____________

① Thank you for delivering the message.
② Thank you for helping me.
③ Thank you for understanding me.
④ Thank you for giving me a ride.

11 **해설**

- can't have p.p ~였을 리 없다
- could have p.p ~ 할 수 있었다 (그러나 하지 않았다)
- couldn't have p.p ~ 할 수 없었다 (그러나 했다)

해석

A : 도와줘서 고마워.
B : 도와줄 수 있어서 좋았어.
A : 네가 없었다면 해내지 못했을 거야.

12 **해설**

① 메시지를 전달해 줘서 고마워.
② 도와줘서 고마워.
③ 이해해 줘서 고마워.
④ 태워줘서 고마워.

해석

A : 늦어서 미안해.
B : 괜찮아. 교통 상황은 늘 예측할 수 없으니까.
A : 이해해 줘서 고마워.

정답 11 ④ 12 ③

13

A : What do you do _______?
B : I'm learning to play the guitar these days.
A : Wow, that's cool! But that's not an exercise.

① for fun
② for exercise
③ for hobby
④ for self-improvement

14

A : How was your trip?
B : It was good. ___________

① I wish you were coming to the party.
② I wish you had come to the party.
③ I wish you had traveled with me.
④ I wish you traveled with me.

13 • self-improvement 자기계발

해석

A : 너는 운동으로 뭐해?
B : 나 요즘 기타 치는 것을 배우고 있어.
A : 와우, 멋진데! 그런데 그건 운동이 아니잖아.

14 **해설**

과거의 일에 대한 아쉬움을 표현하고 있으므로, 가정법 과거완료 형태가 적절하다.

• I wish + 가정법 과거 : 현실에서 일어날 수 없거나 현실과 반대
• I wish + 가정법 과거완료 : 과거 사실의 반대

해석

A : 여행은 어땠어?
B : 좋았어. 너도 같이 여행을 갔으면 좋았을 텐데.

정답 13 ② 14 ③

15

A : How are you these days? I'm so busy with work.
B : I've been busy lately. But you didn't forget our ____________, did you?
A : Of course not. We were supposed to eat something delicious together. Which restaurant should we go to?
B : I heard there's a newly opened restaurant, so how about we go there?

① contract we made last month
② trip we were supposed to
③ profit we agreed to split
④ promise we made last month

15 **해설**
① 지난달 우리가 한 계약
② 우리가 가기로 한 여행
③ 우리가 나누기로 한 수익

해석
A : 요즘 어때? 나는 회사 일로 너무 바쁘네.
B : 나도 요즘 바빴어. 그래도 지난달에 한 우리 약속은 잊지 않았지?
A : 당연하지. 같이 맛있는 거 먹기로 했잖아. 어느 식당으로 갈까?
B : 새로 오픈한 식당이 있다는데, 거기 가는 게 어때?

16

A : My co-worker recommended this restaurant.
B : I see, but I don't think this restaurant service is very good.
A : I didn't get my order yet. It takes so long.
B : The seats are uncomfortable. Overall, this restaurant is ____________.

① not where we booked
② not where we've been
③ where we expected it to be
④ not where we expected it to be

16 **해설**
① 우리가 예약한 곳이 아니야.
② 우리가 와본 곳이 아니야.
③ 우리가 기대한 곳이야.
④ 우리가 기대한 곳이 아니야.

해석
A : 회사 동료가 이 식당을 추천했어.
B : 그랬구나, 그런데 이 식당 서비스는 그다지 좋은 것 같지는 않아.
A : 내가 주문한 음식은 아직도 안 나왔어. 진짜 너무 오래 걸린다.
B : 의자가 편하지 않아. 전반적으로 이 식당은 우리가 기대한 곳이 아니야.

정답 15 ④ 16 ④

17 • integration 통합; 완성, 집성
• comparison 비교, 대조
• thoroughly 대단히, 완전히, 철저히, 철두철미하게
• fabrication 제작, 구성; 조립

해석

발견과 발명은 서로 밀접하게 연관되어 있다. 발명은 이미 발견된 것들의 통합이며, 발명의 도움으로 우리는 새로운 발견을 한다. 발견은 이미 존재했지만 결코 인식되지 않았던 어떤 것을 탐색하고 탐구하는 행위이다. 한편, 이전에 존재하지 않았던 물건이나 과정을 자신의 아이디어와 개발로 창조하거나 설계하는 것을 발명이라고 한다. 발견과 발명의 차이는 우리가 기본을 더 잘 이해하고 그 비교를 철저히 알 수 있게 도와준다. 이제 발견과 발명의 차이가 무엇인지 이해해 보자. 우리는 발견을 이미 존재하는 어떤 것을 새로운 것으로 인식하는 것으로 정의할 수 있다. 발견은 보통 우리가 어떤 것을 처음으로 찾았을 때 발생한다. 우리는 발명을 자신의 지식, 노력, 기술을 통해 새로운 것을 창조하는 것으로 정의할 수 있다. 발명은 현대 세계에서 자신만의 용도와 기능을 가질 수 있는 완전히 새로운 것을 만들어 내는 것이다.

정답 17 ③

17

Discovery and invention work hand in hand. ___(A)___ are an integration of things, which have already been discovered, and with the help of ___(A)___, we make new discoveries. ___(B)___ are the act of searching for and exploring something, that already existed but was never recognized. On the other hand, the creation or designing of an item or a process that has never existed before, with its own ideas and developments is known as an invention. The difference between discovery and invention can help us to understand the basics better and know their comparisons thoroughly. Let us now understand what the difference between discovery and invention is. We can define ___(B)___ as the recognition of something that already exist as something new. Discoveries usually occur when we find something for the first time ever. We can define invention as the creation of something new through one's knowledge, hard work, and skills. The invention is the fabrication of something entirely new that can have its own uses and functions in the modern world.

	(A)	(B)
①	discovery	inventions
②	discover	inventing
③	inventions	discoveries
④	inventor	discover

18

In the study of the ancient world, a city is generally defined as a large, populated urban center of commerce and administration with a system of laws and, usually, regulated means of sanitation. Walled cities were common throughout Mesopotamia. Emperors began constructing the walls ___(A)___ invaders, and the walls meaned emperors' ___(B)___ dominant position. The walls of the city were equally considered a hallmark of that site.

	(A)	(B)
①	to keep out	occupied
②	to keep out	occupying
③	keeping out	occupied
④	keeping out	occupying

19 빈칸에 공통으로 들어갈 말로 가장 적절한 것은?

- The girl is wearing a raincoat _______ a rainy day.
- The lungs help frogs use their mouths and noses to breathe _______ land.
- It won't go _______ beyond midnight.

① in

② on

③ of

④ at

18
- populated urban center 인구가 많은 도시 중심
- commerce and administration 상업 및 행정
- regulate 규정하다; 통제(단속)하다, 조절하다, 정리하다
- sanitation (공중) 위생; 위생 시설(의 개선)
- hallmark (전형적인) 특징(특질)

해설
- keep out : 출입을 금지하다, 막다
- to keep out : 막기 위해 (to 부정사의 부사적 용법 중 목적)
- occupy : 차지하다, 점령하다.
- 현재분사 'occupying'은 능동의 의미를 담고 형용사의 기능을 한다. '우세한 지역(dominant position)을 점령하는'의 의미가 되기 위해 현재분사 'occupying'이 적합하다.

해석

고대 세계에 대한 연구에서, 도시는 일반적으로 법의 체계와 주로 정리된 위생 수단이 있는 상업과 행정의 큰 인구 도시 중심지로 정의된다. 성벽으로 둘러싸인 도시는 메소포타미아 전역에 걸쳐 흔했다. 황제들은 침략자들을 막기 위해 성벽을 건설하기 시작했고, 성벽은 황제들이 점령한 지배적인 위치를 의미했다. 도시의 성벽은 똑같이 그 장소의 특징으로 여겨졌다.

19 **해설**
- on ~ : (요일 · 날짜 · 때를 나타내어) ~에
- on land : 육지에서, 땅 위에서
- go on : (어떤 상황이) 계속 되다

해석
- 소녀가 비 오는 날에 비옷을 입고 있다.
- 폐는 개구리들이 입과 코를 이용하여 땅 위에서 호흡할 수 있게 도와줍니다.
- 자정 이후까지 계속되지는 않을 것이다.

정답 18 ② 19 ②

※ 두 문장의 의미가 같도록 할 때, 빈칸에 들어갈 말로 가장 적절한 것을 고르시오. (20 ~ 21)

20

He was foolish to believe that.
→ ____________ to believe that.

① That was foolish for him
② That was foolish of him
③ It was foolish of him
④ It was foolish for him

21

She said, "I don't want to go."
→ She said that ____________.

① I didn't want to go
② I don't want to go
③ she doesn't want to go
④ she didn't want to go

※ 밑줄 친 부분의 의미와 가장 가까운 것을 고르시오. (22 ~ 25)

22

He looked <u>blue</u> after he broke up with his girlfriend.

① embarrassed
② confident
③ relieved
④ depressed

20 **해설**
가주어/진주어 구문은 주어가 길어지면 가주어 it을 앞으로 두고 동사 뒤로 진주어를 보낸다.
- It + is + 형용사(사람 성격) + of + 목적격
- It + is + 형용사(사물의 특징) + for + 목적격

제시된 문장은 foolish(사람의 성격)이므로 of + 목적격이 적절하다.

해석
그는 그것을 믿을 만큼 어리석었다.

21 **해설**
직접화법을 간접화법으로 전환하는 문제이다. 전달 동사 said는 그대로 쓰고 직접화법 문장을 that절로 변경한다. that절의 인칭대명사를 전달자의 관점에서 적절한 대명사로 바꾸고 시제도 일치시킨다. 제시된 문장에서 I가 she로 바뀌고 시제가 전달 동사의 과거시제와 일치된 ④가 적절하다.

해석
그녀는 "나는 가고 싶지 않아."라고 말했다.

22
- blue (사람·기분이) 우울한; (형세 따위가) 비관적인
- embarrassed 거북(무안)한, 당혹스러운, 난처한; 쩔쩔매는
- confident 확신하는
- relieved 안도하는
- depressed 우울한, 풀이 죽은, 의기소침한

해석
그는 여자친구와 헤어지고 <u>우울해</u> 보였다.

정답 20 ③ 21 ④ 22 ④

23

I'm all booked up this afternoon. What about meeting together next week if you have time?

① extremely sick
② extremely busy
③ extremely irritating
④ extremely sleepy

23 • be booked up 몹시 바쁘다
• irritating 초조하게 하는, 약 올리는, 화나게 하는

해석
오늘 오후에 나는 몹시 바빠. 시간이 있으면 다음 주에 만나는 건 어때?

24

What careers are you interested in?

① jobs
② businesses
③ possessions
④ corporations

24 • career 직업
• business 사업, 장사
• possession 소지품, 소유
• corporation 기업, 회사

해석
어떤 직업에 관심이 있으십니까?

25

I'm looking for some temporary work.

① familiar
② superfluous
③ provisional
④ apparent

25 • temporary 일시의, 잠깐의, 순간의, 덧없는
• familiar 익숙한
• superfluous 남는, 여분의, 과잉의; 불필요한
• provisional 임시의, 일시적인
• apparent 명백한

해석
저는 뭔가 임시로 할 수 있는 일을 찾고 있어요.

정답 23 ② 24 ① 25 ③

※ 어법상 가장 적절하지 않은 것을 고르시오. (26 ~ 27)

26

The belief that we swallow (A) an average of eight spiders (B) in our sleep every year (C) have become (D) so ingrained in popular culture that many people now accept it as fact.

① (A)
② (B)
③ (C)
④ (D)

27

(A) When I visit Seoul next month, I should think about (B) what to do while staying at the accommodation (C) where (D) you recommended.

① (A)
② (B)
③ (C)
④ (D)

26
• swallow 삼키다
• ingrained 뿌리 깊은, 깊이 몸에 밴

해설

주어가 The belief(단수)이기 때문에 본동사는 수를 일치시킨 has가 적절하다.

해석

우리가 매년 평균 8마리의 거미를 잠결에 삼킨다는 믿음이 대중문화에 너무 깊이 새겨져 많은 사람들이 이제는 사실로 받아들이고 있습니다.

27
해설

관계부사 where는 뒤에 완전한 문장이 온다. 제시문에서 where 뒤의 you recommended는 목적어가 없는 불완전한 문장이므로, 목적어 기능의 관계대명사가 와야 한다. 따라서 관계대명사 that이 관계부사 where 대신에 와야 적절하다.

해석

내가 다음 달에 서울을 방문하면, 당신이 추천해 준 숙소에 머물면서 무엇을 할지 고민해야겠어.

정답 26 ③ 27 ③

28 다음 제시문의 제목으로 가장 적절한 것은?

While air pollution is often perceived as a local or regional problem, air pollution also has a global dimension. At least three aspects of air pollution as a global problem can be distinguished: 1) the long-range transport of air pollution emitted in one country can affect people and the environment of another country; 2) there are similar air pollution problems in different countries that can be solved using the same measures; and 3) the implementation of national policies might have implications for other countries in so far as they can lead to shifting environmental problems to another country. In addition, air pollution is the central link in the interaction between ozone, nitrogen, climate change and ecosystems, which increasingly requires an integrated approach to environmental policymaking, also beyond the UNECE region.
It is a time when international cooperation is urgently needed for future generations, away from the armchair argument. Addressing these pollution problems requires cooperation at the scientific and the policy level, including with other countries and regions. This also includes working with organizations and networks within the UN system and beyond to increase synergies and coordination and enhance outreach and information sharing.

① Three aspects of air pollution
② The history of UNECE Convention
③ International Cooperation on Air Pollution
④ Transboundary Air Pollution Problem

28
- emit (빛·열·냄새·소리 따위를) 내다, 발하다, 방출하다, 방사하다
- armchair argument 탁상공론
- UNECE(United Nations Economic Commission for Europe) UN 유럽 경제 위원회
- fora forum의 복수
- ascertain 확인하다; 규명하다
- transboundary 국경을 넘는

해설
① 대기 오염의 세 가지 측면
② UN 유럽 경제 위원회 회의의 역사
③ 대기 오염에 대한 국제적인 협력
④ 국경을 넘는 대기 오염 문제

해석
대기 오염은 종종 지역적 또는 지방적 문제로 인식되는 반면, 대기 오염은 또한 세계적인 측면도가지고 있다. 세계적인 문제로서 대기 오염은 적어도 세 가지 측면으로 구별될 수 있다: 1) 한 국가에서 배출되는 대기 오염의 장거리 이동으로 인해 다른 국가의 사람들과 환경에 영향을 미칠 수 있다; 2) 동일한 조치를 사용하여 해결할 수 있는 다른 국가들 간의 유사한 대기 오염 문제가 있다; 그리고 3) 국가 정책의 실행은 환경 문제를 다른 국가로 이동시키는 것으로 이어질 수 있는 한 다른 국가에 영향을 미칠 수 있다. 게다가 대기 오염은 오존, 질소, 기후 변화 및 생태계 간의 상호 작용에서 중심적인 연결 고리이며, 이는 또한 UNECE 지역을 넘어 환경 정책 결정에 대한 통합적인 접근을 점점 더 요구하고 있다.
탁상공론에서 벗어나 무엇보다도 미래 세대를 위하여 국제적인 협력이 절실한 때이다. 이러한 오염 문제를 해결하기 위해서는 다른 국가 및 지역을 포함한 과학 및 정책 수준의 협력이 필요하다. 이것은 또한 시너지 효과와 조정력을 높이고 봉사활동과 정보 공유를 강화하기 위해 유엔 시스템 안팎의 조직 및 네트워크와 협력하는 것을 포함한다.

정답 28 ③

29 다음 글의 주제로 가장 적절한 것은?

The term "intestate" refers to the situation where a person passes away without a valid will. When this happens, no legal document outlines how the deceased person wanted their assets and property to be distributed. If you want to ensure your assets are distributed according to your wishes and minimize complications for your loved ones, creating a will is crucial. What Does 'Intestate Succession' Mean? 'Intestate succession' is the legal process through which a deceased person's estate is distributed when they die without a will or if their will does not fully dispose of their estate. This process is governed by the specific state intestacy laws where the deceased lived or where the property is located. These laws provide a default scheme for distributing the deceased's assets, typically favoring close relatives. The rules of intestate succession aim to reflect how an average person might have intended their assets to be distributed among their family members. However, since these laws apply a one-size-fits-all approach, they might not always align with the deceased's wishes or the dynamics of their family relationships.

① The meaning and the procedure of intestate succession
② The distribution ratio of intestate succession
③ The state regulation of personal property
④ The importance of a will in death

29 • Intestate 유언장을 남기지 않은
• estate 재산
• intestate succession 무유언 상속
• intestacy 무유언 사망자의 유산
• one-size-fits-all 널리(두루) 적용되도록 만든

해설

① 무유언 상속의 의미와 절차
② 무유언 상속의 분배 비율
③ 개인 재산에 대한 국가의 규제
④ 사망 시 유언의 중요성

해석

"Intestate"이라는 용어는 사람이 유효한 유언 없이 사망하는 상황을 가리킨다. 이렇게 되면 사망자가 어떻게 재산과 재산을 분배받기를 원했는지에 대한 법적 문서가 작성되지 않는다. 자산이 원하는 대로 분배되기를 보장하고 사랑하는 사람들의 문제를 최소화하고 싶다면 유언장을 만드는 것이 중요하다. '무유언 상속'이란 무엇을 의미하는가? '무유언 상속'은 유언 없이 사망하거나 유언으로 재산을 완전히 처분하지 않은 경우에 사망자의 재산을 분배하는 법적 절차이다. 이 절차는 사망자가 거주했거나 사망자의 재산이 위치한 특정 주의 무유언상속법에 따라 결정된다. 이 법들은 일반적으로 가까운 친척들을 선호하여 사망자의 재산을 분배하는 기본 계획을 제공한다. 무유언 상속의 법칙은 보통 사람이 자신의 재산을 가족들 사이에 어떻게 분배할 것인지를 반영하는 것을 목표로 한다. 하지만 이 법칙들은 두루두루 적용되는 접근법을 적용하기 때문에 고인의 뜻이나 가족 관계의 역동성과 항상 일치하지 않을 수 있다.

정답 29 ①

※ 다음 글을 읽고 내용과 일치하는 것을 고르시오. (30 ~ 31)

30

The genomics-based concept of precision medicine began to emerge following the completion of the Human Genome Project. In contrast to evidence-based medicine, precision medicine will allow doctors and scientists to tailor the treatment of different subpopulations of patients who differ in their susceptibility to specific diseases or responsiveness to specific therapies. The current precision medicine model was proposed to precisely classify patients into subgroups sharing a common biological basis of diseases for more effective tailored treatment to achieve improved outcomes. Precision medicine has become a term that symbolizes the new age of medicine. In our view, for precision medicine to work, two essential objectives need to be achieved. First, diseases need to be classified into various subtypes. Second, targeted therapies must be available for each specific disease subtype. Therefore, we focused this review on the progress in meeting these two objectives.

① Precision medicine is related with evidence-based medicine.
② Precision medicine treat different subpopulations of patients.
③ Targeted therapies cannot be available for each specific disease subtype.
④ The evidence-based medicine symbolizes the new age of medicine.

30

- genomics 유전체학, 게놈학
- precision medicine 정밀 의학
- Human Genome Project 휴먼 게놈 프로젝트, 인간 유전체 규명 계획
- evidence-based medicine 증거 중심 의학, 증거 바탕 의학
- subpopulation 소집단, 하위 집단, 일부의 사람들
- susceptibility 민감성
- subtype 하위 유형
- targeted therapy 표적 치료, 표적 치료제

해설

① 정밀 의학은 증거 기반 의학과 관련이 있다.
② 정밀 의학은 환자의 하위 집단을 치료한다.
③ 표적 치료제는 특정 질병의 하위 유형에 유효하지 않다.
④ 증거 기반 의학은 의학의 새로운 시대를 상징한다.

해석

유전체학을 기반으로 한 정밀 의학의 개념은 인간 유전체 규명 프로젝트가 완료된 이후 등장하기 시작했다. 증거 바탕 의학과 달리, 정밀 의학은 의사와 과학자가 특정 질병에 대한 감수성 또는 특정 치료에 대한 반응에 차이가 있는 환자 집단을 대상으로 치료를 맞춤화할 수 있게 한다. 현재의 정밀 의학 모델은 질병의 공통적인 생물학적 기반을 공유하는 하위 집단으로 환자를 정확하게 분류하여 더 효과적인 맞춤형 치료를 통해 더 나은 결과를 얻기 위해 제안되었다. 정밀 의학은 의학의 새로운 시대를 상징하는 용어가 되었다. 우리가 보기에, 정밀 의학이 이루어지기 위해서는 두 가지 필수적인 목표가 달성되어야 한다. 첫째, 질병은 다양한 하위 유형으로 분류되어야 한다. 둘째, 특정 질병 하위 유형별로 표적 치료제가 제공되어야 한다. 따라서 우리는 이 두 가지 목표를 달성하는 과정에 초점을 맞추었다.

정답 30 ②

31

The term Renaissance, literally meaning "rebirth", refers to the profound cultural and intellectual movement that emerged in Europe during the 14th to the 17th century. This period is characterized by a resurgence of interest in the classical art, literature, and philosophy of ancient Greece and Rome. It was a time of great creativity and change in many areas, including art, science, and politics, which collectively contributed to the shaping of the modern world.

The Renaissance is often viewed as a bridge between the Middle Ages and the modern era, marking a departure from the feudal and religious constraints of medieval society. It fostered a new spirit of humanism, which emphasized the potential for individual achievement and the critical study of the humanities—grammar, rhetoric, history, poetry, and moral philosophy—as a means to understand human nature and the world.

The Renaissance began in Italy in the 14th century and gradually spread to the rest of Europe, reaching its zenith in the 15th and 16th centuries. While Italy remained the heartland of the movement, the Renaissance had a significant impact on countries such as France, England, the Netherlands, Germany, and Spain. Each region developed its own distinct flavor of Renaissance culture, influenced by local traditions and conditions.

① Renaissance refers to the movement that emerged in Asia.

② Renaissance is viewed as a bridge between the ancient and middle ages.

③ Renaissance began in England in the 14th century.

④ Renaissance reached its zenith in the 15th and 16th centuries.

31 • resurgence 재기, 부활
• feudal 봉건(제도)의; 봉건 시대의, 중세의
• zenith 정점, 절정; 전성기

해설

① 르네상스는 아시아에서 출현한 운동이다.
② 르네상스는 고대와 중세 사이의 가교로 여겨진다.
③ 르네상스는 14세기 영국에서 시작되었다.
④ 르네상스는 15세기와 16세기에 그 절정에 도달했다.

해석

문자 그대로 "재탄생"을 의미하는 르네상스라는 용어는 14세기에서 17세기 사이 유럽에서 출현한 심오한 문화적·지적 운동을 가리킨다. 이 시기는 고대 그리스와 로마의 고전 예술, 문학, 철학에 대한 관심의 부활로 특징지어진다. 그것은 현대 세계의 형성에 총체적으로 기여한 예술, 과학, 정치를 포함한 많은 영역에서 창조성과 변화가 큰 시기였다.

르네상스는 중세 사회의 봉건적이고 종교적인 제약으로부터 벗어남을 나타내며, 흔히 중세와 현대 시대 사이의 가교로 여겨진다. 그것은 개인적인 성취의 가능성과 인간의 본성과 세계를 이해하기 위한 수단으로써 인문학–문법, 수사학, 역사, 시, 도덕 철학–에 대한 비판적인 연구를 강조하는 새로운 휴머니즘 정신을 육성했다.

르네상스는 14세기에 이탈리아에서 시작되었고 15세기와 16세기에 절정에 달하면서 점차 유럽의 나머지 지역으로 퍼져나갔다. 이탈리아가 그 운동의 중심지이긴 하지만, 르네상스는 프랑스, 영국, 네덜란드, 독일, 스페인과 같은 나라들에 중요한 영향을 미쳤다. 각 지역은 현지 전통과 조건에 의해 영향을 받아 르네상스 문화의 독특한 특색을 발전시켰다.

정답 31 ④

※ 다음 문장을 영어로 가장 적절하게 바꾼 것을 고르시오. (32 ~ 33)

32

너무 더워서 에어컨을 켰어.

① It was so hot that I turned on the air-conditioner.
② It was too hot to turn on the air-conditioner.
③ It was hot enough turn on the air-conditioner.
④ It was very hot that I turned on the air-conditioner.

33

Kate는 John에 대해 어떻게 생각하니?

① Does Kate think of John?
② Does Kate think about John?
③ What does Kate think about John?
④ How does Kate think through John?

32 해설

so + 형용사/부사 + that + 주어 + 동사 : 너무 ~ 해서 … 하다.(= 형용사/부사 + enough + to 부정사)

so that ~ : ~하기 위해서

예 I studied hard so that I could pass the exam.(나는 그 시험에 합격하기 위해서 열심히 공부했다.)

② too ~ to … : 너무 ~해서 …할 수 없다.

③ 'enough + to 부정사'에서 to가 빠졌기 때문에 부적절하다.

33 해설

어떻게 생각해요?

• What do you think of(about) ~?
• How do you feel about ~?

정답 32 ① 33 ③

34 다음 내용에서 언급한 어원학의 연구 내용이 아닌 것은?

For languages with a long written history, etymologists make use of texts, and texts about the language, to gather knowledge about how words were used during earlier periods, how they developed in meaning and form, or when and how they entered the language. Etymologists also apply the methods of comparative linguistics to reconstruct information about forms that are too old for any direct information to be available. By analyzing related languages with a technique known as the comparative method, linguists can make inferences about their shared parent language and its vocabulary. In this way, word roots in many European languages, for example, can be traced all the way back to the origin of the Indo-European language family.

Etymologists apply a number of methods to study the origins of words, some of which are:

- Philological research : Changes in the form and meaning of the word can be traced with the aid of older texts, if such are available.
- Making use of dialectological data : The form or meaning of the word might show variations between dialects, which may yield clues about its earlier history.
- Comparative method : By a systematic comparison of related languages, etymologists may often be able to detect which words derive from their common ancestor language and which were instead later borrowed from another language.
- The study of semantic change : Etymologists must often make hypotheses about changes in the meaning of particular words. Such hypotheses are tested against the general knowledge of semantic shifts.

34
- etymologist 어원학자
- philological 문헌의
- dialectological 방언학의
- semiotics 기호(언어)학
- semantics 의미론

해석

긴 기록된 역사를 가진 언어의 경우, 어원학자들은 단어가 과거에 어떻게 사용되었는지, 의미와 형태가 어떻게 발전했는지, 또는 언제 그리고 어떻게 언어에 도입되었는지에 대한 지식을 수집하기 위해 텍스트와 언어에 관한 텍스트를 활용한다. 어원학자들은 또한 어떤 직접적인 정보로 이용되기에는 너무 오래된 형태에 대한 정보를 재구성하기 위해 비교언어학의 방법을 적용한다. 비교연구법이라고 알려진 기술로 관련 언어를 분석함으로써, 언어학자들은 그들의 공유된 모어와 그 어휘에 대해 추론할 수 있다. 이러한 방식으로, 예를 들어, 많은 유럽 언어들의 어원은 인도-유럽어족의 기원으로 거슬러 올라갈 수 있다.

어원학자들은 단어의 기원을 연구하기 위해 여러 가지 방법을 적용하는데, 그 중 일부는 다음과 같다:

- 문헌 연구 : 단어의 형태와 의미의 변화는 이용 가능한 오래된 텍스트의 도움으로 추적될 수 있다.
- 방언학적 자료 : 단어의 형태나 의미는 방언 간에 차이를 보일 수 있으며, 이는 초기 역사에 대한 단서를 제공할 수 있다.
- 비교연구법 : 관련 언어들의 체계적인 비교에 의해, 어원학자들은 어떤 단어들이 그들의 공통된 조상 언어에서 유래하고 어떤 단어들이 나중에 다른 언어에서 차용되었는지를 종종 발견할 수 있을지도 모른다.
- 의미 변화에 대한 연구 : 어원학자들은 특정 단어의 의미 변화에 대한 가설을 세워야 한다. 그러한 가설은 의미 변화에 대한 일반적인 지식을 바탕으로 검증된다.

① Determining which language is dominant and which language is inferior
② Comparing related languages from shared parent language and its vocabulary
③ Exploring the form or meaning of the word for dialectological data
④ Providing hypotheses about changes in the meaning of particular words

해설
① 우세언어와 열등언어를 결정
② 공유 모어 및 그 어휘와 관련된 언어들의 비교
③ 방언학의 자료에 대한 단어의 형태나 의미 탐색
④ 특정 단어의 의미 변화에 대한 가설 제시

정답 34 ①

※ 다음 글을 읽고 물음에 답하시오. (35 ~ 36)

Social science is the study of how people interact with one another. The branches of social science include anthropology, economics, political science, psychology, and sociology. Social scientists study how societies work, exploring everything from the triggers of economic growth and the causes of unemployment to what makes people happy. Their findings inform public policies, education programs, urban design, marketing strategies, and many other endeavors.

Social science involves academic disciplines that focus on how individuals behave within society. Social science is a relatively new field of scientific study that rose to prominence in the 20th century. Typical careers in social science include working as an advertiser, economist, psychologist, teacher, manager, and social worker.

Social scientists generally rely more heavily on interpretation and qualitative research methodologies than those in the natural sciences do. Social science as a field of study is separate from the natural sciences, which covers topics such as physics, biology, and chemistry. Social science examines the relationships between individuals and societies as well as the development and operation of societies, rather than focusing on the physical world.

35 ~ 36

- anthropology 인류학, 인간학
- trigger (총의) 방아쇠; (연쇄 반응・생리 현상・일련의 사건 등을 유발하는) 계기, 자극
- prominence 두드러짐, 현저, 탁월
- qualitative research 질적 연구

해석

사회과학은 사람들이 서로 어떻게 상호작용하는지를 연구하는 학문이다. 사회과학의 파생 영역은 인류학, 경제학, 정치학, 심리학, 사회학을 포함한다. 사회과학자들은 경제 성장의 원인과 실업의 원인부터 사람들을 행복하게 만드는 것까지 모든 것을 탐구하면서 사회가 어떻게 돌아가는지를 연구한다. 그들의 연구 결과는 공공 정책, 교육 프로그램, 도시 디자인, 마케팅 전략 등 많은 다양한 시도에 영향을 미친다.

사회과학은 개인이 사회 내에서 어떻게 행동하는지에 초점을 맞춘 학문 분야를 포함한다. 사회과학은 20세기에 두각을 나타낸 비교적 새로운 과학 연구 분야이다. 사회과학의 전형적인 경력에는 광고인, 경제학자, 심리학자, 교사, 관리자 및 사회복지사로 일하는 것이 포함된다.

사회과학자들은 일반적으로 자연과학자들보다 해석과 질적 연구 방법론에 더 많이 의존한다. 학문 분야로서의 사회과학은 물리학, 생물학, 화학과 같은 주제를 다루는 자연과학과는 별개이다. 사회과학은 물리적 세계에 초점을 맞추기보다는 사회의 발전과 운영뿐만 아니라 개인과 사회의 관계를 분석한다.

35 주어진 글의 제목으로 가장 적절한 것은?

① Careers in Social Science
② The examples of Social Science
③ The methodology of Social Science
④ The understanding of Social Science

36 주어진 글에서 social science에 대한 설명으로 가장 적절한 것은?

① 사회과학은 자연과학의 일부이다.
② 사회과학은 19세기에 두각을 나타낸 연구 분야이다.
③ 사회과학자들은 양적 연구 방법론에 더 많이 의존한다.
④ 사회과학은 사람들이 서로 어떻게 상호작용하는지를 연구하는 학문이다.

35 해설
① 사회과학에서 직업들
② 사회과학의 예들
③ 사회과학의 방법론
④ 사회과학의 이해

36 해설
① 사회과학은 자연과학과는 별개이다.
② 사회과학은 20세기에 두각을 나타낸 연구 분야이다.
③ 사회과학자들은 질적 연구 방법론에 더 많이 의존한다.

정답 35 ④ 36 ④

※ 다음 글을 읽고 물음에 답하시오. (37 ~ 38)

Amnesty has often been used as a means of healing animosities and divisions caused by war. After the American Civil War, President Andrew Johnson granted amnesty to most Southerners who had fought against the Union. His General Amnesty Proclamation, issued in 1865, granted amnesty to many supporters of the Southern Confederacy; and his Universal Amnesty in 1868 did the same for all but 300 Confederates.

Amnesty is closely related to another legal term, the pardon; in fact they are often used interchangeably. They are not quite the same, however. The pardon is normally used for a person who has been convicted of a crime. The chief executive officer of a country or state, such as the president or a governor, may pardon a criminal or may prevent an offender from being prosecuted.

The most famous pardon in United States history occurred on September 8, 1974. President Gerald R. Ford pardoned former President Richard M. Nixon "for all offenses which he, Richard Nixon, has committed or may have committed or taken part in" during his terms of office. Both the president and the Congress have the power of amnesty, but only the president has the power to grant a pardon.

37 ~ 38

- amnesty 사면
- Proclamation 선언, 포고
- Confederacy 동맹, 연합(league); 연합체, 연맹국, 동맹국, 연방
- prosecute 해내다, 수행하다
- pardon 사면

해석

사면(amnesty)은 종종 전쟁으로 인한 적대감과 분열을 치유하는 수단으로 사용되었다. 미국의 남북전쟁 이후, 앤드류 존슨 대통령은 미 연방에 맞서 싸운 대부분의 남부 사람들에게 사면(amnesty)을 해주었다. 1865년에 발표된 그의 일반 사면(amnesty) 포고령은 남부 연합의 많은 지지자들에게 사면(amnesty)을 해주었고, 1868년에 그의 보편적 사면(amnesty)은 300명의 남부 연합을 제외한 모든 사람들에게 똑같은 조치를 해주었다.

사면(amnesty)은 다른 법률 용어인 사면(pardon)과 밀접하게 관련되어 있다; 사실 그것들은 자주 혼용되어 사용된다. 그러나 그것들은 완전히 같지는 않다. 사면(pardon)은 보통 범죄로 유죄 판결을 받은 사람에게 사용된다. 대통령이나 주지사와 같은 국가나 주의 최고 행정 책임자는 범죄자를 사면(pardon)하거나 범죄자가 기소되는 것을 막을 수 있다.

미국 역사에서 가장 유명한 사면(pardon)은 1974년 9월 8일에 발생했다. 제럴드 R. 포드 대통령은 리차드 닉슨 전 대통령이 재임 기간 동안 "그가 저질렀거나 가담했을 수 있는 모든 범죄에 대해" 사면(pardon)했다. 대통령과 의회 모두 사면(amnesty)의 권한을 가지고 있지만, 오직 대통령만이 사면(pardon)을 할 수 있는 권한을 가지고 있다.

37 주어진 글의 주제로 가장 적절한 것은?

① Legal measures for healing after conflict
② Comparing amnesty and pardon in U.S.
③ Presidential decision in post-war reconciliation
④ The powers of the congress in legal forgiveness

37 **해설**
① 적대감과 분열을 치유하는 법적 수단
② 미국의 사면(amnesty)과 사면(pardon) 비교
③ 전후 화해 시 대통령의 결정
④ 법적 용서에 있어서 의회의 권한

38 다음 빈칸 안에 들어갈 말로 가장 적절한 것은?

> The most famous pardon occurred on September 8th, 1974, ______ President pardoned former President.

① that
② which
③ when
④ where

38 **해설**
when은 시간이 선행사로 나올 때 사용하는 관계부사이다.

- The most famous pardon occurred on September 8th, 1974.
- President pardoned former President then

→ The most famous pardon occurred on September 8th, 1974, when President pardoned former President.(가장 유명한 사면은 대통령이 전 대통령을 사면한 1974년 9월 8일에 발생했다.)

정답 37 ② 38 ③

※ 다음 글을 읽고 물음에 답하시오. (39 ~ 40)

Good morning, ladies and gentlemen. Welcome to Airline X flight.
We are now just a few minutes away from an on-time departure. Before take-off, I would like to inform you of a few things for your safety.
Please fasten your seat belt and return your seat to the upright position. For your safety, please place your carry-on items in the overhead bins or under the seat in front of you.
Smoking and the use of electronic cigarettes are not possible anywhere on board. For other details, please check the information provided or the flight attendant's information.
Thank you very much for choosing Airline X again today. We will do our best to ensure that you always travel safely and comfortably. Thank you.

39 주어진 글의 목적으로 가장 적절한 것은?

① To explain the aircraft in detail
② To explain the precautions for landing
③ To guide the departure of the plane
④ To promote the airline

40 주어진 글에서 '기내 금지 행위'로 언급한 것은 무엇인가?

① Using electronic devices
② Smoking (including e-cigarettes)
③ Bringing and eating outside food
④ Conversing loudly with neighbors

39 ~ 40

해석
승객 여러분, 안녕하십니까. Airline X 항공편에 오신 것을 환영합니다.
저희 비행기는 곧 정시에 이륙할 예정입니다. 이륙 전, 승객 여러분의 안전을 위해 몇 가지 사항을 안내드립니다.
먼저 안전벨트를 착용해 주시고, 좌석을 원위치로 되돌려 주시기 바랍니다. 여러분의 안전을 위해 기내 반입 물품은 머리 위 짐칸이나 앞좌석 아래에 보관해 주십시오.
기내에서는 흡연과 전자 담배 사용이 불가능합니다. 기타 자세한 사항은 비치된 안내문이나 승무원의 안내를 참조해 주시기 바랍니다.
다시 한 번 저희 Airline X를 이용해 주셔서 진심으로 감사드리며, 승객 여러분의 편안하고 안전한 여행을 위해 최선을 다하겠습니다. 감사합니다.

39 해설
① 항공기에 대해 자세히 설명하기 위해
② 착륙 시 주의 사항 설명을 위해서
③ 비행기 출발 안내를 위해서
④ 항공사 광고를 하기 위해서

40 해설
① 전자기기 사용
② 흡연(전자 담배 포함)
③ 외부 음식 반입 및 취식
④ 옆 사람과의 시끄러운 대화

정답 39 ③ 40 ②

출제유형 완벽파악

2023년 기출복원문제

▶ 온라인(www.sdedu.co.kr)을 통해 기출문제 무료 강의를 만나 보세요.

※ 다음 중 빈칸에 들어갈 말로 가장 적절한 것을 고르시오. (01 ~ 10)

01

They _______ it with water and spray it on fields of wheat, lettuce and carrots to keep bugs away.

① dilute
② convert
③ erode
④ dissolve

01
- dilute 희석하다
- convert 전환시키다[전환되다], 개종자, 전향자
- erode 침식시키다[침식되다], 무너지다[무너뜨리다]
- dissolve 녹다, (고체를) 녹이다

해석

그들은 그것을 물에 희석시키고 밀, 상추, 당근 밭에 그것을 뿌려 벌레들을 쫓는다.

02

Thanks to a large gift from an _______ donor, the charity was able to continue the work.

① angry
② respectful
③ famous
④ anonymous

02
- angry 화난, 벌겋게 곪은
- respectful 존경심을 보이는, 공손한
- famous 유명한
- anonymous (글・기부 등이) 익명으로 된, 특색 없는

해석

익명의 기부자가 보낸 큰 선물 덕분에 그 자선 기관은 그 사업을 계속할 수 있었다.

정답 01 ① 02 ④

03 He was on the verge of being _______ on the street because his company went bankrupt.

① put out
② hand in
③ put off
④ turn on

03 • on the verge of 막 ~하려고 하는, ~의 직전에
• bankrupt 파산자, 파산한
• put out 내쫓다, (불을) 끄다, 생산하다, 출판하다
• hand in 제출하다, 건네주다
• put off 연기하다
• turn on 틀다, 점화하다

해석
그는 회사가 망해서 길거리에 나앉을 지경이었다.

04 They've had to dispense _______ a lot of luxuries since Mike lost his job.

① at
② of
③ to
④ with

04 • dispense with ~을 필요 없이 하다, 면제시키다, 없애다

해석
마이크가 실직한 이후 그들은 많은 사치품 없이 지내야만 했다.

05 Humans take _______ oxygen and breathe out carbon dioxide.

① in
② of
③ for
④ with

05 • take in (몸속으로) ~을 섭취[흡수]하다

해석
인간은 산소를 들이마시고 이산화탄소를 내뿜는다.

정답 03 ① 04 ④ 05 ①

06

______ he's only just started, he knows quite a lot about it.

① considered
② considering
③ to consider
④ considers

06 • considering ~을 고려[감안]하면

해석

그가 시작한 지 얼마 안 된 것을 고려하면 그것에 대해 상당히 많이 안다.

07

You should behave ______ accordance with common sense.

① on
② at
③ in
④ for

07 • in accordance with ~에 의하여, ~에 따라

해석

당신은 상식에 따라 행동해야 한다.

08

I'm a real coward ______ it comes to going to the dentist.

① what
② which
③ when
④ that

08 • when it comes to ~에 관한 한, ~에 대해서라면
• coward 겁쟁이

해석

치과에 가는 일이라면 난 정말 겁쟁이야.

정답 06 ② 07 ③ 08 ③

09

It was hard to ______ one twin from the other.

① demonstrate
② enhance
③ distribute
④ distinguish

10

On ______ of the department, I would like to thank you all.

① place
② behalf
③ instead
④ favor

11 다음 대화의 빈칸에 들어갈 말로 가장 적절한 것은?

A : Do you have any aspirin?
B : No, I am afraid I don't.
A : Could you go get some?
B : Sure, Is there a ____________ near hear?

① bakery
② drug store
③ hardware store
④ convenience store

09
- demonstrate 증명하다, 설명하다
- enhance (가치・능력・매력 따위를) 높이다
- distribute 분배하다
- distinguish 구별하다, 분별[식별]하다(from/by), 분류하다(into)

해석

그 쌍둥이 한 명을 다른 쌍둥이 한 명과 구별하기가 어려웠다.

10
- in place of ~ 대신에
- on behalf of ~을 대표하여, ~ 대신에
- instead of ~ 대신에
- in favor of ~을 위하여

해석

부서를 대표하여 여러분 모두에게 감사를 드리고 싶습니다.

11
- bakery 빵집
- drug store 약국
- hardware store 철물점
- convenience store 편의점

해설

아스피린을 사다 달라는 A의 말에 대한 답변이므로, 빈칸에는 drug store(약국)가 들어가는 것이 가장 적절하다.

해석

A : 아스피린 좀 있어요?
B : 아니요, 없는데요.
A : 좀 사다 줄 수 있어요?
B : 물론이죠, 여기 근처에 약국이 있나요?

정답 09 ④ 10 ② 11 ②

12 다음 대화의 빈칸에 들어갈 말로 가장 적절한 것은?

A : I am _______. I need a snack.
B : Let's see what we have in the refrigerator.
A : Hmm. It looks pretty empty.
B : You're right.

① exhausted
② thirsty
③ starving
④ nervous

12
• exhausted 지친
• thirsty 목마른
• starving 배고픈
• nervous 초조한

해설
간식이 필요하다는 다음 문장을 봤을 때, 빈칸에는 starving(배고픈)이 들어가는 것이 가장 적절하다.

해석
A : 나 배고파. 간식이 필요해.
B : 냉장고 안에 뭐가 있는지 보자.
A : 음 완전 비었네.
B : 그러게.

13 다음 중 밑줄 친 부분과 문맥상 의미가 가장 가까운 것은?

Their white new carpet showed every <u>mark</u>.

① goal
② stain
③ sign
④ target

13
• mark 표시하다, 흔적[자국]을 내다, 흔적[자국]
• goal 목적
• stain 얼룩, 흔적
• sign 기호
• target 과녁

해석
그들의 하얀 새 카펫은 모든 흔적을 보여주었다.

14 다음 대화의 빈칸에 들어갈 말로 가장 적절한 것은?

A : What are you doing for lunch?
B : I'm meeting my friends at a restaurant. Why?
A : My lunch meeting was _______, so I wanted to meet you for lunch.

① canceled
② added
③ stopped
④ eliminated

14
• cancel 취소하다
• add 추가하다
• stop 멈추다
• eliminate 제거하다

해설
B와 점심을 먹으려고 했다는 빈칸의 다음 문장을 봤을 때, 빈칸에는 canceled가 들어가는 것이 가장 적절하다.

해석
A : 점심시간에 뭐해?
B : 레스토랑에서 친구들 만나. 왜?
A : 내 점심 모임이 취소되었어. 그래서 너와 점심 먹으려고 했어.

정답 12 ③ 13 ② 14 ①

15 다음 대화의 빈칸에 들어갈 말로 가장 적절한 것은?

A : You look tired.
B : My band had a concert last night.
A : You _______ have gotten home late.

① should
② may
③ must
④ could

15 • should have p.p ~했어야 했다
• may have p.p ~였을지도 모른다
• must have p.p ~였음이 틀림없다
• could have p.p ~할 수 있었을 텐데

해석
A : 너 피곤해 보인다.
B : 우리 밴드가 어젯밤에 콘서트를 했어.
A : 집에 분명히 늦게 왔겠네.

※ 다음 문장들의 빈칸에 공통으로 들어갈 말을 고르시오. (16 ~ 17)

16

• They giggled nervously as they waited for their _______.
• _______ the key clockwise.
• Please _______ the volume down.

① get
② take
③ make
④ turn

16 • turn 돌다, 돌리다, 회전, 차례
• turn down 낮추다

해석
• 그들은 자신들의 차례를 기다리며 초조하게 피식피식 웃었다.
• 열쇠를 시계 방향으로 돌려라.
• 소리 좀 낮춰 주세요.

17

• We had to call _______ everything on account of rain.
• They cut _______ the enemy's retreat.
• He threatened me to pay _______ debts.

① for
② of
③ in
④ off

17 • call off 취소하다
• cut off 차단하다
• pay off 모두 다 갚다, 청산하다

해석
• 비 때문에 우리는 모든 걸 취소해야 했다.
• 그들은 적의 퇴각을 차단했다.
• 그는 빚을 갚으라고 나에게 협박했다.

정답 15 ③ 16 ④ 17 ④

※ 밑줄 친 부분 중 어법에 맞지 않는 것을 고르시오. (18 ~ 19)

18

If you ① had studied ② harder last year, you ③ might ④ have pass the exam.

① had studied
② harder
③ might
④ have pass

18 해설
제시된 문장은 과거 사실의 반대를 가정하는 가정법 과거완료 문장이다. 가정법 과거완료의 기본 형태는 "If + 주어 + had p.p, 주어 + would/should/could/might + have p.p"이다. 따라서 문장에서 might have pass가 might have passed로 수정되어야 한다.

해석
네가 작년에 더 열심히 공부했더라면, 너는 그 시험에 통과했을 것이다.

19

• I would rather ① die than surrender.
• Let's discuss ② about the matter.
• He or you ③ are in the wrong.
• What do you say to ④ taking a walk?

① die
② about
③ are
④ taking

19 • surrender 항복하다, 포기하다

해설
discuss는 타동사로 뒤에 전치사가 올 수 없으므로 전치사 about을 쓰면 안 된다.
① '차라리 ~하는 편이 낫다'를 의미하는 "would rather + 동사원형" 표현이 쓰인 문장이다.
③ A or B 형태의 주어는 동사를 B에 수일치시킨다. 따라서 you와 일치하는 are로 쓰는 것은 적절하다.
④ '~하는 것이 어때?'(권유)를 의미하는 표현은 다음과 같다.
What do you say to ~ing?
= How about ~ing?
= What about ~ing?
= Why don't you + 동사원형?

해석
• 나는 항복하느니 차라리 죽겠어.
• 그 문제에 대해서 의논 좀 하자.
• 그나 너 중에 문제가 있어.
• 산책하는 게 어때?

정답 18 ④ 19 ②

20 다음 글의 주제로 가장 적절한 것은?

People often wrongly assume that procrastination is the same thing as laziness, or that procrastination is always caused by laziness. Procrastination is the act of unnecessarily postponing decisions or actions. Procrastination is a common phenomenon, which chronically affects approximately 20% of adults and 50% of college students. It's associated with various issues, such as worse academic performance, worse employment and financial status, worse emotional wellbeing, worse mental health, worse physical health, and delay in getting treatment for one's issues. Laziness can be defined as reluctance to exert necessary effort. Laziness can involve any type of effort(e.g. mental or physical), and people who display laziness generally do so despite being able to predict that their behavior will lead to negative outcomes, such as worse performance or missed opportunities. Procrastination and laziness are two different concepts: procrastination involves delaying unnecessarily, whereas laziness involves being reluctant to exert necessary effort.

① What is procrastination
② What is laziness
③ How to overcome procrastination and laziness
④ The difference between procrastination and laziness

20 **해설**
제시문은 일을 미루는 것과 게으른 것을 비교함으로써 두 개념의 차이를 설명하고 있다.

해석
사람들은 종종 미루는 것(질질 끌거나 꾸물거리는 것)이 게으름과 같은 것이라고 잘못 생각하거나, 미루는 것이 항상 게으름 때문이라고 잘못 생각한다. 미루는 것은 결정이나 행동을 불필요하게 연기하는 행위이다. 일을 미루는 것은 일반적인 현상으로, 만성적으로 성인의 약 20%와 대학생의 50%에게 영향을 미친다. 그것은 더 나쁜 학업 성취도, 더 나쁜 고용과 재정 상태, 더 나쁜 정서적인 행복, 더 나쁜 정신 건강, 더 나쁜 신체 건강, 그리고 한 개인의 문제에 대한 치료의 지연과 같은 다양한 문제들과 관련이 있다. 게으름은 필요한 노력을 하는 것을 꺼리는 것으로 정의될 수 있다. 게으름은 모든 종류의 노력(예 정신적 또는 육체적)을 포함할 수 있으며, 게으름을 보이는 사람들은 그들의 행동이 더 나쁜 성과나 기회를 놓치는 것과 같은 부정적인 결과로 이어질 것을 예측할 수 있음에도 불구하고 일반적으로 그렇게 한다. 미루는 것과 게으름은 다른 두 개념이다. 미루는 것은 불필요하게 지연시키는 것을 포함하는 반면에, 게으름은 필요한 노력을 하는 것을 꺼리는 것을 포함한다.

정답 20 ④

21 다음 글의 내용과 가장 일치하는 것은?

Falconry is the traditional art and practice of training and flying falcons(and sometimes eagles, hawks, buzzards and other birds of prey). It has been practised for over 4000 years. The practice of falconry in early and medieval periods of history is documented in many parts of the world. Originally a means of obtaining food, falconry has acquired other values over time and has been integrated into communities as a social and recreational practice and as a way of connecting with nature. Today, falconry is practised by people of all ages in many countries. As an important cultural symbol in many of those countries, it is transmitted from generation to generation through a variety of means, including through mentoring, within families or in training clubs. The modern practice of falconry focuses on safeguarding falcons, quarry and habitats, as well as the practice itself. And while falconers come from different backgrounds, they share universal values, traditions and practices, including the methods of breeding, training and caring for birds, the equipment used and the bonds between the falconer and the bird. The falconry community includes supporting entities such as falcon hospitals, breeding centers, conservation agencies and traditional equipment makers.

① 매사냥은 현대 시대에 생긴 훈련방식이다.
② 매사냥은 원래 식량을 얻는 것이 목적이었다.
③ 매사냥은 소수의 지역에서만 행해졌다.
④ 매사냥꾼들은 각자의 전통과 관행을 공유하지 않는다.

21 • falconry 매사냥
• breed 기르다, 양육하다
• entity 실재, 단체, 통일체

해설

① 매사냥은 4000년 이상 동안 행해진 오래된 행위이다.
③ 세계의 많은 지역에서 기록되어 있다.
④ 매사냥꾼들은 각자 다른 배경을 가지고 있어도 전통과 관행을 공유한다.

해석

매사냥은 매(때로는 독수리, 매, 대머리수리 및 다른 맹금류)를 훈련시키고 날리는 전통적인 예술이자 행위이다. 그것은 4000년 이상 동안 행해져 왔다. 역사의 초기와 중세 시기의 매사냥 행위는 세계의 많은 지역에서 기록되어 있다. 원래 식량을 얻기 위한 수단이었던 매사냥은 시간이 지나면서 다른 가치를 얻었고, 사회적・오락적 관행으로서 그리고 자연과 연결되는 방법으로서 사회에 통합되었다. 오늘날, 매사냥은 많은 나라에서 모든 연령대의 사람들에 의해 행해지고 있다. 많은 나라에서 중요한 문화적 상징으로서, 그것은 가족들 또는 훈련 클럽 내에서 멘토링(가르쳐 줌)을 포함한 다양한 방식을 통해 세대에서 세대로 전해진다. 현대의 매사냥 행위는 매, 사냥감, 서식지 보호뿐만 아니라 매사냥 그 자체에 초점을 맞추고 있다. 매사냥꾼들은 다른 배경에서 왔지만 그들은 새를 사육하고 훈련하고 돌보는 방법, 사용되는 장비, 매사냥꾼과 새 사이의 유대감을 포함하여 보편적인 가치, 전통과 관행을 공유한다. 매사냥 공동체에는 매 병원, 사육 센터, 보존 기관 및 전통적인 장비 제조업체와 같은 지원 단체가 포함된다.

정답 21 ②

22 다음 글의 내용과 가장 일치하는 것은?

Epicureanism is a system of philosophy founded around 307 B.C. based upon the teachings of the ancient Greek philosopher Epicurus. Epicurus was an atomic materialist, following in the steps of Democritus. His materialism led him to a general attack on superstition and divine intervention. Epicureanism was originally a challenge to Platonism. Later its main opponent became Stoicism. Although Epicureanism is a form of hedonism insofar as it declares pleasure to be its sole intrinsic goal, the concept that the absence of pain and fear constitutes the greatest pleasure, and its advocacy of a simple life, make it very different from "hedonism" as colloquially understood. Following the Cyrenaic philosopher Aristippus, Epicurus believed that the greatest good was to seek modest, sustainable pleasure in the form of a state of ataraxia(tranquility and freedom from fear) and aponia(the absence of bodily pain) through knowledge of the workings of the world and limiting desires. Correspondingly, Epicurus and his followers generally withdrew from politics because it could lead to frustrations and ambitions that would conflict with their pursuit of virtue and peace of mind.

① Epicurus thought deeply about superstitions and the existence of God.
② Epicurus introduced materialism to Democritus.
③ Epicurus and his followers were very interested in politics.
④ Epicurus regarded the greatest good as to seek modest, sustainable pleasure.

22 • Epicureanism 에피쿠로스 철학
• Stoicism 스토아 철학

해설

① 에피쿠로스는 미신과 신의 존재에 관해 깊이 생각했다. → 에피쿠로스의 물질주의는 그를 미신과 신의 개입에 대한 일반적인 공격으로 이끌었다.
② 에피쿠로스는 데모크리토스에게 유물론을 소개하였다. → 에피쿠로스는 데모크리토스의 전철을 밟은 원자 유물론자였다.
③ 에피쿠로스와 그의 추종자들은 정치학에 관심이 많은 관심이 있었다. → 에피쿠로스와 그의 추종자들은 일반적으로 정치에서 물러났다.

해석

에피쿠로스 철학은 고대 그리스 철학자 에피쿠로스의 가르침에 기초하여 기원전 307년경에 창시된 철학 체계이다. 에피쿠로스는 데모크리토스의 전철을 밟은 원자 유물론자였다. 그의 물질주의는 그를 미신과 신의 개입에 대한 일반적인 공격으로 이끌었다. 에피쿠로스 철학은 원래 플라톤주의에 대한 도전이었다. 나중에 그것의 주요 상대는 스토아 철학이 되었다. 에피쿠로스 철학은 쾌락을 유일한 본질적인 목표로 선언하는 한 쾌락주의의 한 형태이지만, 고통과 두려움의 부재가 가장 큰 쾌락을 구성한다는 개념과 단순한 삶에 대한 옹호는 구어체로 이해되는 "쾌락주의"와 매우 다르게 만든다. 키레네 철학자 아리스티포스에 이어 에피쿠로스는 세상의 일에 대한 지식과 제한하는 욕망을 통해 아타락시아(평온함과 두려움으로부터의 자유)와 아포니아(신체적 고통의 부재)의 형태로 겸손하고 지속 가능한 쾌락을 추구하는 것이 가장 큰 선이라고 믿었다. 그에 상응하여, 에피쿠로스와 그의 추종자들은 일반적으로 정치에서 물러났다. 왜냐하면 정치는 그들의 미덕과 마음의 평화를 추구하는 것과 상충되는 좌절과 야망으로 이어질 수 있기 때문이다.

정답 22 ④

23 다음 글의 요지로 가장 적절한 것은?

Listening to lullabies can help premature babies feed and sleep better, according to new research. Playing soothing music to the newborns can also help to slow their heart rates. The researchers found that slowing a premature baby's heart rate and improving their sleep and feeding behaviors, helps them to gain weight which means they may be able to leave hospital sooner. However, the study authors at New York Presbyterian Phyllis and David Komansky Centre for Children's Health also discovered that different types of music have different effects. They found that lullabies sung by a parent can influence a baby's cardiac and respiratory function, while melodies have a positive effect upon a premature baby's feeding. More than 24 hospitals in the U.S. now offer music therapy as treatment in their neonatal intensive care units and the popularity of the treatment is increasing rapidly. It is believed that the soothing sounds of music can mimic the sounds a baby can hear in the womb and that this means it offers comfort of babies often too sick to be held.

① 자장가는 미숙아의 회복에 도움을 준다.
② 연구자들은 미숙아들마다 다양한 체중을 조사했다.
③ 자장가가 아닌 다른 종류의 음악은 미숙아에게 도움이 되지 않는다.
④ 미숙아에게 음악은 수면의 질을 저하시킨다.

23 • lullaby 자장가
• premature baby 미숙아
• cardiac 심장의
• respiratory 호흡의
• neonatal 신생아의
• soothing 달래는 듯한, 마음을 진정시키는

해설

제시문은 미숙아들에게 자장가를 들려주는 것이 그들의 건강한 성장에 도움이 된다는 내용이다.

해석

새로운 연구에 따르면, 자장가를 듣는 것은 미숙아들이 더 잘 먹고 더 잘 수면할 수 있도록 도와줄 수 있다고 한다. 신생아들에게 마음을 진정시키는 음악을 들려주는 것 또한 그들의 심박수를 늦추는 데 도움이 될 수 있다. 연구원들은 미숙아의 심박수를 늦추고 그들의 수면과 섭식 행동을 개선하는 것이 체중 증가에 도움이 된다는 것을 발견했는데, 이것은 그들이 더 빨리 병원에서 퇴원할 수 있다는 것을 의미한다. 그러나 뉴욕의 프레즈베리안 필리스와 데이비드 코만스키 어린이 건강 센터의 연구자들은 다른 종류의 음악 역시 다른 효과를 가지고 있다는 것을 발견했다. 그들은 부모가 부르는 자장가가 아기의 심장과 호흡 기능에 영향을 줄 수 있는 반면, 음악 멜로디는 미숙아의 수유에 긍정적인 영향을 미친다는 것을 발견했다. 현재 미국 내 24개 이상의 병원이 신생아 집중치료실에서 치료로 음악치료를 제공하고 있으며, 그 치료제의 인기가 급속도로 높아지고 있다. 마음을 진정시키는 음악 소리는 아기가 자궁에서 들을 수 있는 소리를 흉내 낼 수 있다고 여겨지고, 이것은 너무 아파서 버티기 힘든 아기들에게 편안함을 제공한다는 것을 의미한다.

정답 23 ①

※ 다음 글을 읽고 물음에 답하시오. (24 ~ 25)

Have you ever wondered how we manage to stay cool in the face of air conditioning, fans, and coolers? Human beings have benefitted immensely from science. ______ ______ Animals, chemicals, the force, the earth, plants, and other subjects are studied in several fields of science such as physics, chemistry, and biology. The use of science in everyday life are as follows: We use cars, bikes, or bicycles to go from one place to another; these all are inventions of science. We use soaps; these are also given by science. We use LPG gas and stove etc. for cooking; these are all given by science. ______ the house in which we live is a product of science. The iron which we use to iron our clothes is an invention of science even the clothes we wear are given by science. Observing the magic and importance of science, we can say that it has a vast use in all fields of human life. It is of great importance to make our life easier.

24 주어진 글의 제목으로 가장 적절한 것은?

① 과학의 발명품들
② 과학의 학문 분야들
③ 과학의 중요성과 혜택
④ 과학이 주는 호기심

25 문맥상 빈칸에 공통으로 들어갈 표현으로 가장 적절한 것은?

① for instance
② in particular
③ furthermore
④ on the other hand

24 ~ 25

해석
당신은 우리가 에어컨, 선풍기, 그리고 냉각기 앞에서 어떻게 시원하게 지낼 수 있는지 궁금한 적이 있는가? 인간은 과학으로부터 엄청나게 이익을 얻었다. 더욱이 동물, 화학, 힘, 지구, 식물, 그리고 다른 주제들은 물리학, 화학, 생물학과 같은 여러 과학 분야에서 연구된다. 일상생활에서 과학을 사용한 예는 다음과 같다. 우리는 한 장소에서 다른 장소로 가기 위해 자동차, 오토바이, 또는 자전거를 이용하는데, 이것들은 모두 과학의 발명품들이다. 우리는 비누를 사용하는데, 이것들 또한 과학에 의해 주어진다. 우리는 요리를 위해 LPG 가스와 스토브 등을 사용하는데, 이것들 모두 과학에 의해 주어진다. 더군다나 우리가 사는 집도 과학의 산물이다. 우리가 옷을 다릴 때 사용하는 다리미는 과학의 발명품이며, 심지어 우리가 입는 옷도 과학에 의해 주어진다. 과학의 마법과 중요성을 관찰하면서, 우리는 그것이 인간 생활의 모든 분야에서 광범위하게 사용된다고 말할 수 있다. 우리의 삶을 더 쉽게 만드는 것은 매우 중요하다.

24 해설
제시문은 인간이 과학으로부터 많은 혜택을 받으며, 과학이 인간 생활의 모든 분야에서 광범위하게 사용된다는 내용이다.

25
- for instance 예를 들어
- in particular 특히
- furthermore 더욱이
- on the other hand 반면에

해설
문맥상 '더욱이, 더군다나'를 의미하는 furthermore가 들어가는 것이 가장 적절하다.

정답 24 ③ 25 ③

※ 다음 글을 읽고 물음에 답하시오. (26 ~ 27)

Emily Dickinson was born on December 10, 1830, in Amherst, Massachusetts. She attended Mount Holyoke Female Seminary ___㉠___ she studied only for one year. (A) Her father was actively involved in state and national politics. Her brother, Austin, lived next door with his wife. (B) Dickinson's younger sister, Lavinia, also lived at home, and she and Austin were intellectual companions for Dickinson during her lifetime. Dickinson's poetry was heavily influenced by the Metaphysical poets of seventeenth-century England, as well as her reading of the Book of Revelation and her upbringing in a Puritan New England town, ___㉡___ encouraged a Calvinist, orthodox, and conservative approach to Christianity. (C) She admired the poetry of Robert and Elizabeth Barrett Browning, as well as John Keats. (D) The first volume of her work was published posthumously in 1890 and the last in 1955. She died in Amherst in 1886.

26 다음 문장이 들어갈 위치로 가장 적절한 것은?

While Dickinson was extremely prolific and regularly enclosed poems in letters to friends, she was not publicly recognized during her lifetime.

① (A) ② (B)
③ (C) ④ (D)

27 빈칸에 들어갈 말로 가장 적절한 것은?

	㉠	㉡
①	which	where
②	where	which
③	what	who
④	who	which

26 ~ 27

해석

에밀리 디킨슨은 1830년 12월 10일 매사추세츠 주 애머스트에서 태어났다. 그녀는 마운트 홀리요크 여성 신학교에 다녔는데, 그곳에서 겨우 1년 동안만 공부했다. 그녀의 아버지는 주와 국가 정치에 적극적으로 관여했다. 그녀의 오빠 오스틴은 그의 아내와 함께 옆집에서 살았다. 디킨슨의 여동생 라비니아도 같은 집에서 살았고, 그녀와 오스틴은 평생 디킨슨의 지적인 동반자였다. 디킨슨의 시는 성경의 계시록 독서와 뉴잉글랜드 청교도 마을에서 성장뿐만 아니라, 17세기 영국의 형이상학 시인들에게 크게 영향을 받았고, 이들은 칼뱅주의자, 정교회, 그리고 기독교에 대한 보수적인 연구를 장려하였다. 그녀는 존 키츠뿐만 아니라 로버트 그리고 엘리자베스 배럿 브라우닝의 시에 감탄했다. <u>디킨슨은 매우 다작을 하였고 친구들에게 보내는 편지에 정기적으로 시를 동봉했지만, 그녀는 생전에 공식적으로 인정받지 못했다</u>. 그녀 작품의 첫 시집은 1890년 사후에 출판되었고, 마지막 시집은 1955년에 출판되었다. 그녀는 1886년 애머스트에서 사망했다.

26 **해설**

(D) 뒤에서 에밀리 디킨슨의 사후에 시집이 출판되었다고 설명한다. 따라서 이 문장의 앞에 그녀의 시가 공식적으로 인정받지 못했다는 내용이 오는 것이 적절하다.

27 **해설**

선행사 Mount Holyoke Female Seminary가 장소이므로 ㉠에는 관계부사 where이 와야 한다.
계속적 용법의 관계대명사에서 앞 절 전체를 선행사로 받을 때는 which를 사용하므로 ㉡에는 which가 들어가는 것이 적절하다.

정답 26 ④ 27 ②

28 ~ 29

해석

갈릴레오 갈릴레이는 1564년 이탈리아 피사에서 태어났다. 1592년 갈릴레오는 대학교의 수학 교수가 되었다. 그는 여기서 기하학, 천문학, 군사기술 등을 가르치며 18년 동안 재직하였고 자신의 연구를 계속했다. 1609년 갈릴레오는 당시 막 개발되었던 망원경을 접하게 되었다. 그는 곧바로 망원경의 개량에 착수했고, 자신이 개발한 망원경을 가지고 1609년 후반부터 1610년 초에 걸쳐 밤하늘을 관찰하면서 인류 최초로 목성의 위성들을 발견했다. 이 발견은 모든 천체는 지구를 중심으로 회전한다는 기존의 관념을 깨부수는 것이었고, 지구와 다른 행성들의 움직이는 방식을 연구하는 데 큰 영향을 주었다. 갈릴레오의 반대 세력도 당연히 존재했다. 아리스토텔레스의 우주관을 지지하는 사람들은 갈릴레오에게 끊임없이 태클을 걸었다. 갈릴레오는 코페르니쿠스 가설의 정당성을 옹호하며, 아리스토텔레스의 철학자들을 피상적이며 불성실한 종교적 열성을 가진 천박하고 저속한 자들이라고 공격했다. 갈릴레오는 실험을 통해 자신의 가설을 증명하려고 했다. 그는 연구에 대한 새로운 방식을 시도하였다. 즉, 그는 다른 과학자들과는 다르게 실험을 중요시했다. 그가 직접 과학적 실험을 할 때, 사람들은 그 실험이 어떻게 일어나는지를 궁금해 했다.

※ 다음 글을 읽고 물음에 답하시오. (28 ~ 29)

Galileo Galilei (A) was born in Pisa, Italy, in 1564. In 1592, Galileo became a professor of mathematics in University. He spent 18 years teaching geometry, astronomy, and military technology, continuing his research. In 1609, Galileo was introduced to a telescope that had just been developed. He immediately began to improve the telescope and discovered Jupiter's satellites for the first time in mankind, observing the night sky from late 1609 to early 1610 with the telescope he developed. This discovery broke the conventional notion that all celestial bodies revolve around the Earth and greatly influenced the study of (B) the way the Earth and other planets move. Galileo's opposition also naturally existed. Supporters of Aristotle's view of the universe constantly tackled Galileo. Galileo defended the legitimacy of the Copernican hypothesis and attacked Aristotle's philosophers as shallow and vulgar with superficial and insincere religious zeal. Galileo tried to prove his hypothesis through experiments. He tried (C) a new way of working. In other words, he valued experiments unlike other scientists. When he did his own scientific experiment, people wondered (D) how happened.

28 주어진 글의 주제로 가장 적절한 것은?

① 수학 교수로서 갈릴레오의 업적
② 과학적 관념을 실험을 통해 바꾼 갈릴레오
③ 갈릴레오가 세운 가설의 중요성
④ 갈릴레오와 코페르니쿠스

28 해설
제시문은 갈릴레오 갈릴레이가 실험을 통해 자신의 가설을 증명하려고 하였으며, 연구에 대한 새로운 방식을 시도하였다는 것을 말하고 있다.

29 밑줄 친 부분 중 어법에 맞지 않는 것은?

① (A)
② (B)
③ (C)
④ (D)

29 해설
한 문장 안에 의문사가 이끄는 절이 있을 때, 의문사가 이끄는 절을 간접의문문이라고 한다. 간접의문문의 경우 일반적으로 "의문사 + 주어 + 동사"의 어순으로 쓴다. 그러나 (D)에서는 의문사 다음에 주어가 나오지 않았다. 따라서 (D)는 how the experiment happened로 수정되어야 한다.

정답 28 ② 29 ④

30 ~ 31

해석

조지 캐틀린은 아메리카 원주민 초상화 500점과 48개 인디언 부족의 일상생활(버팔로 사냥, 춤, 게임, 오락, 의식, 종교 의식 등)의 장면들을 그렸는데, 이는 그가 1832년, 1834년, 1835년, 1836년 여름 여행에서 목격한 것이었다. 이 그림들은 캐틀린이 자신의 인디언 갤러리라고 부르는 것으로 묶여 전시되었다. 캐틀린은 파리에 머무는 동안 프랑스의 왕 루이 필립과 친밀한 관계를 맺었다. 프랑스 왕은 심지어 캐틀린의 인디언 갤러리의 전시를 위해 루브르에 방을 예약했고, 왕실 가족과 손님들을 위한 개인 관람 일정을 잡았다. 훗날 그림, 공예품, 인디언 대표들(영국에서 캐틀린에 합류한 12명의 아이오와 인디언)의 컬렉션이 파리의 Salle Valentino에 전시되었다. 프랑스 언론의 반응은 열광적이었다. 비평가들은 그 작품을 진정한 미국 작품으로 보았다.

※ 다음 글을 읽고 물음에 답하시오. (30 ~ 31)

George Catlin painted 500 Native American portraits and scenes of everyday life of 48 Indian tribes — buffalo hunts, dances, games, amusements, rituals, and religious ceremonies — that he witnessed on summer excursions in 1832, 1834, 1835, and 1836. Collectively, these paintings exhibited as what Catlin referred to as his Indian Gallery. Catlin cultivated a close relationship with the king of France, Louis-Philippe during his stay in Paris. The French king even reserved a room in the Louvre for the display of Catlin's Indian Gallery and scheduled a private viewing for the royal family and guests. Later, the collection of paintings, artifacts, and Indian representatives (twelve Iowa Indians who had also joined Catlin in England), exhibited at the Salle Valentino in Paris. The reception of the French press was enthusiastic. Critics viewed the work as a genuinely American product.

30 주어진 글의 제목으로 가장 적절한 것은?

① 아메리카 인디언 부족의 일상생활
② 아메리카 인디언의 프랑스 방문
③ 아메리카 인디언의 예술 세계
④ 아메리카 인디언을 그린 캐틀린

31 밑줄 친 부분과 의미가 가장 유사한 단어는?

① tender
② amorous
③ zealous
④ considerate

30 **해설**
제시문은 아메리카 원주민 초상화와 인디언 부족의 일상생활을 그린 조지 캐틀린에 대한 내용이다.

31
- enthusiastic 열광적인, 열렬한
- tender 부드러운, 씹기 쉬운
- amorous ~을 연모하고 있는
- zealous 열성적인
- considerate 사려 깊은

정답 30 ④ 31 ③

※ 다음 글을 읽고 물음에 답하시오. (32 ~ 33)

Bacteria can be found in soil, water, plants, animals, radioactive waste, deep in the earth's crust, arctic ice and glaciers, and hot springs. Aerobes, or aerobic bacteria, can only grow where there is oxygen. Some types can cause problems for the human environment, such as corrosion, fouling, problems with water clarity, and bad smells. Anaerobes, or anaerobic bacteria, can only grow where there is no oxygen. In humans, this is mostly in the gastrointestinal tract. They can also cause gas, gangrene, tetanus, botulism, and most dental infections. <u>Transient</u> bacteria refers to microorganisms that are usually not found in the body. Additionally, transient bacteria of the skin could mean bacteria that is not a common skin dweller but is transferred, temporally from other body sites. Facultative anaerobes, or facultative anaerobic bacteria, can live either with or without oxygen, but they prefer environments where there is oxygen. They are mostly found in soil, water, vegetation and some normal flora of humans and animals.

32 ~ 33

- radioactive 방사성의, 방사능의
- Aerobe 호기성(好氣性) 생물
- corrosion 부식, 침식
- Anaerobe 혐기성(嫌氣性) 생물
- gastrointestinal 위장의
- gangrene 괴저(壞疽)
- tetanus 파상풍(균)
- microorganism 미생물
- flora 식물(군)

해석

박테리아는 토양, 물, 식물, 동물, 방사성 폐기물, 지각 깊숙한 곳, 북극 얼음과 빙하, 온천에서 발견될 수 있다. 호기성 박테리아는 산소가 있는 곳에서만 자랄 수 있다. 일부 유형은 부식, 오염, 물의 투명성 문제, 악취와 같이 인간 환경에 문제를 일으킬 수 있다. 혐기성 박테리아는 산소가 없는 곳에서만 자랄 수 있다. 인간의 경우, 이것은 대부분 위장에 있다. 그들은 또한 가스, 괴저, 파상풍, 보툴리누스 중독증, 그리고 대부분의 치과 감염을 일으킬 수 있다. <u>일시적인</u> 박테리아는 보통 몸에서는 발견되지 않는 미생물을 말한다. 추가적으로, 피부의 일시적인 박테리아는 일반적인 피부 거주자가 아니고, 다른 신체 부위로부터 일시적으로 옮겨지는 박테리아를 의미할 수 있다. 통산성 혐기성 박테리아 또는 통성 혐기성 박테리아는 산소가 있든 없든 살 수 있지만, 산소가 있는 환경을 선호한다. 그들은 주로 토양, 물, 초목 그리고 인간과 동물의 일반적인 식물군에서 발견된다.

32 주어진 위 글의 제목으로 가장 적절한 것은?

① What Bacteria Are
② How to Avoid Bacteria
③ Where Bacteria Are Found
④ The usefulness of Bacteria

33 밑줄 친 부분과 의미가 가장 유사한 단어는?

① abundant
② short-lived
③ enduring
④ long-lasting

32 **해설**
제시문은 박테리아가 서식하는 장소와 환경에 대한 설명을 하면서 박테리아가 발견되는 장소들에 대해 논하고 있다.

33
• transient 일시적인
• abundant 풍부한
• short-lived 일시적인
• enduring 영구적인
• long-lasting 오래 지속되는

정답 32 ③ 33 ②

※ 다음 대화를 읽고 물음에 답하시오. (34 ~ 35)

A : Good morning, What can I do for you?
B : We had a barbecue this weekend and invited my friends to dinner.
A : Wow, that sounds good. What kinds of meat do you want?
B : Well, It's good if it's various meat parts. Some people prefer white meat to red meat, for example.

34 대화가 일어나는 장소로 가장 적절한 것은?

① airport
② fast food restaurant
③ butcher's shop
④ hotel

35 밑줄 친 문장을 가장 적절하게 해석한 것은?

① 어떤 사람은 흰 고기를 붉은 고기보다 더 좋아한다.
② 어떤 사람은 붉은 고기를 흰 고기보다 더 좋아한다.
③ 어떤 사람은 흰 고기와 붉은 고기를 모두 좋아한다.
④ 어떤 사람은 흰 고기와 붉은 고기를 모두 좋아하지 않는다.

34 ~ 35

해석

A : 좋은 아침이에요. 무엇을 도와드릴까요?
B : 이번 주에 바비큐 파티가 있어서 제 친구들을 저녁 식사에 초대했어요.
A : 와우, 좋겠네요. 어떤 부위의 고기를 원하세요?
B : 글쎄요, 다양하면 좋겠어요. 예를 들면, 어떤 사람은 붉은 고기보다 흰 고기를 더 좋아해서요.

34 해설

바비큐 파티를 연다는 B의 말에 A가 어떤 부위의 고기를 원하는지 묻고 있는 상황으로 보아, 대화가 일어나는 장소로는 butcher's shop(정육점)이 가장 적절하다.

35 해설

"prefer A to B"는 'B보다 A를 더 좋아하다'라는 의미이다.

정답 34 ③ 35 ①

36 주어진 글을 아래와 같이 설명할 때, 문맥상 빈칸에 들어갈 말로 가장 적절한 것은?

What is leisure? Leisure has historically been defined in various ways by many people. In ancient Greece, philosophers defined leisure as learning or mental discipline. Therefore, leisure was applied in various fields such as language, mathematics, science, music, and art. In addition, leisure played a role in expanding the individual's intellectual sphere to become a better citizen. Leisure was not only a way to provide intelligent education to individuals, but also to lead them to full adulthood.

→ The perspective of leisure described in this article ________________ the perspective of the 20th century(recreation and for fun).

① is mostly due to
② depends heavily on
③ is in stark contrast to
④ is not very different from

36 해설

제시된 글은 20세기의 관점(여가를 휴양과 재미로 보는 것)과 대조되는 내용으로 여가를 설명하고 있다.

① is mostly due to 주로 ~ 때문이다
② depends heavily on ~에 크게 의존하다
③ is in stark contrast to ~와 두드러진 대조를 이루다
④ is not very different from ~와 많이 다르지 않다

해석

여가란 무엇인가? 여가는 역사적으로 많은 사람들에 의해 다양한 방식으로 정의되어 왔다. 고대 그리스에서, 철학자들은 여가를 배움 또는 정신적 훈련으로 정의했다. 따라서 여가는 언어, 수학, 과학, 음악, 그리고 예술과 같은 다양한 분야에 적용되었다. 게다가 여가는 더 나은 시민이 되기 위해 개인의 지적 영역을 확장시키는 것에 역할을 했다. 여가는 개인들에게 지적 교육을 제공하는 방법이었을 뿐만 아니라, 그들을 완전한 성인으로 이끄는 방법이었다.

→ 이 기사에서 설명하는 여가의 관점은 20세기의 관점(휴양과 재미를 위한 것)과 극명한 대조를 이룬다.

정답 36 ③

37 다음 대화에서 밑줄 친 부분을 가장 적절하게 영작한 것은?

A : I'm really sorry, are you ok?
B : I'm fine, But I'm not good at this.
A : 나도 그래.

① I'm too
② Neither am I
③ So do I
④ Neither do I

※ 다음 문장을 영어로 가장 적절하게 바꾼 것을 고르시오. (38 ~ 40)

38

나는 9시 이후로 계속 기다리고 있습니다.

① I was waiting since 9:00 o'clock.
② I'm waiting since 9:00 o'clock.
③ I've been waiting since 9 o'clock.
④ I've been waiting for 9 o'clock.

---

37 **해설**
'나도 그래'라는 동의의 표현 중 "So am I"는 be동사가 사용된 말에 대한 동의 표현이고, "So do I"는 일반동사가 사용된 말에 대한 동의 표현이다. 상대방의 말이 not이 들어간 부정문일 때는 Neither을 사용한다. "I'm not good at this."는 부정문이며 be동사가 쓰인 문장이므로 이 문장에 대한 동의 표현으로는 Neither am I가 적절하다.

해석
A : 내가 정말 미안해, 너 괜찮니?
B : 나 괜찮아, 그런데 나는 이걸 잘 못해.
A : 나도 그래.

38 **해설**
현재완료 진행시제는 과거에 시작한 동작이 현재까지 계속되고 있다는 것을 표현한다. 계속의 의미를 나타내므로 보통 since나 for를 사용한다. since는 동작이 시작된 시점을 표현할 때 '~한 이후로'의 의미로, for는 '~ 동안'의 의미로 쓴다.

정답 37 ② 38 ③

39

얼마나 오래 걸리는지는 문제가 되지 않는다.

① It's not matter how long it takes.
② It's not matter how it long takes.
③ It doesn't matter how it long takes.
④ It doesn't matter how long it takes.

39 • matter 문제가 되다, 중요하다
• take 시간이 걸리다

해설

matter가 일반동사이므로 부정문을 만들 때 do 또는 does를 써야 한다. matter는 주로 의문・부정・조건문에서 it을 주어로 하며, '문제가 되다, 중요하다'의 의미를 가진다. '얼마나 ~한'은 "How + 형용사/부사"로 나타낼 수 있으며, How와 long은 분리할 수 없다.

40

우리는 그곳에서 매년 2주를 보내곤 했어.

① We have spent there two weeks every year.
② We used to spend there two weeks every year.
③ We were spending there two weeks every years.
④ We spent there two weeks every years.

40 해설

과거에 반복적으로 일어났던 행위를 나타낼 때 '~하곤 했다'의 의미인 "used to + 동사원형"을 쓴다. every는 명사를 수식하고 단수 취급하므로 "every + 단수명사 (+ 단수동사)"이다.

정답 39 ④ 40 ②

교육은 우리 자신의 무지를 점차 발견해 가는 과정이다.

- 윌 듀란트 -

영어

핵심포인트

제1장 문장 구조와 문법

제2장 독해력 / 영작 / 생활영어

교육이란 사람이 학교에서 배운 것을 잊어버린 후에 남은 것을 말한다.

– 알버트 아인슈타인 –

제 1 장 문장 구조와 문법

제1절 동사와 문장 형식

1 문장 성분과 8품사

(1) 문장의 성립

① 문장은 일정한 규칙에 따라 단어를 나열하여 생각, 느낌, 사실을 전달하는 한 줄거리의 말이다.

② 영어의 문장은 대문자로 시작하며 마침표, 느낌표 또는 물음표로 끝난다.

㉠ He kept me waiting about thirty minutes.
그는 나를 30분이나 기다리게 했다.

㉡ Here comes the taxi!
택시가 온다!

㉢ When is your wedding to be?
너의 결혼식은 언제 있을 예정이니?

③ 영어의 한 문장은 주어 · 술어 · 목적어 · 보어 · 수식어 등 5가지 성분으로 구성된다.

㉠ The day(주어) breaks(술어). 날이 밝는다.

㉡ This book(주어) seems(술어) very difficult(보어). 이 책은 대단히 어려워 보인다.

㉢ We(주어) have(술어) much rain(목적어) in September(수식어). 9월에는 비가 많이 온다.

④ 문장은 필수 성분인 주어와 술어가 모두 있어야 완성된 문장이다. 다만 명령문이나 감탄문, 습관적으로 주어나 술어를 생략하는 표현의 경우는 예외이다.

㉠ He sure to come. (×) → He is sure to come.
그는 꼭 온다.

㉡ He foolish rather than honest. (×) → He is foolish rather than honest.
그는 정직하기보다는 오히려 바보이다.

(2) 문장 성분

① **주어** : 문장의 주체를 말하며, 명사, 대명사 또는 명사 상당어구이다.

㉠ An ambulance ran in the direction of the park at full speed. (명사)
구급차가 공원 쪽을 향해 전속력으로 달려갔다.

㉡ He little knows that the police are about to arrest him. (대명사)
경찰이 체포하려 하고 있다는 것을 그는 전혀 모르고 있다.

② **술어** : 주어의 동작, 상태 등을 나타내며, 동사 또는 동사구이다. 일반동사는 단독으로 술어가 될 수 있지만, 조동사나 보조동사는 항상 일반동사와 구를 이루어 술어로 쓰인다.

㉠ I know the boy who broke the window.
나는 창문을 깬 소년을 알고 있다.

㉡ I would like to be a teacher.
나는 선생님이 되고 싶어요.

③ **목적어** : 동사가 나타내는 동작의 대상이며, 명사, 대명사, 명사 상당어구이다. 목적어는 '~을(를)'로 해석된다. 타동사에는 한 개의 목적어만 취하는 것과 두 개의 목적어(직접목적어와 간접목적어)를 취하는 것이 있다. 직접목적어는 행위의 대상이 되는 '사물'을 말하며, 간접목적어는 그 행위의 영향을 받게 되는 '사람'을 말한다.

㉠ She wants five pencils. (명사)
그녀는 다섯 자루의 연필을 원한다.

㉡ The designer hoped that the style would succeed. (명사절)
그 디자이너는 그 스타일이 성공할 것이라 기대했다.

㉢ He asked his teacher (간접목적어) a question. (직접목적어)
그는 선생님에게 질문을 했다.

④ **보어** : 주어와 서술어만으로는 뜻이 완전하지 못한 문장에서, 불완전한 곳을 보충하여 뜻을 완전하게 하는 수식어이다. 보어가 될 수 있는 것은 명사, 대명사, 명사 상당어구, 형용사, 형용사 상당어구 등이다.

㉠ 주격보어 : 주어의 성질이나 상태를 설명하는 어구

- They are students. (명사)
  그들은 학생들이다.
- This apple tastes good. (형용사)
  이 사과는 맛이 좋다.

㉡ 목적격보어 : 목적어의 성질·상태를 설명하는 어구

- The boys called him a fool. (명사)
  소년들은 그를 바보라고 불렀다.
- We thought it her. (대명사)
  우리는 그것이 그녀라고 생각했다.
- My casual remark made her angry. (형용사)
  내가 우연히 한 말이 그녀를 화나게 했다.

(3) 품사

의미를 갖고 있는 언어의 최소 단위를 낱말 또는 단어라 한다. 단어는 그 의미와 기능에 따라 분류되기도 하는데, 이를 품사의 분류라 한다. 영어의 단어는 크게 명사, 대명사, 동사, 형용사, 부사, 전치사, 접속사, 감탄사의 8품사로 나눌 수 있다.

품사	내용
명사	사람이나 사물의 이름. 주어, 목적어, 보어로 쓰임 예 book, teacher, Jane, Seoul…
대명사	명사 대신에 쓰임. 주어, 목적어, 보어로 쓰임 예 I, it, this…
동사	사람이나 사물의 동작, 상태를 나타냄 예 be, have, give…
형용사	명사나 대명사를 수식함 예 pretty, rich…
부사	동사, 형용사, 부사, 명사, 대명사를 수식함 예 very, too, well…
전치사	명사와 대명사 앞에 놓여 다른 명사·대명사와의 관계를 나타냄 예 in, on, at…
접속사	단어와 단어, 구와 구, 절과 절을 서로 연결시킴 예 and, but, or…
감탄사	놀람, 슬픔, 기쁨 등의 감정을 나타냄 예 oh, ah…

연습문제

밑줄 친 부분의 문장 성분을 빈칸에 쓰시오.

01 Something interesting happened to me yesterday morning. ______

02 One in every 100 people in the world will visit Mcdonald's today. ______

03 They have been best friends since they were little kids. ______

04 Alfred Nobel left most of his money to create the Nobel Prize. ______

해석 01 어제 아침 뭔가 흥미로운 일이 내게 일어났다.
02 오늘 세계에서 매 100명 중 한 사람씩은 맥도날드를 갈 것이다.
03 그들은 어렸을 때부터 친한 친구였다.
04 Alfred Nobel은 노벨상을 만들기 위해서 대부분 그의 자금을 남겼다.

정답 01 주어 02 목적어 03 보어 04 술어

2 문장의 형식과 동사

(1) 동사의 분류

동사는 크게 자동사와 타동사로 나눌 수 있는데, 타동사는 목적어가 필요하며, 자동사는 목적어가 필요 없다. 자동사 중에서 주어를 수식하는 주격보어가 필요한 자동사를 불완전자동사(2형식)라고 한다. 타동사 중에서 목적어를 수식하는 목적격보어가 필요한 타동사를 불완전타동사(5형식)라고 한다. 이에 반해 보어가 필요 없는 동사는 완전자동사(1형식), 완전타동사(3형식), 그리고 두 개의 목적어(직접목적어와 간접목적어)를 취하는 수여동사(4형식)이다.

(2) 동사에 따른 문장의 형식

자동사(목적어 無)	완전자동사	1형식 : S + V
	불완전자동사	2형식 : S + V + S·C
타동사(목적어 有)	완전타동사	3형식 : S + V + O
	수여동사	4형식 : S + V + I·O + D·O
	불완전타동사	5형식 : S + V + O + O·C

체크 포인트

문장 성분
- S : 주어(은, 는, 이, 가)
- V : 동사(~하다, ~이다)
- C : 보어(주어 또는 목적어를 보충해 주는 말)
- O : 목적어(을, 를)

(3) 문장의 형식

① **1형식** : 주어 + 술어동사(S + V)

㉠ 주어의 작용이나 영향을 받은 대상(목적어 또는 보어) 없이 독자적으로 주어의 상태나 동작을 설명할 수 있는 동사(완전자동사)만으로 가능한 문장 형태이다. 1형식 문장에서 완전자동사는 보어를 필요로 하지 않는다.

- The day breaks. 날이 밝는다.
- The earth moves round the sun. 지구는 태양 주위를 돈다.
- An explosion occurred in the factory. 그 공장에서 폭발 사고가 일어났다.
- The stream makes into the lake. 시냇물이 호수로 흘러 들어간다.
- This wine drinks very well. 이 포도주는 마시기가 아주 좋다.

㉡ 완전자동사의 도치 구문 : There + 완전자동사(be, live, come, stand 등) + 주어(there는 유도 부사로 특별한 뜻 없음)

- There came in a young man with an enormous nose.
  거대한 코를 가진 젊은 남자가 왔다.

㉢ 자동사 + 전치사 = 타동사구

- The sound of radio upstairs interferes with my work.
  위층의 라디오 소리는 내 일을 방해한다.

㉣ 수동의 뜻을 가지는 자동사

- The book sells well. 그 책은 잘 팔린다.
- The pen writes smoothly. 그 펜은 부드럽게 써진다.

㉤ 자동사로 사용되어 특별한 뜻을 갖는 동사

pay(수지에 맞다)	make(~을/를 향해 가다)	be(있다)
do(충분하다)	matter(중요하다)	count(중요하다)
last(지속되다)		

㉥ 3형식으로 착각하기 쉬운 1형식 동사

graduate from(~을/를 졸업하다)	complain of/about(~을/를 불평하다)
wait for(~을/를 기다리다)	experiment with(~을/를 실험하다)
sympathize with(~을/를 동정하다)	interfere with(~을/를 방해하다)
read(~라고 적혀 있다)	

② **2형식** : 주어 + 술어동사 + 보어(S + V + C) 기출 21

㉠ 무엇인가를 보충해 주어야 의미가 완결되는 자동사(불완전자동사)가 이루는 문장 형태이다. 대표적인 동사는 be와 become이고 보어가 되는 것은 주로 명사 상당어구와 형용사 상당어구이며 부사보어도 있다.

- The love of money is the root of all evils. 돈에 대한 욕심이 온갖 악의 근원이다.
- The rumor appears (to be) true. 그 유언비어는 진짜[사실] 같다.
- This flower smells sweet. 이 꽃은 향기롭다.
- His prediction came true. 그의 예언이 들어맞았다.
- He died a millionaire. 그는 백만장자로 죽었다.

㉡ be의 부류 : '있는 상태' 내지 '상태의 계속'을 가리킨다.

- You must keep quiet. 조용히 해야 합니다.

㉢ become의 부류(become, get, grow, turn, go, come, run, fall, prove, make) : '… 상태로 되다'의 뜻을 나타낸다.

- I got acquainted with a young poet. 나는 젊은 시인과 알게 되었다.

㉣ seem의 부류(feel, taste, sound, smell, look) : '외견상 …이다, …인 것처럼 보인다'의 뜻을 나타내며, 이외에 '들리다, 느낌이 있다' 등 지각에 관계되는 동사이다.

- The man seems honest. 저 분은 정직해 보인다.
- The meadow looked pleasant. 목장은 시원해 보인다.

㉤ remain의 부류(remain, keep, lie, hold, continue, stand) : '…인 상태가 지속되다'

- She remained single all her life. 그녀는 일생 (동안) 독신으로 살았다.

체크 포인트

자동사와 타동사가 의미가 다른 경우

become	㉶ 되다 He became a teacher. ㉹ 어울리다 The new dress becomes her well. (= match, go well with)
grow	㉶ 되다 He grew old. ㉹ 기르다 He is growing a beard.
run	㉶ 달리다 He ran in the rain. / 되다 The well ran dry. ㉹ 경영하다 He runs a small shop.
turn	㉶ 되다 He turned pale. ㉹ 돌리다 He turned his back.
stand	㉶ (서) 있다 There stands a tall tree. / 일어서다 Stand up, please. ㉹ 참다 He couldn't stand such manners.

③ **3형식** : 주어 + 술어동사 + 목적어(S + V + O)

㉠ 동사와 목적어만으로 의미가 완결되는 완전타동사가 이루는 문형이다.

- She buys a new book every week. 그녀는 매주 새로운 책을 산다.
- He left Paris last week. 그는 지난주 파리를 떠났다.
- I have a headache. 나는 머리가 아프다.

㉡ 자동사 + 전치사 = 타동사

목적어가 없는 자동사는 전치사가 있어야 목적어를 취할 수 있다. 반대로 타동사는 전치사가 필요 없다.

㉢ 자동사로 착각하기 쉬운 타동사 : (   ) 안의 전치사를 쓰면 틀린 문장이 된다. **기출** 23

address (~~to~~) accompany (~~with~~) approach (~~to~~) attend (~~at~~)
await (~~for~~) reach (~~at~~) discuss (~~about~~) follow (~~after~~)
leave (~~from~~) marry (~~with~~) mention (~~about~~) enter (~~into~~)
resemble (~~with~~) answer (~~to~~) explain (~~about~~) greet
affect approach board contact
follow join meet obey
report surpass survive 등

- The new policy will not affect us.
  새로운 정책은 우리에게 영향을 끼치지 않을 것이다.
- You must answer the question.
  당신은 질문에 대답해야 한다.
- I approached the top of the mountain.
  나는 산 정상에 다가갔다.
- We will contact you sooner or later.
  우리는 조만간 당신에게 연락할 것이다.

체크 포인트

타동사로 착각하기 쉬운 자동사

account for	agree to	arrive at	complain about
graduate from	go into	listen to	look for
object to	reply to	start from	wait for
apologize to	assent to	compensate for	compete with
consent to	dissent from	interfere with	participate in

- You have to apologize to her for being late. 너는 그녀에게 늦은 것에 대해 사과해야 한다.
- He assented to her proposals. 그는 그녀의 제안에 동의했다.
- That compensates for her lack of experience. 그것은 그녀의 경험 부족을 보충해 준다.
- No book can compete with this. 어떤 책도 이것과 경쟁할 수 없다.

ⓔ 수여동사로 착각하기 쉬운 완전타동사: 다음은 한 개의 목적어를 취하는 완전타동사이다.
기출 21

announce	explain	suggest	endow
supply	provide	furnish	fill
present	deprive	rob	strip(벗기다)
release	cure	clear(치우다, 내보내다)	

- He suggested Mary that she take a walk every day. (×)
  → He suggested to Mary that she take a walk every day. (○)
- Tom explained me the situation. (×)
  → Tom explained the situation to me. (○)

ⓜ 동족목적어: 타동사가 어원적으로 같은 명사를 목적어로 취하는 경우가 있다. 이와 같은 목적어를 동족목적어(cognate object)라 부른다. 동족목적어는 종종 형용사를 수반한다.
- live a strenuous life 부지런히 노력하여 살아가다
- smile a happy smile 행복한 미소를 짓다

④ **4형식**: 주어 + 술어동사 + 간접목적어 + 직접목적어(S + V + I·O + D·O)

㉠ 4형식 동사는 목적어를 두 개 취하는 수여동사이다. 이 경우 '~을/를'의 의미를 가진 목적어를 직접목적어라고 하고, '~에게'의 뜻인 목적어를 간접목적어라고 한다.

- My father bought me a camera. 아버지가 나에게 카메라를 사 주셨다.
- Tom showed her an album. Tom은 그녀에게 사진첩을 보여 주었다.

㉡ 직접목적어로 to부정사 또는 that절을 쓸 수 있는 동사

advise(조언하다)	persuade(설득하다)	reminc(생각나게 하다)
teach(가르치다)	tell(말하다)	

- They advise me to take the job. = They advise me that I should take the job.
  그들은 그 일을 맡으라고 내게 충고한다.

㉢ 4형식의 전환

간접목적어는 [전치사(to, for, of) + 간접목적어]의 형태로 직접목적어 뒤에 올 수 있다. 이때 [전치사 + 간접목적어]는 부사구이므로 3형식이 된다. 직접목적어를 강조하여 앞으로 뺄 때는 간접목적어 앞에 전치사 to 혹은 for를 놓는다(이때 간접목적어는 부사구가 되고 목적어가 하나뿐인 3형식 문장이 된다). '방향'을 주로 나타내면 to를, '~을/를 위하여'라는 이해를 나타낼 때는 for를 사용한다. 그러나 애매하기 때문에 관용적으로 암기할 수밖에 없다.

체크 포인트

동사에 따른 전치사의 유형

- to : pay, bring, hand, deny, sell, send, lend, give, show, teach, tell, write
- for : buy, build, make, get, order, leave, choose, cook
- of : ask, inquire
- I gave her the book. (4형식) → I gave the book to her. (3형식)
- She'll make you some tea. (4형식) → She'll make some tea for you. (3형식)
- I paid him the money. (4형식) → I paid the money to him. (3형식)
- I will buy you a watch. (4형식) → I will buy a watch for you. (3형식)
- I asked him a question. (4형식) → I asked a question of him. (3형식)

㉣ 3형식으로 전환될 수 없는 동사 : envy, save, forgive, pardon 등

- I envy him his patience. (○)
  → I envy his patience to him. (×)

⑤ **5형식**: 주어 + 술어동사 + 목적어 + 목적격보어(S + V + O + O·C) 기출 21

목적어와 목적격보어를 동시에 요구하는 불완전타동사가 이루고 있는 문형이다. 2형식의 보어는 주어를 설명하는 주격보어이며, 5형식의 보어는 목적어를 설명하는 목적격보어이다.

㉠ The parents named their son Tom. 그 부모는 아들을 Tom이라고 이름 붙였다.

㉡ I found the box empty. 나는 그 상자가 비어 있다는 것을 알았다.

㉢ Nobody noticed the man enter. 그가 들어오는 것을 아무도 몰랐다.

체크 포인트

목적격보어

형용사, 명사, 현재분사, 과거분사, 부정사, 명사절 등이 목적격보어가 될 수 있다.

- 현재분사가 목적격보어인 경우
  He kept me waiting for three hours. 그는 나를 세 시간 동안 기다리게 했다.
- 과거분사가 목적격보어인 경우
  I could not make my voice heard. 나는 내 목소리가 들리게 할 수 없었다.
- 부정사가 목적격보어인 경우
  We expect him to be diligent. 우리는 그가 근면하기를 기대한다.
- 명사절이 목적격보어인 경우
  Diligence has made him what he is. 근면이 오늘날의 그를 만들었다.

체크 포인트

사역동사와 지각동사

① 사역동사 : '~에게 …을/를 시키다'라는 의미의 동사로 let, make, have, bid 등이 있으며, 동사원형이나 과거분사를 목적격보어로 취한다.

- He did not let Tom use his dictionary. = He let Tom not use his dictionary.

㉠ have / get + O(사물) + O · C(p.p.) : 목적어가 동작을 받는(수동) 의미

- I had my hair cut yesterday. 나는 어제 머리를 깎았다.

㉡ 사역동사의 수동태 : let과 have는 수동태로 할 수 없다.

- I'll have him do it at once. (O) → He will be had to do it at once by me. (×)
- I let the boy come here at once. (O) → The boy was let to come here at once. (×)

㉢ get, cause : 사역의 의미가 있는 동사이나 반드시 to부정사를 목적격보어로 취한다.

- We could not get her to accept the offer. 우리는 그 여자가 그 제의를 받아들이도록 할 수 없었다.

② 지각동사 : feel, hear, notice, observe, perceive, see, watch, listen to, look at 등

- I saw him dance. 나는 그가 춤을 추는 것을 보았다.

㉠ 지각동사는 '완결된 동작'을 나타낼 때에는 '원형부정사'를 쓰고 '진행 중의 동작'을 나타낼 때는 '현재분사'를 보어로 취한다.

- I saw the man cross[crossing] the road.
  나는 그 남자가 도로를 가로질러 간[가로질러 가고 있는] 것을 보았다.

㉡ know가 see, hear와 동의어로 쓰일 때는 원형부정사를 보어로 동반한다.

- I have never known him tell a lie. 내가 들은 바로는 그는 거짓말을 한 일이 없다.
  이 경우는 know가 완료형이나 과거형일 때만 쓰인다(경험적인 의미가 강해서).
  cf. I know the author to be him. 나는 저자가 그라는 사실을 알고 있다.

㉢ 지각동사/ 사역동사의 수동태 : 보어로 쓰인 원형부정사의 to가 다시 살아난다.

- I saw him fall. → He was seen to fall by me. 나는 그가 넘어지는 것을 보았다.
- They made him work too hard. → He was made to work too hard (by them).
  그들은 그에게 많은 일을 하게 했다.

연습문제

다음을 읽고 빈칸에 문장 형식을 쓰시오.

01 Actions speak louder than words. ______

02 Constant dripping of water wears away a stone. ______

03 The clerk showed us how to lock the window. ______

04 Experience is the best teacher. ______

05 Early to bed and early to rise makes a man healty, wealthy, and wise. ______

해석 01 말보다 행동이 중요하다.
02 무쇠도 갈면 바늘 된다.
03 그 종업원은 우리에게 창문 닫는 법을 보여 주었다.
04 경험이 최고의 스승이다.
05 일찍 자고 일찍 일어나면 건강하고 부유하고 현명해진다.

해설 01 speak는 '말하다'라는 뜻의 완전자동사, louder than wrds는 부사구로 1형식 문장이다.
02 wears away가 동사, a stone이 목적어로 3형식 문장이다.
03 showed(수여동사)가 us를 간접목적어, how to lock the window를 직접목적어(명사구)로 취하는 4형식 문장이다.
04 is는 불완전자동사, the best teacher가 주격보어로 2형식 문장이다.
05 make(사역동사)가 a man을 목적어로, healty, wealthy, and wise를 목적격보어로 취하는 5형식 문장이다.

정답 01 1형식 02 3형식 03 4형식 04 2형식 05 5형식

제2절 시제

1 단순시제

(1) 현재시제

주로 '지금'이라는 시간 개념을 중심으로 한 상황을 이야기할 때 사용되며 동사원형을 술어로 한다.

① 현재의 사실 · 동작 · 상태를 나타낼 때

㉠ He studies English hard.
그는 영어를 열심히 공부한다.

㉡ I am happy now.
나는 지금 행복하다.

② **현재의 습관 · 반복적 동작을 나타낼 때**

㉠ I brush my teeth before I go to bed.

나는 자기 전에 이를 닦는다.

㉡ She reads the newspaper every morning.

그녀는 매일 아침 신문을 본다.

③ **객관적인 진리, 사실, 격언, 사회적인 통념을 이야기할 때**

The sea covers two thirds of the earth.

바다는 지구의 3분의 2를 차지한다.

④ **미래의 대용**

㉠ go, come, arrive, leave, begin, start 등 왕래발착을 나타내는 동사는 미래를 나타내는 부사구와 함께 쓰여 예정이 확실한 미래의 일을 나타낸다.

- The train arrives at 7:30 this evening.
  기차는 오늘 저녁 7시 30분에 도착한다.

㉡ 달력을 통해 미래의 일을 이야기할 때에도 현재시제를 사용한다.

- Tom's vacation starts next Monday and ends on the next Friday.
  Tom의 휴가는 다음주 월요일에 시작해서 금요일에 끝난다.

㉢ 시간과 조건의 부사절에서는 현재형이 미래를 대신한다.

- Let's go to meet him before it rains.
  비가 오기 전에 그를 만나러 가자.
- If it rains, we won't go on a picnic.
  비가 오면 우리는 피크닉을 가지 않을 것이다.

(2) 과거시제

주로 지나간 일들을 이야기할 때 사용되며 동사의 과거형을 술어로 한다.

① 과거의 동작 · 상태를 나타낸다.

㉠ They went to America last year.

그들은 작년에 미국에 갔다.

㉡ Walking along the street, I met a friend.

길거리를 걸어 다니다가 친구 한 명을 만났다.

② 과거의 습관적 동작 · 반복을 나타낸다.

㉠ Dad often told us ghost stories on summer evenings.

아버지는 여름 저녁에는 유령 이야기를 하곤 했다.

㉡ He regularly attended the class meeting.

그는 반 회의에 빠짐없이 참석하곤 했다.

③ 과거의 경험을 나타낸다.

㉠ Did you ever hear of such a thing?

너는 그런 일을 들어 본 적이 있느냐?

㉡ Did you ever make a cake?

케이크를 만들어 본 적이 있는가?

④ 어떤 일의 지속 기간을 나타내는 표현 'is ~ since …', 'How long is it since ~'의 since절에는 과거시제만이 사용된다.

㉠ It is two years since they got married.

그들이 결혼한 지 2년이 된다.

㉡ How long is it since he came in America?

그가 미국에 온 지 얼마나 됩니까?

(3) 미래시제

주로 미래에 있을 일을 이야기할 때 사용되며 'will / shall + 동사원형'을 술어로 한다. shall은 I 혹은 we가 주어인 경우에만 사용된다.

① **미래에 있으리라 예상되는 일을 이야기할 때**

㉠ By the time she comes back, he will have finished all the homework.

그녀가 돌아올 때까지 그는 숙제를 전부 끝내게 될 것이다.

㉡ We shall have an examination in world history the day after tomorrow.

우리는 모레 세계사 시험을 칠 것이다.

② **순간적인 결정 사항이나 약속을 이야기할 때**

㉠ I'll get a bus.

나는 버스를 탈 것이다.

㉡ I'll give it to you tomorrow.

내일 당신에게 그것을 드리겠습니다.

③ 'shall I / we ~?'로 상대방의 의사를 묻기도 한다.

㉠ Shall I make coffee for you?

커피를 드릴까요?

㉡ Father is out now. Shall I take[give] your massage to him?

아버님은 지금 안 계시는[외출 중인]데요. 말 전해 드릴까요?

④ **am / are / is going to** : 현재 진행되고 있는 일의 결과나, 이미 계획된 일의 결과로 나타날 미래의 일을 이야기할 때 'am / are / is going to + 동사원형'의 미래시제가 사용된다.

㉠ I am going to visit Mr. Kim this afternoon.

나는 오늘 오후에 김 씨를 만날 것이다.

㉡ I'm going to take the train (that is) leaving at eleven.

나는 11시에 출발하는 열차를 탈 예정이다.

연습문제

다음 중 어법에 맞는 표현을 고르시오.

01 Light [travels / travelled] faster than sound.

02 He [comes / will come] here tomorrow.

03 Tom [had / used to have] a very important game last Thursday.

04 There [used to / would] be two small grocery stores, but they have both closed.

해석 01 빛은 소리보다 빨리 움직인다.
02 그는 내일 여기에 온다.
03 Tom은 지난 목요일에 중요한 경기가 있었다.
04 작은 식료품점이 두 개 있었는데, 둘 다 문을 닫았다.

해설 01 과학적 사실은 현재시제로 표현한다.
02 come은 왕래발착동사로 미래를 나타내는 tomorrow와 함께 쓰여 미래시제 대신 현재시제를 쓴다.
03 과거의 습관적인 행동이 아니므로 과거시제를 쓴다.
04 현재는 지속되고 있지 않은 과거의 상태를 나타내고 있으므로, 'used to 동사원형'을 쓴다. would는 과거의 습관적 동작을 나타낸다.

정답 01 travels 02 comes 03 had 04 used to

1 완료시제

완료시제는 'have + 과거분사'형을 취하며 현재완료, 과거완료, 미래완료 세 가지가 있다.

(1) 현재완료 : have[has] + 과거분사 기출 25

현재완료는 과거시제도 현재시제도 아니고 과거로부터 현재의 어느 시점까지 동작의 완료, 경험, 결과, 계속 등을 나타낸다.

① **완료**

㉠ '방금, 이미 ~하다'의 의미로 해석되며, 보통 just, already, yet 등의 부사를 동반한다.

- I have just finished reading today's evening paper.
  나는 오늘 석간신문을 방금 다 봤다.
- My sister has just come home from shopping.
  나의 누이가 방금 장을 봐 가지고 돌아왔다.

㉡ 현재완료시제에는 yesterday, just now(= a few minutes ago), last year, last week 등과 같은 명확한 과거의 부사구나 의문부사 when과 함께 쓰지 못하며, 과거(진행)시제에만 사용된다.

- I have just now eaten lunch. (×)
- I ate lunch just now. (○) 나는 방금 점심을 먹었다.

② **경험** : '지금까지 ~한 적이 있다'의 의미로 해석되며, before, often, sometimes, once, ever, never 등의 부사가 자주 쓰인다.

㉠ I have read *War and Peace* before. 나는 전에 『전쟁과 평화』를 읽은 적이 있다.

㉡ The child has never eaten raw fish. 그 아이는 생선회를 먹어 본 적이 없다.

③ **결과** : '~해 버렸다'의 의미로 해석된다.

㉠ He has gone to Europe. 그는 유럽에 가 버렸다[가 있다].

㉡ They have gone to the neighboring town to escape the disaster.
그들은 재난을 피하기 위해 이웃마을에 가 있다.

④ **계속** : '…부터 줄곧 ~하여 왔다'의 의미로 해석된다.

㉠ It has been raining for a week. 일주일 동안 내내 비가 내리고 있다.

㉡ Three years have passed since he died. 그가 죽은 지 3년이 된다[지났다].

(2) 과거완료 : had + 과거분사

과거완료는 과거의 어느 때를 기준하여, 더 앞선 과거로부터 그때까지의 행위, 동작, 상태 등의 완료, 경험, 결과, 계속을 나타낸다.

① **완료** : 과거 어느 때까지의 동작의 완료를 의미한다.

㉠ He had published over twenty books when he was twenty years of age.
그는 20세가 되었을 때 이미 20권 이상의 책을 출판했다.

㉡ The thief had already run away when the police came.
경찰이 왔을 때는 이미 도둑이 도망쳐 버렸다.

② **경험** : 과거 어느 시점 이전의 경험을 의미한다.

㉠ I had visited London before then.
나는 그 이전에 런던을 방문한 적이 있었다.

㉡ Man had tried to fly in the air before 1903.
1903년 이전에도 인간은 하늘을 날아보려고 시도한 적이 있었다.

③ **결과** : 과거 어느 때의 어떤 결과로 '…한 지경이 되었다'로 해석된다.

㉠ She could not pay her carfare, because she had lost her handbag.
그녀는 핸드백을 잃어 버렸기 때문에 승차요금을 낼 수 없었다.

㉡ Spring had come by the time she was well again.
그녀가 완쾌되었을 때는 봄이 왔다.

④ **계속**: 과거 어느 시점 이전부터 그때까지 계속되는 동작이나 상태를 나타낸다.

㉠ They had been married for twenty years before they moved here.
이곳으로 이사 오기 전 그들은 결혼한 지 20년이 되어 있었다.

㉡ He had been studying English for five years before he went over to Britain.
그는 영국에 건너가기 전에 5년 동안 영어를 공부하고 있었다.

⑤ hope, expect, want, desire, intend, think 등 소망의 뜻이 있는 동사의 과거완료형은 '기대나 의지 등이 실현되지 못한' 경우를 나타낸다.

㉠ We had hoped the war would come to an end much sooner.
우리는 전쟁이 훨씬 더 빨리 끝났으면 하고 기대했었다.

㉡ I had intended to make peace between them.
나는 그들 사이를 화해시키려고 했지만 소용이 없었다.

(3) 미래완료 : will[shall] have + 과거분사

① 미래의 어느 시점을 기준으로 하여 그때까지의 동작이나 상태의 완료, 경험, 결과, 계속을 나타내는 데 사용된다.

㉠ By the time she comes back, he will have finished all the homework.
그녀가 돌아올 때까지 그는 숙제를 전부 끝내게 될 것이다.

㉡ My brother caught a cold last Friday. He will have been in bed for a whole week tomorrow. 나의 남동생은 지난주 금요일 감기에 걸렸다. 내일이면 그는 1주일 내내 병상에 있게 된다.

② when, while, until, if, unless 등으로 시작되는 시간 또는 조건의 부사절에서는 미래(완료)시제 대신 현재(완료)시제가 사용된다.

㉠ Your father will have sold this house when you come back.
네가 돌아올 때에는 너의 아버지가 이 집을 팔아 버렸을 것이다.

㉡ If she goes to France again, she will have been there three times.
만약 그녀가 또 다시 프랑스에 간다면 세 번째 그곳에 가는 셈이 될 것이다.

3 진행시제

(1) 현재진행형

① 'am / are / is + 현재분사'를 술어로 하는 현재진행시제는 말하고 있는 현재를 기준으로 진행되고 있는 일들을 이야기할 때 사용된다.

㉠ They are repairing the bridge. 그들은 다리를 수리하고 있다.

㉡ It is raining now. 지금 비가 오고 있다.

② 말하고 있는 현재는 아니지만 근래에 계속되는 일이나, 습관 등을 이야기할 때 현재진행형을 쓰며, 종종 always, constantly, continually 등의 부사와 함께 쓰인다.

㉠ Tom is studying for an exam these days. Tom은 요즘 시험공부를 하고 있다.

㉡ He is always grumbling. 그는 항상 투덜거린다.

③ 미래 표시 부사구와 함께 쓰이면 현재진행형이 가까운 미래를 나타낸다.

We are leaving for Seoul tonight. 우리는 오늘 저녁에 서울로 떠난다.

④ 현재완료진행형 'have[has] been + 현재분사' 형태의 현재완료진행형은 과거에서 현재까지 어떤 동작이 계속되고 있음을 나타낸다.

㉠ I have been studying English since last night.
나는 지난밤부터 계속 영어 공부를 하고 있다.

㉡ He has been reading the book for two hours. 그는 두 시간째 책을 읽고 있다.

(2) 과거진행형

① 'was / were + 현재분사'를 술어로 하는 과거진행시제는 과거의 일정 시점을 기준으로 진행되고 있는 일들을 이야기할 때 사용된다.

㉠ He was reading a novel when I entered the room.
내가 그 방에 들어갔을 때 그는 소설을 읽고 있었다.

㉡ I was studying English when you called on me yesterday.
네가 어제 나에게 전화했을 때 나는 영어 공부를 하고 있었다.

② 과거에 있었던 어떤 일로 중단되었거나 그 일의 배경이 된 일을 이야기할 때 사용된다.

㉠ Phill was presenting his report when you arrived.
당신이 도착했을 때 Phill은 그의 보고서를 발표하고 있었다.

㉡ We were going to the airport when the car broke down.
공항으로 가고 있을 때 차가 고장 났다.

③ 과거완료진행형 'had been + 현재분사' 형태의 과거완료진행형은 과거의 어떤 시기 이전에 시작된 동작이나 상태가 그 과거 때까지 계속되었거나, 진행 중이었음을 분명히 나타낸다.

㉠ I had been waiting about an hour when he came.
나는 그가 올 때까지 1시간 가량 기다리고 있었다.

㉡ He had been studying English for five years before he went over to Britain.
그는 영국에 건너가기 전에 5년 동안 영어를 공부하고 있었다.

(3) 미래진행형

① 'will / shall be + 현재분사'를 술어로 하는 미래진행시제는 미래의 일정 시점을 기준으로 진행되고 있을 일들을 이야기할 때 사용된다.

㉠ He will be reading a novel when we go to bed.
우리가 잘 때 그는 소설을 읽고 있을 것이다.

㉡ We'll be thinking of you when we get to Paris.
우리가 파리에 도착하면 우리는 너를 생각하고 있을 것이다.

② 미래완료진행형 'will / shall have been + 현재분사'를 술어로 하는 미래완료진행시제는 미래의 어느 때까지 동작이나 상태가 계속되든가, 그때까지도 계속 중임을 나타낸다.

㉠ It will have been raining for three days on end if it does not stop tomorrow.
만일 내일 비가 그치지 않는다면 사흘간이나 계속 비가 오는 셈이다.

㉡ That book will have been being read by Friday.
그 책은 금요일까지는 읽혀질 것이다.

체크 포인트

진행형을 쓰지 않는 동사

지속적인 상황이나 상태를 나타내는 동사
be(~이다), equal(같다), exist(존재하다), seem(보이다), look(보이다), appear(~인 것 같다), resemble(닮다), weigh(무게가 나가다), contain(~이 들어 있다)
의식적이지 않은 지각을 나타내는 동사
feel(촉감으로 느끼다), see(보다), smell(냄새를 맡다), hear(듣다), taste(맛보다)
의식적이지 않은 감정이나 인지를 나타내는 동사
prefer(선호하다), love(사랑하다), hate(미워하다), want(원하다), believe(믿다), doubt(의심하다), forget(잊어버리다), know(알다), remember(기억하다) * 의식적인 행동을 나타내는 listen to(귀 기울여 듣다), look(눈여겨보다), watch(관람하다) 등은 진행형으로 쓰인다.
소유를 나타내는 동사
have(가지다), belong(속하다), possess(소유하다), own(가지다), owe(빚지다)

4 시제의 일치 기출 21

영어 문장이 주절과 종속절로 이루어진 경우(즉, 복문인 경우), 종속절의 시제가 주절 시제의 제한을 받게 되는 것을 시제의 일치라고 한다.

(1) 원칙

① 주절의 시제가 현재, 현재완료, 미래인 경우에는 종속절의 시제는 12가지 시제를 모두 쓸 수 있다.

㉠ He thinks that he is bright. 그는 자신이 영리하다고 생각한다.

㉡ She has thought she is beautiful. 그녀는 자신이 아름답다고 생각하고 있다.

㉢ He will believe that he will succeed. 그는 성공할 거라고 믿을 것이다.

② 주절의 시제가 과거, 과거진행 또는 과거진행완료인 경우에는 종속절에 과거와 과거완료시제만 쓸 수 있다.

㉠ I thought that he was rich. 나는 그가 부자라고 생각했다.

㉡ I thought she had been on holiday. 나는 그녀가 휴가 중이었다고 생각했다.

③ 조동사 would, should, might, could, must가 현재형으로서 쓰이는 경우나 ought to, used to, had better 등은 과거형이 없으므로 주절이 과거형으로 바뀌어도 모양이 변하지 않는다.

㉠ He told me that I should go to bed. 그는 내가 자야 했다고 말했다.

㉡ She thought that it might rain. 그녀는 비가 올 거라 생각했다.

(2) 시제 일치의 예외

다음의 경우 주절의 동사가 현재에서 과거로 바뀌어도 종속절의 시제가 변하지 않는다.

① 자연적 현상이나 불변의 진리인 경우 항상 현재시제를 사용한다.

The teacher tells me that the earth moves round the sun.

→ The teacher told me that the earth moves round the sun.

선생님은 나에게 지구는 태양의 둘레를 돈다고 말했다.

② 사회적 통념이나 관습, 지속적인 사실인 경우 현재시제를 사용한다.

Mr. Smith says that the older one becomes the faster time flies.

→ Mr. Smith said that the older one becomes the faster time flies.

스미스 씨는 나이가 들수록 시간이 더 빨리 간다고 말했다.

③ 역사적 사실은 과거시제만 쓴다.

He says that Columbus discovered America in 1492.

→ He said that Columbus discovered America in 1492.

그는 Columbus가 1492년에 아메리카를 발견했다고 말했다.

④ 종속절이 가정법인 경우에는 시제의 변화가 없다.

Tom says that he would buy the car if he had enough money.

→ Tom said that he would buy the car if he had enough money.

Tom은 돈이 충분히 있었다면 그 차를 샀을 것이라고 말했다.

⑤ 시간과 조건의 부사절에서는 미래시제 대신에 현재시제를 쓴다.

If it is fine tomorrow, we will go on a picnic. (○)

→ If it will be fine tomorrow, we will go on a picnic. (×)

내일 날씨가 좋다면, 우리는 피크닉을 갈 것이다.

연습문제

다음 중 어법에 맞는 표현을 고르시오.

01 She [wears / has worn] contact lenses since she attended University.

02 My sister [is living / has been living] in Seoul since 1980.

03 When my uncle was young, he always [wore / has worn] a leather jacket.

04 He told me that the library [opens / opened] at 9 o'clock.

해석 01 그녀는 대학교에 다닐 때부터 콘텍트렌즈를 착용해 왔다.
02 내 여동생은 1980년 이후 쭉 서울에 살고 있다.
03 내 삼촌은 젊었을 때 항상 가죽 재킷을 입었다.
04 그는 내게 도서관은 9시에 연다고 말했다.

해설 01 과거부터 현재까지 계속되어 온 일이므로 현재완료시제가 적합하다.
02 과거에 시작하여 현재까지 계속 진행 중이므로 현재완료진행시제를 쓴다.
03 과거의 한 시점에 관한 내용은 과거시제를 쓴다.
04 주절의 시제와 상관없이 종속절에 현재의 사실 / 습관, 불변의 진리, 속담 / 격언 등의 내용이 나오면 항상 현재 시제를 쓴다.

정답 01 has worn 02 have been living 03 wore 04 opens

제3절 준동사

1 부정사

부정사는 'to + 동사원형'이 기본 형태이고 to가 생략된 경우 원형부정사라고 한다. 부정사는 문장에서 명사・형용사・부사와 같은 역할을 한다.

(1) 부정사의 쓰임 기출 21

① 부정사의 명사적 용법

부정사는 명사 상당어구로서 주어, 목적어, 보어 및 전치사의 목적어로 사용된다.

㉠ To obey the laws is everybody's duty.
법률에 복종하는 것은 모든 사람의 의무이다.

㉡ It was not easy for her to find the building.
그녀에게는 그 건물을 찾기가 쉽지 않았다.

㉢ He pretended not to see me.
그는 나를 못 본 척했다.

㉣ He promised to wake me up at six in the morning.
그는 아침 6시에 나를 깨워 주기로 약속했다.

㉤ I make it a rule to get up at six in the morning.
나는 아침 6시 기상을 규칙으로 삼고 있다.

㉥ She showed me how to solve the problem.
그녀는 나에게 그 문제를 푸는 방법을 가르쳐 주었다.

㉦ He is about to leave Seoul.
그는 서울을 막 떠나려 하고 있다.

② **부정사의 형용사적 용법**

부정사가 명사 또는 대명사의 뒤에서 명사, 대명사를 수식하는 것을 부정사의 형용사적 용법이라고 한다. 크게 두 가지 종류의 수식 형태가 있다.

㉠ 한정 용법 : 부정사가 바로 앞의 명사, 대명사를 수식한다.

- He was not a man to do anything by halves.
  그는 어떤 일이든 중도에 불완전한 상태로 중단해 버리는 사람은 아니다.
- He could think of nothing to say.
  그는 할 만한 말이 하나도 생각나지 않았다.
- He had no one to talk to.
  그에게는 이야기할 상대가 아무도 없었다.

㉡ 서술 용법 : 부정사가 불완전자동사(주로 be, seem, appear)를 사이에 두고 간접으로 명사, 대명사를 수식, 서술하는 (보어가 되는) 경우이다.

- We are to be married next year.
  우리는 내년에 결혼할 예정이다.
- They seem to be seasick.
  그들은 배멀미를 하는 것 같다.
- She appeared to enjoy the concert.
  그녀는 음악회가 즐거웠던 모양이었다.

체크 포인트

be + to부정사의 용법

- 예정 : They are to meet at six. 그들은 6시에 만날 예정이다.
- 의무 : You are to do the work. 너는 그 일을 해야 한다.
- 가능 : Not a man was to be seen. 한 사람도 보이지 않는다.
- 운명 : She was never to return home. 그녀는 다시 집에 돌아오지 곳했다.
- 의도 : If you are to have good friends, you must be good.
  좋은 친구들을 사귀고 싶다면 잘 대해줘야 한다.

③ **부정사의 부사적 용법**

부사는 동사, 형용사, 다른 부사를 수식하는 말인데, 부정사도 부사의 역할을 할 수 있다.

㉠ 목적 : ~하기 위하여, ~하러

• He came in quietly so as not to wake the family.
그는 가족들이 깨어나지 않도록 하기 위해 조용히 들어왔다.

㉡ 원인 : ~하니, ~하고서 (감정의 원인)

• She was very happy to get the birthday present.
그녀는 생일선물을 받고 대단히 기뻤다.

㉢ 결과 : ~해서 (그 결과) ~하다

• They climbed the mountain to find a small lake on the top.
그들이 그 산에 올라가 보니 정상에는 작은 호수가 있었다.

㉣ 이유・판단의 근거 : ~을/를 보니, ~하다니

• He must be a fool to say such a thing.
그런 말을 하다니 그는 틀림없는 바보이다.

㉤ 조건 : ~한다면

• To look at him[If you were to look at him], you could hardly help laughing.
그를 바라본다면 아마 너는 웃지 않을 수 없을 것이다.

㉥ 형용사를 수식하는 경우

• This river is dangerous to swim in. = It is dangerous to swim in this river.
이 강에서 수영하는 것은 위험하다.

• I am surprised to hear the news. 나는 그 소식을 듣고 놀랐다.

㉦ 부사를 수식하는 경우

• She was kind enough to help me.
그녀는 친절하게도 나를 도와주었다(나를 도와줄 만큼 친절했다).

(2) 원형부정사

'to가 없는 부정사'를 원형부정사라고 하는데, 다음과 같은 경우에 쓰인다.

① **사역동사(make, have, get, let, help) + 목적어 + 원형부정사** : 5형식 기출 24

사역동사 make는 강제의 뜻, have는 부탁, get은 설득, let은 허락, help는 도움의 뜻이다. 단, get 다음에는 to부정사를 쓴다.

㉠ The doctor made the patients take the medicine twice a day.
의사는 그 환자에게 하루에 두 번 약을 복용하도록 했다.

㉡ Mother got her children to go to bed early.
엄마는 아이들에게 일찍 자도록 했다.

㉢ Can you help me (to) find the ring I'm looking for?
내가 반지 찾는 걸 도와줄 수 있나요?

✪ 영국식 영어에는 help 다음에 to부정사를 쓰기도 한다.

② **지각동사(see, hear, feel, smell, touch 등) + 목적어 + 원형부정사 / 현재분사** : 5형식

㉠ I heard those girls sing a beautiful song.
나는 그 소녀들이 아름다운 노래를 부르는 소리를 들었다.

㉡ We saw him cross the street.
우리는 그가 길을 건너는 것을 보았다.

③ **관용구의 뒤**

㉠ You had better go to bed.
너는 이제 자는 게 좋겠다.

㉡ He does nothing but laugh.
그는 웃고만 있다.

(3) 부정사의 의미상의 주어

① 막연한 일반인 또는 문장의 주어와 동일할 때는 의미상의 주어를 따로 쓰지 않는다.

㉠ It is wrong to tell a lie. 거짓말을 하는 것은 나쁘다.

㉡ I expect to succeed. 나는 성공할 것이라고 생각한다.

② **for 목적격 + to부정사**

㉠ It is important for us to be honest. 우리가 정직해야 한다는 것이 중요하다.

㉡ It is necessary for you to finish it by tomorrow.
당신은 이것을 내일까지 끝낼 필요가 있습니다.

③ **of + 목적어 + to부정사** : 성질 형용사(kind, nice, careless, foolish, careful, good 등) 다음에는 for 대신에 of를 쓴다.
It is kind of you to say so. 그렇게 말하다니 당신은 친절하군요.

체크 포인트

for + 목적격 vs of + 목적격

'for + 목적격'는 본주어로 고칠 수 없고, 'of + 목적격'은 본주어로 고칠 수 있다.

- It is difficult for Tom to master English. (O)
  → Tom is difficult to master English. (×)
  → English is difficult for Tom to master. (O)
  Tom이 영어를 완벽히 구사하는 것은 어렵다.
- It is very cruel of him to kill a dog. (O)
  → He is very cruel to kill a dog. (O)
  개를 죽이다니 그는 정말 잔인하다.

연습문제

밑줄 친 부분 중 어법상 적절하지 않은 것은?

① Having failed ② creating a consensus, the manager asked ③ that the decision ④ be postponed.

해석 합의를 이끌어 내는 데 실패했기 때문에, 관리자는 결정을 연기할 것을 요구했다.

해설 Having failed 다음에 creating(동명사)이 아니라 to create(부정사)가 와야 한다.

정답 ②

2 동명사

(1) 동명사의 형태와 쓰임

① **동명사의 형태** : 동사원형 + -ing

㉠ 동사적 성질 : 목적어와 보어를 동반하여 수동태와 완료형이 되고 부사어구의 수식을 받는다.

㉡ 명사적 성질 : 문장의 주어, 목적어, 보어가 된다.

② **동명사의 쓰임**

㉠ 주어와 보어

- Maintaining a large family is no easy task. (주어)
  대가족을 부양한다는 것은 쉬운 일이 아니다.
- Traveling broadens the mind. (주어)
  여행을 하면 마음[견문]이 넓어진다.
- Seeing is believing. (보어)
  백문이 불여일견

㉡ 목적어

- 동사의 목적어
  - He always avoids giving a definite answer.
    그는 언제나 확답하기를 피한다.
  - I advise reading the letter carefully before answering it.
    답장을 쓰기 전에 그 편지를 주의 깊게 읽도록 해야 한다.
- 전치사의 목적어
  - Japan hasn't apologized for harming its Asian neighbors during the Second World War.
    일본은 제2차 세계대전 동안 아시아 국가들에 해를 끼친 것을 사과하지 않았다.

• 동사 + 목적어 + 전치사 + 동명사

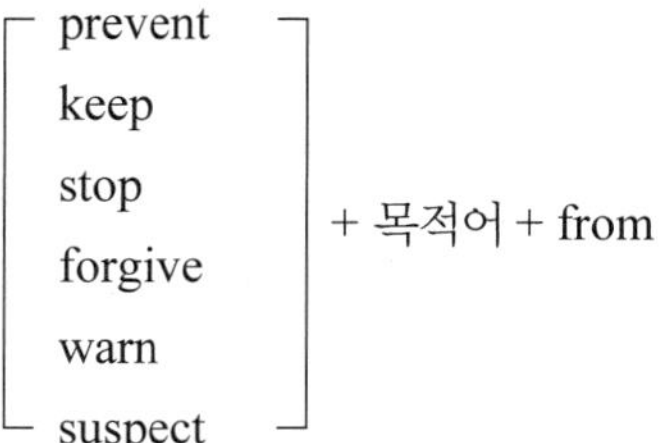

prevent
keep
stop
forgive
warn
suspect
+ 목적어 + from

– His snoring kept me from falling asleep.
  그의 코고는 소리는 나를 잠들지 못하게 했다.
– I cannot forgive him for forgetting my birthday.
  나는 그가 내 생일을 잊어버린 것을 용서할 수 없다.

(2) 동명사와 현재분사

① 둘 다 -ing 형태이지만, 동명사는 명사 역할을 하고 현재분사는 형용사 역할을 한다.

㉠ '동명사 + 명사'는 복합어이고, '현재분사 + 명사'는 a beautiful flower(아름다운 꽃)의 경우에서와 같이 '형용사 + 명사'의 구실을 한다.

㉡ '동명사 + 명사'에서는 일반적으로 앞의 동명사에 1차적 강세를, 뒤의 명사에 2차적 강세를 두고 발음하지만 '현재분사 + 명사'의 경우에는 뒤의 명사에도 강세가 주어져 이중 강세가 된다.

• a smoking room (동명사) 흡연실
• a smoking dish (현재분사) (김이 나는) 따끈따끈한 요리

의미상으로도 a smoking dish에서는 '요리가 김을 모락모락 내고 있다'이지만, a smoking room에서는 '방 자체가 담배를 피운다'는 것은 있을 수 없다.

(3) 동명사의 시제

① **단순시제 동명사**: 동사 + -ing로 본동사와 같은 시제

He is proud of his father being a famous artist.
= He is proud that his father is a famous artist.
그는 부친이 유명한 예술가라는 것을 자랑으로 여기고 있다. (현재)

② **완료시제 동명사**: having + p.p.로 본동사의 시제보다 과거

㉠ He repents of having been idle in his youth.
= He repents that he was idle in his youth.
그는 젊었을 때 게으름피웠던 것을 후회하고 있다.

㉡ He denied having had anything with the matter.
= He denied that he had had anything with the matter.
그는 그 사건에 아무런 관련도 없다고 말했다.

(4) 동명사의 의미상의 주어

① 동명사의 의미상의 주어는 소유격으로 나타내는 것이 원칙이지만, 명사일 경우에는 목적격을 쓸 수 있다.

㉠ She insisted on my attending the party.
그녀는 내가 그 파티에 꼭 참석해야 된다고 주장했다.

㉡ She is proud of her mother having been educated in England.
그녀는 어머니가 영국에서 교육받았다는 것을 자랑스럽게 여기고 있다.

② 의미상의 주어는 막연한 일반인 또는 문장의 주어와 동일할 때는 생략될 수 있다.

㉠ Studying English is no easy task.
영어를 공부하는 것은 쉬운 일이 아니다.

㉡ Taking a walk is a good exercise.
걷는 것은 좋은 운동이다.

㉢ He is proud that he is a scholar.
= He is proud of being a scholar.
그는 학자가 된 것이 자랑스러웠다.

㉣ I punished him because he was dishonest.
= I punished him for being dishonest.
그가 부정직했기 때문에 나는 그를 처벌했다.

(5) 동명사의 관용법

① **There is no -ing 도저히 ~할 수 없다**
There is no climbing up such a steep cliff.
그처럼 가파른 벼랑을 올라가는 것은 불가능하다.

② **There is no use -ing ~해도 소용이 없다**
There is no use crying over spilt milk.
이미 엎질러진 물이다.

③ **cannot help -ing ~하지 않을 수 없다**
I cannot help thinking him foolish.
나는 그가 바보라고 생각하지 않을 수 없다.

④ **of one's own -ing ~가 직접 ~한**
These are trees of our own planting.
이 나무들은 우리가 직접 심은 것들이다.

⑤ **feel like -ing ~하고 싶은 심정이다**
I felt like crying to hear the news.
나는 그 뉴스를 듣고 울고 싶었다.

⑥ **On -ing ~하자마자**

On hearing the sad news, she began to cry.

그 슬픈 뉴스를 듣자마자 그녀는 울기 시작했다.

⑦ **go -ing ~하러 가다**

My wife often goes shopping at the department store.

나의 아내는 종종 그 백화점에 물건을 사러 간다.

⑧ **be worth -ing ~할 가치가 있다**

The book is worth reading at once.

이 책은 즉시 읽을 가치가 있다.

⑨ **not[never] ~ without -ing ~하면 반드시 ~하다**

They cannot meet each other without quarreling.

그들은 서로 만나기만 하면 다툰다.

⑩ **It goes without saying (that) ~ ~은 말할 것도 없다**

It goes without saying that man is mortal.

사람이 죽는다는 것은 말할 것도 없다.

(6) 동명사와 부정사 기출 22

다음 동사들은 목적어로 부정사, 동명사 중 어느 것이 오느냐에 따라 다른 의미로 쓰인다.

동사	동명사	부정사
remember, forget	I remember seeing her before. (과거) 나는 그녀를 전에 만났던 것을 기억한다.	I remember to see him tomorrow. (미래) 나는 내일 그와 만날 것을 기억한다.
stop	They stopped fighting. 그들은 싸움을 중지했다.	They stopped to fight. 그들은 싸우기 위해 걸음을 멈추었다.
like	I like smoking very much. (일반적 습관) 나는 담배 피우기를 아주 좋아한다.	I'd like to smoke here. (구체적 진술) 여기서 담배 피우고 싶다.
try	He tried doing it. 그는 시험 삼아 그것을 해 보았다.	He tried to do it. 그는 그것을 해 보려고 노력했다.
go on	He went on talking about his accident. (계속해서 ~하다) 그는 그의 사고에 관해 끊임없이 이야기했다.	He went on to talk about his accident. (쉬었다가 다시 계속하다) 그는 그의 사고에 관해 계속 이야기했다.
hate	I hate telling a lie. (평소에) 나는 거짓말하는 것을 싫어한다.	I hate to tell a lie. (지금) 거짓말하고 싶진 않다.

체크 포인트

동명사와 부정사의 비교 기출 22

① 동명사만을 목적어로 취하는 동사
admit(인정하다), enjoy(즐기다), forbid(금하다), delay(연기하다), deny(거절하다), risk(감행하다), advise(충고하다), excuse(변명하다), mind(꺼리다), stop(그치다), avoid(피하다), resist(저항하다), understand(이해하다), consider(고려하다), escape(모면하다), practice(연습하다), finish(끝내다)
② 부정사만을 목적어로 취하는 동사
want(원하다), hope(희망하다), decide(결정하다), plan(계획하다), promise(약속하다), wish(원하다), choose(선택하다), desire(바라다), learn(배우다), refuse(거절하다), manage(그럭저럭 해내다) 등
③ 부정사와 동명사 둘 다 목적어로 취할 수 있는 동사
begin(시작하다), continue(계속하다), fear(두려워하다), forget(잊어버리다), hate(미워하다), try(노력하다), like(좋아하다), omit(빠뜨리다), prefer(선호하다), regret(유감스러워하다), remember(기억하다), start(시작하다)

연습문제

밑줄 친 부분 중 어법상 적절하지 않은 것은?

Please remember ① signing the ② attendance sheet at each ③ event you ④ attend.

해석 참석하는 행사마다 출석부에 서명하는 것을 잊지 마세요.

해설 • remember + 동명사 : ~했던 것을 기억하다
• remember + 부정사 : ~하는 것을 기억하다

정답 ①

3 분사와 분사 구문

(1) 분사의 종류와 용법 기출 21

분사는 부정사, 동명사와 마찬가지로 동사로서의 성질 및 기능과 형용사의 성질·기능도 가지고 있으며, 현재분사(present participle)와 과거분사(past participle)가 있다.

① 분사의 종류

㉠ 현재분사 : 동사원형 + -ing

능동형이나 동작이 계속 진행 중인 경우, 시작되는 경우에 쓰인다.

• I kept standing all the way.
나는 내내 서 있었다.

㉡ 과거분사 : 동사원형 + -ed (불규칙동사일 때는 형태가 각각 다르다.)
동작이 완료된 것이나 시작된 것일 경우, 혹은 수동일 때에 쓰인다.

- You had better leave it unsaid.
  너는 그것을 말하지 않은 채로 두는 편이 낫다.
- He cannot get obeyed.
  그를 복종시킬 수는 없다.

② **분사의 용법**

㉠ 보어가 될 경우

- He sat reading a novel. 그는 앉아서 소설을 읽고 있었다.
- We left her crying in the room.
  우리는 그 방에서 그녀가 울고 있는 채로 내버려 두었다.
- I want to have my car washed. 내 차를 세차하고 싶다.

㉡ 수식어가 될 경우

- There is a large navigable river running (which runs) through the city.
  배가 다닐 수 있는 큰 강이 그 도시를 관류하고 있다.
- They are names (which are) well known in literature.
  그것은 문학 분야에서 잘 알려진 이름들이다.
- I was visited by a lady (who had) just come up to town.
  나는 방금 상경한 한 부인의 방문을 받았다.

③ **분사의 시제**

㉠ 현재분사 : 보통 본동사와 같은 때를 나타낸다.

- He spends hours, reading books.
  그는 몇 시간이고 책을 읽으면서 보낸다.

㉡ 과거분사 : 본동사보다 시간적으로 앞선 때를 나타낸다.

- He sat surrounded by his children.
  그는 자녀들에게 둘러싸여 앉아 있었다.

㉢ 완료분사 : 본동사에 의해 표시된 때보다 앞선 때를 나타내지만 완료분사는 과거분사보다도 능동・수동의 뜻이 분명하다.

- The teacher, having summoned Tom, waited impatiently.
  선생님은 Tom에게 출두를 명한 후 조바심 내며 기다리고 있었다.

㉣ 완료진행분사 : 완료진행분사도 과거분사와 같이 쓰이지만 능동태로만 쓰인다.

- Having been driving all day, we were rather tired.
  하루 종일 차를 몰았기 때문에 우리는 어지간히 피로했다.

(2) 분사 구문

① 분사 구문 만들기

부사절의 주어와 주절의 주어가 같을 경우, 접속사와 주어를 생략하고 동사를 현재분사 (동사 + -ing)로 바꾼 부사구

㉠ When he saw me, he ran off.

= Seeing me, he ran off. 나를 보자 그는 도망쳤다.

㉡ Granted that he told you a lie, he did so out of kindness.

너에게 거짓말을 했다고 하더라도, 그는 친절한 마음에서 그렇게 했다.

㉢ Standing as it does on the hill, the hotel commands a fine view.

저렇게 언덕 위에 있기 때문에, 그 호텔은 전망이 좋다.

② 분사 구문의 의미상의 주어

분사가 나타내는 동작의 행위자를 분사 구문의 의미상의 주어라고 한다. 보통 주문의 주어가 그대로 분사 구문의 의미상의 주어가 된다.

The cold wind drove him indoors because he wore nothing but a light sweater.

= Wearing nothing but a light sweater, he was driven indoors by the cold wind.

얇은 스웨터밖에 입지 않아 그는 찬바람에 쫓겨 집 안으로 뛰어 들어갔다.

체크 포인트

독립 분사 구문

① 분사 구문의 의미상의 주어가 주절의 주어와 일치하지 않을 경우 의미상의 주어를 표시한다.

- He was absent, so I took his place.

  = His being absent, I took his place. 그가 결근했으므로 내가 그를 대신했다.

② 비인칭 독립 분사 구문 : 독립 분사 구문의 의미상의 주어가 일반인을 나타낼 때는 주절의 주어와 다를지라도 생략할 수 있다. 주로 의견을 말할 때 쓴다.

- If we judge from his accent, he must be a foreigner.

  = Judging from his accent, he must be a foreigner.

  악센트로 판단하건대, 그는 외국인임에 틀림없다.
- generally speaking 일반적으로 말하면
- frankly speaking 솔직히 말하면
- considering ~을/를 고려하면
- compared with ~으로 비교해 보면
- seeing that ~ 때문에

③ **분사 구문의 용법** 기출 24

부사구는 때, 이유, 원인, 조건, 양보, 부대상황 따위를 나타낸다.

㉠ 때를 나타내는 분사 구문

- Walking along the street, I met a friend.

  = When I was walking along the street, I met a friend.

  길거리를 걷다가 나는 친구 한 명을 만났다.

㉡ 이유·원인을 나타내는 분사 구문

- Having met the boy before, I could recognize him at once.

  = Since I had met the boy before, I could recognize him at once.

  전에 그 소년을 본 일이 있기 때문에, 나는 그를 당장 알아보았다.

㉢ 조건을 나타내는 분사 구문

- Turning to the left, you will find the building.

  = If you turn to the left, you will find the building.

  왼쪽으로 돌면 그 건물이 나올 겁니다.

㉣ 양보를 나타내는 분사 구문

- Admitting your plan to be right, I still think it very hard to carry it out.

  = Though I admit your plan to be right, I still think it very hard to carry it out.

  너의 계획이 옳다고 인정하더라도 실행은 대단히 어렵다고 생각한다.

㉤ 부대상황을 나타내는 분사 구문

- So saying, he went out of the room.

  = He said so and he went out of the room.

  그렇게 말하면서 그는 방을 나갔다.

제4절 수동태

1 능동태 vs 수동태

주어가 동작을 행하는 능동태와 주어가 동작을 받거나 당하는 수동태의 원리가 있다.

구분	능동태(active voice)	수동태(passive voice)
기능	주어가 동작을 하다(능동)	주어가 동작을 받다(수동)
의미	~하다	~되다, ~지다, ~당하다
예문	He broke the window. 그가 창문을 깼다.	The window was broken by him. 창문이 그에 의해서 깨졌다.

2 수동태 만드는 법

(1) 기본형의 수동태 : be + p.p. (~되다, 당하다)

① be동사는 시제와 수를 표시하고 과거분사는 의미를 나타낸다.

② 시제는 능동태 문장의 동사에 일치하면 되고, 수는 수동태 문장의 주어에 맞춘다.

③ 자동사는 목적어가 없기 때문에 원칙적으로 수동태로의 전환이 불가능하다.

㉠ The shop is shut. 가게는 닫혀 있다.

㉡ The shop was shut. 가게는 닫혀졌다.

㉢ The shop will be shut. 가게는 닫힐 것이다.

(2) 진행형의 수동태(~되고 있다) : 진행형(be + –ing)

수동태(be + p.p.)

진행형 수동태(be + being + p.p.)

The bridge is being built now.

다리가 지금 건설되고 있다.

(3) 완료형의 수동태(~되었다) : 완료형(have + p.p.)

수동태(be + p.p.)

완료형 수동태(have + been + p.p.)

The bridge has already been built.

다리가 이미 건설되었다.

(4) 수동태 전환 공식 3단계

① 능동태의 목적어를 수동태의 주어로 한다.

② 능동태의 동사를 [be + p.p.] 형태로 바꾼다(시제와 수를 주의할 것).

③ 능동태의 주어를 [by + 목적격]의 형태로 바꾸어 동사 뒤에 둔다.
의미상 일반인이 주어(by people)일 경우 주로 생략한다.

<u>The student</u> <u>wrote</u> <u>the report</u>. (3형식)
주어 동사 목적어

= <u>The report</u> <u>was written</u> by the student.
주어 동사(be + pp)

연습문제

밑줄 친 부분 중 어법상 옳지 않은 것은?

① Unable to do anything or go anywhere while my car ② was repairing at my mechanic's garage, I suddenly ③ came to the realization that I had become ④ overly dependent on machines and gadgets.

해석 내 차가 정비공의 차고에서 고쳐지는 동안, 어떤 것도 할 수 없거나 어디에도 갈 수 없어서, 나는 내가 기계와 도구들에 너무나 의존적이 되었다는 사실을 갑자기 깨닫게 되었다.

해설 was repairing → was being repaired 자동차는 무언가를 고치는 게 아니라 고쳐지는 대상이므로 진행형 수동태로 바꾸어야 한다. '되어 지고 있었다'라는 수동태가 가장 타당하다.
• gadget 기기, 장치, 기구(= device)

정답 ②

체크 포인트

진행형의 수동태(~되어 지고 있다)

be동사 + being + p.p. : 되어 지고 있는 중이다

• He is reading an interesting book. 그는 재미있는 책을 읽고 있는 중이다.
  = An interesting book is being read by him.
• He was writing a long letter. 그는 장문의 편지를 쓰고 있었다.
  = A long letter was being written by him.

3 능동태 vs 수동태 판단

(1) 수동태를 쓰는 경우 기출 23

① 행위자를 모르거나 밝힐 필요가 없을 때

My car was stolen three days ago. 내 차는 사흘 전에 도난당했다.

→ 차는 도둑에 의해 도난당한 것이므로 굳이 도둑을 주어로 하는 문장을 쓸 필요가 없다.

② 행위자를 밝히고 싶지 않을 때

Mistakes were made. 실수가 있었다.

→ 누가 실수를 했는지 밝히고 싶지 않다.

(2) 자동사는 원칙적으로 수동태가 불가능

구동사(전치사 + 자동사)는 수동태 전환이 가능하다.

① John was looked. (×)

→ 자동사는 원칙적으로 수동형이 불가능하다(자동사 암기 필요).

② John was looked at by Mary. (○)

→ 자동사가 전치사와 결합하여 구동사가 되면 타동사화되어 수동태로 전환이 가능하다. 단순히 자동사 + 전치사가 결합한다고 해서 수동태가 가능한 것은 아니다.

look at, look after, look up 등 구동사(이어동사)만 수동태로 전환이 가능하다.

(3) 4형식 문형을 수동태로 전환할 때 주어로 간접목적어 가능

be + given[granted / awarded / allowed / asked / served / offered / taught] + 목적어

• The government has been given much aids by its neighboring countries.
그 정부는 이웃 나라로부터 많은 원조를 받아 왔다.

체크 포인트

'자동사 + 전치사'의 수동태

자동사는 원칙적으로 수동태가 불가능하지만, 자동사 뒤에 전치사가 결합하여 구동사로 사용되면 타동사와 같은 기능을 하게 된다. 이때 전치사의 목적어는 수동태의 주어로 전환이 가능하다. 수동태로 전환 할 때 전치사를 빠뜨려서는 안 된다.

능동태	The girls laughed at him. 여자애들은 그를 비웃었다.
수동태	• He was laughed at by the girls. (○) • He was laughed by the girls. (×)

4 완전타동사의 수동태

능동문에서 완전타동사의 목적어를 수동문에서 주어로 하는 수동태로의 전환이다.

능동태	Iran makes nuclear weapons. 이란은 핵무기를 만든다.
수동태	Nuclear weapons are made by Iran. 핵무기는 이란에 의하여 만들어진다.

→ by + 일반 주어는 생략하지만, 그렇지 않은 경우는 명시한다.

(1) 타동사의 목적어 뒤에 전치사를 동반하는 동사구의 수동태

전치사가 누락되지 않도록 주의한다.

능동태	The doctor rid the patient of its tumor. 의사가 환자에게서 종양을 제거했다.
수동태	• The patient was rid of its tumor. (O) • The patient was rid its tumor. (×)

능동태	This picture reminded him of his dead father. 이 사진은 그에게 그의 죽은 아버지를 상기시켜 주었다.
수동태	• He was reminded of his dead father by this picture. (O) • He was reminded his dead father by this picture. (×)

(2) 목적어가 명사절(주어 + 동사)인 수동태 : 복문

① It ~ that 형태의 수동태

능동태	People say that she is a doctor. 사람들은 그녀가 의사라고 말한다.
수동태	that절 주어를 it으로 대신하여 뒤에 둔다. That she is a doctor is said (= by people). → It is said that she is a doctor. 그녀가 의사라고들 말해진다.

② **that절의 주어** : 가주어 it 자리에 등장한다.

She is said to be a doctor.

그녀가 의사라고들 말해진다.

체크 포인트

that절의 동사가 to + V로 바뀔 때 4가지 형태

- It seems that she is happy.
  = She seems to be happy.
- It seems that she was[has been] happy.
  = She seems to have been happy.
- It is said that Bentz is made in Germany.
  = Bentz is said to be made in Germany.
- It is said that he was killed in the Korean War.
  = He is said to have been killed in the Korean War.

5 4형식 동사(수여동사)의 수동태

목적어가 2개 있으므로 두 개의 목적어를 각각 주어로 하는 두 개의 수동태 문장이 가능하다. 직접목적어를 주어로 하는 수동태에서는 간접목적어의 앞에 전치사(to, for, of, on 등)를 넣어 준다.

능동태	He gave me a birthday present. 그는 나에게 생일 선물을 주었다.
수동태	• I was given a birthday present (by him). 나는 생일 선물을 (그에게) 받았다. • A birthday present was given to me (by him). 생일 선물이 (그에 의해서) 나에게 주어졌다.

하지만 모든 수여동사가 간접목적어와 직접목적어 둘 다를 주어로 하여 수동태로 변형할 수 있는 것은 아니다. 수동태로 변형한 후 해석상 어색하면 비문이다.

I was made a doll by John. (×)
나는 인형을 만들어졌다. John에 의해서. (×)
→ A doll was made for me by John. (○)

6 5형식 동사(불완전타동사)의 수동태

목적어는 수동태의 주어가 되지만 목적격보어는 수동태의 주어가 되지 못한다.

(1) 지각·사역동사의 수동태

지각·사역동사가 쓰인 5형식 문장이 수동태가 되면 목적격보어인 동사원형이 to부정사가 된다.

능동태	He saw her sing a song. 그는 그녀가 노래를 하는 것을 보았다.
수동태	She was seen to sing a song (by him). 그녀가 노래를 부르는 모습이 보였다.

능동태	He made me repair his car. 그는 나에게 그의 차를 수리하게 했다.
수동태	I was made to repair his car (by him). 나는 그의 차를 수리하게 되었다.

(2) 목적격보어 자리에 명사(구)의 수동태

be + called[elected / named / connsidered / appointed] + 명사(구) = 보어

능동태	We called the child a genius. 우리는 그 아이를 천재라 불렀다.
수동태	The child was called a genius.

능동태	They elected her chairperson. 그들은 그녀를 의장으로 선출했다.
수동태	She was elected chairperson by them.

능동태	The president appointed the gentleman vice-president. 대통령은 그 신사를 부통령에 지명하였다.
수동태	The gentleman was appointed vice-president by the president.

7 수동태의 주의해야 할 용법

(1) 수동태로 쓸 수 없는 동사

① **자동사(intransitive verb)**: 목적어가 없으므로 수동태 불가능

consist	suit	happen	arise	seem
appear	become	disappear	result	occur
belong	retire	expire	last	

능동태	The team consists of ten members. 그 팀은 열 명으로 구성되어 있다.
수동태	The team is consisted of ten members. (×)

② **타동사(transitive verb)**

의미상의 문제가 대두되어 통상적으로 수동태를 쓰지 않는 타동사로 기억한다.

have / let(시키다)	have(~을/를 가지다)	resemble(~을/를 닮다)
lack(~이 부족하다)	possess(~을/를 소유하다)	

능동태	• She resembles her mother. 그녀는 그녀의 어머니를 닮았다. • Her mother resembles with her. (×)
수동태	Her mother is resembled by her. (×)

연습문제

우리말을 영어로 잘못 옮긴 것은?

① 매일 아침 공복에 한 순갈씩 먹어라.
→ Take a spoonful on an empty stomach every morning.

② 그 그룹은 10명으로 구성되었다.
→ The group was consisted of ten people.

③ 그는 수업에 3일 연속 지각했다.
→ He has been late for the class three days in a row.

④ 그는 어렸을 때 부모님의 말씀에 늘 따랐다.
→ He obeyed his parents all the time when he was young.

해설 consist of '~로 구성되다'는 수동태로 쓸 수 없다.
- spoonful 한 숟가락 가득
- in a row 잇달아, 연달아

정답 ②

8 by 이외의 기타 전치사의 수동태

일반적으로 전치사 by를 사용하지만 동사에 따라 다른 전치사(with, to, in, about 등)를 사용하기도 한다.

(1) 전치사 with를 쓰는 수동태

be acquainted with(~을/를 알게 되다)
be covered with(~로 덮이다)
be disappointed with(~에 실망하다)
be filled with(~로 채워지다)
be satisfied with(~에 만족하다)
be concerned with(~에 관계가 있다)
be crowded with(~로 붐비다)
be equipped with(~을/를 갖추고 있다)
be pleased with(~에 기뻐하다)

- Journalism is concerned with political events.
  언론은 정치 사건과 관계가 있다.

(2) 전치사 to를 쓰는 수동태

be accustomed to(~에 익숙하다)
be devoted to(~에 헌신하다)
be married to(~와 결혼하다)
be related to(~에 관련되다)
be used to(~에 익숙하다)
be addicted to(~에 빠지다)
be exposed to(~에 노출되다)
be opposed to(~에 반대하다)
be sent to(~로 보내지다)

- I was accustomed to being the center of attention.
  나는 관심의 대상이 되는 것에 익숙했다.

(3) 전치사 in을 쓰는 수동태

be absorbed in(~에 몰두하다)
be engrossed in(~에 열중하다)
be included in(~에 포함되다)
be caught in(비 따위를 만나다)
be interested in(~에 흥미가 있다) 기출 22
be involved in(~에 개입되다)

- When I read, I am really absorbed in the story.
  독서를 할 때는 정말로 이야기에 몰두하게 된다.

(4) 전치사 about을 쓰는 수동태

be concerned about(~에 대해 걱정하다, 관심을 가지다)
be worried about(~에 대해 걱정하다)

- Everyone is concerned about slumping economy.
  모두가 침체하는 경제에 대해 걱정한다.

(5) 전치사에 따라 조금씩 의미가 다른 know의 수동태

be known as(~로서 알려지다)
be known for(~로[때문에] 알려지다)
be known by(~에 의해 알려지다)
be known to(~에게 알려지다)

- Gangnam has been known as the center of Seoul.
  강남은 서울의 중심지로 알려져 왔다.
- A man is known by the company he keeps.
  사귀는 친구를 보면 그 사람을 알 수 있다.
- Netflix is known for the largest online media provider.
  넷플릭스는 가장 큰 온라인 미디어 제공 기업으로 알려져 있다.

• The name of the hotel was not known to the natives.
현지인들에게 그 호텔의 이름은 알려지지 않았다.

제5절 가정법

영어에서는 그 시제를 명확히 확정하기 어려운 상상이나 소망을 이야기할 때 일반적인 시제 선택의 원칙에서 벗어나는 시제를 습관적으로 사용하는 경우가 있는데, 이를 가정법이라 한다. 가정법에는 가정법 현재, 가정법 미래, 가정법 과거, 가정법 과거완료 등 4종류가 있다.

1 가정법의 기본 원리

(1) 가정법 현재 : If + 주어 + 동사원형, 주어 + will / can + 동사원형

현재 또는 미래에 관하여 불확실한 것을 상상한 표현이다.

→ If it be[is] rainy tomorrow, I will not go to the church.
내일 만약 비가 온다면 나는 교회에 가지 않겠다.

→ If the rumor be[is] true, we will be glad.
그 소문이 진짜라면 우리는 기쁘겠는데.

① **독립된 구문의 가정법 현재**

㉠ God save the King!
신이여, 국왕을 구하소서!

㉡ God bless your family!
당신의 가정에 신의 은총이 있기를!

② **명사절(that절) 속의 가정법 현재** : 요구, 희망, 제안, 의문 등을 나타내는 insist, ask, order, desire, suggest, wonder, request, require, propose, demand 등과 같은 동사의 목적절은 술어동사의 형태가 'should(생략 가능) + 동사원형'이며, 주절의 동사 시제가 바뀌더라도 that절 속의 동사는 항상 원형이다. 기출 22

㉠ The mayor ordered that the man (should) leave the city at once.
시장은 그 사람이 시에서 곧 떠날 것을 명령했다.

㉡ He suggested that the party (should) be put off.
그는 파티를 연기하자고 제안했다.

(2) 가정법 과거 : If + 주어 + 과거 동사, 주어 + would[should / could / might] + 동사원형(be동사는 were) 기출 25, 21

가정법 과거는 현재 사실과 다르거나 현실성이 없는 상황을 가정하는 표현이다.

→ If I were not poor in health, I could travel abroad.
내가 건강이 나쁘지 않다면 해외여행을 할 수 있을 텐데(나빠서 못한다).

→ If I knew her address, I would write to her.
내가 그녀의 주소를 알고 있다면 편지를 쓰겠는데(몰라서 못 쓴다).

① **If it were not for~ :** ~가 없었더라면

If it were not for the light and heat of the sun, no living thing could exist.
= But for the light and heat of the sun, no living thing could exist.
= Without the light and heat of the sun, no living thing could exist.
만약 태양의 빛과 열이 없다면 어떠한 생물도 존재할 수 없을 것이다.

② If절을 적절한 상당어구, 즉 부사구, 명사주어, 부정사구 등으로 대치시킬 수 있다.

㉠ With a little more capital[If we had a little more capital], we would surely succeed in our enterprise.
만약 조금만 더 자본이 있다면 우리는 분명히 사업에 성공할 텐데.

㉡ A true friend would not do a thing like that.
진정한 친구라면 그와 같은 일은 하지 않을 것이다.

③ **I wish + 동사의 과거형(be동사는 were) :** ~으면 좋았을 텐데

㉠ I wish I were rich.
= I am sorry that I am not rich.
내가 부자라면 좋겠는데(부자가 아니라서 유감이다).

㉡ I wish I could fly like a butterfly.
= I am sorry that I cannot fly like a butterfly.
내가 나비처럼 날 수 있으면 좋으련만(날 수 없어서 유감이다).

④ **as if[as though] + 가정법 과거 :** (사실은 아니지만) 마치 ~인 것처럼

㉠ The child talks as if he were a grown-up.
그 아이는 마치 어른(이라도 된 것)처럼 말한다.

㉡ He looks as if he knew everything.
그는 마치 만사를 다 아는 것처럼 보인다.

⑤ **It is time + 가정법 과거(형용사절) :** ~할 시간이다

It is time you went to bed.
= It is time for you to go to bed.
이제 잠잘 시간이다.

⑥ **would rather + 가정법** : ~하면 좋겠다

㉠ I would rather stay at home than go out today.

나는 오늘 외출하기보다 집에 있고 싶다(있는 편이 좋겠다).

㉡ I would rather he were here with us.

그가 우리와 함께 이곳에 있다면 좋겠는데!

(3) 가정법 과거완료 : If + 주어 + had + 과거분사, 주어 + would[should / could / might] + have + 과거분사 기출 23

과거 사실에 반대되는 상상을 나타낸다.

→ If I had had much money, I would have bought the house.

만약 내가 돈을 많이 가지고 있었더라면 그 집을 샀을 텐데(없어서 못샀다).

→ If I had taken the doctor's advice, I would have not been ill now.

만약 의사의 충고를 들었더라면 지금 아프지 않을 텐데.

① **If it had not been for~** : ~가 없었더라면 ~했을 것이다

If it had not been for your advice, I would have failed.

= But for your advice, I would have failed.

= Without your advice, I would have failed.

만약 너의 충고가 없었더라면 나는 실패하고 말았을 것이다.

② **가정법 조건절 상당어구**

㉠ With a little more care, you would[could] have avoided the accident.

조금만 더 주의했더라면 너는 그 사고를 피할 수 있었을 텐데.

㉡ A real criminal would have acted differently.

진짜 범인이었다면 다르게 행동했을 것이다.

③ **I wish + had + 과거분사** : ~했어야 했는데… 기출 25, 24

실현되지 못한 과거의 원망을 나타낼 때 사용한다.

㉠ I wish you had studied harder in the first term.

너는 1학기에 좀 더 열심히 공부했더라면 좋았을 텐데.

㉡ I wish I had bought the book.

나는 그 책을 샀으면 좋았을 텐데.

④ **as if[as though] + 가정법 과거완료** : (사실은 아니지만) 마치 ~인 것처럼 as if 이하의 가정법 형식은 주절의 시제와 관계없다.

㉠ He looks as if he had long been ill.

그는 오랫동안 아팠던 것처럼 보인다.

㉡ The old lady looks as if she had been beautiful in her youth.

그 부인은 젊었을 때는 미인이었던 것 같아 보인다.

(4) 가정법 미래 : If + 주어 + should + 동사원형, 주어 + 조동사의 과거 + 동사원형

미래에 대해 확률이 극히 낮거나 있을 수 없는 일을 가정한다.

조건절에는 should(주어의 의지를 나타낼 때는 would)를 사용하고 주절에는 '조동사 과거형 +원형동사'가 일반 형태이지만 미래형이나 현재형도 사용된다.

→ If he should come, I will tell you.
만일 그가 온다면, 당신에게 알려 드리겠습니다.

→ If you should fail, what would you do?
만약 실패라도 한다면, 무엇을 하겠소?

① **If + 주어 + were to + 동사원형, 주어 + 조동사의 과거 + 동사원형…** : 현재와 미래에 관한 거의 '있을 수 없는 일'이나 실현성이 '의문스러운 일'을 가정할 때 사용한다.

㉠ If the sun were to rise in the west, I would not change my mind.
설사 해가 서쪽에서 뜬다 해도, 나는 결심을 바꾸지 않겠다.

㉡ If you were to die tomorrow, what would you do now?
네가 만약 내일 죽는다면, 지금 무엇을 하겠니?

② 가정법 미래의 주절[귀결절]에는 직설법이나 명령법도 사용된다.

㉠ If it should rain tomorrow, don't come.
내일 비가 오면 오지 마라.

㉡ If it should rain tomorrow, I have planned something else.
내일 비가 올 경우 나는 별도의 계획을 세워 놓았다.

연습문제

주어진 동사를 알맞은 형태로 바꾸어 가정법 문장을 완성하시오.

01 If I _______ the lottery, I would never work again. (win)

02 If I _______ an animal, I would be a tiger. (be)

03 If I ________ the exam last year, I would have been married to her. (pass)

04 Even if the sun _______ rise in the west, I would not accept his proposal. (be)

해석 01 복권에 당첨된다면 다시는 일을 안 할 텐데.
02 내가 동물이라면 호랑이일 텐데.
03 내가 만약에 작년에 시험에 합격했다면, 난 그녀와 결혼했을 텐데(시험에 합격하지 못해서 결혼을 못했다).
04 해가 서쪽에서 뜬다 할지라도 나는 그의 제안을 받아들이지 않겠다.

해설 01 현재 사실에 반대인 가정법 과거 문장으로 조건절에 과거 동사가 와야 하므로, win의 과거형인 won을 써야 한다.
02 현재 사실에 대한 반대인 가정법 과거이다. 주절(I would be a tiger)의 시제가 과거이므로, 조건절에도 과거시제가 와야 한다. be동사의 가정법 과거는 were가 온다.
03 과거의 사실을 반대로 가정하는 가정법 과거완료 문장이다. 주절(I would have been married to her)의 시제가 가정법 과거완료이므로, 조건절 빈칸에는 과거완료인 had passed가 와야 한다.
예 만약에 학창 시절 부자였다면, 나는 공부를 더 할 수 있었을 텐데. : 가정, 상상
사실, 나는 부자가 아니었기에, 공부를 더 할 수 없었다. : 현실
04 'If + 주어 + were to + 동사원형, 주어 + 조동사의 과거 + 동사원형' 형태의 가정법 미래 문장이다. 현재와 미래에 관한 거의 '있을 수 없는 일'이나 실현성이 '의문스러운 일'을 가정할 때 사용한다. 빈칸에는 were to를 써야 한다.

정답 01 won 02 were 03 had passed 04 were to

2 가정법 도치와 생략

(1) 조건절과 주절의 생략

① 조건절 없어도 추측할 수 있는 경우, 조건절을 생략할 수 있다.

㉠ I could have attended the party (if I had wanted to attend the party).
파티에 (참석하기를 원했다면) 참석할 수도 있었는데.

㉡ I should like to make a tour round the world (if I could).
(가능하다면) 세계 여행을 하고 싶다.

② 주절이 없어도 추측할 수 있는 경우, 주절을 생략할 수 있다.

㉠ Don't! If anybody should come! (What would be the result?)
하지 마! 만일 누구라도 오면! (어떤 결과가 일어날지 알아?)

㉡ If only you would work harder! (How glad I should be!)
네가 좀 더 열심히 공부만 한다면야! (내가 얼마나 기쁠까!)

③ if ever : 설사 ~한다 해도
I seldom, if ever, have a dinner.
설사 저녁 식사를 하는 일이 있더라도 저녁 식사를 거의 하지 않는다.

④ had best : ~하는 게 가장 좋다
You had best take a walk after dinner. 저녁 식사 후에 산책하는 것이 가장 좋다.

(2) 접속사 If의 생략

if를 생략하게 되면 if절의 주어와 동사의 순서가 바뀐다.

① Were I a bird, I could fly to you.
= If I were a bird, I could fly to you.
내가 새라면, 너에게 날아갈 수 있을 텐데.

② Had it not been for your help, he would have failed.
= If it had not been for your help, he would have failed.
너의 도움이 없었다면 그는 실패했을 것이다.

③ Should you find him, bring him back to me.
= If you should find him, bring him back to me.
그를 찾으면 나에게 데려오너라.

3 혼합가정법

한 문장 안에 두 시제의 가정법이 함께 섞여 있는 것을 혼합가정법이라 한다. 혼합가정법의 종류에는 어떤 특별한 제약이 없으나, 대개 조건절에는 가정법 과거완료, 주절은 가정법 과거가 오는 형태가 많이 쓰인다. 이 경우 '과거에 ~했더라면, 현재 ~할 텐데'라고 해석한다.

① If you had worked harder, you could live happily now.
→ As you didn't work harder, you can't live happily now.
네가 조금만 더 열심히 일했더라면, 지금 행복하게 지낼 수 있을 텐데.

② If I had followed your advice, I should be free from care now.
→ As I didn't follow your advice, I am not free from care now.
내가 너의 충고에 따랐더라면, 지금은 걱정이 없을 텐데.

4 기타 조건문

(1) unless ~하지 않는다면(if ~ not)

① Unless you work hard, you'll fail.
열심히 공부하지 않으면 너는 실패할 것이다.

② Unless you sleep well, you will not recover.
푹 자지 않으면 회복되지 않을 것이다.

(2) provided[providing / so long as / if only] 만일 …이라고 한다면

① I will employ him provided he is honest.

= I will employ him providing he is honest.

= I will employ him if only he is honest.

그가 정직하기만 하다면 고용할 것이다.

② You may go now, so long as you are innocent.

= You may go now, if only you are innocent.

당신이 결백하기만 한다면 지금 가도 좋다.

(3) In case (that) 만일의 경우에 대비해서

In case I forget, remind me of it.

= If I forget, remind me of it.

혹시 내가 잊으면 나에게 그것을 상기시켜다오.

(4) on condition that ~인 조건으로, 만일 …이라면

I will accept the post on condition that you assist me.

= I will accept the post if you assist me. 네가 나를 도와준다면 그 자리를 받아들이겠다.

(5) Grant[Granted / Granting] that 가령 …라고 해도

Grant that it is true, it doesn't matter.

= Granted that it is true, it doesn't matter.

= Granting that it is true, it doesn't matter.

= Even if it is true, it doesn't matter. 비록 그것이 사실이라 해도 상관 없어요.

(6) Suppose[Supposing] 만일 …이라면

Suppose (that) he refuses, what shall we do?

= If he refuses, what shall we do? 만일 그가 거절한다면 어떻게 하지?

연습문제

다음 빈칸에 알맞은 말을 쓰시오.

01 ______ I had the book, I could have lent it to you.

02 She speaks English fluently ______ she were an American.

03 If ____________ hope, the heart would break.
= Were it not for hope, the heart would break.

04 If ______________ Newton, the law of gravitation would not have been discovered.

해석 01 그 책이 있었다면, 너에게 빌려줄 수 있었을 텐데(그 책이 없어서 빌려주지 못했다).
02 그녀는 마치 미국인처럼 영어를 유창하게 한다.
03 희망이 없다면 마음이 아플 텐데.
04 Newton이 없었다면 만유인력의 법칙은 발견되지 않았을 것이다.

해설 01 if가 생략되면 조건절이 '동사 + 주어'의 어순으로 도치된다. 첫 번째 단어로 had, should, did, were가 보이면 가정법의 if 생략을 의심하라!
02 'as if / as though + 가정법 과거' 문장으로 '마치 ~인 것처럼 / ~한 것처럼'의 뜻으로 'as if / as though + 주어 + 과거동사'의 형태이므로 빈칸에는 as if가 들어가야 한다.
03 'If it were not for + 가정법'으로 '~이 없다면(가정법 과거)'의 뜻이다. 빈칸에는 it were not for가 들어가야 한다.
04 'If it had not been for + 가정법'으로 '~이 없었다면(가정법 과거완료)'의 뜻이다. 빈칸에는 it had not been for가 들어가야 한다.

정답 01 Had 02 as if 03 it were not for 04 it had not been for

제6절 접속사

1 등위접속사

접속사는 단어와 단어, 구와 구, 절과 절을 연결하는 구실을 한다. 접속사에는 등위접속사와 종속접속사의 두 종류가 있다. 등위접속사는 and, but, or, for 등 단어·구·절을 문법상 대등한 관계로 연결하는 접속사이다.

(1) and ~ 그리고 …, ~와 …

① 접속사 and는 단어와 단어, 구와 구, 절과 절을 문법상 대등한 관계로 연결시킨다.

㉠ Tom and John are good friends. (단어와 단어)
Tom과 John은 좋은 친구다.

㉡ I went to Paris and I bought this picture. (절과 절)
나는 파리에 가서 이 그림을 샀다.

② 접속사 and는 절과 절을 연결하여 '~하고 나서'와 같이 동작의 순서를 나타내기도 한다.

㉠ They pulled down the old houses and built modern dwellings.
그들은 오래된 집들을 철거하고 현대식 주택을 지었다.

㉡ I pulled off my sweater and placed it on the table.
나는 스웨터를 벗어서 테이블 위에 놓았다.

③ 접속사 and는 명령문 뒤에서 '~하라, 그러면 …'의 의미로 그 결과를 나타내는 절을 연결시키기도 한다.

Work hard, and you'll succeed.
= If you work hard, you will succeed.
열심히 일해라. 그러면 너는 성공할 것이다.

④ and의 전후에 같은 단어를 반복시켜 계속되는 상황이나 증가하는 정도를 나타내기도 한다.

㉠ They talked for hours and hours. 그들은 몇 시간 동안 이야기했다.

㉡ It is getting warmer and warmer. 날씨가 점점 따뜻해진다.

⑤ 접속사 and는 come, go, see, try, write 등과 같은 동사의 뒤에 쓰여 '~하러' 같은 목적을 나타내기도 한다.

I'll go and see what's happening.
= I'll go to see what's happening.
나는 무슨 일이 일어나는지 보러 가겠다.

(2) but 그러나, ~ 하지만 기출 25

① 역접의 접속사 but은 단어와 단어, 구와 구, 절과 절을 문법상 대등한 관계로 연결시킨다.

㉠ He praised my cooking, but I knew that he was pulling my leg.
그는 나의 요리 솜씨를 칭찬했지만, 나는 그가 나를 놀리고 있다는 것을 알았다.

㉡ He tried to pull the wool over his wife's eyes, but she knew that he was lying.
그는 아내의 눈을 속이려고 했지만, 그녀는 그가 거짓말을 하고 있다는 것을 알고 있었다.

② not A but B는 'A가 아니라 B'라는 뜻이다.

He did not come on Sunday, but on Monday.
그는 일요일이 아닌 월요일에 왔다.

③ not that A but that B는 'A이기 때문이 아니라 B이기 때문이다'의 의미로 쓰인다.

I didn't eat the cookie not that I don't like cookie, but that I was full.
나는 쿠키를 싫어하기 때문이 아니라 배가 불러서 그 쿠키를 먹지 않았다.

(3) or / nor ~ 또는, ~ 아니면 기출 21

① 접속사 or / nor는 단어와 단어, 구와 구, 절과 절을 문법상 대등한 관계로 연결시킨다.

㉠ I don't know where to go or what to do.
나는 어디로 갈지, 무엇을 해야 할지 모르겠다.

㉡ The question was whether to go there or to stay (at) home.
문제는 거기에 가느냐 집에 있느냐 하는 것이었다.

② or는 명령문 뒤에서 '~하라, 그러지 않으면 …'의 의미로 그 결과를 나타내는 절을 연결시키기도 한다.
Come at once, or it will be too late.
= If you don't come at once, it will be too late.
= Unless you come at once, it will be too late.
지금 바로 오지 않으면 너무 늦을 것이다.

③ or는 '즉, 다시 말해서'의 의미로 또 다른 정의나 설명에 필요한 어구를 연결시키기도 한다.
They required a formal or written proposal.
그들은 정식, 즉 서면 제안서를 요구했다.

④ and나 or의 전후에 부정어구를 반복하는 대신 접속사 nor를 사용하기도 한다.

㉠ Strange to say, there are neither a chair nor a sofa to sit on in the room.
이상하게도 그 방에는 앉을 수 있는 의자나 소파가 하나도 없었다.

㉡ I have neither time nor money.
나는 시간도 돈도 없다.

(4) for (왜냐하면) ~니까

for가 접속사로 쓰일 경우에는 앞에 comma(,)가 오고, 간접적 또는 부가적인 이유를 나타낸다. for가 이끄는 절은 반드시 다른 절의 뒤에 놓이고, because가 이끄는 절은 주절의 앞뒤 어느 곳에 놓아도 된다. because는 직접적인 이유를 표시한다.

① It may rain, for it began thundering.
천둥이 치기 시작하는 것으로 보아 비가 올 것 같다.

② They were very happy because they won the game.
= Because they won the game, they were very happy.
경기에서 이겼기 때문에 그들은 매우 기뻐했다.

(5) so

so가 접속사로 쓰이면 '그래서, 그러므로'의 의미를 나타낸다.

I have no money, so I can't buy the book.
나는 돈이 없어서 그 책을 살 수 없다.

체크 포인트

등위접속사의 병렬 구조

등위접속사로 연결된 두 요소는 반드시 문법적으로 같은 구조이어야 한다. 즉, 단어와 단어, 구와 구, 절과 절이 와야 하고 좀 더 구체적으로 동사와 동사, 동명사와 동명사, to부정사구와 to부정사구와 같이 세부적인 특징도 같아야 한다. 이를 '병치', '병렬 구조'라고 한다.

• New shopping centers and movie complexes help develop outer cities.
새로운 쇼핑 센터와 영화 단지는 외곽 도시의 발전을 돕는다.

2 상관접속사

서로 짝을 이루어 쓰이는 등위접속사를 상관접속사라 한다. 상관접속사에는 다음과 같은 것들이 있다.

(1) both A and B A도 B도 (같이)

→ 단순한 'A and B'보다도 결합된 상태를 강조한다.

① Both Bill and Tom likes tennis.
Bill과 Tom은 모두 테니스를 좋아한다.

② Both he and I will be there.
그와 나는 둘 다 거기에 있을 것이다.

(2) either A or B / neither A nor B A이거나 B이거나 / A도 아니고 B도 아닌 기출 21

→ 단순한 '~or'보다도 선택적인 상황을 강조한다.

① We can leave either today or tomorrow.
우리는 오늘이나 내일 떠날 수 있습니다.

② Neither his father nor his mother is at home.
= Either his father or his mother is not at home.
그의 아버지도 어머니도 집에 안 계신다.

(3) not only A but also B A뿐만 아니라 B도 기출 25

① Not only have defeated the enemy, (but) we have also captured all his supplies.
우리는 적을 무찔렀을 뿐만 아니라 적의 보급품을 노획했다.

② He has not only the ability to read English but (also) the ability to write and speak it.
그는 영어를 읽을 수 있는 능력뿐만 아니라 쓰거나 말할 수 있는 능력도 가지고 있다.

체크 포인트

등위접속사와 상관접속사의 쓰임

등위접속사	and(그리고), but(그러나), or(또는), so(그래서), for(왜냐하면), yet(그러나)
상관접속사	both A and B(A와 B 둘 다), not only A but also B(A뿐만 아니라 B도), A as well as B(B뿐만 아니라 A도), not A but B(A가 아닌 B), either A or B(A 또는 B), neither A nor B(A도 B도 아닌)

① 등위접속사는 문법적으로 대등한 단어, 구, 절을 연결한다.
② 상관접속사는 두 개 이상의 단어로 이루어진 접속사이다. 등위접속사보다 강조의 의미가 있다.
③ 상관접속사의 동사는 접속사에 따라 다르다.
- both A and B : 복수 동사(셀 수 있는 명사인 경우)
- not only A but also B / (n)either A (n)or B : B에 일치
- A as well as B : A에 일치

연습문제

다음 빈칸에 알맞은 말을 쓰시오.

01 Eat well, ____ you will lose your health.

02 He told me that he would keep the secret, ____ he didn't.

03 The Stupid _____ forgive _____ forget; the naive forgive and forget; the wise forgive _____ do not forget.

04 Located inside a well-maintained hanok, the cafe is popular with ____ tourists _____ locals.

해석 01 잘 먹어라, 그렇지 않으면 당신은 건강을 잃을 것이다.
02 그는 나에게 비밀을 지킬 것이라 말했지만, 지키지 않았다.
03 어리석은 사람은 용서도 하지 않고 잊지도 않는다. 순진한 사람은 쉽게 용서하고 쉽게 잊는다. 현명한 사람은 용서하되 잊지 않는다.
04 잘 보존된 한옥 내에 위치한 그 카페는 관광객들과 현지인들 모두에게 인기 있다.

해설 01 빈칸에는 명령문 뒤에서 '~하라, 그러지 않으면 …'의 의미로 그 결과를 나타내는 절을 연결시키는 접속사 or가 들어가야 한다.
02 빈칸 왼쪽과 오른쪽이 각각 긍정문과 부정문이므로 빈칸에는 '~이지만'이라는 의미인 접속사 but이 들어가야 한다.
03 첫 번째 문장의 빈칸에는 문맥상 'A도 아니고 B도 아닌'이라는 뜻인 neither A nor B가 들어가야 한다. 세 번째 빈칸에는 문맥상 역접의 의미를 가진 접속사 but이 들어가야 한다.
04 빈칸에는 tourist와 locals를 연결하는 상관접속사 both A and B가 들어가야 한다. both A and B(A도 B도 같이)는 단순한 A and B보다도 결합된 상태를 강조한다.

정답 01 or 02 but 03 neither, nor, but 04 both, and

3 종속접속사

종속접속사는 주절과 그에 딸린 종속절(명사절과 부사절)을 연결시키는 접속사이다. 명사절을 이끄는 접속사로는 what, that, whether, 의문사, 복합관계사, 관계부사 등이 대표적이다. 부사절을 이끄는 접속사로는 when, because, as, while, if, before, after, till, since 등이 있다.

(1) 명사절 종속접속사

① **that**: 명사절로 쓰이는 that절은 주어, 목적어, 보어이다.

㉠ That he has no appetite at all is true. (주어)
그가 식욕이 전혀 없다는 것은 사실이다.

㉡ It was on Saturday that he gave me this ticket. (진주어)
그가 나에게 이 표를 준 것은 (바로) 토요일이었다.

㉢ I am not wholly convinced that you are right. (목적어)
나는 네가 옳다고 완전히 확신하고 있는 것은 아니다.

㉣ The fact is that I know nothing about it. (보어)
사실은 나는 그것에 대해 아무 것도 모른다는 것이다.

② **whether, if**: 타동사의 목적절로만 쓰인다.

㉠ Hearing the news, I didn't know whether to laugh or cry.
나는 그 뉴스를 듣고 웃어야 할지 울어야 할지 몰랐다.

㉡ Nobody knows if he owns a luxury car.
아무도 그가 호화스러운 차를 소유하고 있는지 모른다.

③ **의문부사 when / where / why / how + 명사절 = 간접의문문** 기출 23, 21

㉠ How we should solve the problem is still in question.
우리가 어떻게 문제를 해결해야 하는지는 여전히 의문이다.

㉡ This is why the prosecutor started the investigation.
이것은 검사가 조사를 시작한 이유이다.

㉢ We don't know why the security alarm went off.
우리는 경보기가 왜 울렸는지 모르겠다.

④ **의문대명사 what / who / which + 명사절 = 간접의문문**

㉠ 의문대명사 what과 who 뒤는 완벽하지 않은 절의 형태이다.

- I'll do what I can do to help her.
  나는 그녀를 돕기 위해 할 수 있는 것을 할 것이다.
- That's what I've heard.
  그것이 내가 들은 것이다.
- That is what I was looking for.
  저것은 내가 찾고 있던 것이다. (what이 동사구 look for에 대한 목적어 역할)

• The plan can be changed depending on who is going to plan this project.
누가 이 프로젝트를 계획할지에 따라서 계획은 바뀔 수 있다. (who가 동사 is에 대한 주어 역할)

ⓛ 복합 관계대명사(whoever, whomever, whichever, whatever)도 명사절의 접속사 기능을 한다.

• The Olympic committee gave a prize to whoever entered the contest.
올림픽 위원회는 대회에 참가한 사람 누구에게나 상을 주었다.

체크 포인트

명사절 종속접속사 what / that의 선택

→ what + 불완전한 절 / that + 완전한 절

• I can't believe that he got married to her.
나는 그가 그녀와 결혼을 했다는 사실을 믿을 수 없다.

• I can't believe what he told me.
나는 그가 나에게 한 말을 믿을 수 없다.

• What we are worried about is his too much work.
우리가 걱정하는 것은 그의 과도하게 많은 일이다.

• That movies are based on novels seems natural today.
영화들이 소설을 토대로 하는 것은 오늘날 자연스러운 것처럼 보인다.

연습문제

다음 빈칸에 알맞은 말을 쓰시오.

01 I believe ________ imagination is stronger than knowledge.

02 There is a disagreement about ________ early education is desirable.

03 ________ movies are based on novels seems natural today.

해석 01 나는 상상력이 지식보다 강력하다는 것을 믿는다.
02 조기 교육이 바람직한지 아닌지에 대한 논쟁이 있다.
03 영화들이 소설을 토대로 하는 것은 오늘날 자연스러운 것처럼 보인다.

해설 01 빈칸에는 동사(believe)의 목적어가 되는 명사절 종속접속사 that이 들어가야 한다.
02 빈칸에는 전치사(about)의 목적어가 되는 명사절 종속접속사 whether(~인지 아닌지)가 들어가야 한다.
03 빈칸 다음에 완전한 문장이 나오므로 명사절 종속접속사 that이 들어가야 한다.

정답 01 that 02 whether 03 That

(2) 부사절 종속접속사

① when / as / while : '~할 때, ~하는 동안'이라는 뜻이며, 어떤 일의 발생을 전후하여 있던 일 또는 동시에 진행될 일을 이야기할 때 쓰인다.

㉠ The thief had already run away when the police came.
경찰이 왔을 때는 도둑은 이미 도망쳐 버렸다.

㉡ I sat reading a book, while my wife was sewing by my side.
나는 앉아서 책을 읽고 아내는 곁에서 바느질을 하고 있었다.

② **when / after / before** : before는 '~하기 전에', after는 '~한 후에'라는 의미로 쓰이며, when은 after, before를 대신해 두루 쓰일 수 있다.

㉠ After I walked a few minutes, I came to the park.
2, 3분쯤 걸어서 나는 공원에 왔다.

㉡ It will not be long before we shall meet again.
우리는 그리 오래 지나지 않아 다시 만날 것이다.

③ **until / till, since**

㉠ until / till은 '~까지' 계속된 일, since는 '~이후' 계속된 일을 나타낼 때 쓴다.

- We held off[out] the enemy until reinforcements arrived.
  우리는 지원군이 도착할 때까지 적군을 막았다.
- She has put on weight since she left the hospital.
  그녀는 퇴원한 뒤 몸무게가 늘었다.

㉡ until, since는 시간의 부사구를 만드는 전치사로도 쓰인다.

- It is doubtful that this fine weather will hold until weekend.
  이처럼 좋은 날씨가 주말까지 계속될지는 의문이다.
- She has been ill in bed since Monday.
  그녀는 월요일부터 아파서 누워 있다.

④ **as soon as / no sooner ~ than**

㉠ as soon as : '~하자마자'

- As soon as she arrived, she fell sick.
  그녀는 도착하자마자 병으로 쓰러졌다.
- Please write to me as soon as you get to London.
  런던에 도착하는 대로 내게 편지를 보내세요.

㉡ No sooner ~ than / hardly ~ when / scarcely ~ before : '~하자마자 ~하다'

- Hardly[Scarcely] had he arrived when [before] she started complaining.
  = No sooner had he arrived than she started complaining.
  그가 도착하자마자 그녀는 불평하기 시작했다.

⑤ **because, since, as** : '~ 때문에' (이유 부사절)

㉠ She will be absent, because she has a bad cold.
그녀는 감기가 너무 심해 결석할 것이다.

㉡ Since I am poor in health, I cannot travel abroad.
나는 건강이 나쁘기 때문에 외국여행을 할 수가 없다.

⑥ **so 형용사 또는 부사 that / such 명사 that** : '~할 만큼 …하다', '너무 …해 ~하다' (결과 부사절)

기출 21

She is so friendly that everybody likes her.

= She is such a friendly woman that everybody likes her.

그녀는 모두가 좋아할 만큼 친절하다.

⑦ **so that** : '~하기 위하여' (목적 부사절)

㉠ Please speak a little louder so that we can hear you.

우리가 들을 수 있도록 좀 큰 소리로 말해 주시오.

㉡ She walked softly so that she might not wake the baby. (so that ~ not = lest ~)

그녀는 아기가 깨지 않게 하려고 조용히 걸었다.

㉢ I hurried to the station lest I should miss the train.

나는 열차를 놓치지 않기 위해 서둘러 역으로 갔다.

⑧ **in case** : '~에 대비하여' (목적 부사절)

I took a map with me in case I lose my way.

길을 잃어버리는 경우를 대비해 나는 지도를 가져갔다.

⑨ **though / although / even though** : '~에도 불구하고' (대조 부사절)

㉠ Though he is big, he is a coward.

그는 (덩치는) 크지만 겁쟁이다.

㉡ Although she was a woman, she was brave.

비록 여자지만 그녀는 용감했다.

⑩ **while / whereas** : '~인 반면' (대조 부사절)

㉠ While he is not very tall, he's very strong.

그는 키가 별로 크지 않지만, 힘은 정말 세다.

㉡ I wanted to talk about our marriage, whereas she tried to beat about the bush.

나는 우리의 결혼에 대해 이야기하고 싶었으나, 그녀는 말을 빙빙 돌렸다.

⑪ **as / as if / as though**

㉠ as : '~처럼' (양태 / 비교 부사절)

- They did their best as I expected.

  그들은 내가 예상한 대로 최선을 다했다.

- You have to do it as they told you.

  당신은 그들이 당신에게 말한 대로 해야 합니다.

㉡ as if / as though : '(마치) ~처럼' (가정을 내포한 양태 / 비교 부사절)

- He seemed as if he were out of his mind.

  그는 마치 정신 나간 사람 같았다.

- She talks as if she knew everything.

  그녀는 무엇이든 다 아는 것처럼 떠벌린다.

⑫ as far as, as / so long as, in so far as : '~인 한' (제한 부사절)

㉠ As far as I know, he is a good doctor.
내가 알고 있는 한, 그는 훌륭한 의사이다.

㉡ So[As] far as I am concerned, I have no objection to the plan.
나에 관한 한 그 계획에 이의는 없다.

㉢ As[So] long as I live, I will help you.
내가 살아 있는 한 너를 도와주겠다.

체크 포인트

중복 부정 금지

다음 접속사들은 이미 부정(not)의 의미를 내포하고 있으므로 뒤에 연결되는 동사에 다시 부정(not)의 의미를 사용할 수 없다.

접속사	예문
nor (= and … not ~ either) neither (= not … either)	She didn't like it, nor didn't his husband. (×) → She didn't like it, nor did his husband. (○) 그녀는 그것을 싫어했고, 그의 남편도 역시 그것을 싫어했다.
lest … should ~ (= so that … may not)	• He didn't go out lest he should not waste money. (×) → He didn't go out lest he should waste money. (○) 그는 돈을 낭비하지 않기 위해 밖에 나가지 않았다. • I ran away lest I should not be caught. (×) → I ran away lest I should be caught. (○) 나는 잡히지 않기 위해 도망쳤다.
unless (= if … not)	Unless he doesn't go out, we will go out. (×) → Unless he goes out, we will go out. (○) 만약 그가 나가지 않으면 우리가 나갈 거야.
but (= that … not)	• There is no rule but doesn't have exceptions. (×) → There is no rule but has exceptions. (○) → There is no rule that doesn't have exceptions. (○) 예외 없는 법칙은 없다. • Who is there but doesn't love his own country? (×) → Who is there but loves his own country? (○) → Who is there that doesn't love his own country? (○) 자신의 고국을 사랑하지 않는 사람이 누가 있는가?

체크 포인트

부사절의 접속사 vs 부사구의 전치사

부사절의 종속접속사는 주어와 동사를 취해 부사절을 형성한다.
반면 전치사는 명사구를 목적어로 취해 부사구를 형성한다.

의미	부사절의 접속사	부사구의 전치사
~ 때문에	because	because of
비록 ~이지만	although / though	in spite of / despite
~ 동안	while	during
~까지	until	until, by

- Though it was not an easy decision, we made it in thirty minutes. (O)
- Despite it was not an easy decision, we made it in thirty minutes. (×)
  그것은 쉬운 결정은 아니었지만, 우리는 30분 만에 결정했다.

4 접속사의 주의할 용법

(1) 접속부사

besides, else, hence, however, so, therefore, nevertheless, otherwise, still, then, yet 등은 본래 부사이던 것이 접속사처럼 쓰이고 있다.

① I think; therefore I am.
　나는 생각한다. 고로 존재한다.

② He worked hard; otherwise he would have failed.
　그는 열심히 공부했다. 열심히 하지 않았다면 그는 실패했을 것이다.

체크 포인트

접속사 vs 접속부사

접속부사는 내용상 앞 문장과의 관계를 보여 주는 접속사의 역할을 하지만, 문법적으로는 뒤 문장에 속해 있는 부사이다. 접속부사와 비슷한 뜻을 가진 등위접속사와 종속접속사가 있다.

구분	종속접속사	등위접속사	접속부사
원인과 결과	because, as, since, now that	so, for	thus, therefore, consequently
대조	(al)though, even though, where as, while	but, yet	however, nevertheless, on the other hand
조건	if, unless, in case	or	otherwise

(2) 접속명사

the moment(= the minute, the instant), next time, every time(= whenever), by the time(~할 무렵에는) 등도 시간을 나타내는 접속사의 역할을 한다.

① The moment she saw me, she raised her hand.
나를 보았을 때, 그녀는 손을 들었다.

② Next time you see him, please tell him about it.
다음에 그를 만날 때에는, 그것에 대해 이야기해라.

③ Every time you need this book, I'll lend it to you.
이 책이 필요하면 언제든 네게 빌려주겠다.

④ By the time we reached the ground, the game had begun.
우리가 운동장에 도착할 무렵에 게임이 시작되었다.

제7절 관계사

영어의 관계사에는 관계대명사와 관계부사가 있는데, 관계대명사는 접속사와 대명사의 역할을, 관계부사는 접속사와 부사의 역할을 겸하고 있다. 관계대명사는 동사의 주어나 목적어가 되거나 전치사의 목적어가 되지만, 관계부사는 그렇지 않다.

체크 포인트

관계대명사와 관계부사
- 관계대명사 = 접속사 + 대명사
- 관계부사 = 접속사 + 부사

1 관계대명사

(1) 관계대명사의 종류

관계대명사는 문장과 문장을 잇는 접속사의 구실과 대명사의 구실을 겸하는 대명사이다. 관계대명사에는 who, which, that, what 등이 있는데, 선행사가 사람인지 사물인지에 따라 어느 것을 쓰는지가 결정된다.

종류	선행사	주격	소유격	목적격
who	사람	who	whose	whom
which	사람, 사물	which	whose, of which	which
that	사람, 동물, 사물	that	×	that
what	사물(선행사 포함)	what	×	what

① **who, whose, whom의 용법**

선행사가 일반적으로 사람일 경우 쓰이며, who와 whom은 that으로 대신 쓸 수 있다.

㉠ That is the boy who[that] likes to play tennis.
저 소년은 테니스를 좋아하는 소년이다.

㉡ The man who is working in the garden is my uncle.
정원에서 일하고 있는 사람은 내 삼촌이다.

㉢ I know a girl whose name is Judy.
나는 이름이 Judy라는 소녀를 알고 있다.

㉣ This is the boy whom I met in the park yesterday.
이 소년은 내가 어제 공원에서 만났던 소년이다.

② **which(주격), whose[of which](소유격), which(목적격)의 용법**

선행사가 일반적으로 사람, 사물일 경우 쓰이며, 주격, 목적격은 that으로 대치할 수 있다.

㉠ The books which[that] are on the desk are his.
책상 위에 있는 그 책들은 그의 것이다.

㉡ Look at the book whose cover is red.
빨간 표지의 그 책을 보아라.

㉢ This is the book which she gave (to) me yesterday.
이 책은 그녀가 어제 나에게 주었던 책이다.

③ **관계대명사 that만 쓰는 경우**

선행사가 '사람 + 동물', '사람 + 사물'로 되어 있거나, 선행사 앞에 형용사의 최상급, 서수, the only, the very, the same, the last, all, every, any, no, 의문대명사 등이 올 때 관계대명사 that을 쓴다. that에는 소유격이 없으며, 또 전치사를 그 앞에 쓸 수 없다.

㉠ She is the prettiest lady that I have ever seen.
그녀는 내가 여태껏 본 가장 아름다운 여인이다.

㉡ This is all the money that he has.
이것이 그가 가지고 있는 돈의 전부이다.

㉢ There is no man that doesn't love his own country.
자신의 조국을 사랑하지 않는 사람은 없다.

㉣ Who is the gentleman that is standing over there?
저기 서 있는 신사는 누구니?

④ what의 용법

관계대명사 what은 선행사를 포함하고 있으며, '~하는 것'으로 해석한다. what에는 소유격이 없다.

㉠ Could you tell me what this means?

이것이 의미하는 것을 말해 주실 수 있겠습니까?

㉡ We love what is true.

우리는 진실된 것을 사랑한다.

체크 포인트

what과 that / which / who / whom

시험에 자주 출제되는 what으로 시작되는 절은 주어 또는 목적어가 없는 불완전한 절의 형태라는 점에서 다른 관계대명사와 같으나 선행사를 갖지 않는다는 차이점이 있다.

선행사	접속사 + 대명사	관계절의 구조
있음	관계대명사 that / which / who / whose / whom	주어 + 동사 동사 + 목적어 (주어 또는 목적어가 없는 불완전한 절)
없음	what	

- He didn't believe what I told.
  그는 내가 말했던 것을 믿지 않았다.
- He didn't believe the truth that I told.
  그는 내가 말했던 진실을 믿지 않았다.
- I'm wondering what she'd like to eat for lunch.
  = I'm wondering the thing that she'd like to eat for lunch.
  나는 그녀가 점심에 무엇을 먹고 싶어 할지 궁금하다.

체크 포인트

what 관련 관용표현

what I am 현재의 나
what he / she is 현재의 그 / 그녀
what we / they are 현재의 우리 / 그들
what we / they were 과거의 우리 / 그들
what I [he / she] was 과거의 나 [그 / 그녀]
what I [he / she / we / they] used to be 과거의 나 [그 / 그녀 / 우리 / 그들]

① 인명 · 지위(地位) : what + 주어 + be

- She is not the woman what she used to be(= was).
  그녀는 과거의 그녀가 아니다.
- My parents have made me what I am.
  나의 부모님은 나를 현재의 나로 만들었다.

② 소유격 표현 : what + 주어 + have

what I [we / they] have 현재 내가 [우리가 / 그들이] 가진 것

what he / she has 현재 그가 / 그녀가 가진 것

what I [he / she / we / they] had 과거에 내가 [그가 / 그녀가 / 우리가 / 그들이] 가졌던 것

• A man's worth lies not in what he has, but in what he is.
어떤 사람의 가치는 그 사람이 가진 것이 아니라 그가 어떠한 사람인가에 있다.

③ A is to B what C is to D : A와 B와의 관계는 C와 D와의 관계와 같다.

= A is to B as C is to D

= What C is to D, A is to B

= As C is to D, (so) A is to B

• Reading is to the mind what food is to the body.
= Reading is to the mind as food is to the body.
= What food is to the body, reading is to the mind.
= As food is to the body, (so) reading is to the mind.
독서와 마음의 관계는 음식과 신체의 관계와 같다.

(2) 관계대명사의 두 가지 용법

① 제한적 용법(한정적 용법)

관계대명사 앞에 comma(,)가 없는 경우로, 해석은 관계대명사 뒷부분을 먼저 해석하는 것이 자연스럽다.

㉠ He had two sons who became officers.
그는 공무원이 된 아들이 둘 있다.

㉡ We must pay attention to the fact that fire burns.
불은 탄다는 사실에 우리는 유의해야 한다.

② 계속적 용법(연속적 용법) 기출 23

관계대명사 앞에 comma(,)가 있는 경우로, 해석은 앞에서부터 차례대로 하는 것이 자연스럽다. 관계대명사 what과 that에는 계속적 용법이 없다.

㉠ He had two sons, who became officers.
그는 아들이 둘 있는데 둘 다 공무원이 되었다.

㉡ I will lend you this novel, which[for it] is very exciting.
이 소설책을 너에게 빌려주겠다. 아주 재미있으니까.

㉢ I cannot understand, what he says. (×)

㉣ He has a horse, that runs very fast. (×)

(3) 관계대명사의 주의할 용법

① 관계대명사의 생략

제한적 용법에서 관계대명사의 목적격은 생략할 수 있다. 그러나 관계대명사 앞에 전치사가 있는 경우에는 생략할 수 없다.

㉠ This is the farmer (whom / that) I met in the field.
이 사람은 내가 들판에서 만난 농부이다.

㉡ The movie (which / that) I saw yesterday was interesting.
어제 내가 본 영화는 재미있다.

② 관계대명사와 전치사

관계대명사가 전치사의 목적어일 때, 전치사를 관계대명사 앞에 두어도 좋고, 전치사를 문장의 맨 뒤에 두어도 좋다.

That is the village (which) he lives in. (관계대명사 생략 가능)
= That is the village in which he lives. (관계대명사 생략 불가능)
저곳이 그가 살고 있는 마을이다.

③ 복합관계대명사

관계대명사에 -ever가 붙은 형식으로 자체 선행사를 포함하고 있으며 명사절과 부사절을 유도한다.

㉠ I will give you whatever book you want to read.
= I will give you any book that you want to read.
네가 원하는 책은 무엇이든 주겠다.

㉡ Whoever may object, I will do what I think is right.
누가 반대하든 나는 내가 옳다고 생각하는 것을 하겠다.

④ 의사관계대명사

who, which, that 등 일반적인 관계대명사 이외에 다른 품사적 기능이지만 특수한 상황에서 관계대명사 역할을 하는 단어들이 있다. 이를 의사관계대명사라고 부른다.

- 접속사에서 유래하여 의미를 가지고 있다. 표시만 하지 않는다.
- 관계대명사의 특징을 가지고 있어서 불완전한 문장을 이끈다.
- 선행사는 사람, 사물, 동물에 두기보다는 특정어구의 동반으로 결정된다.

㉠ but

부정어 not을 포함하는 관계대명사 that의 의미, '~하지 않는'의 의미를 가진다.
즉, 선행사를 부정하며 수식한다. 선행사에 부정어가 있는 경우 주로 주격으로 사용된다.
따라서 유사관계대명사 but 다음에는 대체로 동사가 온다.

- There is no rule but has some exceptions.
  = There is no rule that doesn't have some exceptions.
  예외 없는 법칙은 없다.
- There is no one but knows the rumor.
  그 소문을 알지 못하는 사람은 없다.

- There is no one but believes what he said.
  그가 말했던 것을 믿지 않는 사람은 없다.
- There is no greater leader but is optimistic.
  낙관적이지 않은 위대한 지도자는 없다.
- Who is there but admires her courage?
  그녀의 용기를 존경하지 않는 사람이 누가 있겠는가?

but 뒤에 부정어구가 중복해서 등장해서는 안 된다. 앞에 부정적 의미를 이미 가지고 있어서 유사관계대명사 but 이후에 부정어가 다시 들어가면 부정어가 중복된다. 따라서 유사관계대명사 but으로 시작하는 관계대명사절에서 not이 중복되어 쓰이면 어법상 틀린 문장이 된다.

- There is no rule but doesn't have some exceptions. (×)
  예외를 가지지 않는 규칙은 없다.
- There is no greater leader but is not optimistic. (×)
  낙관적이지 않은 위대한 지도자는 없다.

㉡ as

명사인 선행사 앞에 the same, such, as, so가 함께 있을 때 주로 쓰는 관계대명사이다.

- She bought the same pen as I had. (같은 종류)
  그녀는 내가 가지고 있던 것과 같은 펜을 샀다.
  cf. She has the same pen that I lost yesterday. (동일 물건)
  그녀는 내가 어제 잃어버린 그 펜을 가지고 있다.
- Love such people as will believe in you.
  너를 믿을 그러한 사람을 사랑하라.

㉢ than

명사인 선행사 앞에 비교급이 있을 때 주로 쓰는 관계대명사이다.

- She spends more money than is necessary.
  그녀는 필요한 것보다 더 많은 돈을 쓴다.
- She offered me much assistance than could be expected.
  그녀는 내가 기대했던 것보다 훨씬 더 많은 도움을 주었다.

체크 포인트

유사관계대명사

선행사	유사관계대명사
부정어구(no / few / little / not a / never) + 명사	but
특정어구(as / the same / such / so) + 명사	as
강조부사 기능 + 비교급 + 명사	than

연습문제

다음 빈칸에 들어갈 말의 순서로 가장 적절한 것은?

> She watched stories ___㉠___ characters would shed light on her experiences, ___㉡___ searched for love and meaning amidst the everyday clutter, and ___㉢___ fates might, if at all possible, turn out to be moderately happy ones.

	㉠	㉡	㉢
①	whose	who	whom
②	so	who	who
③	whose	who	whose
④	of which	who	whom

해석 그녀는 등장인물들이 그녀의 경험에 새로운 정보를 주고, 매일의 어수선함 가운데 사랑과 의미를 찾으며, 가능한 한 그들의 운명이 적당히 행복한 결말을 맞게 되는 이야기들을 지켜보았다.

해설 ㉠ stories를 선행사로 가지며 명사 characters도 수식해야 하므로 소유격 관계대명사가 들어가야 한다. 따라서 ① 또는 ③ 중에서 답을 선택한다.
㉡ 모두 who인데, characters를 받는 주격 관계대명사로 보면 된다. 그래서 would shed light on라는 과거형 동사에 맞게 searched라는 과거형 동사로 병치된다고 보면 된다.
㉢ 빈칸 뒤 목적어 자리가 비어 있는 곳이 없으므로, 뒤의 fates(명사)라는 주어를 한정할 수 있도록 소유격(whose) 관계대명사를 써야 한다.
- shed light on ~을/를 비추다, 밝히다
- clutter 혼란, 어수선함

정답 ③

2 관계부사

(1) 부사의 종류

관계부사는 두 문장을 결합시키는 접속사와 부사의 구실을 하는데, where, when, why, how가 있다. 관계부사는 선행사를 수식하는 형용사절을 이끌며, '전치사 + 관계대명사(which)'로 바꾸어 쓸 수 있다. 선행사는 시간, 장소, 이유, 방법 등을 나타낸다.

용도	선행사	관계부사	전치사 + 관계대명사
시간	the time	when	on[at] + which
장소	the place	where	in[at] + which
이유	the reason	why for which	for which
방법	(the way)	how in which	in which

① **where의 용법** 기출 23, 22

This is the house where she lives.

= This is the house in which she lives.

= This is the house which she lives in.

= This is the house she lives in.

이곳은 그녀가 살고 있는 집이다.

② **when의 용법** 기출 24

I don't remember the day when Mr. Kim left Seoul.

= I don't remember the day on which Mr. Kim left Seoul.

나는 김 씨가 서울을 떠난 날을 기억하지 못한다.

③ **why의 용법**

Do you know the reason why he didn't come?

= Do you know the reason for which he didn't come?

너는 그가 왜 오지 않는지 이유를 아니?

④ **how의 용법 – 선행사가 the way인 경우**

the way how라는 식의 표현은 거의 사용하지 않으며, the way 혹은 how만 쓰든지 the way that 혹은 the way in which를 쓴다.

Tell me the way you solved the problem.

= Tell me how you solved the problem.

= Tell me the way that you solved the problem.

= Tell me the way in which you solved the problem.

네가 그 문제를 어떻게 해결했는지 말해 봐라.

(2) 관계부사의 용법

관계부사에도 제한적 용법과 계속적 용법이 있는데, 관계대명사와 마찬가지로, 관계부사 앞에 콤마가 있느냐 없느냐로 구분한다. 콤마(,)가 없으면 제한적 용법이고, 콤마가 있으면 계속적 용법이다.

① 관계부사의 제한적 용법

관계부사는 모두 제한적 용법으로 사용된다. 이 경우에 관계부사는 관계대명사와 마찬가지로 선행사를 수식하는 형용사절을 이끈다.

㉠ This is the city where I visited two years ago.
이곳이 내가 2년 전에 방문했던 도시이다.

㉡ I don't know the day when he died.
나는 그가 죽은 날을 모른다.

㉢ Do you know the reason why he went there?
그가 그곳에 간 이유를 아니?

② 관계부사의 계속적 용법

관계부사 where와 when은 계속적 용법이 있다. 관계부사가 계속적 용법으로 사용될 때에는 '접속사 + 부사'로 바꾸어 쓸 수 있다.

㉠ I went to Seoul, where I met Tom.
= I went to Seoul, and there I met Tom.
나는 서울에 갔는데, 거기서 Tom을 만났다.

㉡ I was sleeping, when he visited me.
= I was sleeping, and then he visited me.
나는 잠을 자고 있었는데, 그 때 그가 나를 방문했다.

(3) 관계부사의 주의할 용법

① 복합관계부사

wherever, whenever, however의 형태를 말하며, 선행사를 포함하고 부사절을 이끈다.

㉠ He gets lost wherever he goes.
그는 어디를 가도 길을 잃는다.

㉡ She is impatient whenever she is kept waiting.
그녀는 계속 기다릴 때면 언제나 초조해한다.

㉢ However hungry you are, you must eat slowly.
아무리 배가 고프더라도 천천히 먹어야 한다.

② 관계부사의 선행사 생략

㉠ This is (the reason) why he came here.
이것이 그가 여기에 온 이유이다.

㉡ That is (the place) where we played in the afternoon.
저곳이 우리가 오후에 놀았던 곳이다.

연습문제

다음 각 문장의 밑줄 친 부분에 들어갈 말로 적절한 것은?

- This is the house ________ he lives.
- I know the time ________ he will arrive.
- There is no reason ________ you should go.
- This is ________ it happened.
- He died on the day ________ I arrived.

① where – when – why – how – that
② in – that – what – how – that
③ in – that – whom – what – that
④ where – which – who – how – on

해설
- 장소의 관계부사 where
- 시간의 관계부사 when
- 이유의 관계부사 why
- 방법의 관계부사 how
- 시간의 관계부사 when(that도 가능)

정답 ①

제 2 장 독해력 / 영작 / 생활영어

제1절 독해력

1 대의 파악 기출 25, 24, 23

글의 대의를 파악하는 것은 핵심어를 파악하고 글의 주요 흐름을 읽어 내는 능력이 요구된다. 대의는 제목을 유추하는 과정이라고 볼 수 있으며, 주제를 제대로 파악하고 필자가 글에서 말하려고 하는 것이 무엇인지, 어느 범위까지 이야기하고 있는지를 알아야 한다. 글의 도입에서 주제를 명확하게 밝히는 경우가 많지만 때로는 세부사항을 나열한 후 글의 말미에서 필자의 의도를 드러내는 경우도 있다. 세부사항에 초점을 두기보다는 글의 전체적인 흐름을 파악하고, 겉으로 드러나지 않은 숨겨진 필자의 본질적인 의도에 접근한다. 평소에 글을 한 문장으로 요약하는 연습을 충분히 해두는 것이 좋다.

연습문제

다음 글의 제목으로 가장 알맞은 것은?

The pattern of crime has varied very little over a long period of years. Murder reaches its peak during July and August, as do rape and other violent attacks. Murder, moreover, is more than seasonal; it is a weekend crime. It is also a nighttime crime; 62 percent of murders are committed between 6 p.m. and 6 a.m. Unlike the summer peak in crimes of bodily harm, burglary has a different cycle. You are most likely to be robbed between 6 p.m. and 2 a.m. on a Saturday night in December, January, or February. The most uncriminal month of all? May except for one strange statistic. More dog bites are reported in this month than in any other month of the year.

① A Time for Murder
② Summer Crimes
③ Hot Weather and Crimes
④ Criminal Tendencies

해석 범죄의 유형은 오랜 세월이 지나도 거의 변하지 않았다. 강간이나 그 밖의 폭행 사건의 경우처럼 살인은 7~8월에 가장 많이 일어난다. 게다가 살인은 계절적인 범죄가 아니라 주말 범죄이기도 하다. 또한 야간에 많이 발생한다. 살인 사건의 62%가 저녁 6시에서 새벽 6시 사이에 일어난다. 신체에 해를 입히는 범죄가 여름에 최고조에 달하는 것과는 달리, 절도는 다른 주기를 가지고 있다. 12월, 1월, 혹은 2월의 토요일 저녁 6시에서 새벽 2시 사이에 가장 도난당하기 쉽다. 가장 범죄 발생이 낮은 달은 언제일까? 한 가지 이상한 통계를 제외하고 5월이다. 개에게 물리는 사건은 이 달에 가장 많다고 보고되었다.

해설 범죄가 발생하는 경향에 대한 내용이다.

정답 ④

2 주제 파악 기출 24, 23, 22, 21

글의 중심어를 포함하면서 간결하게 나타낸 것이 글의 주제가 되는데, 필자가 이야기하려는 핵심 목적을 파악하는 것이 중요하다. 글의 중심 사건을 바탕으로 주제와 핵심 어휘를 파악한다. 글을 읽다가 모르는 단어가 나와도 당황하지 말고 우선 넘기고 나서 문장의 전체적인 의미를 이해한 후에 어휘의 구체적 의미를 유추한다. 주제는 제시된 글의 내용의 범위보다 지나치게 넓거나 좁아서는 안 된다. 또한 제시된 내용에 근거하지 않고 상식적인 정황을 바탕으로 추측에 의해 성급하게 내린 결론은 결코 주제가 될 수 없다. 대의 파악보다는 좀 더 구체적인 내용 파악이 필요하지만, 글의 전체적인 흐름을 파악하고 한 문장으로 핵심 내용을 요약해 보는 연습이 중요한 것은 대의 파악과 마찬가지이다.

연습문제

다음 글에서 다루고 있는 주제는?

Crowding stresses us. The more crowded we feel, the more stressed we get. Work stresses us, too. Workers in manufacturing jobs are likely to suffer serious health problems as a result of the noise, or the stress of being paced by mechanical requirements of the assembly line. The amount of work involved, however, does not necessarily determine the level of stress. Air traffic controllers, for instance, report that the long stretches of doing relatively little are at least as stressful as the times when they are handling many aircraft in the sky.

① Benefits of stress
② Sources of stress
③ Treatment of stress
④ Effects of stress

해석 혼잡은 우리에게 스트레스를 준다. 혼잡하다고 느끼면 느낄수록 우리는 그만큼 더 많은 스트레스를 받게 된다. 일 또한 우리에게 스트레스를 준다. 제조업에 종사하는 사람들은 소음 또는 조립라인에서 기계가 하는 일에 보조를 맞추어야 하는 스트레스 때문에 심각한 건강 문제에 시달리기 쉽다. 그러나 관여하는 작업량이 반드시 스트레스의 수준을 결정하지는 않는다. 가령, 항공 관제사들은 긴 시간 동안 비교적 적은 양의 일을 하는 경우에도, 하늘에 떠 있는 다수의 비행기들을 관제할 때만큼이나 스트레스를 받는다고 한다.

해설 스트레스의 근원에 대해 설명하고 있다.

정답 ②

3 세부 사항 파악 기출 25, 24, 23, 22, 21

글의 도입, 전개, 결론 등의 흐름을 올바르게 파악하고, 세부적인 사항까지 기억해야 하는 문제이다. 글을 읽으면서 중요 어휘에는 표시를 해 두거나, 반대로 보기 문항을 먼저 읽어 보고 글을 읽으면서 질문에 부합하는지 따져 보는 것도 하나의 방법이다. 글의 내용과 일치하지 않는 것을 고르는 문제는 글의 내용과 반대로 말하거나 글에서 언급하지 않은 것을 골라내야 한다. 객관성에 근거하여 판단해야지, 섣부른 추측은 금물이다. 글의 내용과 일치하는 것을 고르는 문제는 똑같은 의미이지만 형태가 다른 어휘로 바꿔서 제시할 수 있으므로 평소에 다양한 어휘를 파악하고 있는 것이 중요하다.

연습문제

다음 글로 미루어 판단한 내용으로 옳지 못한 것은?

Exercise is beneficial to your heart. As a result of a 22-year study that was conducted by doctors in California, it was found that people who work at physical jobs experience fewer heart attacks than other people. These active people work all the time at moderate speeds. Their daily routine gives them an adequate amount of exercise and helps them stay in shape. However, machines that can do heavy labor more speedily are replacing this type of work.

① 의사들은 항상 건강에 관심을 가진다.
② 운동은 알맞은 속도로 해야 한다.
③ 적당한 운동은 심장에 이롭다.
④ 기계가 힘든 일을 대신하는 추세이다.

해석 운동은 심장에 이롭다. California의 의사들이 22년간 연구한 결과, 육체적인 직업에 종사하는 사람은 그 밖의 다른 직업에 종사하는 사람들보다 심장 마비를 덜 겪는 것으로 나타났다. 활동적인 사람들은 언제나 적당한 속도로 일한다. 일상적인 일은 그들에게 적절한 운동량을 제공해 주고 건강을 유지하도록 도와준다. 하지만 힘든 작업을 보다 빠른 속도로 처리할 수 있는 기계가 이런 유형의 일을 대신하고 있다.

해설 운동에 관한 연구 내용을 설명할 뿐이지, 의사들이 항상 건강에 관심을 갖는다는 내용은 없다.

정답 ①

4 결론 도출 기출 25, 23

문장의 논리적 구조를 파악하는 능력이 요구된다. 문장 혹은 단락 사이에는 문장 상호 간의 연결이 자연스럽고, 전체적인 글의 흐름이 질서 있게 연결되어 있는 논리적 일관성이 존재하므로 제시된 글을 통해 문장 혹은 단락의 앞뒤 내용을 추론할 수 있다. 결론을 도출하는 경우 마지막 문장을 유심히 살펴볼 필요가 있다. '게다가, 더구나' 등의 첨가를 뜻하는 연결어가 나오면 부연 설명, '하지만, 그러나' 등의 역접을 뜻하는 연결어가 나오면 앞의 내용과 대조되는 내용을 결론으로 유추하면 된다.

연습문제

다음 글을 읽고 아래의 빈칸에 가장 알맞은 것은?

In 1812 Napoleon had to withdraw his forces from Russia. The armies had invaded successfully and reached the city of Moscow. There was no question of French army disloyalty or unwillingness to fight. As winter came, the Russian army moved out of the way, leaving a wasted land and burned buildings. Other conquered European nations seized upon Napoleon's problems in Russia as their chance to rearm and to break loose from French control.

→ According to the passage, the main reason for Napoleon's withdrawal from Russia was the ______________________.

① Russian army
② Russian winter
③ burned buildings
④ planned revolts in other countries

해석 1812년에 나폴레옹은 러시아에서 군대를 철수해야만 했다. 나폴레옹군은 성공적으로 침입하여 모스크바의 도시까지 진격했다. 프랑스군은 충성심이 없었고, 마지못해 싸우는 게 의심할 여지없이 분명했다. 겨울이 오자 러시아군은 황폐한 땅과 불에 탄 건물들을 버리고 이동했다. 점령된 다른 유럽 국가들은 나폴레옹의 문제를 재무장해서 프랑스의 지배를 벗어날 기회로 잡았다.
→ 지문에 따르면, 나폴레옹의 러시아 철수의 주요 이유는 다른 나라들의 조직적 봉기 때문이었다.

해설 나폴레옹 군대가 러시아에서 고전하는 동안 프랑스의 지배를 받던 다른 나라들의 조직적인 봉기에 의해 나폴레옹 군대는 러시아에서 철수해야만 했다는 내용이다.

정답 ④

5 논조 이해 기출 22, 21

글의 분위기와 어조를 파악하는 문제이다. 글에서 드러나는 사건이나 상황 및 인물 묘사를 통해 느낄 수 있는 정서적인 효과를 추론하는 문제로, 일부의 내용을 전체로 확대해석하는 오류를 범하지 않도록 주의한다. 비평, 감상문, 연설문, 편지, 발표문, 신문 칼럼 등이 글감으로 많이 사용된다.

체크 포인트

태도 · 분위기 묘사에 자주 쓰이는 어휘

- 긍정, 확신 : affirmative, positive
- 냉소 : cynical, scornful, sarcastic, satirical
- 성급 : impatient, rash, reckless
- 해학 : witty
- 부정 : dissenting
- 동감 : sympathetic
- 우울 : gloomy, melancholy
- 설명 : descriptive, explanatory
- 의심 : dubious
- 편견 : partial, prejudiced
- 활기 : exuberant, vigorous, high-spirited
- 단조로움 : monotonous, prosaic
- 비판 : disparaging
- 냉담 : callous, indifferent
- 단호함 : stern, strict, rigorous
- 유익 : informative, instructive, didactic

연습문제

다음 글에 나오는 인물의 심경을 가장 잘 나타낸 것은?

It was after nine. "Another long day at work," Adams thought. "This has got to stop." He fumbled for his key, finally found it, then had trouble finding the keyhole. "Must remember to turn the front light on if I plan to come home late again," he told himself. Once inside the dark apartment, he threw his coat over the chair inside the front door as he always did. He heard the coat drop to the floor. "That's strange," he thought. Still in the dark, he reached for the lamp that was on the table to the left of the door, but it wasn't there. Then Adams' foot hit something on the floor. Adams turned back to the door and moved his hand over the wall until he found the light switch. He flipped it up. When he looked around the room, his eyes and mouth opened wide. Adams couldn't believe his eyes.

① delighted
② frightened
③ peaceful
④ frustrated

해석 9시가 넘은 후였다. "또 긴 하루였군." Adams는 생각했다. "이젠 정말 이렇게 살 수는 없어." 그는 주머니를 더듬어 열쇠를 찾았고, 마침내 찾긴 했지만 이번엔 열쇠 구멍이 잘 보이지 않았다. "다음에 또 늦게 들어올 거면 현관 불을 꼭 켜놓아야겠어." 그는 혼잣말을 했다. 어두운 아파트 안으로 들어서자, 그는 평소처럼 현관문 옆 의자에 코트를 던졌다. 그런데 코트가 바닥에 떨어지는 소리가 났다. "이상하군." Adams는 생각했다. 아직 불을 켜지 않은 채, 그는 문 왼쪽 탁자 위에 있어야 할 스탠드를 더듬었지만, 그 자리에 없었다. 그때 그의 발이 무언가에 부딪쳤다. Adams는 다시 문 쪽으로 돌아가 벽을 더듬어 스위치를 찾았다. 그는 스위치를 올렸다. 그리고 방 안을 둘러본 순간, 그의 눈과 입이 동시에 커졌다. Adams는 자신이 보고 있는 것을 믿을 수 없었다.

해설 마지막 부분에서 Adams가 무언가로 인해 놀랐기 때문에 ②가 적절하다.

정답 ②

6 글의 상호관계 분석 기출 23, 22, 21

앞에 제시된 문장에 이어지는 글의 순서를 정하는 문제로, 글의 논리적 흐름과 연결사, 시간 및 공간적 순서를 종합적으로 고려하여 가장 적절한 배열을 결정해야 한다.

연습문제

다음 글의 바로 뒤에 올 내용으로 가장 적절한 것은?

It is possible to divide interior space into two main types; private and public. Private interior space includes the inside of homes and apartments. Public interior space consists of the inside of public buildings; schools, restaurants, museums, and stores. In all cases, interior space is organized according to some specific purpose. In homes, space is organized for the purposes of cooking and eating, sleeping, washing, socializing, and so on. In schools, space is organized so that groups of people can study, listen to teachers, read, and write. The interior space of a store is organized so that people can see everything, walk around easily, pay for their purchases, and leave. In this article, we will take a closer look at one kind of public interior space - the interior of a modern supermarket.

① Interior design
② The explanation of public interior space
③ The interior of a school
④ The interior of a supermarket

해석 실내 공간은 크게 개인적인 용도와 공적인 용도 두 가지로 나눌 수 있다. 개인적인 실내 공간은 가정집이나 아파트 등의 내부를 포함하며, 공적인 실내 공간은 학교, 식당, 박물관, 가게 등 공공건물의 내부로 구성된다. 모든 경우에 있어서 실내 공간은 특정 목적에 따라서 설계된다. 가정집에서는 공간이 조리, 식사, 수면, 세척, 사교 등의 목적에 맞게 구성된다. 학교에서는 단체가 공부하고, 선생님 말씀을 귀담아 듣고, 읽고 쓰고 할 수 있도록 공간이 설계된다. 상점의 실내 공간은 사람들이 모든 것(상품)을 볼 수 있고, 쉽게 돌아다닐 수 있고, 물건 값을 지불하고 떠날 수 있도록 체계화되어 있다. 이 글에서는 공적인 실내 공간의 하나인 현대의 슈퍼마켓의 내부에 대하여 자세히 살펴보고자 한다.

해설 마지막 문장에서 현대 슈퍼마켓의 내부에 대해 살펴보자고 하였으므로, ④ 슈퍼마켓의 내부에 대한 내용이 이어질 것이다.

정답 ④

체크 포인트

제시된 문장이 있는 경우

제시된 문장을 읽고 다음에 이어질 내용을 추론한다. 연결사, 지시어, 대명사, 시간 표현 등을 활용하여 문장의 순서를 논리적으로 결정한다.

- 지시어 : this, that, these, those 등
- 연결사 : but, and, or, so, yet, unless 등
- 접속부사 : in addition(게다가), afterwards(나중에), as a result(결과적으로), for example(예를 들어), otherwise(그렇지 않으면), however(그러나), moreover(더욱이) 등
- 부정대명사 : one(사람이나 사물의 불특정 단수 가산명사를 대신 받음), some(몇몇의, 약간의), another(지칭한 것 외의 또 다른 하나), other(지칭한 것 외의 몇몇) 등

제시된 문장이 없는 경우

대개 일반적 사실이 글의 처음에 나오고, 이어서 앞에서 언급했던 사실에 대한 부가적 내용이나 개념 정리 등이 나올 수 있다. 대신 지시어나 대명사가 나오는 문장이나 앞뒤 문장의 상반된 내용을 연결하는 역접 연결사 및 예를 설명하는 연결사가 포함된 문장은 글의 처음에 나오기 어렵다. 이 밖에 문맥의 흐름과 상관없는 문장을 고르는 문제는 주제문과 이를 뒷받침하는 문장들의 관계에 있어 글의 흐름상 통일성이 결여된 문장을 찾아낸 후, 그 문장을 제외한 후에도 글의 내용이 자연스럽게 흘러가는지 살펴봐야 한다. 또 문맥상 어색한 문장을 고르는 문제의 경우 우선적으로 글을 꼼꼼하게 읽고, 그 다음에 주제문을 파악한 후 이와 어울리지 않는 내용을 골라내는 순서로 문제를 해결한다.

7 영문 국역 기출 23, 22, 21

영어 문장을 국어로 전환하는 과정은 문법적 이해와 어휘에 대한 정확한 파악이 기본이 된다. 하지만 있는 그대로 하면 문장이 부자연스럽거나, 다양한 의미를 내포하는 영어 단어의 뜻을 제대로 파악하지 못하게 되므로 필자가 말하고자 하는 바를 정확하게 전달하려는 노력이 중요하다. 원문을 잘 이해하고 분석해서 그 원문이 말하고자 하는 의미를 제대로 파악해야 한다. 또 원문에 쓰인 문체의 성격이나 단어의 특색들에 주의해야 한다. 문화적 차이에서 오는 어휘 사용이 다를 수 있기 때문에 이에 대한 사항을 많이 숙지하고 있는 것이 좋다. 마지막으로 읽는 사람이 거부감이 없이 매끄럽게 읽히도록 우리말의 문법과 문화 정서에 맞게 옮기는 것이 중요하다.

연습문제

다음 밑줄 친 문장을 우리말로 바르게 옮긴 것은?

Make yourself understood if you are against my decision.

① 나는 네 말을 이해한다
② 네 말을 나에게 이해시켜라
③ 너의 말을 이해하지 못했어
④ 네 자신을 먼저 생각해라

해석 내 결정에 반대한다면 네 의사를 나에게 이해시켜라.

해설 make oneself understood 자기의 말(생각)을 남에게 이해시키다
예 He can make himself understood in English. 그는 영어로 의사소통이 가능하다.
• against ~에 반대하여
• decision 결정

정답 ②

제2절 영작

1 도치 구문

문장 안에서 정상적인 어순이 뒤바뀐 구문을 말한다. 강조하고자 하는 말을 문장 앞으로 보내고 이어지는 주어와 동사의 위치가 바뀌게 된다.

(1) 구문상의 도치

① 감탄문, 기원문, 의문문

㉠ What courage he has! (감탄문)
그는 얼마나 대단한 용기를 지녔는지!

㉡ Long live the king! (기원문)
왕이시여, 만수무강하시길!

㉢ What are you reading now? (의문문)
당신은 지금 무엇을 읽고 있습니까?

② 가정법에서 If가 생략된 조건문 기출 21

㉠ Were I rich, I could buy the computer.
= If I were rich, I could buy the computer.

㉡ Had I known it, I should have told it to you.
= If I had known it, I should have told it to you.

③ 양보를 나타내는 부사절: as를 포함한 구문(as = though) 기출 21

㉠ Woman as I am, I may be of help to you.
내가 비록 여자이지만, 당신에게 도움이 될지도 모른다.

㉡ He lost his self-command, try as he would to keep calm.
냉정을 지키려고 노력했음에도 불구하고 그는 자제력을 잃었다.

④ Neither, nor로 시작하는 절 기출 23

㉠ Neither statement is true.
어느 쪽 주장도 사실이 아니다.

㉡ This clock doesn't show right time, and neither does my watch.
이 시계는 정확한 시각을 가리키지 않는데, 내 시계도 마찬가지이다.

㉢ He can neither read nor write.
그는 읽지도 쓰지도 못한다.

⑤ not ~ until: '~이 되서야 비로소 ~하다'

He did not know the fact until this morning.
= Not until this morning did he know the fact.
오늘 아침에야 비로소 그 사실을 알았다.

(2) 강조를 위한 도치

① **목적어의 강조**: 목적어 + S + V

㉠ That mountain we are going to climb.
우리는 그 산을 오를 예정이다.

㉡ Not a word did she say all day long.
그녀는 하루 종일 한마디도 하지 않는다.

② **부사(구)의 도치**

㉠ 주어가 대명사일 때: 부사 + S + V

- Here it comes. 여기 온다.
- Here you are. 자, 여기 있어.

㉡ 주어가 명사일 때: 부사 + V + S

- Here comes the car. 여기 차가 온다.
- Here is your fountain pen. 너의 만년필이 여기 있어.

㉢ 부정의 부사어구를 강조할 때: 부정어 + 조동사 + 주어 + 본동사

- No sooner had she seen him than she burst into tears.
  그녀는 그를 보자마자 눈물을 터뜨렸다.
- Little did I dream that I should never see her again.
  내가 다시 그녀를 보지 못하리라고는 꿈에도 생각하지 못했다.
- Never have I seen such a wonderful sight.
  나는 결코 그런 멋진 광경을 본 적이 없다.
- Not until this morning did he know the fact.
  오늘 아침에야 비로소 그 사실을 알았다.

③ **보어의 강조**: 보어 + V + S

㉠ 강조를 하기 위한 도치

- Happy are those who are always in good health.
  행복은 항상 건강에 좋은 것이다.
- Great was his joy when he heard the news of their success.
  그는 그들의 성공에 대한 소식을 들었을 때 대단히 기뻤다.

㉡ ‘the + 비교급’으로 수식되는 경우의 도치

- The more learned a man is, the more modest he usually is.
  학식이 있는 사람일수록 대개 더 겸손하다.

연습문제

다음 우리말을 영작한 문장에서 빈칸에 들어갈 단어는?

> 그의 이름을 알았더라면, 명단에 그의 이름을 기록했을 텐데.
> → _________ I known his name, I could _________ his name on the list.

① If – have written
② If – write
③ Had – have written
④ Had – write

해설 가정법 과거완료로서, 접속사가 생략되면서 도치된 문장이다.

정답 ③

2 생략 구문

부사절 as though, if, when, while 등으로 유도되고 종속절의 주어가 주절의 주어와 같은 경우 주어와 be동사는 생략된다.

(1) 종속절의 주어와 주절의 주어가 같을 때 '주어 + be동사'는 생략 가능

① Though (he was) thirsty, he was not tempted by the water of the spring.
목이 말랐지만, 그는 샘물에 유혹되지 않았다.

② If (it is) necessary, I will do it.
필요하다면, 나는 그 일을 할 것이다.

(2) 중복을 피하기 위해 생략하는 경우

① Come at two if you can (come).
당신이 올 수 있다면 2시에 오세요.

② We went to see the opera and (went) at some great restaurants.
우리는 오페라도 보러 가고 근사한 식당에도 갔었다.

(3) 관용적으로 생략하는 경우

① (It is) Nice to meet you.

② No parking (is allowed).

③ (This is) Not for sale.

3 부정 구문

(1) 전체 부정

① There is no one in the class.
교실에 아무도 없다.

② He had no job and no money.
그는 직업도, 돈도 없다.

(2) 부분 부정 : all[both / every / whole / always / altogether / necessarily / quite] + not / 부정어

① Anger is not necessarily most useful reaction to such events.
분노는 그러한 사건에 반드시 가장 유용한 반응은 아니다.

② The poor are not always unhappy.
가난한 사람이 항상 불행한 것은 아니다.

(3) 이중 부정

There is no rule but has exception.
= There is no rule that does not have exception.
어떤 규칙도 예외는 있다[예외 없는 규칙은 없다].

(4) 기타 부정 표현

① cannot help -ing : ~하지 않을 수 없다.
You are a student, so you cannot help studying.
너는 학생이기 때문에 공부하지 않을 수 없다.

② anything but ~ : 결코 ~이 아니다
The problem is anything but easy.
그 문제는 결코 쉽지 않다.

③ free from ~ : ~이 없는
Climbing a mountain is free from danger.
산에 오르는 것은 위험하지 않다.

연습문제

01 다음 우리말을 영어로 표현할 때 빈칸에 들어갈 알맞은 것은?

> 이보다 더 재미있는 영화가 제작된 적이 없다.
> → ______________________ been made than this.

① Never has a more exciting movie
② Never a movie more exciting has
③ A movie never more exciting has
④ A movie has never more exciting

해설 부정어 Never가 문두에 위치하면 조동사 has는 주어(a more exciting movie) 앞으로 도치된다. 부정어구 never, seldom, hardly, scarcely 등은 be 동사나 조동사의 뒤, 일반동사 앞에 위치한다.

정답 ①

02 다음 중 우리말을 영어로 가장 잘 옮긴 것은?

① 그는 그녀에 대해 불평하기만 했다.
→ He did anything but complain about her.
② 그는 새 차 대신에 중고차를 사용하는 것에 반대한다.
→ He is opposed to use a used car instead of a new one.
③ 당신은 제가 그렇게 오랫동안 자리를 비워도 괜찮겠습니까?
→ Would you mind my being away so long?
④ 그녀는 나무가 쓰러져서 치명적인 사고를 당할 뻔했다.
→ She came near to have a fatal accident by the falling of a tree.

해설 mind + 동명사 : 꺼리다, 반대하다
① anything but : 결코 ~하지 않다(= never)
- nothing but : 단지(= only) : 단지
- did nothing but complain about ~ : ~에 대해 불평만 늘어놓다

② use → using이 되어야 한다.
- be opposed to + -ing : ~하는 것을 반대하다
- be used to + V ~ : ~하는 데 이용되다

④ have → having이 되어야 한다.
- come near to -ing : 거의 ~할 뻔하다

정답 ③

제3절 생활영어

1 인사하기

Useful Expressions

- Good morning[afternoon / evening].
- Good to see you again.
- How are you today?
- Long time no see.

해석
- 좋은 아침 [오후 / 저녁].
- 당신을 다시 만나게 되어 기쁩니다.
- 오늘 어떻습니까?
- 정말 오랜만입니다.

2 소개하기

Useful Expressions

- I'd like to introduce myself. (= Let me introduce myself to you.)
- This is my friend, Mike.
- How do you do?
- Nice[Glad / Pleased / Happy] to meet you.
- I've been looking forward to meeting you.

해석
- 저를 소개하겠습니다.
- 내 친구 Mike입니다.
- 처음 뵙겠습니다.
- 당신을 만나서 반갑습니다.
- 당신을 만나고 싶었습니다.

3 안부 묻기

Useful Expressions

- How are you? [How are you doing? / What's up?]
- How's your family?
- How have you been (doing)?
- I'm fine, thanks. [I'm very well. / Pretty good.]
- Please give my best regards to your parents. (= Please remember me to your parents.)

해석
- 어떻게 지내세요?
- 가족들은 어떻게 지냅니까?
- 어떻게 지냈습니까?
- 좋습니다.
- 부모님께 안부 전해 주세요.

4 건강 상태 묻고 답하기

Useful Expressions

- What's wrong with you? (= What's the matter with you?)
- You look (a little) pale.
- You'd better see[consult] a doctor.
- Are you feeling well?
- I don't feel very well.
- I'm in good shape.
- What do you do to stay in shape?
- I exercise at the health club every day.

해석
- 무슨 일이 있습니까?
- 당신 안색이 (약간) 창백해 보입니다.
- 의사의 진찰을 받는 게 좋겠습니다.
- 좀 어떻습니까?
- 건강이 좋지 않습니다.
- 나는 건강이 좋습니다.
- 당신은 건강을 유지하기 위해 무엇을 합니까?
- 나는 매일 헬스클럽에서 운동을 합니다.

5 길 묻고 안내하기

Useful Expressions

- How Can I Get to the Seoul Station?
- Would you show me how to get there?
- Excuse me, but where is the nearest movie theater?
- I'm lost. where am I?
- I'm looking for the flower shop.
- I'm sorry, but I'm a stranger here myself. (= I'm sorry, I'm new around here.)
- Go straight two blocks and turn left.
- Did you get it?
- You can't miss it.

해석
- 서울역까지 어떻게 갈 수 있습니까?
- 그곳으로 가는 방법을 가르쳐 주시겠어요?
- 실례합니다만, 여기서 가장 가까운 극장이 어디에 있습니까?
- 전 길을 잃었습니다. 여기가 어디입니까?
- 저는 꽃가게를 찾고 있습니다.
- 죄송하지만, 저도 여기 처음입니다.
- 두 블록을 곧장 가셔서 좌회전하세요.
- 이해했습니까?
- 당신은 틀림없이 찾을 수 있을 겁니다.

6 전화하기와 받기

Useful Expressions

- Hello, may I speak to Candice?
- Who's calling[speaking], please? / Who is this?
- This is he (speaking). / Speaking.
- There's no one here by that name.
- May I take a message?
- I'll call him back later.
- I'm sorry she's not.
- You've got the wrong number.

해석 • 여보세요, Candice 좀 바꿔 주세요.
• 전화하신 분은 누구세요?
• 접니다.
• 그런 사람은 여기에 없습니다.
• 메시지를 남기시겠어요?
• 제가 그에게 다시 전화하겠습니다.
• 죄송하지만, 그녀는 없습니다.
• 전화 잘못 거셨습니다.

7 약속 제안하기

Useful Expressions

• How about going to the movies? (= Why don't[Shall] we go to the movies?)
• I'd like to invite you to my birthday party.
(= Would you like to come to my birthday party?)
• What time shall we make it?
• OK. [Sure. / Yes, I'd like[love] to.]
• Sorry, I can't. [I'd like to, but I can't. / I'm afraid not.]
• I'm sorry, but I have an appointment.

해석 • 영화 보러 가는 게 어때?
• 너를 내 생일 파티에 초대하고 싶어.
• 몇 시에 만날까?
• 좋아.
• 미안하지만, 안 되겠어.
• 미안하지만, 난 약속이 있어.

8 부탁하기

Useful Expressions

- May[Can] I ask you a favor?
- Would you do me a favor? [Would you give me a hand?]
- Sure, I can. [Certainly. / Of course.]
- I'm afraid not.
- Would you mind my opening(= If I open) the window?
- Of course not. Go ahead. [Certainly not. / Not at all.]

해석
- 제가 부탁을 드려도 될까요?
- 저를 도와주실 수 있습니까?
- 예, 물론이죠.
- 유감스럽지만 안 됩니다.
- 제가 창문을 열어도 될까요?
- 예, 그러세요.

9 음식 주문하기

Useful Expressions

- May[Can] I take your order? / Are you ready to order?
- What would you like to have?
- How would you like your steak?
- Well done[Medium / Rare], please.
- (Is there) Anything else? / Will that be all?
- Here or to go?
- Here, please.
- I'll have a pineapple pizza, please.
- I'd like a hamburger, please.

해석 • 주문하시겠어요?
• 무엇을 드시겠습니까?
• 스테이크를 어떻게 해 드릴까요?
• 바싹 익혀[반만 익혀 / 살짝 익혀] 주세요.
• 더 주문하실 것 있습니까? / 그게 전부입니까?
• 여기서 드시겠어요? 아니면 가져가시겠어요?
• 여기서 먹을 겁니다.
• 파인애플 피자 주세요.
• 햄버거 주세요.

10 음식 권하기

Useful Expressions

• Would you like something to drink?
(= Can I get you something to drink?)
• How about some more cake?
(= Do you want some more cake?)
• Yes, please. / Sure, It's so good. I'd love some.
• No, thanks. I've had enough. / I'm full.

해석 • 음료는 무엇으로 하시겠습니까?
• 케이크를 좀 더 드릴까요?
• 네, 물론입니다. 좋아요.
• 아뇨, 고맙지만 충분히 먹었습니다. / 배가 부릅니다.

11 물건 사기 기출 22

Useful Expressions

• May I help you? / May I ask what you are looking for?
• I'm looking for a white shirt.
• I want to buy an MP3 player.
• How about this one?
• How much is it? / What's the price?
• Would you like to try it on?
• It's on sale.
• (It's) Too expensive.
• I'll take it.
• Could you wrap it for me, please?

해석 • 무엇을 찾으십니까?
• 전 흰색 셔츠를 찾고 있습니다.
• MP3 플레이어를 사려고 합니다.
• 이건 어때요?
• 가격이 어떻게 되나요?
• 한번 입어 보세요.
• 그것은 세일 중입니다.
• 너무 비싸군요.
• 그걸로 할게요.
• 포장 좀 해 주시겠어요?

12 경험 묻고 말하기

Useful Expressions

• Have you ever tried Korean food?
• Have you ever been to Itaewon?
• I went climbing at Seoraksan last year.
• Did you have a good time?

해석 • 한국 음식을 먹어 본 적 있니?
• 이태원에 가 본 적 있니?
• 나는 작년에 설악산에 올라갔어.
• 즐거운 시간 보냈니?

13 좋아하는 것 묻고 답하기

Useful Expressions

- What kind of movie do you like?
- I'm into classical music.
- I'm fond of action movies.

해석
- 넌 어떤 영화를 좋아하니?
- 난 클래식 음악에 열중해 있어.
- 난 액션 영화를 좋아해.

14 병원에서

Useful Expressions

- I have terrible back pains.
- How long have you had it?
- Let me examine you.
- I hope you'll get well soon.
- What's the problem?
- My nose keeps running.
- I have a fever.
- Take this medicine.

해석
- 등에 통증이 심해요.
- 언제부터 그랬습니까?
- 진찰하겠습니다.
- 곧 회복되기를 바랍니다.
- 어디가 안 좋으십니까?
- 콧물이 계속 흐릅니다.
- 열이 있습니다.
- 이 약을 복용하십시오.

15 날씨 물어보기 기출 25

Useful Expressions

- What's the weather like?
- What's the weather forecast for the weekend?
- It is really hot, isn't it?
- It's pouring. / It's stormy.
- The weatherman said it's going to rain.

해석
- 날씨가 어떻습니까?
- 주말 일기예보는 어떻습니까?
- 정말 덥군요, 그렇지 않아요?
- 비가 퍼붓네요. / 폭풍우가 몰아쳐요.
- 기상통보관은 비가 올 거라고 말했어요.

16 사과하기 기출 25

Useful Expressions

- I'm sorry for everything.
- I can't tell you how sorry I am.
- That's all right.
- It can happen to anyone.

해석
- 여러 가지로 죄송합니다.
- 당신에게 어떻게 사과드려야 할지 모르겠습니다.
- 괜찮습니다.
- 누구에게나 일어날 수 있는 일인걸요.

17 놀람 표현하기

Useful Expressions

• What a surprise! / How surprising!
• That surprises me!
• My goodness!
• You're kidding!
• I couldn't believe my eyes.

해석 • 놀랍구나!
• 놀랍군요!
• 어머나!
• 농담하고 있는 거지!
• 믿을 수 없어.

18 소망 말하기

Useful Expressions

• May you succeed!
• I hope you'll have a better year.
• Good luck to you!
• I wish you all the best.

해석 • 당신이 성공하기를 바랍니다!
• 더 나은 한 해가 되기를 바랍니다.
• 당신에게 행운이 있기를!
• 행운을 빌게요.

19 관심 묻고 답하기

Useful Expressions

- That's a very interesting photograph.
- I'm really interested in photography.
- What's your hobbies?
- My favorite is soccer.

해석
- 그것은 매우 흥미진진한 사진이다.
- 나는 사진에 정말 관심이 많다.
- 너의 취미는 무엇이니?
- 나는 축구를 좋아해.

20 은행 · 우체국에서

Useful Expressions

- I'd like to open an account.
- I want to make a savings account.
- Could you break a ten dollar bill?
  (= Could you give me change for a ten dollar bill?)
- How would you like to have it?
- I wish to cash this check.
- I'd like to send this parcel to Paris.

해석
- 계좌를 개설하고 싶어요.
- 보통예금계좌로 하겠습니다.
- 10달러짜리 지폐를 잔돈으로 바꿔 주시겠어요?
- 어떻게 바꿔 드릴까요?
- 이 수표를 현금으로 바꾸고 싶어요.
- 이 소포를 파리에 보내고 싶어요.

21 공항에서(탑승 · 입국 수속) 기출 22

Useful Expressions

- May I have your ticket, please?
- Here it is.
- Where are you from?
- I'm from Korea.
- How long are you going to stay?
- I'll stay for 5 days.
- What is the purpose of your visit?
- I'm here on sightseeing.

해석
- 비행기 티켓 좀 보여 주시겠어요?
- 여기 있습니다.
- 어디에서 오셨습니까?
- 한국에서 왔어요.
- 얼마나 머물 예정입니까?
- 5일 동안 머물 겁니다.
- 방문 목적은 무엇입니까?
- 관광차 왔습니다.

영어

적중모의고사

우리 인생의 가장 큰 영광은 결코 넘어지지 않는 데 있는 것이 아니라
넘어질 때마다 일어서는 데 있다.

- 넬슨 만델라 -

적중모의고사 | 영어

제한시간 : 50분 | 시작 ___시 ___분 – 종료 ___시 ___분

정답 및 해설 203p

01 다음 두 문장이 같은 뜻일 때, 빈칸에 들어갈 말로 가장 적절한 것은?

> If you assisted me, I should certainly succeed.
> = _______ your assistance, I should certainly succeed.

① With
② But for
③ Once
④ Without

02 영어 속담에 해당하는 우리말 속담이 바르지 <u>않은</u> 것은?

① Little strokes fell great oaks.
→ 열 번 찍어 안 넘어가는 나무 없다.
② Waste not, want not.
→ 세 살 버릇 여든까지 간다.
③ A bird in the hand is worth two in the bush.
→ 숲 속의 두 마리 새보다 수중의 새 한 마리가 실속이 있다.
④ Names and natures do often agree.
→ 보기 좋은 떡이 먹기도 좋다.

※ 다음 밑줄 친 부분과 뜻이 가장 가까운 것을 고르시오. (03 ~ 05)

03

> The questionnaire should take <u>no more than</u> five minutes of your time.

① less ② enough
③ after ④ only

04

> The teacher is so strict that the students are <u>ill at ease</u>.

① uncomfortable
② relax
③ unhappy
④ displease

05

> Why did you decide to <u>turn down</u> the job offer from Korea Publishing?

① hire ② delay
③ reject ④ recommend

06 다음 중 어법상 옳지 않은 것은?

① Please explain to me how to join the ski club.
② She never listens to the advice which I give it to her.
③ The fact that she is a foreigner makes it difficult for her to get a job.
④ His father was in the hospital for five weeks during the summer.

※ 다음 빈칸에 들어갈 말로 가장 적절한 것을 고르시오. (07 ~ 08)

07

A : Let me ask you a question.
B : Sure, ______________.

① take care ② forget it
③ go ahead ④ try on

08

A : Do you think you can live without machines?
B : No, I don't think so. Machines are an important part of our modern life.
A : ____________ Our lives are tied to machines.

① I have an idea.
② I agree to you.
③ I agree with you.
④ That's it.

09 다음 빈칸 (A), (B)에 들어갈 말로 가장 적절한 것은?

Proverbs teach us to praise such ___(A)___ as honesty and diligence. And they warn us against such ___(B)___ as dishonesty and anger.

	(A)	(B)
①	ethics	abstracts
②	abstracts	ethics
③	vices	virtues
④	virtues	vices

10 다음 A에 대한 B의 응답으로 가장 적절한 것은?

A : What do you do to stay in shape?
B : ______________________.

① I make it a rule to run a few miles twice a week
② I don't feel very well
③ My throat really hurts
④ Sounds good

※ 다음 밑줄 친 부분을 우리말로 바르게 옮긴 것을 고르시오. (11 ~ 12)

11

> Make yourself understood if you are against my decision.

① 나는 네 말을 이해한다
② 네 말을 나에게 이해시켜라
③ 너의 말을 이해하지 못했어
④ 네 자신을 먼저 생각해라

12

> New chemicals are not always tested to determine if they will cause cancer or genetic mutation.

① 유전적 결함
② 고질적인 병
③ 유전적인 변이
④ 연속적인 변화

13 다음 우리말을 영작한 것으로 가장 적절한 것은?

> 한국 과일은 맛이 좋습니다.

① Korean fruits taste wonderfully.
② Korean fruits taste wonderful.
③ Korean fruits are tasting wonderful.
④ The Korean fruit is tasting wonderfully.

※ 다음 빈칸에 들어갈 말로 가장 적절한 것을 고르시오. (14 ~ 16)

14

> She is all attention.
> = She is ____________.

① much attentive
② attentive itself
③ very attentively
④ very attentive

15

> I have four brothers ; one is in Busan, but _______ are in Seoul.

① other
② another
③ the others
④ the other

16

> I can't give you any because there's _______ left.

① no
② none
③ some
④ any

17 영문 교통표지판 번역이 잘못된 것은?

① ONE-WAY-TRAFFIC – 일방통행
② CROSSING – 횡단보도
③ NO PARKING – 주차 금지
④ DO NOT PASS – 출입 금지

18 다음 중 어법상 옳지 않은 것은?

① I remember seeing her before.
② You had better leave it unsaid.
③ He is the only of my friends who really understand me.
④ If it is fine tomorrow, we will go on a picnic.

19 다음 중 낱말의 영어 풀이가 잘못된 것은?

① identical – same
② pathetic – causing a feeing of sadness
③ anonymous – not revealing who you are
④ notorious – having a social reputation

20 다음 글에서 밑줄 친 'They'가 가리키는 것으로 가장 적절한 것은?

> In the United States, about 10 million computers are thrown away every year! Because most unwanted com-puters are sent to a dump, they have caused a problem. The computer industry and the government are working on ways to solve it. They have concluded that there must be changes in the way computers are built. They must be made in ways that will allow their parts to be recycled.

① Old computers
② Computers
③ Unwanted computers
④ The computer industry and the government

21 다음 글에서 마지막에 묻는 질문에 대한 대답으로 알맞은 것은?

In North America, it is the custom to leave an amount of money to help pay for the service of certain workers such as waiters and taxi drivers. This money is called a tip or gratuity. Most people tip between 15 to 20 percent of the cost of the food. Last weekend the Taylors celebrated their wedding anniversary by going to dinner in a fine restaurant. Their meal cost $60 plus tax. They wanted to leave a 15 percent tip. How much money should they leave for the waiter?

① $5 ② $9
③ $12 ④ $15

22 다음 글의 종류로 가장 알맞은 것은?

I have received the books and magazines I ordered from your company, but instead of the 3 copies of The Globe: June issue, you sent me 3 copies of the May issue. Please check up on this and send me the ordered books as soon as possible.

① 주문서 ② 사과문
③ 항의문 ④ 광고문

23 다음 글의 주제로 가장 적절한 것은?

One answer is to build a car that does not pollute. That's what several major automobile manufacturers are trying to do. But building a clean car is easier said than done. So far, progress has been slow. Another solution is to eliminate car fumes altogether by getting rid of the internal combustion engine. Inventors are working on cars powered by steam and electricity.

① 대기 오염의 피해
② 여러 종류의 공해
③ 대체에너지의 종류
④ 공해를 줄이려는 노력

24 다음 문장이 들어갈 위치로 가장 적절한 것은?

This reinforces their insomnia.

Some researchers believe that during sleep the brain and nervous system carry out necessary activities. (①) People with insomnia are often anxious or depressed. (②) They can often cope with their troubled thoughts during the day, but as they try to fall asleep, their bodies relax. (③) Then it becomes impossible to avoid these thoughts. (④) The chances are they will need medical help to cure their sleeplessness.

※ 다음 글을 읽고 물음에 답하시오. (25 ~ 26)

Harry threw down the book he was reading. "What a silly story," he grumbled angrily. Then he turned on the radio. After a few minutes he turned it off ___________. "Too many ads," he muttered. Finally, he turned on the television. He stared at it in disbelief. "I can't believe it," he said. "This is the third time they have rerun this show." He switched it off quickly.

25 윗글의 빈칸에 들어갈 말로 가장 알맞은 것은?

① with pleasure
② in disgust
③ with satisfaction
④ in expectation

26 Harry가 텔레비전을 꺼버린 까닭은?

① Because he had already seen the show.
② Because he did not have time to watch.
③ Because he was too sincere to watch television.
④ Because there were too many ads.

27 다음 문장이 들어갈 위치로 가장 적절한 것은?

We can in consequence establish relations with almost all sorts of them.

Reptiles and fish may no doubt be found in swarms and shoals; they have been hatched in quantities and similar conditions have kept them together. In the case of social and gregarious mammals, the association arises not simply from a community of external forces but is sustained by an inner impulse. They are not merely like one another and so found in the same places at the same times; they like one another and so they keep together. This difference between the reptile world and the world of our human minds is one our sympathies seem unable to pass. (①) We cannot conceive in ourselves the swift uncomplicated urgency of a reptile's instinctive motives, its appetites, fears and hates. (②) We cannot understand them in their simplicity because all our motives are complicated; ours are balances and resultants and not simply urgencies. (③) But the mammals and birds have self-restraint and consideration for other individuals, a social appeal, a self-control that is, at its lower level, after our own fashion. (④) When they suffer they utter cries and make movements that rouse our feelings. We can make pets of them with a mutual recognition. They can be tamed to self-restraint towards us, domesticated and taught.

28 빈칸에 들어갈 말로 가장 적절한 것은?

As more women have careers and important jobs, a new kind of family problem is becoming more common. What happens when a woman is offered a better job in another city? If she accepts the offer, that means her husband has to leave his job, too. He may have trouble finding another job in the same city. Or, the job he finds may not be as good as his old one. In the past, women often had to face this problem when their husbands found new jobs. But now it is more and more common for men. Many men do not accept the situation easily. A man often feels uncomfortable ____________ ______________________________.

① getting a job that is better than his wife's job
② looking for the same kind of job as his wife
③ looking for a job for his wife
④ following his wife to a new city and looking for a job

29 다음 글에서 장거리 여객 열차의 감소에 대한 필자의 심경으로 가장 적절한 것은?

Slowly but surely the great passen-ger trains of the United States have been fading from the rails. Short-run commuter trains still rattle in and out of the cities. Between major cities you can still find, but the schedules are becoming less frequent. The Twentieth Century Limited, the Broadway Limited, and other luxury trains that sang along the rails at 60 to 80 miles an hour are no longer running. Passengers on other long runs complain of poor service, old equipment, and costs in time and money. The long distance traveller today accepts the noise of jets, the congestion at airports, and the traffic between airport and city. A more elegant and graceful way is becoming only a memory.

① regret
② elation
③ pleasure
④ anger

30 다음 글의 마지막에 이어질 내용으로 가장 적절한 것은?

> Fashions are the currently accepted styles of appearance and behavior. The fact that some style is called a "fashion" implies a social recognition that it is temporary and will eventually be replaced by a new style. In small-scale, traditional communities, fashions are virtually unknown. In these communities everyone of similar age and sex wears much the same clothing and behaves in much the same way, and there is little change in styles from year to year or even from generation to generation. In modern societies, however, fashions may change very rapidly indeed; automobile bodies assume new contours every year, and women's hemlines rise and fall with the passage of the seasons.

① Mass production of automobiles in modern societies.
② The reasons for changing fashions in modern societies.
③ The exploitation of fashions in traditional societies.
④ The decline of fashions in modern societies.

※ 다음 우리말을 영작한 것으로 가장 적절한 것을 고르시오. (31 ~ 32)

31

> 나의 마음속에 그녀의 아름답고 밝은 얼굴이 떠올랐다.

① There came to my mind her beautiful and bright face.
② There came to my mind beautiful and bright her faces.
③ In my mind, her beautiful and bright face was risen.
④ In my mind, her beautiful bright face rise.

32

> 아버지께서는 내가 경찰관이 되어야 한다고 주장하신다.

① My father insists that I will be a police officer.
② My father insists that I would be a police officer.
③ My father insists that I could be a police officer.
④ My father insists that I should be a police officer.

33 밑줄 친 우리말을 바르게 영작한 것은?

A : Wasn't it cold yesterday?
B : 아니요, 매우 추웠습니다.

① Yes, it was very cold.
② No, it was very cold.
③ Yes, it wasn't very cold.
④ No, it wasn't very cold.

※ 다음 글을 읽고 물음에 답하시오. (34 ~ 35)

A motorist got caught in a new radar trap. He had been driving home one night when the automatic camera identified his car as exceeding the speed limit. A few days later, he received a _______ in the mail, plus a picture of his vehicle with the date and speed recorded on it. After a while he sent back the _______ along with a photo of a $100 bill to pay the fine.

34 윗글의 빈칸에 공통으로 들어갈 말로 가장 적절한 것은?

① charge
② receipt
③ ticket
④ letter of warning

35 윗글의 내용과 일치하지 않는 것은?

① 속도를 위반했다.
② 속도위반으로 $100를 냈다.
③ 딱지를 되돌려 줬다.
④ 자동카메라에 찍혔다.

36 다음 글의 제목으로 알맞은 것은?

Every day at exactly three thirty in the afternoon Kant would stroll along the quiet avenue. The road was nicknamed 'The Philosopher's Walk'. The tale goes that Kant was so punctual that his fellow townsmen used to set their watches when they saw him walking by to the tap, tap, tap of his stick on the sidewalk. Every day, for more than sixty years, Kant took a walk all by himself, except that he had his faithful servant follow him with an umbrella for fear of rain.

① The importance of Kant's philosophy
② The town's deep respect for the great philosopher
③ The regularity of Kant's daily life
④ Kant's sense of isolation from his fellow townsman

37 다음 글에서 zap이 가리키는 것은?

When people think about sources of water pollution, they do not usually think of zaps. However, as the demand grows for fish to eat, the number of zaps is increasing. In some areas, they are beginning to create environmental problems. In fact, when fish are in their natural environment, they do not pollute. But in zaps, the situation is not natural. There are usually lots of fish in very little water. This means that the water must be changed very often. And each time it is changed, the dirty water must be thrown away. It is usually poured directly from the zaps into a river or the ocean. The chemical balance of the river or coastline is changed by this dirty water. And the plants and animals living there may suffer.

① A shipbuilding yard
② A fish farm
③ A small pond
④ A swimming pool

38 다음 글을 쓴 목적으로 적절한 것은?

As a resident of Oak Village, I'm sure that you are interested in maintaining the high standard of natural beauty which our community affords us. Although we all pay taxes to cover the basic services we enjoy, certain tasks are beyond the ability of our local government. One of the major projects that community members gather for each year is Memorial Park Cleanup Day. We all enjoy the facilities of this lovely park, and now it's time for each of us to pitch in and clean up the park. If you are willing to join your neighbors for a few hours of fun and community service, please offer a positive response to the community-action volunteer who will call on you within the next few days. I would like to thank you in advance for your cooperation in this community effort.

① 공원 청소에 주민들의 참여를 도모하기 위해서
② 지역 주민의 이웃 간 화합을 도모하기 위해서
③ 지방 정부의 재정난 해결을 위한 공청회를 열기 위해서
④ 자연 보호 캠페인 참여를 유도하기 위해서

39 다음 글에서 필자의 직업으로 가장 적절한 것은?

> I usually go to work by subway. I get to work by 8:00 A.M. Before I start my job, I put on my uniform and look at myself in the mirror and make sure that I look neat. At 8:30 in the morning, I go on duty. I usually eat lunch from twelve to one and generally take a ten-minute break in the morning and in the afternoon. At 4:30 in the afternoon, I go off duty. I enjoy my job very much. I meet all kinds of people and talk to everyone. Many people ask me questions, and I give them the necessary information. I try to be very helpful. I never stay in one place long. On the contrary, I am constantly on the move. Most men take off their hats in my car. Sometimes I tell passengers to put out their cigarettes. Some people smile at me and others ignore me. My life is a series of "ups" and "downs."

① An elevator operator
② A bus driver
③ A taxi driver
④ An airplane hostess

40 다음 빈칸에 들어갈 말로 가장 적절한 것은?

> What are our intellectual cycles like? When are we most creative? Some reporters looked at daily and monthly records kept by many famous people such as Goethe, Victor Hugo, Mozart, and Charles Darwin. These studies indicated that great artists, writers, musicians, and scientists tend to have peaks of creativity every 7.6 months, followed by a low period. ______, the studies propose that high points of creativity come in a longer seven-year pattern. Sigmund Freud believed that his best work came in seven-year cycles. Possibly, we all have high points and low points in our creative cycles. This may be the reason why we have "good days" or "bad days" at work, or do well or poorly on an exam.

① What's worse
② Apparently
③ As a result
④ Moreover

제 2 회 적중모의고사 | 영어

제한시간: 50분 | 시작 ___시 ___분 – 종료 ___시 ___분

정답 및 해설 212p

01 다음 밑줄 친 부분과 의미가 가장 가까운 것은?

> Experienced salespeople claim there is a difference between being assertive and being <u>pushy</u>.

① thrilled
② brave
③ timid
④ aggressive

※ 다음 밑줄 친 부분과 비슷한 뜻을 가진 말을 고르시오. (02 ~ 06)

02

> He makes it a habit to <u>keep good hours</u>.

① be punctual
② get up and go to bed early
③ adjust his watch
④ have a nice time

03

> Whether you are rich or not <u>doesn't make any difference</u>.

① doesn't matter
② does matter
③ is important
④ is different

04

> Don't <u>make fun of</u> me in front of my friends.

① entertain
② respect
③ be fond of
④ ridicule

05

> <u>Feel free</u> to tell me whenever you are in trouble.

① Don't hesitate to
② Don't make it a rule to
③ Don't bother to
④ Don't trouble yourself to

06

She has been putting on weight.

① carrying heavy luggage
② trying to stop her car with the brakes
③ becoming fat
④ sell at full weight

※ 다음 빈칸에 들어갈 말로 가장 적절한 것을 고르시오. (07 ~ 08)

07

I want ______________ this letter as soon as possible.

① you to get her to type
② to get her type
③ you to get to type
④ to get to be typed

08

You must remember that _______ a tree a long time to grow.

① it takes
② you take
③ takes
④ you take it

09 다음 중 어법상 옳은 문장은?

① A fat lady wearing a pink dress is my mother.
② The dog bit me on a leg.
③ He begged from the door to the door.
④ The same thing happened to me yesterday.

※ 다음 빈칸에 들어갈 알맞은 말을 고르시오. (10 ~ 16)

10

This small dog acts as if it ______ ________________.

① has been hurt on its legs
② has to a certain degree been hurt
③ was taken back from his former master with reluctance
④ were afflicted with some bad intestinal parasite

11

____________ pots and dishes out of clay.

① The making of pottery
② Potters make
③ To make pottery
④ Making the pottery

12

Are all telephone numbers ______ ______ in the directory?

① list
② listed
③ listing
④ being listed

13

A : I'm hungry, and I want to eat this bread.
B : What! It is not good ______.

① for eat
② eatable
③ to eat
④ eating

14

Upon hearing the bell ring, ______ ______________________.

① the students' departure was hasty
② our departure was hasty
③ we departed hastily
④ the classroom was filled immediately

15

When inflation is rampant, many families find ________ difficult to maintain the life style to which they are accustomed.

① one ② that
③ this ④ it

16

As she had lots of work to do, she couldn't go to the party.
= ________ lots of work to do, she couldn't go to the party.

① Had
② Have
③ Having
④ Had been

17 밑줄 친 완료시제의 의미가 '계속'과 가장 거리가 먼 것은?

① I recognized him at once, for I <u>had met</u> him before.
② I <u>have eaten</u> nothing since yesterday.
③ He <u>will have lived</u> in Korea for ten years by next year.
④ When I called on him he <u>had been</u> ill for two weeks.

18 밑줄 친 동사의 시제가 잘못된 것은?

① Columbus discovers America in 1492.
② The earth goes round the sun.
③ She leaves for Boston tomorrow morning.
④ He usually got up at six in those days.

19 다음 빈칸에 들어갈 말로 가장 알맞은 것은?

> A : May I speak to Mr. Song, please?
> B : I'm sorry. He's on another line. ________________
> A : Yes, thank you.

① He's not in now.
② You have the wrong number.
③ Can you hold the line?
④ What can I do for you?

20 다음 글의 내용과 일치하는 속담은?

> Fortune comes to everyone. But a man who is not ready for it cannot take it. It enters at the door and flies beyond the window.

① Strike while the iron is hot.
② Easy come, easy go.
③ A rolling stone gathers no moss.
④ Haste makes waste.

21 밑줄 친 to 부정사가 형용사적 용법으로 사용된 것은?

① He is the last man to say such a word.
② I found it difficult to master French in a year.
③ What a fool he is to trust such a man!
④ I opened the door to find the room empty.

22 주어진 문장의 우리말 뜻을 괄호 안에 옳게 제시한 것은?

① I stopped to smoke.
(나는 담배를 끊었다.)
② I will never forget seeing her at the party.
(나는 파티에서 그녀를 만나야 한다는 사실을 잊지 않을 것이다.)
③ He tried to grow tomatoes there.
(그는 토마토를 시험 삼아 길러봤다.)
④ Remember to post the letter.
(편지 부쳐야 하는 것을 기억해라.)

23 다음 두 문장이 같은 뜻일 때, 빈칸에 들어갈 말로 가장 적절한 것은?

> There was no doubt that he had forgotten my birthday.
> = There was no doubt ____________ my birthday.

① of him to forget
② about his forgotten
③ of his having forgotten
④ of his to forget

24 다음 글에서 밑줄 친 'this place'가 뜻하는 것은?

> The lights dim. The busy chattering falls to a hushed murmur, and then to expectant stillness. The curtain slowly rises and people begin to live in a world of fact and make-believe. In this place some people come to laugh, to relax, to escape from their everyday worries and cares. Some come to be emotionally stirred, to live in a secondhand way through the trouble and crises of the characters on the stage. Others seek sheer adventure and excitement. Some are curious to find out how people different from them selves live. Others come to learn or discover the rules that govern men's lives.

① Theater ② Hospital
③ Gallery ④ Library

※ 다음 밑줄 친 부분을 우리말로 바르게 옮긴 것을 고르시오. (25 ~ 26)

25

> Put the milk in the refrigerator to keep it from spoiling.

① 버리지 않다
② 상하지 않도록 하다
③ 상한 상태로 두다
④ 망치다

26

> It is by no means easy to satisfy everyone.

① 반드시 쉽다
② 어떤 수단도 쉽지 않다
③ 결코 쉬운 것이 아니다
④ 쉬운 수단이 아니다

※ 다음 빈칸에 들어갈 말로 가장 적절한 것을 고르시오. (27 ~ 28)

27

> ________ running across you here of all places!

① Suppose ② Fancy
③ Consider ④ Surprise

28

> The heat ________ on him.

① caught ② held
③ got ④ told

29 다음 글의 제목으로 가장 적절한 것은?

A while back, I read about a 5 year-old boy who lit a match and burned down the entire apartment building. It was an accident, but nevertheless, it left 20 families homeless, and the businesses on the ground floor were forced to relocate. Lately, it seems most of the apartment fires in my area have been caused by children playing with matches or lighters. I don't understand why parents leave these things around where youngsters can get their hands on them. This is gross negligence. Kids will always be curious, but parents must do more than just tell them that fire is dangerous. Matches and lighters must be kept out of the reach of children, and they should be told repeatedly how painful burns can be and how easily a fire can get out of control.

① Late Apartment Fires
② How to Control Fires Easily
③ Ways to Rescue Children From Fires
④ Tips on Fire Prevention

30 다음 글의 요지로 가장 알맞은 것은?

The United States faces a transportation crisis. U.S. highways and airways are getting more and more crowded. In the next 20 years, the time that automobile drivers lose because of crowded highways is expected to increase from 3 billion to 12 billion hours a year. During the same time period, the number of airplane flights with delays of more than eight minutes is predicted to triple. For both highway and air travel, the estimated cost of delay to passengers will rise from $15 billion a year today to $61 billion 20 years from now.

① The cost of delay to air travel passengers will rise drastically.
② Airplanes will not be delayed as much as cars will be.
③ Transportation problems in the United States are increasing.
④ Twenty years from now, drivers will be delayed 12 billion hours a year.

31 다음 글에서 밑줄 친 'Box Office'의 의미로 표지판이 의도한 것과 고객이 이해한 것을 바르게 짝지은 것은?

I once worked in a department store's service booth, at which customers could buy tickets for concerts, sporting events and theat-rical productions. One day a woman approached the window where I was on duty. Pushing several packages at me, she said, "I need three shirt boxes, one tie box and a box big enough for a casserole dish." "You'll have to go to gift wrap for that," I explained politely. Stepping back to better view the sign above me, the woman shouted, "Don't give me the runaround, young lady. That sign says, '<u>Box Office</u>,' and I want my boxes now!"

	표지판이 의도한 것	고객이 이해한 것
①	선물 포장소	백화점 내의 안내소
②	옷 수선소	전망대
③	판자로 지은 사무실	고객 고충 처리소
④	매표소	포장용 상자 파는 곳

32 다음 문장이 들어갈 위치로 가장 적절한 것은?

If the company fails and loses money, the stockholder loses money, too.

A stock is a share or part of a company. If a company needs money, it may take a loan from the bank. It may sell bond, or it may sell some stock. (①) In other words, the company sells a part of itself. The stockholder owns part of the company. (②) People can buy the stocks. Stocks are not as safe as money in the bank or bonds. (③) Buying stocks is risky because the investor does not know if the company will succeed or fail. If a company succeeds, it earns more money. The money that the company earns for itself is called a profit, and the stockholder also earns some profit. (④) Because the investors own part of the company, they might earn more money or lose money. It depends on the success or failure of the company.

33 필자의 태도를 가장 잘 나타낸 것은?

> I will greet this day with love in my heart. And how will I do this? I will look on all things with love and I will be born again. I will love the sun, for it warms my body. Yet I will love the rain, for it cleanses my mind. I will love the light, for it shows me the way. Yet I will love the darkness, for it shows me the stars. I will welcome happiness, for it enlarges my heart. Yet I will endure sadness, for it opens my soul.

① optimistic
② pessimistic
③ curious
④ sympathetic

34 다음 중 두 문장의 뜻이 서로 같지 <u>않은</u> 것은?

① He is busy doing his homework.
→ He is busy with his homework.
② You must attend to your appearance.
→ You must be attentive to your appearance.
③ Probably he changed his mind.
→ It appears that he changed his mind.
④ He is sure of making a lot of money.
→ He is sure to make a lot of money.

35 다음 중 우리말을 영어로 <u>잘못</u> 옮긴 것은?

① 이 문장은 여러 가지 뜻으로 해석될 수 있다.
→ This sentence may be read several ways.
② 이 책은 재미있게 읽을 수 있다.
→ This book reads interesting.
③ 온도계는 영하 5도였다.
→ The thermometer was read five degrees below zero.
④ 그 연극은 상연된 것보다 책으로 읽는 편이 낫다.
→ The play reads better than it acts.

36 다음 빈칸 (A), (B)에 들어갈 말로 가장 적절한 것은?

> 그의 이름을 알았더라면, 명단에 그의 이름을 기록했을 텐데.
> = __(A)__ I known his name, I could __(B)__ his name on the list.

	(A)	(B)
①	If	have written
②	If	write
③	Had	have written
④	Had	write

37 다음 밑줄 친 부분 중 어법상 틀린 것은?

① Either the carpenter or the electrician can store ② their tools ③ in the shed, but ④ there is no room for both sets.

38 다음 빈칸에 들어갈 말로 가장 적절한 것은?

A : Hi, Su-jin. Have you heard about Bill?
B : No, what happened?
A : ______________________
B : What's the matter with him?

① He's in the hospital. He has been there for three days.
② Great! He's getting married in September.
③ He is going on a picnic with me.
④ His mother is ill in bed. She's getting well.

39 다음 글의 제목으로 알맞은 것은?

In the United States, they use either credit cards or checks for almost all purchases. The typical American carries small change for vending machines, but for shopping or eating out, he uses his credit cards or writes a check. Checks are easy to use if you have some identification such as a driver's license or passport to prove your identity. Many Americans also carry a multipurpose credit card which can be used for gasoline, eating, plane tickets, or other purchases. Of course you can live without cash, but don't forget to carry your checkbook or credit card in the United States.

① A Credit-oriented Society
② The Importance of Small Change
③ Checks and Shopping
④ Travel in the United States

40 다음 글의 요지로 가장 적절한 것은?

Plants are necessary for life on earth. In the process of photosynthesis, roots, stems, and leaves of green plants work together to make sugar from sunlight. During the process of photosynthesis, plants use sunlight, chlorophyll, carbon dioxide (CO_2), and water to make food. In this way, green plants use the sun's energy to make food for the plant and other living things. They use carbon dioxide (CO_2) and produce oxygen. All human beings and animals need oxygen to live. The living organisms, such as animals, get their energy by eating the plants. Human beings eat both animals and plants to get energy. Without green plants, the sun's energy could not be used on the earth, and all other organisms living on the earth would die.

* chlorophyll 엽록소

① Plants are the source of food for life on earth.

② Every part of the plant is important for photosynthesis.

③ Leaves are major part of the plant for photosynthesis.

④ The sun's energy is used to make food for living things.

제 3 회 적중모의고사 | 영어

제한시간 : 50분 | 시작 ___시 ___분 - 종료 ___시 ___분

정답 및 해설 220p

01 다음 밑줄 친 부분과 가장 가까운 것을 고르시오.

I absolutely <u>detested</u> the idea of staying up late at night.

① defended
② abhorred
③ confirmed
④ abandoned

※ 다음 밑줄 친 부분과 비슷한 뜻을 가진 말을 고르시오. (02 ~ 06)

02

<u>I'll be through with it</u> in a moment.

① I'll put through a call to someone
② I'll finish it
③ I'll throw it away
④ I'll pass through it

03

<u>Jack often carries his jokes too far.</u>

① Jack's jokes go to extremes.
② Jack tells his jokes in foreign countries.
③ Jack's jokes are wide of the mark.
④ Jack often acts recklessly.

04

They had to <u>mark time</u> until Mr. Kim showed up.

① look at the clock
② make watches
③ wait
④ hit the mark

05

Did you get this <u>for nothing</u>?

① despite its worthlessness
② free of charge
③ without knowing
④ meaninglessly

06

On the morning of the next day, <u>Mary finally came to</u>.

① Mary appeared
② Mary showed up
③ Mary regained consciousness
④ Mary was dead in peace

07 다음 빈칸 (A), (B), (C)에 들어갈 말로 가장 적절한 것은?

> • How did you come ___(A)___ such an expensive car?
> • This custom comes ___(B)___ from our ancestors.
> • She will come ___(C)___ a large fortune when her father dies.

	(A)	(B)	(C)
①	up	by	with
②	in	by	for
③	by	down	into
④	in	with	from

08 다음 A에 대한 B의 응답으로 가장 적절한 것은?

> A : It's too hot. I can't study anymore.
> B : ________________________.

① Let's take a ten-minute break.
② Yes, it sure is.
③ The weather forecast predicts cool for tomorrow.
④ How long have you had it?

09 다음 밑줄 친 부분 중 어법상 틀린 것은?

> We see movies ① <u>in</u> ② <u>crowding</u> theaters ③ <u>but</u> it's an ④ <u>individual</u> experience.

10 다음 빈칸 안에 공통으로 들어갈 말로 가장 적절한 것은?

> • Watermelon is ________ of season in the winter.
> • I've been ________ of work for five months.

① in ② out
③ some ④ no

11 다음 두 문장이 같은 뜻일 때, 빈칸에 들어갈 말로 가장 적절한 것은?

> 그 살인범은 유죄 판정을 받아들여야만 했다.
> = The murderer __________ accept a guilty verdict.

① could ② must
③ have to ④ had to

12 다음의 관계에서 빈칸에 들어갈 말로 가장 적절한 것은?

> plain : colorful = _______ : soft

① harsh ② honest
③ hollow ④ humble

13 다음 중 어법상 옳지 않은 것은?

① The kids spent the whole day running after butterflies.
② He tried his best only to fail.
③ She had her license suspended for reckless driving.
④ Taking by surprise, she tried not to lose her presence of mind.

14 다음 중 어법상 옳은 문장은?

① Government officials must take their obligation more seriously.
② He felt very badly about not meeting her over again.
③ Miranda is the most attractive but least good-humored of the twins.
④ The luxurious ship launched out majestic on a voyage.

※ 다음 빈칸에 들어갈 말로 가장 적절한 것을 고르시오. (15 ~ 19)

15

I can't _______ $40 for one book! Haven't you got a cheaper edition?

① cost ② allow
③ afford ④ provide

16

A : Does your boy like his new school?
B : _______________

① If only he did!
② If only he ought to!
③ If only he might have!
④ If only he may!

17

A : Would you mind my smoking?
B : _______________.

① Certainly not
② No, I don't like smoking
③ Oh, I know
④ So do I

18

I don't like soup which tastes _______ onion.

① a bit ② excessively
③ for ④ of

19

You will have to choose the _______ two hard tasks.

① less of
② lesser of
③ less than
④ lesser than

※ 다음 빈칸에 들어갈 말로 가장 적절한 것을 고르시오. (20 ~ 21)

20

Hurry up, ______ you will be late for school.

① or ② but
③ and ④ by

21

Reputation and character may be in harmony, __________ they frequently are as opposite as light and darkness.

① and ② but
③ therefore ④ because

※ 다음 밑줄 친 부분 중 옳지 않은 것을 고르시오. (22 ~ 23)

22

The ① telephone company, which controls ② the entire telephone industry, ③ it is an example of ④ a monopoly.

23

The knee is the joint ① which the thigh bone ② meets ③ the large bone of ④ the lower leg.

24 다음 글의 요지로 가장 적절한 것은?

The global information market will be huge and will combine all the various ways human goods, services, and ideas are exchanged. On a practical level, this will give you broader choices about most things, including how you earn and invest, what you buy and how much you pay for it, who your friends are and how you spend your time with them, and where and how securely you and your family live. Your workplace and your idea of what it means to be "educated" will be transformed, perhaps almost beyond recognition. Your sense of identity, of who you are and where you belong, may open up considerably. In short, just about everything will be done differently. I can hardly wait for this tomorrow, and I'm doing what I can to help make it happen.

① 정보 시장은 너무 넓어 예측을 불허한다.
② 교육계가 중심이 되어 정보 시장을 이끌어가야 한다.
③ 정보 시장은 앞으로 많은 분야에서 변화를 가져올 것이다.
④ 정보 시장은 우리의 자아 관념을 개방적으로 변화시킬 것이다.

25 빈칸 안에 공통으로 들어갈 말로 가장 적절한 것은?

- He lives ________ in New York or Boston.
- My brother doesn't want to meet her, and I don't want to meet her, ________.

① either ② whether
③ when ④ other

26 "나는 차를 도난당했다."를 영어로 가장 잘 나타낸 것은?

① I had my car to steal.
② I got my car to be stolen.
③ I had my car stolen.
④ I was stolen of my car.

27 다음 두 문장이 같은 뜻일 때, 빈칸에 들어갈 말로 가장 적절한 것은?

이보다 더 재미있는 영화가 제작된 적이 없다.
= ________________ been made than this.

① Never has a more exciting movie
② Never a movie more exciting has
③ A movie never more exciting has
④ A movie has never more exciting

28 다음 우리말을 영작한 것 중 적절하지 <u>않은</u> 것은?

그 내용물이 곧 사라졌다.

① The contents were not long in dis appearing.
② It was not long before the contents disappeared.
③ The contents had disappeared long before.
④ It didn't take long for the contents to disappear.

※ 다음 빈칸에 들어갈 말로 가장 적절한 것을 고르시오. (29 ~ 30)

29

A : Is this the right bus to Seoul Station?
B : No, you're taking a ________ bus.

① false ② right
③ bad ④ wrong

30

A : Excuse me, but could you tell me the way to Seoul station?
B : Yes. It's two blocks straight ahead ________________.

① You can't lose it.
② You will know it.
③ You can't miss it.
④ You can't reach it.

31 다음 우리말을 영작한 것 중 가장 적절한 것은?

① 그 책은 너무 어려워서 우리가 읽을 수 없다.
→ The book is so difficult for us to read.

② 그녀는 젊었을 때 아름다웠던 것처럼 보인다.
→ It seems that she was beautiful in her day.

③ 그는 영어는 말할 것도 없이, 프랑스어로 말할 수 있다.
→ He can speak French, not to mention of English.

④ 우리는 그의 엄격한 조건을 수락하는 수 밖에 없었다.
→ We had no choice over accepting his strict conditions.

32 다음 중 Miri의 심정을 가장 잘 나타낸 표현은?

> Insu: What's wrong? You look terrible.
> Miri : I failed my math exam.
> Insu : Cheer up! I'm sure you'll do better next time.
> Miri : Thank you, but I have no confi dence at all.

① 희망　　② 동정
③ 좌절　　④ 기쁨

33 주어진 글의 순서로 가장 적절한 것은?

> (A) When Copernicus said that the earth travels around the sun they all laughed at him.
> (B) Today, however, all of us know he was right.
> (C) In the 1500's, people believed that the sun traveled around the earth.

① (A) – (B) – (C)
② (C) – (A) – (B)
③ (B) – (C) – (A)
④ (A) – (C) – (B)

34 다음 빈칸에 들어갈 말로 가장 적절한 것은?

> Among the more curious questions that can be asked about love is this: is it staccato or legato? That is, when one feels romantic love, does he feel it in __________, with interruptions or changes, or does he feel it continuously, without interruption or change? Although the legato position about love is appealing, the staccato argument is probably more realistic.

① public　　② breaks
③ secret　　④ silence

35 다음 글의 요지로 가장 적절한 것은?

The problems of the nation's cities such as pollution, crime, riots, a lack of planning, transportation are bad, but they were worse in the so-called "good old days," according to Dr. Charles Adrian. He gives pollution from automobiles as one example. He agrees that it may be bad now, but he states that there was a lot of pollution from horses and other animals in American cities in the 19th century. "Most cities had their own slaughterhouses where cows and pigs were killed a century ago. They were careless about throwing out the remains of the animals and that sort of thing," he said. "And the sewer system for waste disposal was almost nonexistent."

① Cities are terrible places to live.
② Things used to be better in the good old days.
③ The problems of cities are quite easy to solve.
④ Cities were worse in the past than they are now.

36 다음 빈칸에 들어갈 말로 가장 적절한 것은?

My husband is a born shopper. He loves to look at things and to touch them. He likes to compare prices between the same items in different stores. He would never think of buying anything without looking around in several different stores. ＿＿＿＿＿, I am not a shopper. I regard shopping as boring and unpleasant. If I like something and I can afford it, I buy it instantly. I never look around for a good sale or a better deal. Bargains don't interest me. Needless to say, my husband and I never go shopping together. The experience would be too painful for both of us. When it comes to shopping, we go our separate ways.

① For one thing
② For instance
③ On the other hand
④ Hence

37 다음 빈칸에 들어갈 말로 가장 적절한 것은?

Anthropologists used to believe that romantic love was invented by Europeans in the Middles Ages. By romantic love, they mean an intense attraction and longing to be with the loved person. Some anthropologists believed that this kind of love spread from the west to other cultures only recently. Others thought that it may have existed in some other cultures, but only among the rich and privileged. Now, however, most anthropologists agree that romantic love has probably always existed among humans. It is not surprising, then, that stories of romance, like Romeo and Juliet, ______________________.

① have been written only by great authors
② exist only in the West
③ exist only in Italy
④ are found in many cultures around the world

38 다음 글의 내용을 한 문장으로 요약하고자 할 때, 빈칸에 들어갈 수 <u>없는</u> 것은?

"You're blocking the way, sir," said the usher to a man sprawled in the aisle of a movie theater. "Please get up." The man didn't move or reply. The usher called the manager over, who said, "I must ask you to move." Still the prone man didn't reply. So the manager called the police. "Get up or I'll have to take you in," the officer said. "Where did you come from anyway?" The man stirred finally and said, "The balcony."

According to the passage, the prone man in the aisle __________.

① fell from the balcony
② was so brave as to ignore the manager
③ didn't want to be imprisoned
④ may be hurt

39 다음 글의 요지로 가장 적절한 것은?

And the Lord said to the rabbi, "Come, I will show you hell." They entered a room where a group of people sat around a huge pot of stew. Everyone was famished and desperate. Each held a spoon that reached the pot, but each spoon had a handle so long that it could not be used to reach each person's mouth. The suffering was terrible. "Come, now I will show you heaven," the Lord said after a while. They entered another room, identical to the first the pot of stew, the group of people, the same long spoons. But there everyone was happy and nourished. "I don't understand." said the rabbi. "Why are they happy here when they were miserable in the other room and everything was the same?" The Lord smiled, "Ah, but don't you see?" He said, "Here they have learned to feed each other."

① Worth of liberty
② Faithfulness to one's promise
③ Obeying the laws of nature
④ Thoughtfulness for others

40 다음 주어진 문장에 이어질 글의 순서로 가장 적절한 것은?

The teacher's personality should be pleasantly live and attractive. This does not rule out people who are physically plain, or even ugly, because many such have great per-sonal charm.

(A) I would say too, that it excludes all of dull or purely negative personality.
(B) School children probably 'suffer more from bores than from brutes.'
(C) But it does rule out such types as the over-excitable, melancholy, frigid, cynical, and over-bearing.

① (A) – (B) – (C)
② (B) – (C) – (A)
③ (C) – (B) – (A)
④ (C) – (A) – (B)

제 4 회 적중모의고사 | 영어

제한시간 : 50분 | 시작 ___시 ___분 – 종료 ___시 ___분

정답 및 해설 228p

01 다음 문장에서 밑줄 친 부분과 바꾸어 써도 어법상 옳은 것은?

> <u>One minute later</u>, I should have missed the bus.

① If I arrive one minute later
② If I arrived one minute later
③ If I had arrived one minute later
④ If I should arrive one minute later

※ 다음 밑줄 친 부분과 뜻이 가장 가까운 것을 고르시오. (02 ~ 03)

02

> She <u>looks down</u> on her husband.

① respect ② despise
③ glimpse ④ annoy

03

> I <u>make up my mind</u> easily. I'm not on the horns of a dilemma very often.

① realize ② settle
③ forget ④ decide

※ 다음 빈칸에 들어갈 말로 가장 적절한 것을 고르시오. (04 ~ 05)

04

> A : I'd like to return this shirt. It has a tear in the sleeve.
> B : I'm really sorry about it. Would you like to exchange it for ____________?

① the other one
② the other ones
③ another one
④ other one

05

> A : Is it all right if I order steak for two?
> B : ____________
> A : Oh, okay.
> B : You see, I'm a vegetarian.
> A : Oh, I'm sorry. I didn't know that.

① Anything is O.K. for me.
② To be honest, I love steak.
③ Of course. Go right ahead.
④ Actually, I'd rather you didn't.

06 다음 밑줄 친 부분 중 어법상 틀린 것은?

> If traffic problems ① persist, ② driving in cities ③ becomes ④ impossible.

07 다음 빈칸에 들어갈 말로 가장 적절한 것은?

> Size, color, and light can influence the ________ of a classroom.

① furniture
② temperature
③ atmosphere
④ windows

※ 빈칸에 들어갈 말로 가장 알맞은 것을 고르시오. (08 ~ 09)

08

> Look at the mountain ________ is covered with snow.

① the top whose
② whose the top of
③ of which top
④ of which the top

09

> The road was very muddy because it ________ all night.

① has been raining
② had been rained
③ had been raining
④ rained

※ 다음 밑줄 친 부분과 뜻이 가장 가까운 것을 고르시오. (10 ~ 11)

10

> It has rained for three days without let-up.

① immediately
② irresistibly
③ heavily
④ incessantly

11

> The second step was the legislation promptly and patriotically passed by the Congress.

① ideally
② quickly
③ definitely
④ unanimously

12 다음 단어의 명사형이 <u>잘못된</u> 것은?

① separate – separation
② devise – device
③ forgive – forgivation
④ consume – consumption

※ 다음 빈칸에 들어갈 말로 가장 적절한 것을 고르시오. (13 ~ 14)

13

> This morning, the manager called Ms. Laura into his office and asked for her ________.

① advisable
② advised
③ advice
④ advise

14

> Democracy is a word ________ which we are so familiar that we rarely take the trouble to ask what we mean by it.

① with
② by
③ to
④ as

15 다음 우리말을 영작한 것 중 가장 적절한 것은?

> 나를 속이려고 아무리 노력해도 소용없다.

① It is no use to try deceiving me.
② It is no use to try to deceive me.
③ It is no use trying to deceive me.
④ It is no use trying deceiving me.

16 다음 밑줄 친 'This(this)'가 뜻하는 것은?

> • <u>This</u> is not the absence of fear, but the conquest of it.
> • <u>This</u> is the ladder on which all the other virtues mount.
> • Have <u>this</u> for the great sorrows of life and patience for all the small ones.
> • <u>This</u> is rightly esteemed the first of human qualities because this is the quality which guarantees all others.

① beauty
② courage
③ wealth
④ industry

※ 다음 빈칸에 들어갈 말로 가장 적절한 것을 고르시오. (17 ~ 18)

17

Colors do not evoke the same reac-tions throughout the world. In Japan, ________, red is associated with danger, while in China it is linked to feelings of happiness and joy. Evenwithin cultures, feelings about colors can very widely.

① besides
② therefore
③ first
④ for example

18

Charlie Chaplin has broken all records in making people laugh. No one has set a whole world laughing as this little man. And even years after his death, the comic films of movie actor and director Charlie Chaplin continue to be popular. He is particularly well known for his success as a creator of parodies, those humorous presentations that ____________ certain people, institutions, or systems in such a way as to point out their faults.

① make a case of
② make nothing of
③ make fun of
④ make sense of

19 다음 글의 요지를 가장 잘 나타낸 것은?

For centuries there has been a tendency for us to think of health only in terms of physical bodies. The medical community did not look seriously at the possibility that our mind could play an important role in illness and healing. Recently, however, there has been a lot of research that proves our mind affects illness and healing. A medical center reported that a larger portion of their patients were people who did not have an organic disease but were seeking psychological help.

① 의사는 병을 치료하는 데 보람을 느낀다.
② 환자는 의사의 처방을 잘 따라야 한다.
③ 발병과 치유에는 환자의 심리적 영향이 크다.
④ 규칙적인 검진은 질병 예방에 필요하다.

20 다음 글 바로 앞에 올 문단의 내용으로 알맞은 것은?

> Yet there is another side to the picture. For the lonely, elderly or housebound, television can be a blessing, being a cheap and con-venient form of entertainment and a 'friendly face' in the house. It can be an ideal way to relax, without necessarily turning you into a square-eyed addict. Televi-sion doesn't just entertain, of course. There are times when it can be informative and can provide a source of good family conversation. There is no evidence that other hobbies and interests have lost out, either.

① TV의 교육적 기능
② TV의 부정적인 측면
③ TV의 사회적 기능
④ TV의 오락적 기능

※ 다음 글을 읽고 물음에 답하시오. (21 ~ 22)

> Chris was a boy who lived in a small village. His father planted a greater many trees in the mountains. Chris helped his father every day. One night after a hard day's work, he went to his room and began to read his book. His mother came to the room and said to Chris, "Put away your book and go to bed. You must get up very early <u>to help</u> your father plant trees."

21 윗글의 내용과 일치하는 것은?

① Chris did not help his father.
② Chris's mother told him not to help his father.
③ Chris was not fond of reading books.
④ Chris helped his father plant trees in the mountains every day.

22 윗글의 밑줄 친 'to help'와 같은 용법으로 쓰인 부정사는?

① They went to the store <u>to buy</u> some apples.
② He likes <u>to help</u> others.
③ I am sorry <u>to hear</u> that.
④ The woman has no house <u>to live</u> in.

※ 다음 글을 읽고 물음에 답하시오. (23 ~ 24)

In my job, selling goods by phone, I got involved in some pretty confusing conversations. Recently, when I called up a number, a male voice answered. I asked if I could speak to "the lady of the house." Sadly, the man replied, "My wife is dyeing and can't talk to anyone." I said how sorry I was, and he continued, "So am I. I wanted her to <u>stay</u> a blonde."

23 윗글에서 남자의 아내가 전화를 받을 수 <u>없는</u> 이유로 가장 적절한 것은?

① Because she was soon to die.
② Because she was in the midst of changing the color of her hair.
③ Because she was very ill.
④ Because she was too poor to buy more goods.

24 밑줄 친 'stay'와 의미가 가장 비슷한 것은?

① sleep with
② remind
③ delay
④ remain

※ 다음 글을 읽고 물음에 답하시오. (25 ~ 26)

Jane walked slowly along the picture gallery, walking behind her aunt who seemed to find such joy in gazing at landscapes which to Jane seemed so much alike. She found little attraction in their misty greys and pale blues. But as they went along the seemingly endless corridors, Jane who looked at so many pictures with indifference, suddenly found her attention drawn to one which stood alone in a corner of a room. It showed a young girl poised on the back of a galloping horse with all the elegance and grace of a dancer. Against the glowing colors of the circus ring her warmth and beauty held Jane fascinated.

25 다음 빈칸에 들어갈 말로 가장 적절한 것은?

Jane's aunt likes ____________.

① pictures of corridors
② pictures of a dancer
③ pictures of still life
④ pictures of the countryside

26 윗글에서 Jane이 그림 속 소녀에게 매력을 느낀 점으로 가장 적절한 것은?

① Her warmth and beauty
② Held Jane fascinated
③ Elegance and grace of a dancer
④ A young girl poised

27 다음 우리말을 영작한 것 중 가장 적절한 것은?

① 네 도움이 없었다면 우리는 계획을 수행할 수 없었을 것이다.
→ Except your help, we wouldn't be able to carry out our plan.

② 너는 오랫동안 같은 옷을 입었어. 새 옷을 사야 할 때가 아니니?
→ You've been wearing the same clothes for ages. Isn't it time you buy some new ones?

③ 나는 네가 당분간 그것에 관해 어떤 것도 하지 않았으면 해.
→ I'd rather you didn't do anything about it for the time being.

④ 불쌍한 브라이언, 그가 시합에 졌어. 운이 조금만 있었더라면 이겼을 텐데.
→ Poor Brian, he lost the contest. If he had been luckier he might win.

※ 다음 빈칸에 들어갈 말로 가장 적절한 것을 고르시오. (28 ~ 29)

28

A : How much money do you have?
B : I have a ____________ bill.

① ten dollars
② ten-dollar
③ ten-dollars
④ tens dollar

29

A : Please give me your frank opinion.
B : Do you really want to know ____________ about it?

① what I think
② what do I think
③ how I think
④ how do I think

※ 다음 빈칸에 들어갈 말로 가장 적절한 것을 고르시오. (30 ~ 31)

30

____________ deaths per 1,000 of the population.

① Statistic shows
② Statistics shows
③ Statistics show
④ Statistic show

31

Although the hurricane swept through this town, ____________ was done.

① a few damage
② few damage
③ a little damage
④ little damage

32 밑줄 친 표현의 의미로 가장 적절한 것은?

A : We are planning to clean the playground for the school festi-val.
B : Sounds like a lot of work. Do you need any help?
A : Sure! <u>The more, the better.</u>

① 시작이 반이다.
② 많으면 많을수록 좋다.
③ 수고 없이 얻는 것은 없다.
④ 욕심이 지나치면 화가 된다.

33 다음 밑줄 친 'They'가 가리키는 것은?

A good writer is wise in his choice of subjects and exhaustive in his accumulation of materials. A good writer must have an irresistible confidence in himself and in his ideas. Good writers know how to excavate significant facts from masses of information. The toughest thing for a writer is to maintain the vigor and fertility of his imagination. Most writers fail simply because they lack the indispensible qualification of the genuine writer. <u>They</u> are intensely prejudiced. Their horizon, in spite of their education, is a narrow one.

① Genuine writers
② Good writers
③ Best writers
④ Failed writers

34 다음 주어진 문장에 이어질 글의 순서로 적절한 것은?

The way in which we write a language is not always exactly the same as the way in which we speak it.

(A) In addition to this difference, written language may differ from spoken language, more importantly, in style.
(B) In written language, on the other hand, the same word is always spelt in the same way, so different words are easy to distinguish in print.
(C) The same word spoken by people, for instance, may sound like different words, and different words may sound like the same word.

① (A) – (B) – (C)
② (B) – (C) – (A)
③ (C) – (B) – (A)
④ (C) – (A) – (B)

35 다음 글의 요지를 가장 잘 나타낸 것은?

We do not choose to be born. We do not choose our parents. We do not, most of us, choose to die. But we do choose how we shall live. We decide what is important or trivial in life. We decide what we must do and must not. No matter how indifferent the universe may be to our choices and decisions, these choices and decisions are ours to make. As we decide and choose, so are our lives formed.

① 인간은 협동하면서 살아야 한다.
② 인생은 사소한 일들의 연속이다.
③ 인간은 나약한 존재이다.
④ 인생 항로의 선장은 자기 자신이다.

36 다음 글을 쓴 목적으로 가장 적절한 것은?

I am interested in the graphic design position that you advertised in The New York Times on June 20. I have worked as a designer at Whitman Publishing Company for the past two years. I am very interested in advertising. I studied commercial art at university and I have taken courses in advertising design. I also speak Spanish well. If you would like me to come in for an interview, please call me at (212) 908−8094. I have sent a copy of my resume. Thank you for your attention.

① 지원 ② 감사
③ 조언 ④ 광고

※ 다음 글을 읽고 물음에 답하시오. (37 ~ 38)

Viruses of many kinds have been and will continue to change forms. These changes are mainly caused by mutations. Human beings develop antiviral drugs to combat viruses, and these last for a certain amount of time. But as a virus changes form, its corresponding antiviral drug is rendered useless, and it is again free to harm its hosts. In turn, humans develop new antiviral drugs to defeat new viruses. This process has repeated itself many times. Finding new ways to defeat viruses will continue to be an important priority this century.

37 윗글의 바이러스에 대한 설명으로 옳지 않은 것은?

① They can influence their hosts.
② They usually change by mutation.
③ They continue as they are forever.
④ Some antiviral drugs are effective against them for a certain period.

38 인간이 항바이러스 물질에 의해 영원히 보호받지 못하는 이유는?

① Viruses can harm people.
② Viruses can change forms.
③ Human being continue to develop antiviral drugs.
④ Antiviral drugs retain their effect over time.

※ 다음 글을 읽고 물음에 답하시오. (39 ~ 40)

A legend is a popular type of folk tale. In some ways, legends resemble myths, another type of folk tale. But myths describe events from antiquity and usually deal with religious subjects, such as the birth of a god. Legends tell of recognizable people, places, and events and often take place in comparatively recent times. Some legends are based on real persons or events but many are entirely fictional. The legends of the superhuman accomplishments of Paul Bunyan and Pecos Bill are ____________, while the legends about Washington and Lincoln are mostly exaggeration of real qualities those two presidents had.

39 윗글의 내용과 일치하는 것은?

① 신화는 일반적으로 비교적 최근에 발생했다.
② 전설과 신화는 민담으로 분류될 수 있다.
③ Washington과 Lincoln에 대한 전설은 모두 허구이다.
④ Paul Bunyan과 Pecos Bill의 이야기는 사실은 아니지만 실제 사람들에 기초하였다.

40 윗글의 빈칸에 들어갈 말로 가장 적절한 것은?

① imaginative
② imagined
③ imaginary
④ imaginable

제 5 회 적중모의고사 | 영어

제한시간 : 50분 | 시작 ___시 ___분 - 종료 ___시 ___분

정답 및 해설 237p

※ 다음 빈칸에 들어갈 말로 가장 적절한 것을 고르시오. (01 ~ 03)

01

Not only she but also I ________ to go to the movies.

① is ② may
③ have ④ has

02

Cattle ________ grown for their meat, milk, and leather.

① can ② has
③ is ④ are

03

You ____________ a doctor at once.

① had better to see
② had better see
③ had better seeing
④ had better saw

04 다음 밑줄 친 단어와 의미가 가장 유사한 것은?

His lesson was <u>invaluable</u> to me.

① valueless
② worthless
③ useless
④ priceless

05 다음 빈칸 안에 공통으로 들어갈 말로 가장 적절한 것은?

• Sorry, oysters are __________ of season. We don't have any.
• He is __________ of work and looking for employment.

① out
② from
③ in
④ some

06 "통화 중입니다."라고 말하고자 할 때, 가장 적절한 표현은?

① It is being used.
② Sorry, the line is used now.
③ Sorry, the line is busy.
④ Somebody is on the line.

※ 다음 빈칸에 들어갈 말로 가장 적절한 것을 고르시오. (07 ~ 08)

07

A : Before you sign the lease, do you have any questions?
B : Yes. Do you allow people to have pets?
A : ________________. We don't permit anyone to have pets.

① Yes, I'm positive
② No. That's out the of question
③ Well, it's up to you
④ No, it doesn't matter

08

A : Professor Wagner, I need your advice on whether or not to drop physiology this semester.
B : ________________________.

① There's not much chance of that happening
② I'm afraid you're right
③ I hate to disagree with you
④ It seems to me that you should complete the course

※ 다음 밑줄 친 부분 중 어법상 틀린 것을 고르시오. (09 ~ 10)

09

① At the beginning of that year, a particularly bad smog ② which lasted for many weeks ③ was estimated ④ to be caused between 4,000 and 8,000 deaths.

10

① Even though computers operate ② without human prejudice, some people fear that ③ its logical solutions ④ can be harmful to man.

11 다음 밑줄 친 부분을 우리말로 바르게 옮긴 것은?

I'm a bit under the weather today, so I can't go to the office.

① 사고가 나서
② 몸이 안 좋은
③ 날씨가 안 좋은
④ 비가 내리는

※ 다음 빈칸에 들어갈 말로 가장 적절한 것을 고르시오. (12 ~ 13)

12

_________ from the designs the specialist suggested, this innovation in computer storage will work.

① Judgement ② Judge
③ Judged ④ Judging

13

To repair the _______ hard drive costs more than to buy new computer equipment in this case.

① exist ② existed
③ existing ④ existence

14 다음 우리말을 영작한 것 중 가장 적절한 것은?

그는 위조지폐의 출처를 알아내는 데에 시간이 오래 걸렸다.

① It took him hours to find out where the counterfeited money came from.
② It took hours to find him out where the counterfeited money came from.
③ It took hours finding him out where the counterfeited money came from.
④ It took him hours to finding out where the counterfeited money came from.

15 다음 빈칸에 공통으로 들어갈 말로 가장 적절한 것은?

• Do to others as you ______ have them do to you.
• He ______ jog before breakfast.

① must
② may
③ would
④ need

16 다음 빈칸에 들어갈 말로 가장 적절한 것은?

I could not remember _________ seen her before.

① had
② having
③ to have
④ have

17 다음 글의 바로 다음에 올 문단의 내용으로 알맞은 것은?

> The world uses a lot of energy every day and the amount of fuel which is needed is growing year after year. What must we do in order to fill our future needs? The supplies of coal, oil, and gas are limited. They may not last for the next hundred years. Then what will take their place?

① 에너지 자원의 고갈
② 지하자원의 보존
③ 에너지의 절약 방법
④ 미래의 대체 에너지

18 다음 글의 'My mother'에 대한 설명으로 알맞은 것은?

> My mother was weak and sometimes she couldn't do her housework. In spite of that, she tried to do her best as a mother. Especially to me, she was a wonderful teacher.

① 집안일을 좋아했다.
② 건강한 체질이었다.
③ 내겐 훌륭한 교사였다.
④ 환자들을 보살펴 주었다.

19 다음 빈칸 (A), (B)에 들어갈 말로 가장 적절한 것은?

> The health of people all over the world is affected by machines. ___(A)___ that in our grandparent's time could be bought by only a few people are now manufactured in large quantities and are so cheap that everyone can buy them. ___(B)___ have not only made possible the manufacture of many different kinds of medicines, but they have also made possible the distribution of these medicines all over the world.

	(A)	(B)
①	Medicines	Machines
②	Skills	Machines
③	Health	Medicines
④	Education	Thoughts

20 다음 글의 제목으로 가장 적절한 것은?

> In the 1940's, three Frenchmen sailed down the Niger River in a native canoe. During the 2,600 mile voyage they stopped often to visit with cooperating African natives. The explorers recorded interviews and thousands of photographs of native life along the Niger.

① An Expedition into Niger Country
② African Natives
③ Ways of Gathering Information
④ The interview of the explorers

21 다음 글에서 직업 선택 요인으로 언급되지 않은 것은?

According to one sociologist, Theodore Caplow, the accident of birth often plays a large role in deter mining what occupation people choose. Children follow their parents' occupation: farmers are recruited from farmers' offspring, teachers from the children of teachers. The parent "passes" an occupation on to the child. Furthermore, such factors as time and place of birth, race, nationality, social class, and the expectations of parents are all accidental, that is, not planned or controlled. They all influence choice of occupation.

① 부모의 직업
② 부모의 기대
③ 출생 시기와 장소
④ 장래의 유망성

※ 다음 글을 읽고 물음에 답하시오. (22 ~ 23)

Many people today feel that historically women have not been treated as well as men in most cultures. In the Western world, as recently as a hundred years ago, they were not allowed to vote in elections and were excluded from most professions. The attitude of favoring one sex over another is called ________, which is thought by many to be present in the very language we speak. For example, the verb to "mother", used in the latter part of the article, generally means "to care for, project"(for example, "That teacher mothers all her students."). Whereas the verb to "father" usually means simply "to endanger or originate" (for example, "He fathered three sons."). Here the idea that women, not men, should take care of the children is locked into our everyday speech.

22 윗글의 내용과 일치하는 것은?

① 여성이 아이를 돌봐야 하는 역할은 전통적이므로 유지되어야 한다.
② 여성에 대한 압박은 100년 전부터 시작되었다.
③ 50년 전 여성은 선거에서 투표하는 것이 허락되지 않았다.
④ 일반적으로 많은 사람들은 여성들이 아이들을 돌봐야 한다고 생각한다.

23 윗글의 빈칸에 들어갈 말로 가장 옳은 것은?

① homosexuality
② insomnia
③ sexism
④ sexuality

※ 다음 글을 읽고 물음에 답하시오. (24 ~ 26)

Optimism is a good characteristic, but if carried to an excess it becomes foolishness. We are prone to speak of the resources of this country as inexhaustible; this is not so. The mineral wealth of the country, the coal, iron, oil, gas and the like, does not reproduce itself and therefore is certain to be ultimately exhausted; and wastefulness in dealing with it today means that our descendants will feel the exhaustion a generation or two before they otherwise would. But there are certain other forms of waste which could be entirely stopped. The waste of soil by washing, for instance, which is among the most dangerous of all wastes now in progress in the U.S., is easily preventable, so that this present enormous loss of fertility is entirely unnecessary. The preservation or replacement of the forests is one of the most important means of preventing this loss. We have made a beginning in forest preservation, but so rapid has been the rate of exhaustion of timber in the United States in the past, and so rapidly is the remainder being exhausted, that the country is unquestionably on the verge of a timber which famine will be felt in every household in the land.

24 윗글의 밑줄 친 부분을 가장 적절하게 해석한 것은?

① 분명히 말하자면
② 너무 지나치면
③ 달리 말하면
④ 너무 많아 넘치면

25 윗글의 내용을 한 문장으로 요약하고자 할 때, 빈칸에 들어갈 수 있는 것은?

> Waste may be categorized into ____________________.

① preventable and non-preventable ex-haustion of resources
② fertile and infertile wastes
③ wastes in minerals and wastes in soil
④ recycled and unrecycled by-products

26 다음 물음에 대한 답변으로 가장 적절한 것은?

> Why is the author so concerned about the exhaustion of timber as a resource?

① Because optimism has prevented nothing.
② Because timber is an essential part of forest preservation.
③ Because it is an intense public issue in the country.
④ Because mineral wealth will remain sufficient.

27 다음 기숙사 규칙의 내용으로 맞지 않은 것은?

<Dormitory Rules For Students>
– All students must :
1. get up at 6:00 a.m.
2. go to bed at 10:00 p.m.
– Students may :
1. have two visitors a month.
2. have a pet except dogs.
– Students may not :
1. go outside after 6:00 p.m.
2. have cellular phones.

① 개를 키울 수 없다.
② 기상 시간은 오전 6시이다.
③ 휴대전화를 가질 수 없다.
④ 한 달에 한 번 친구를 방문할 수 있다.

※ 다음 빈칸에 들어갈 말로 가장 적절한 것을 고르시오. (28 ~ 29)

28

A : Would you like to have beer?
B : ____________. I'm thirsty.

① Here you are
② Never mind
③ No, thank you
④ Yes, please

29

A : What's the matter?
B : I slipped on the stairs and fell down. I think my arm is broken.
A : Oh, ________. Which arm is it?
B : The left one. It hurts right here.
A : Let me see. I don't think it's broken but you should see the doctor right now.

① I hope not
② I hope so
③ never mind
④ I'm afraid not

30 다음 중 어법상 옳지 않은 것은?

① We need a few apples.
② How much sugar do you want?
③ Could you pick up a little bananas?
④ Would you show me the way to the station?

31 다음 밑줄 친 부분 중 어법상 잘못된 것은?

The ① freezing food machine in the cafeteria ② vending area will be ③ stocked this afternoon ④ with a small selection of dinners.

32 다음 빈칸 (A), (B)에 들어갈 말로 가장 적절한 것은?

After having lunch at KFC, my friends and I paused for a photo with the Colonel Sanders statue in front of the fast-food restaurant. I took the film to a print shop and asked the owner to make as many copies of the print as the number of people in the picture. When I went to the shop a few days later, I was given ___(A)___ than I expected. I then suddenly realized that the shop owner had included the statue in his ___(B)___.

	(A)	(B)
①	the same number of photos	printing
②	two more photos	darkroom
③	one more photo	calculation
④	no photo	shop

33 다음 글의 내용상 필자의 태도와 가장 일치하는 것은?

Dear Mr. Gorden,
On January 3 and again on February 3, we wrote to you asking for the names and addresses of your doctor and your insurance agent. You failed to answer us. How do you expect us to proceed with your claim if you do not give us this important information? If we do not hear from you by the end of this month, we will have to put your file aside.

Yours truly,
Lisa Garden

① reconciliatory
② urgent
③ indifferent
④ ill-mannered

34 다음 빈칸에 들어갈 말로 가장 적절한 것은?

> Cars are the most important cause of air pollution in many cities. This is especially true in cities, such as Los Angeles, where most people go to work by car. In order to reduce pollution, the city must reduce the number of cars on the roads. This is only possible, however, if people have another way to get to work. ________, many city government are working to improve the public transportation system.

① Unfortunately
② By contrast
③ For instance
④ For this reason

35 다음 글의 성격으로 옳은 것은?

> Everyone likes to have a good time on a picnic or camping. You'd like to go to a quiet and lovely place. Make sure that you keep it clean when you go there. Always remember to take an empty bag with you for your wastes.

① 과학적
② 선도적
③ 서정적
④ 비유적

36 다음 빈칸 (A)~(E)에 들어갈 말로 가장 적절한 것은?

> • This is the house ___(A)___ he lives.
> • I know the time ___(B)___ he will arrive.
> • There is no reason ___(C)___ you should go.
> • This is ___(D)___ it happened.
> • He died on the day ___(E)___ I arrived.

	(A)	(B)	(C)	(D)	(E)
①	where	when	why	how	that
②	in	that	what	how	that
③	in	that	whom	what	that
④	where	which	who	how	on

※ 다음 글을 읽고 물음에 답하시오. (37 ~ 38)

> Are you hoping for a long life? Thought so. Are you looking forward to growing old? Thought not. Man has wanted one without the other for thousands of years, and has invariably been disappointed. Cleopatra is said to have bathed in asses' milk to stay young and beautiful, but did not live long enough to find out if it worked in old age. The Spanish explorer Juan Ponce de Leon was more famous for his search for the Fountain of Youth than for discovering Florida in 1513. He never did find the rejuvenating spring that the natives had told him of, and died from a poisoned Indian arrow a few years later.

37 윗글의 밑줄 친 'the other'가 의미하는 것은?

① to stay beautiful
② a long life
③ growing old
④ staying young

38 다음 빈칸에 들어갈 말로 적절한 것은?

> Cleopatra and Juan Ponce de Leon were alike in that ______________ ______________.

① both of them looked for the Fountain of Youth
② they hoped for a long life but did not succeed
③ they lived a long life
④ they searched for the famous fountain

39 다음 글의 빈칸에 들어갈 말로 가장 알맞은 것은?

> One of the most difficult jobs in the Olympic Games is to keep out those who have not bought tickets. Everyone wants to see the Games and many try to get into the stadium without paying. Some people wear track suits and ____________ to be athletes or officials.

① want
② pretend
③ use
④ try

40 다음 설명이 나타내고 있는 것은?

> As a the class of animals which feed their young with milk from the breast, females give birth to babies rather than lay eggs.

① poultry
② beast
③ fish
④ mammal

제 6 회 **적중모의고사 | 영어**

제한시간: 50분 | 시작 ___시 ___분 - 종료 ___시 ___분

정답 및 해설 245p

01 밑줄 친 부분이 부분 부정의 의미를 지니지 <u>않는</u> 것은?

① He <u>little</u> knows <u>what</u> awaits him.
② She is <u>not altogether</u> honest.
③ <u>All</u> that glitters is <u>not</u> gold.
④ The rich <u>are not always</u> happy.

※ 다음 빈칸에 들어갈 말로 가장 알맞은 것을 고르시오. (02 ~ 05)

02

> Generally, rocks ________ according to the way they were formed.

① classify
② are classified
③ classified
④ classify them

03

> He could not help ______ his lot.

① satisfy at
② satisfying with
③ being satisfied with
④ being satisfied of

04

> A man ________ the company he keeps.

① is known to
② is known in
③ is known as
④ is known by

05

> I __________ spicy food.

① am used to eat
② am used to be eaten
③ am used to eating
④ am used to being eaten

※ 다음 밑줄 친 부분과 뜻이 가장 가까운 것을 고르시오. (06 ~ 07)

06

> He didn't <u>call off</u> his trip, he just postponed it.

① hold ② cancel
③ demand ④ postpone

07

I'd be glad to help out, but Friday's <u>out of the question</u>.

① impossible
② sure
③ very easy
④ without question

08 다음 밑줄 친 부분 중 어법상 <u>잘못된</u> 것은?

① I'm due to <u>graduate from</u> college in just a few months.
② Don't just <u>rely on</u> chances, but do the best you can.
③ Bad data can <u>result in</u> bad decisions.
④ The committee <u>consists in</u> ten members.

09 다음 A에 대한 B의 응답으로 가장 적절한 것은?

A : What time do I need to check in?
B : ______________________

① We still have half an hour.
② It's 5 o'clock.
③ You may check in anytime after 3.
④ Please have my bill ready for me to check out at 9 a.m.

10 다음 우리말을 영작한 것 중 가장 적절한 것은?

그가 누구인지 아느냐?

① Who do you know is he?
② Do you know what he is?
③ Who do you know he is?
④ Do you know who he is?

※ 다음 빈칸에 들어갈 말로 가장 적절한 것을 고르시오. (11 ~ 12)

11

A : Would you mind telling me your cell phone number?
B : ________________

① Of course not.
② I don't know.
③ You're welcome.
④ That's all right.

12

A : Excuse me, but could you tell me the way to City Hall?
B : Yes, go straight ahead and turn left.
A : I'm a stranger here, so I'm afraid I would lose my way.
B : Don't worry it. __________

① Thanks so much for your help.
② Don't mention it.
③ You'll never miss it.
④ It's up to you.

※ 다음 밑줄 친 부분을 우리말로 바르게 옮긴 것을 고르시오. (13 ~ 14)

13

Would you please move along and <u>make room for</u> this old man?

① 새치기하다
② 양보하다
③ 자리를 만들다
④ 방을 만들다

14

She is very clever and <u>all-round</u> in many fields.

① 원을 그리다
② 다재다능하다
③ 박식하다
④ 유순하다

15 다음 빈칸 (A), (B)에 들어갈 말로 가장 적절한 것은?

- I usually ___(A)___ the subway to go there.
- It will ___(B)___ half an hour to finish it.

	(A)	(B)
①	take	get
②	get	take
③	took	take
④	take	got

16 다음 게시문이 적용될 수 있는 장소는?

- No smoking in the building.
- Absence must be reported a day in advance.
- No personal calls are allowed during business.

① 미술관
② 주차장
③ 박물관
④ 사무실

17 다음 글의 내용과 가장 밀접한 속담은?

You should be careful when you lend money. If someone wants you to lend some money, you should not till you feel that he will pay back the money.

① A rolling stone gathers no moss.
② Mind your own business.
③ Look before you leap.
④ Birds of a feather flock together.

※ 다음 빈칸에 들어갈 말로 가장 적절한 것을 고르시오. (18 ~ 19)

18

A writer must be very careful to say only things that are true. He must not make any statements or implications which are false. He must be ________.

① clever
② ignore
③ accurate
④ diligent

19

We were sorry that we had to ask the young man to leave the job. It was not that he was unpopular with the other people in the office. Everyone liked him. The problem was that so much of his work was _________ ; it wasn't good enough.

① undecided
② unable
③ incapable
④ unsatisfactory

20 다음 글의 필자가 받은 느낌은?

As a consultant, I was supposed to spend an hour or more with the depart ment heads discussing their thoughts. Nevertheless, appoint ments were forgotten; long waits (fifteen to forty five minutes) in outer offices were common, and the length of the discussions was often cut down to ten or fifteen minutes. I was usually kept at an impersonal distance during the discussion; they did not move from behind the desk.

① resentful ② kind
③ humorous ④ sorrowful

21 다음 글의 종류는?

All-Star Sporting Equipment is having a once-in-a-lifetime sale on all sports equipment in the store. We stock namebrand equipment for any sport you can think of. People know we have the finest equipment and the lowest prices anywhere. Says All-Star Player Rocky Horwitz, "I buy all my sporting goods at All-Star." The sale lasts only a week, so hurry and join Rocky.

① 일기문 ② 설명문
③ 기행문 ④ 광고문

22 다음 글의 제목으로 가장 알맞은 것은?

In America, it is important for boys and girls to be independent. Parents tell their children to try to do things without other people's help. In Korea, people are good at working together with others, and parents tell their children to do their best in a group or a family.

① The different views of teaching children
② Doing one's best for one's parents
③ How to be good parents
④ The parents of yesterday and today

23 다음 글의 주제로 가장 적절한 것은?

Increasingly, smoking is now a habit of the poor and the working class. Also, a new analysis of federal smoking data shows that differences in smoking rates between areas are increasing. The national smoking rate has declined steadily, but there is a deep geographic divide. In the rich neighborhood of Washington, only about one in ten people smoke. But in poor places such as Clay County in eastern Kentucky nearly four in ten do.

① 흡연율 통계자료의 문제점
② 지역 및 소득에 따른 흡연율의 차이
③ 흡연율과 사망률과의 상관관계
④ 흡연율 증가의 심리적 요인

24 다음 글의 뒤에 이어질 문단의 내용으로 가장 알맞은 것은?

Today is often called the Age of Science, because there have been many scientific discoveries which have influenced our daily lives in many ways, making them different from those of our ancestors. The modern conveniences of our growing cities show how science has changed much of our environment and way of life. But are we right in calling the present time scientific? Are we truly scientific in our ways of thinking?

① 과학과 철학의 조화
② 현대인의 비과학성
③ 인간성 회복의 조건
④ 과학 발전의 부작용

25 다음 글의 논지로 가장 적절한 것은?

> Just as in school, success in one grade qualifies one for entry into the tougher competition of the next grade, so success in one area of adult life qualifies one for competition in the next "income bracket" or professional group. There are practically no positions in our lives where it will be generally conceded that a person has achieved final success and need make no further effort. There is always a higher grade.

① Success is relative, never absolute.
② Failure teaches success.
③ Success needs strenuous effort.
④ Man cannot succeed without higher positions.

26 다음 글의 내용으로 보아 밑줄 친 부분의 이유로 가장 적절한 것은?

> Garage sales, or yard sales, are as big a part of American culture as apple pies and popcorn. Periodically, people clean out excess clothing, furniture, appliances, etc. from their homes and display the goods for sales to passersby, either on their front lawns or in their garages. <u>The goods are always sold at greatly reduced prices</u>, since getting rid of unwanted goods is more important than realizing even a modest profit from the sales.

① 주기적인 문화 행사에서 이윤을 추구하는 것은 옳지 않으므로
② 이 세일의 목적은 어린이들이 애플파이나 팝콘을 사는 것이므로
③ 불필요한 물건이라도 그 가치를 인식시켜 주는 것이 더욱 중요하므로
④ 이 세일이 이익을 얻기보다는 필요 없는 물건을 치우기 위한 것이므로

※ 빈칸에 들어갈 말로 가장 알맞은 것을 고르시오. (27 ~ 30)

27

It is desirable to have a good reputation. The good opinion of our associates and acquaintances is not to be despised. There is often a great distinction between character and reputation. Reputation is what the world believes us for the time; character is what we truly are. Reputation and character may be in harmony, _______ they frequently are as opposite as light and darkness.

① and　② but
③ therefore　④ because

28

Mr. Smith hoped to be a manager before the end of the year and have his salary increased. He started placing orders for new furniture and a big car. "_______ _____________." warned his wife. This was good advice. For it was Mr. Jones who was made a manager and Mr. Smith found himself in financial difficulties.

① A friend in need is a friend indeed
② One swallow does not make a summer
③ You can't eat your cake and have it
④ Don't count your chickens before they are hatched

29

The person who both smokes and drinks heavily may be in greater risk of becoming ill _______ one who drinks like a fish but never smokes, or who smokes like a chimney but never drinks.

① than
② less than
③ as
④ more than

30

Galileo's idea that the earth was rotating and moving around the sun __________ all the faith and common sense of his time.

① combined
② concerned
③ composed
④ contradicted

※ 다음 글을 읽고 물음에 답하시오. (31 ~ 32)

"Darling, do you ever think about your ___________?"

"Yes, sometimes," she answered vaguely.

"I don't want you to forget her. Have you got a picture of her?"

"Yes, I think so. Anyhow, Aunt Marion has. Why don't you want me to forget her? She loved you very much."

"I loved her, too." They were silent for a moment.

"Dad, I want to come and live with you," she said suddenly. His heart leaped; he had wanted it to come like this.

"Aren't you perfectly happy?"

"Yes, but I love you better than anybody. And you love me better than anybody, don't you? Now that mummy's dead."

31 윗글의 빈칸에 들어갈 말로 가장 적절한 것은?

① daughter ② son
③ friend ④ mother

32 윗글의 대화로 보아 두 사람은 어떤 관계로 추측되는가?

① father – mother
② father – daughter
③ brother – sister
④ brother – daughter

33 다음 글의 분위기로 가장 적절한 것은?

In the spring when the rains have passed and before the long hot days of summer have come, the country about Winesburg is beautiful. The town lies in the midst of open fields, but beyond the fields are pleasant patches of woodlands. In the wooded places are many little, quiet places where lovers go to sit on Sunday afternoons. Through the trees they look out across the fields and see farmers at work about the barns or people driving up and down on the roads. In the town bells ring and occasionally a train passes, looking like a toy thing in the distance.

① descriptive
② creative
③ instructive
④ critical

34 다음 글의 요지로 알맞은 것은?

Communication is also possible among bees through their sense of smell. A group of bees, called a colony, uses smell to protect itself from other bees. This is possible because all the bees in a colony have a common smell. This smell acts like a chemical signal. It warns the group of bees when a bee from a different colony is near. This way, bees from outside cannot enter and disturb a hive. If an outsider does try to enter, the bees of that colony will smell it and attack it.

① How bees live
② How bees communicate through smell
③ The chemical signals of bees
④ The way bees smell and attack

35 다음 글에서 주인공의 God에 대한 자세는?

He still believed that God might at any moment make himself manifest out of the winds or the clouds, but he no longer demanded such recognition. Instead he prayed for it. Sometimes he was altogether doubtful and thought God had deserted the world. He regretted the fate that had not let him live in a simpler and sweeter time when at the beckoning of some strange cloud in the sky men left their lands and houses and went forth into the wilderness to create new races.

① 절대적
② 회의적
③ 호의적
④ 찬미적

36 다음 중 적절한 표현이 되도록 바르게 배열된 것은?

It was (㉠ after dark ㉡ not ㉢ that ㉣ until) he reached the destination.

① ㉠ – ㉡ – ㉣ – ㉢
② ㉣ – ㉢ – ㉠ – ㉡
③ ㉢ – ㉠ – ㉣ – ㉡
④ ㉡ – ㉣ – ㉠ – ㉢

37 다음 중 낱말의 풀이가 잘못된 것은?

① solemn – rousing awe and reverence
② notorious – having a social reputation
③ pathetic – causing a feeling of sadness
④ identical – same

※ 밑줄 친 부분과 같은 뜻으로 쓰일 수 있는 것을 고르시오. (38 ~ 39)

38

> This should make quite a comfortable and attractive house if it's done up a bit.

① repaired
② swept
③ cleared
④ produced

39

> A : Have you ever seen snow in winter?
> B : Yes, I am familiar with it.

① 실망하다
② 기대하다
③ 익숙하다
④ 싫어하다

40 다음 중 어법상 어색한 문장은?

① He looks thinner than when I saw him last summer.
② She made me so annoyed that I felt like to shout at her.
③ He was leaning against the wall with his hands in his pocket.
④ Only when it started to rain did he notice that he had left his umbrella somewhere.

제 7 회 적중모의고사 | 영어

제한시간 : 50분 | 시작 ____시 ____분 - 종료 ____시 ____분

정답 및 해설 253p

01 동사의 명사형이 잘못된 것은?

① destroy – destruction
② reveal – revealation
③ devise – device
④ converse – conversation

02 다음 중 빈칸에 올 수 없는 것은?

He was as ________ as I.

① strong ② bigger
③ tall ④ old

03 다음 밑줄 친 부분과 의미가 가장 가까운 것은?

Though I am her lover, she treats me with indifference.

① sympathy
② difficulty
③ disinterest
④ concern

04 다음 빈칸에 들어갈 말로 가장 적절한 것은?

The campaign to eliminate pollution will prove _______ unless it has the understanding and full cooperation of the public.

① enticing
② enhanced
③ fertile
④ futile

05 다음 중 다시 물을 때 사용하는 표현은?

① I beg your pardon?
② May I ask a favor of you?
③ Mind if I ask you something?
④ What do you think about it?

※ 다음 빈칸에 들어갈 말로 가장 알맞은 것을 고르시오. (06 ~ 08)

06

The son of my sister is my _______.

① nephew ② niece
③ uncle ④ grandson

07

A : Excuse me. How far is it to the city hall?
B : _______ about 30 minutes on foot.

① It lasts
② It goes
③ It walks
④ It takes

08

The meat is sold there _________.

① of the pound
② by the pound
③ for the pound
④ per pound

09 다음 밑줄 친 동사가 수여동사에 해당하는 것은?

① I have promised him a position.
② The experiment interested us very much.
③ He does not like cold water.
④ The court declared him guilty.

10 다음 중 밑줄 친 'It ~ that'이 강조 용법으로 쓰이지 않은 것은?

① It was John that I met here yesterday.
② It is he that is wrong.
③ It is true that he is honest.
④ It was yesterday that Tom broke the window.

11 다음 빈칸에 들어갈 알맞은 말은?

My mother is looking forward to _______ you.

① see
② saw
③ seeing
④ be seen

12 다음 중 밑줄 친 부분의 뜻과 가장 가까운 것은?

> John and Jane <u>are good at</u> swimming.

① do well
② learn well
③ know well
④ show well

13 다음 빈칸에 들어갈 말로 가장 알맞은 것은?

> Five years ____________ since the accident happened.

① have passed
② had passed
③ passed
④ is passed

14 다음 밑줄 친 부분의 뜻으로 알맞은 것은?

> <u>Without</u> your help, I should certainly have failed.

① If there was not
② If it had not been for
③ If it were for
④ If it had been for

15 밑줄 친 부분이 형용사적 용법으로 사용되지 <u>않은</u> 것은?

① This tool is very convenient <u>to use</u>.
② There is one more river <u>to cross</u>.
③ We are <u>to start</u> at six this evening.
④ He is the last man <u>to say</u> such a word.

16 다음 문장을 간접 화법으로 바르게 바꾼 것은?

> He said to me, “Don’t be afraid.”

① He told me to not be afraid.
② He told me not to be afraid.
③ He said to me that you don’t be afraid.
④ He told to me not to be afraid.

17 “나는 차를 도난당했다.”를 영어로 가장 잘 나타낸 것은?

① I had my car to steal.
② I got my car to be stolen.
③ I had my car stolen.
④ I was stolen of my car.

18 다음 밑줄 친 부분과 뜻이 같은 것은?

> This dictionary is <u>out of date</u>.

① old-fashioned
② useless
③ temporary
④ handy

19 다음 빈칸에 들어갈 말로 가장 알맞은 것은?

> Speak louder ______, nobody will hear you.

① or
② but
③ and
④ by

20 다음 문장의 빈칸에 올 수 <u>없는</u> 것은?

> Julie ____________ yesterday.

① goes to school by bus
② was busy
③ got up early
④ did her homework

21 다음 중 어법상 옳은 문장은?

① I am having a big house.
② I am respecting him.
③ I am knowing him.
④ He is watering the plants now.

※ 다음 빈칸 (A), (B), (C)에 들어갈 말로 가장 적절한 것을 고르시오. (22 ~ 23)

22

> In a house with (A) [less / little] than 1,500 square feet of dining room, every furniture (B) [need / needs] to pull its weight. Pieces that perform multiple functions do just that. Rather than waste space on a living room, Maria made a choice of a movable table she extends (C) [when / what] needed.

	(A)	(B)	(C)
①	less	needs	when
②	less	need	what
③	little	need	when
④	little	needs	what

23

A retired minister in a small town does not return from a fishing trip. Police find his car (A) [parking / parked] about half-way to the lake. It is locked and undamaged. In it they find a half-eaten ham sandwich, fishing tackle, a gun with one shell (B) [firing / fired], and a copy of Penthouse. The minister is (C) [missing / missed]. You're the reporter and your story is due.

	(A)	(B)	(C)
①	parking	firing	missing
②	parked	firing	missed
③	parking	fired	missed
④	parked	fired	missing

24 다음 우리말을 영작한 것 중 가장 적절한 것은?

나는 그런 관대한 인물을 아직 본 적이 없다.

① Never I have met such generous a man before.

② Never I have met such a generous man before.

③ Never have I met such generous a man before.

④ Never have I met such a generous man before.

※ 다음 중 어법상 옳지 <u>않은</u> 것을 고르시오. (25 ~ 27)

25

The force of gravity between two objects ① <u>depends</u> on two things: the sizes of the objects and the distance ② <u>between</u> them. Big objects have a greater pull than ③ <u>small ones</u>. Objects that are closer to -gether have a greater pull on one another than objects farther apart ④ <u>does</u>.

26

① A few words caught in passing set me thinking.

② Hardly did she enter the house when someone turned on the light.

③ We drove on to the hotel, from whose balcony we could look down at the town.

④ The homeless usually have great difficulty getting a job, so they are losing their hope.

27

Most European countries failed ① <u>to welcome</u> Jewish refugees ② <u>after</u> the war, which caused ③ <u>many</u> Jewish people ④ <u>immigrate</u> elsewhere.

28 다음 중 우리말을 영어로 잘못 옮긴 것은?

① 너 다시 안 그러는 게 좋을 거야.
→ You'd better not do that again.

② 그는 혼자 가기엔 너무 어리다.
→ He is too young to go alone.

③ 난 당신과 가능하면 빨리 거래를 시작할 수 있기를 바란다.
→ I look forward to doing business with you as soon as possible.

④ 네가 해야 할 것은 방을 매일 청소하는 것이다.
→ What you have to do to clean your room everyday.

※ 밑줄 친 부분과 의미가 가장 가까운 것을 고르시오. (29 ~ 31)

29

I usually make light of my problems, and that makes me feel better.

① consider something as serious
② treat something as unimportant
③ make an effort to solve a problem
④ seek an acceptable solution

30

In retrospect, I wish that I had thought about other options.

① All things considered
② In general
③ In spite of everything
④ Looking back

31

Since it is hard to buy new LPs, he decided to dispense with his old turntable.

① do without
② go off
③ come up with
④ set in

※ 다음 빈칸에 들어갈 말로 가장 적절한 것을 고르시오. (32 ~ 34)

32

A : What business is on your mind?
B : Do you think that owning a flower shop has good prospects nowadays?
A : It could. But have you prepared yourself mentally and financially?
B : ______________________.
A : Good! Then you should choose a strategic place and the right segment too. You must do a thorough research to have a good result.
B : I know that. It's much easier to start a business than to run it well.

① I plan to go to the hospital tomorrow
② I can't be like that! I must strive to get a job
③ I'm ready to start with what I have and take a chance
④ I don't want to think about starting my own business

33

> A : Officer, I'd like to report a theft.
> B : Yes, what was stolen?
> A : I was robbed of my wallet in front of the hotel.
> B : Okay, ____________

① you need to fill this form out.
② I've already read the instructions.
③ the facts I reported were correct.
④ I'd like to be examined as soon as possible.

34

> A : Is Lucy there, please?
> B : No, she isn't. Would you like to leave a message?
> A : Yes, please. This is Jenny calling from Chicago. Could you tell her that my flight arrives at 10 a.m. on Saturday?
> B : OK, ____________

① she is not returning from Chicago.
② I'll give her the message.
③ you could hang up the phone.
④ is there anything I should bring for you?

35 다음 대화 중 밑줄 친 부분의 표현이 적절하지 않은 것은?

① A : It is over midnight already. I can't believe it!
B : We've been studying English for 6 hours!
A : Shall we continue or stop here?
B : <u>Let's call it a day</u>.

② A : My parents say I can't color my hair. It's unfair.
B : <u>Look on the bright side</u>. You still look good without colored hair.

③ A : Hey, shake a leg! The train to Busan always arrives on time. You won't make it if you linger like that.
B : I know. <u>Just step on your toes</u>.

④ A : Excuse me. Is it OK if I help you cross the street?
B : Sure, thanks. It's very nice of you to help me.
A : <u>Don't mention it</u>. I'm glad to.
B : In fact, I'm afraid of crossing the street.

36 다음 글의 종류로 적절한 것은?

> New York City's Department of Education plans to announce on Wednesday that it will lift the ban on cellphones in schools, a person familiar with the decision said Tuesday. The ban, which was put in place by former Mayor Michael R. Bloomberg, has been un popular among parents, who worry about not being able to contact their children during school hours and in the time just before and after. According to a different news report, under the new policy, principals would decide, in consultation with teachers and parents, on a range of options for cellphone use.

① An advertisement
② A news article
③ A cellphone manual
④ A statement of legal disposal

37 George Stephenson에 관한 다음 글의 내용과 일치하지 않는 것은?

> George Stephenson gained a reputation for working with the primitive steam engines employed in mines in the northeast of England and in Scotland. In 1814, Stephenson made his first locomotive, 'Blucher.' In 1821, Stephenson was appointed engineer for the construction of the Stockton and Darlington railway. It opened in 1825 and was the first public railway. In October 1829, the railway's owners staged a competition to find the best kind of locomotive to pull heavy loads over long distances. Stephenson's locomotive 'Rocket' was the winner, achieving a record speed of 36 miles per hour. The opening of the Stockton and Darlington railway and the success of 'Rocket' stimulated the laying of railway lines and the construction of locomotives all over the country. Stephenson became engineer on a number of these projects and also participated in the development of railways in Belgium and Spain.

① 탄광에 사용된 초기 증기기관과 관련된 일을 하여 명성을 얻었다.
② 1814년에 그의 첫 번째 기관차를 만들었다.
③ 시속 36마일의 기관차를 개발하여 기관차 대회에서 준우승했다.
④ 벨기에와 스페인의 철도 개발에도 참여했다.

38 다음 글의 내용과 일치하는 것으로 가장 적절한 것은?

Colors also have different meanings in different cultures. A color may represent good feelings in one culture but bad feelings in another. For instance, in the United States, white represents goodness and holy things. It is usually the color of bride's wedding dress. However, in India, China and Japan, white can mean death. Green is the color of dollar bills in the United States, so green may make Americans think of money. But in China, green can represent a loss of respect.

① 녹색은 미국인들에게 돈을 연상시키는 색상이다.
② 흰색은 미국에서 죽음을 의미하는 부정적인 색상이다.
③ 모든 나라마다 통일된 의미를 가지고 있는 색상이 있다.
④ 녹색은 중국에서 존경을 표시할 때 사용하는 색상이다.

39 다음 빈칸에 들어갈 말로 가장 적절한 것은?

When you watch a chase scene in an action movie, your heart races as well — you may be a little bit scared, or excited. Your body and mind may react like the experience is real, as though it is happening to you. That's what happens when you visualize: You ask for the experience and your mind believes that it is real, which creates the attraction for you to receive in your life. This technique is favored by many of the world's great coaches as they encourage athletes to visualize the actual race or contest ahead of time. Every stroke, step, and muscle exertion is vividly imagined. The idea is, when you see it in your mind, your body will surely follow. And, when the big day comes, mind and body are so well trained to act in unison that ____________ is virtually assured.

① group cooperation
② ultimate performance
③ public reputation
④ visual observation

40 글의 흐름상 가장 어색한 문장은?

One of the largest celebrations of the passage of young girls into womanhood occurs in Latin American and Hispanic cultures. This event is called La Quinceañera, or the fifteenth year. ① It acknowledges that a young woman is now of marriage able age. The day usually begins with a Mass of Thanksgiving. ② By comparing the rites of passage of one culture with those of another, we can assess differences in class status. The young woman wears a full-length white or pastel-colored dress and is attended by fourteen friends and relatives who serve as maids of honor and male escorts. ③ Her parents and godparents surround her at the foot of the altar. When the Mass ends, other young relatives give small gifts to those who attended, while the Quinceanera herself places a bouquet of flowers on the altar of the Virgin. ④ Following the Mass is an elaborate party, with dancing, cake, and toasts. Finally, to end the evening, the young woman dances a waltz with her favorite escort.

제 8 회 적중모의고사 | 영어

제한시간 : 50분 | 시작 ___시 ___분 – 종료 ___시 ___분

정답 및 해설 262p

※ 다음 중 문법상 옳은 것을 고르시오. (01 ~ 02)

01
① His daughter married with a rich man.
② We don't object his joining our choir.
③ How many of you attended at the concert?
④ He excels me in chemistry.

02
① You had better to go home now.
② They made her waited the car.
③ I saw the troops marching along the road.
④ I'd rather to walk than drive there.

※ 밑줄 친 부분과 같은 뜻을 가진 것을 고르시오. (03 ~ 06)

03

> Mr. Lee was as good as his word.

① spoke very well
② was not so bad as his word
③ was very gentle
④ kept his promise

04

> I hate having to scrape and save so as to make both ends meet.

① to make both sides friends with each other
② to gain my ends
③ to have just enough money for my needs
④ to finish an endless task

05

> The woman was astounded to learn that her dearest friend had been spreading bad gossip about her.

① surprised
② irrigated
③ disappointed
④ cumbered

06

We're <u>in a muddle</u> because we missed our plane.

① in a comfortable position
② in a strange territory
③ delayed
④ in a mess

07 밑줄 친 부분이 '많은(= many)'이라는 뜻인 것은?

① He had <u>few</u> friends in the downtown.
② There were <u>quite a few</u> people who doubted it.
③ <u>Some few</u> of the soldiers were still living.
④ You have <u>but few</u> chances of success.

※ 밑줄 친 부분과 같은 뜻을 가진 것을 고르시오. (08 ~ 09)

08

The tribute is nominal, but it is an acknowledgement <u>all the same</u>.

① simultaneously
② nonetheless
③ after all
④ similarly

09

Ancient physicians <u>imputed</u> many diseases to the planet.

① compared
② described
③ attributed
④ reported

10 다음 빈칸 (A), (B)에 들어갈 말로 가장 적절한 것은?

Your overcoat is ___(A)___ in quality ___(B)___ mine.

	(A)	(B)
①	superior	to
②	more superior	to
③	superior	than
④	inferior	than

※ 다음 빈칸에 들어갈 말로 가장 적절한 것을 고르시오. (11 ~ 14)

11

Some men are color-blind; they can not __________ between blue and green.

① equivocate
② intoxicate
③ precipitate
④ differentiate

12

The great incentive to learn a new skill or support a discipline is an urgent need to use it. For this reason many scientists do not learn new skills or master new disciplines until the __________ is upon them to do so.

① evidence
② information
③ opportunity
④ pressure

13

In the United States Senate, _______, regardless of population, is equally represented.

① where each state
② for each state
③ each state
④ which each state

14

____________ large in volume, a comet is small in mass.

① It is generally
② Although generally
③ Generally it is
④ When it is generally

※ 다음 중 밑줄 친 부분이 틀린 것을 고르시오. (15 ~ 16)

15

Psychologists and psychiatrists ① will tell us that it is of utmost importance that a ② disturbed child ③ receives professional attention ④ as soon as possible.

16

Abstract expressionism was an art movement of the 1940's ① that it emphasized ② form and color ③ within a nonrepresentational ④ framework.

17 다음 빈칸에 들어갈 말로 가장 알맞은 것은?

A : Won't you come over and have some wine?
B : _______________, but I have something else to do now.

① You're right
② That's right
③ I'd like to
④ I'd like

18 다음 우리말을 영작한 것 중 가장 적절한 것은?

> 높은 가격에도 불구하고 이런 물건들에 대한 수요는 많다.

① Demand on these items is much, in spite of their high price.
② Demand for these items is high, despite their high price.
③ Demand for these items is many, despite of their high price.
④ Demands on these items are great, in spite of their high price.

19 다음 글에서 알 수 있는 것은?

> When I washed it, the colors began to fade, one button cracked and another fell off, a shoulder seam opened, and the sleeves shrank almost two inches.

① The shirt I bought was too small for myself.
② The shirt I bought was cheap but well made.
③ The shirt I bought was secondhand.
④ The shirt I bought was poorly made.

20 다음 빈칸에 들어갈 말로 가장 알맞은 것은?

> Science itself is not only morally neutral, that is, ___________ to the value of the ends for which means are used; it is also totally unable to give any moral direction.

① different
② indifferent
③ interested
④ uninterested

※ 밑줄 친 부분과 같은 뜻을 가진 것을 고르시오. (21 ~ 27)

21

> Her work <u>comes up to</u> our expectation.

① equals
② turns up
③ returns
④ takes up for

22

My roommate takes his time in doing everything.

① puts off
② delays
③ doesn't hurry
④ makes a chance

23

This window looks out upon a lovely garden.

① faces ② gains
③ executes ④ recollects

24

This regulation should be obeyed to the letter.

① immediately
② faithfully
③ in written form
④ passionately

25

After they had finished painting the house, they were faced with the arduous task of cleaning up.

① rewarding
② necessary
③ boring
④ laborious

26

His report was organized chronologically.

① in terms of comparison
② according to a time sequence
③ in a difficult situation
④ not in harmony with each other

27

The directors faced a predicament in trying to meet the deadline.

① an enigma
② a failure
③ a dilemma
④ an extension

※ 빈칸에 들어갈 말로 가장 알맞은 것을 고르시오. (28 ~ 31)

28

Reputation and character may be in harmony, but they frequently are as ________ as light and darkness.

① opposite
② dangerous
③ much alike
④ harmonious

29

If something requires immediate action or attention, it is said to be ________.

① prompt
② pure
③ live
④ urgent

30

Our house was in a(n) ________ village in the hills.

① isolated
② exquisite
③ reminiscent
④ profound

31

I ________ her for misdeeds.

① absconded
② repelled
③ imputed
④ upbraided

32 다음 글의 제목으로 알맞은 것은?

The habit of shaking hands goes back to the old days. When you met someone on the road, it became customary to extend your hands to show that you were carrying no weapons. This gradually developed into the handshake.

① The origin of shaking hands
② How to shake hands
③ How to carry weapons
④ Weapons and shaking hands

※ 다음 글을 읽고 주어진 문장의 빈칸에 들어갈 가장 알맞은 것을 고르시오. (33 ~ 35)

In 1913 Albert Schweizer and his wife, Helene, sailed for Africa in which many people suffered from diseases. Helene, whom he had married the year before, shared his wish to work in Africa. While he studied to become a doctor, she studied to become a nurse. Together they planned to open a hospital at Lambarene in Gabon, which was then a French colony. Dr. Schweizer's hospital was on the banks of the Ogowe River. One day, during a journey up the great river, the words 'reverence for life' came into his mind. He thought these words best expressed his respect for all living things-animals, birds, trees and flowers, as well as human beings. His faith had much in common with the religion of the East which he had studied. Gandhi had respect for all forms of life. So did Schweizer. In 1952, he won Nobel Peace Prize for his contribution to all human beings. This money helped to build a hospital for leper patients. He provided one example of brotherly love.

33

Albert Schweizer got married to Helene ________.

① in 1913 ② in 1912
③ in 1911 ④ in 1952

34

By 'reverence for life' Schweizer meant ____________.

① love of all living things
② his true affection of his wife
③ he was satisfied with his career as a doctor
④ the human love of the poor, the sick, and the deserted

35

Dr. Schweizer set an example of __________.

① political leader
② brotherly love
③ religious faith
④ peaceful life

36 빈칸에 들어갈 말로 가장 적절한 것은?

> Waiter : How was the food, sir?
> Tom : It was great! Can I have the bill, please?
> Waiter : Sure. ______________

① You can say that again.
② You'll get a free meal tomorrow.
③ I'll be right back with it.
④ The appetizer will be ready in just 3 minutes.

37 다음 문장에서 밑줄 친 부분의 의미와 가장 가까운 것은?

> A : Can you show me how to send an e-mail?
> B : Sure. First, open the e-mail program. Then, click the "New Mail" button on the upper side. <u>Are you following me</u>?

① Could you help me?
② Anything else?
③ Are you with me?
④ I don't understand.

※ 주어진 글을 읽고 내용과 일치하지 <u>않는</u> 것을 고르시오. (38 ~ 39)

38

> Although every forensic case is different, each case goes through many of same phases. Each phase requires its own procedures and expertise. Through out each phase, the chain of evidence must remain intact. The first phase is usually the discovery of the case. More likely than not, discovery is made by accident. The second phase is recovery of the remains and evidence. This and future phases require professional help. Next, laboratory analysis and research on the remains and evidence proceed. At some point, all of the data from the different labs and investigators comes together and is synthesized into the case report. Although changes may be made, this synthesis is the formal interpretation of the data and provides the most logical explanation or reconstruction of the events and the identification of the remains.

① 포렌식의 두 번째 단계는 전문적인 도움을 필요로 한다.
② 포렌식의 각 단계에서 일련의 증거들은 훼손되지 않아야 한다.
③ 포렌식을 통해 만들어진 종합 보고서는 자료에 대한 공식적인 해석이다.
④ 증거에 대한 실험실 분석과 조사가 진행된 후 증거 복원 절차가 진행된다.

39

There are two major types of dancing: theatrical and social. Theatrical dancing is performed to entertain spectators. It includes ballet, modern dance, musical comedy dance, and tap dancing. Theatrical dancers may take great pride in creating something beautiful. In social dancing, the participants dance for their own pleasure. There are many types of social dances that require specific steps and rhythms.

① 춤의 종류에는 무대용과 사교용이 있다.
② 모던 댄스는 무대용 춤의 한 종류이다.
③ 무대에서 춤을 추는 사람들은 자신의 기쁨을 위해 춘다.
④ 많은 종류의 사교용 춤은 특정한 리듬에 맞춰 추어야 한다.

40 다음 글의 분위기로 가장 어울리는 것은?

As Ryan Cox was waiting to pay for his coffee order at an Indiana, US fast food drive-through, he decided to try something he'd seen on a TV news show — he paid for the coffee order of the driver in the car behind. The small gesture made the young Indianapolis entrepreneur feel great, so he shared his experience on Facebook. An old friend suggested that rather than paying for people's coffee, Ryan put that money towards helping school students pay off their delinquent school lunch accounts. So the following week Ryan visited his nephew's school cafeteria and asked if he could pay off some accounts, and handed over $100.

① gloomy
② serene
③ touching
④ boring

제 9 회 적중모의고사 | 영어

제한시간 : 50분 | 시작 ___시 ___분 - 종료 ___시 ___분

정답 및 해설 270p

※ 밑줄 친 부분과 뜻이 가장 가까운 것을 고르시오. (01 ~ 03)

01

There was <u>nothing but</u> a chair in the room.

① orderly
② only
③ wholly
④ mostly

02

They always <u>look down</u> on us.

① despise
② astonish
③ respect
④ command

03

Nancy felt <u>ill at ease</u> about the result of the exam.

① relaxed
② displeased
③ helpless
④ uncomfortable

04 다음 밑줄 친 부분의 의미로 가장 적절한 것은?

Americans who rent houses or apartments pay <u>at least 25 percent</u> of their income for rent.

① 25 percent or less
② 25 percent or more
③ less than 25 percent
④ no more than 25 percent

05 다음 글의 요지로 적절한 것은?

Sometimes you may say something you really don't mean. But words once spoken, like bullets once fired, can't be recalled. And they can wound. Before you say something needlessly hurtful, calm down. Speak with reason, not just emotion. Otherwise you may say something you'll regret always.

① 소문은 총알처럼 빨리 퍼진다.
② 사람은 무슨 뜻인지 모르는 말을 가끔 한다.
③ 말과 글을 구별해야 한다.
④ 말을 할 때에는 신중을 기해야 한다.

※ 다음 문장을 바르게 해석한 것을 고르시오. (06 ~ 07)

06

In the hospital, babies are sometimes delivered in the lobby.

① 병원에서는 가끔 로비에서 아기가 배달된다.
② 병원에서는 가끔 로비에서 아기가 출산되기도 한다.
③ 병원에서는 가끔 로비에서 아기를 넘겨준다.
④ 병원에서는 가끔 로비에서 아기를 데리고 간다.

07

Don't bring up topics that may be offensive.

① 불쾌할 수도 있는 화제를 꺼내지 마라.
② 득점할 수 있는 화제를 토해내지 마라.
③ 불쾌할 수도 있는 화제로 갑자기 멈추게 하지 마라.
④ 득점할 수 있는 화제를 기르지 마라.

※ 빈칸에 들어갈 말로 가장 알맞은 것을 고르시오. (08 ~ 10)

08

Camels are useful beasts of burden in many parts of the world. They furnish people with meat and milk for food and with hair for weaving cloth. But the camel is not very easily trained, and often has a bad disposition. It is not loved by its owner, although it is of great ________________.

① importance
② height
③ size
④ weight

09

Look at the mountain __________ is covered with snow.

① the top whose
② whose the top
③ of which top
④ of which the top

10 다음 글의 빈칸에 들어갈 말로 가장 적절한 것은?

> Ever since my bike (㉠), I put on my invaluable items GPS track-ing devices (㉡) show me exactly where they are.

	㉠	㉡
①	stole	in which
②	was stolen	which
③	stole	which
④	was stolen	in which

11 다음 두 문장이 같은 뜻일 때, 빈칸에 들어갈 말로 가장 적절한 것은?

> As she had lots of work to do, she couldn't go to the party.
> = ________ lots of work to do, she couldn't go to the party

① Had
② Have
③ Having
④ Had been

12 밑줄 친 부분 중 어법상 옳지 않은 것은?

> Schubert spent his whole life in poverty. But he had one noble purpose in life. That was ① to write down the beautiful musical thoughts which ② seemed to flow from his brain in an endless rush of melody. As one of the most productive composers, Schubert wrote music ③ as freely as one would write a friendly letter. He just produced ④ which was in him, and brought us a rich treasure of music.

13 다음 대화 중 어색한 것은?

① A : Are you free next week?
B : Certainly, I have to prepare for the exam.

② A : Can I help you, sir?
B : No, thanks. I'm just looking around.

③ A : Would you like some coffee?
B : Yes, please.

④ A : Where is Pagoda Park?
B : It's just one block east of the Seoul YMCA.

※ 다음 글을 읽고 물음에 답하시오. (14 ~ 15)

My sister, Tara, was the quiet one in the family. She was not as adventurous as my brother and me. She never excelled at school or sports. Of course, I loved my sister, but, at times, that was not so easy to do. She seldom made eye contact with me. When we ran into each other at school, she sometimes pretended not to recognize me. One day, my father's job forced us to move to a new neighborhood. The nurse at our new school, Emerson, gave us ear and eye exams, our first ever. I aced the tests. "Eagle eyes and elephant ears," the nurse said but Tara struggled to read the eye chart. She declared Tara severely shortsighted and she had to get glasses. When the glasses were ready, we all went down-town to pick them up. The first time she tried them on, she kept moving her head around and up and down. "What's the matter?" I asked. "You can see that tree over there?" she said, pointing at a sycamore tree about a hundred feet away. I nodded. She sobbed, "I can see not just the branches, but each little leaf." Tara burst into tears. On the way home, she kept seeing for the first time all these things that most everyone else had stopped noticing. She read street signs and billboards aloud. She pointed out sparrows sitting on the telephone wires. At home, Tara insisted that I try on her glasses. I put them on, and the world turned into fuzzy, unfocused shapes. I took a few steps and banged my knee on the coffee table. It was at that very moment that I truly understood Tara for the first time. I realized why she did not like to go exploring, or why she did not recognize me at school. Tara loved seeing the world clearly. Not long after she got her glasses, she decided she wanted to be an artist. She started compulsively drawing and painting all the wondrous things she was discovering. Her first painting of the sycamore tree is still her favorite. Today, she is an art teacher at Emerson, where she tries to bring the best out of each individual student.

14 윗글의 제목으로 가장 적절한 것은?

① Seeing with Inner Eyes
② Sisters in a Flood of Tears
③ Wearing the Wrong Glasses
④ A New World Through Glasses

15 윗글의 내용과 일치하지 않는 것은?

① 화자(I)는 아버지의 직장 때문에 이사하게 되었다.
② Tara는 시력 검사에서 근시 판정을 받았다.
③ 화자(I)는 Tara의 안경을 쓰고 잘 볼 수 있었다.
④ Tara는 안경을 쓰게 된 후 화가가 되고 싶다는 마음을 먹었다.

16 밑줄 친 부분 중 어법상 옳지 않은 것은?

Storytelling is a ① compound of story and telling, literally meaning 'telling a story'. In other words, storytelling is to deliver the contents of an interesting and vivid story. The ancient art of storytelling is especially well suited for student exploration. As a folk art, storytelling is ② accessible to all ages and abilities. No special equipment beyond the imagination and the power of listening and speaking is needed to create artistic images. As a learning tool, storytelling can encourage students to explore their unique expressiveness and can heighten a student's ability to communicate thoughts and feelings in an articulate, lucid manner. These ③ benefits transcend the art experience to support daily life skills. In our fast-paced, media-driven world, storytelling can be a nurturing way to remind children that their ④ written words are powerful, that listening is important, and that clear communication between people is an art.

17 다음 글의 내용과 일치하지 않는 것은?

The story starts in the world of Homer, where the stormy skies and the dark seas were ruled by the mythical gods. Every advance in human understanding since then has been made by brave individuals daring to step into the unknown darkness and to break free from accepted ways of thinking. Most of those steps were small and difficult, but a few were brilliant and beautiful. As Gustave Flaubert wrote, "Among those who go to sea there are the explorers who discover new worlds, adding continents to the Earth and stars to the heavens; they are the masters, the great, the eternally shining." It is those explorers, through their unceasing trial and error, who have paved the way for us to follow.

① Most of mankind's challenges were small and difficult.

② Gustave Flaubert admired explorers.

③ Explorers go through numerous trials and errors.

④ There were no gods in the era of Homer.

18 다음 중 문법적으로 올바르게 쓰인 문장은?

① You had not better stay here.

② I cannot but respecting him.

③ I saw them swim in the river.

④ I felt my house shaking for a second last night.

※ 다음 글을 읽고 물음에 답하시오. (19 ~ 20)

My mother is the only person to whom I write in Chinese. She was born and reared in China, and it is only because of her that her four American-born children know any Chinese at all. Although we can converse in her language, our fluency is elementary. Our literacy is even less than that. Unlike many other Chinese of my generation born in the United States, I was not formally schooled in the Chinese language as a child. My mother enrolled my older brother and sister in a Chinese school for six years, where they studied Chinese speech, reading, and writing two hours every day after attending regular American public school. ___(A)___ her efforts, the two oldest children never used and consequently never retained what they learned, so my mother decided against the expense of such schooling for her two younger daughters. Both of us later studied Chinese in college. Written messages are not necessary since I see my mother frequently, but I try to communicate to her through the written form of her language. Even though I am a professional writer, I can never write a poem or an eloquent piece of prose to my mom either in Chinese, or in English.

Throughout my school years, it often made me sad to know that my mother, a product of a different, faraway world, did not even think, let alone read and write, in the same language as I. ___(B)___, I do write to her, even if I only write short notes to accompany my gifts to her or post cards whenever I am out of town. There is some pleasure in writing Chinese characters. For me, though, the writing is also woefully slow and tedious. I must look up every character in my English-Chinese dictionary. A stroke or a dot deleted or misplaced or misdirected would change the entire word. And to my mother, such an error is inexcusable. I know only a handful of Chinese characters by heart, among them are the three words "I love you" the words that please us the most.

19 다음 빈칸 (A), (B)에 들어갈 말로 가장 적절한 것은?

	(A)	(B)
①	In addition to	Nevertheless
②	In addition to	Otherwise
③	In spite of	Nevertheless
④	In spite of	Otherwise

20 윗글의 내용과 일치하는 것은?

① 필자의 어머니는 미국에서 태어났다.
② 필자와 필자의 남매는 중국에서 태어났다.
③ 필자는 대학에서 중국어를 배우지 않았다.
④ 필자는 중국어로 글을 쓸 때 사전을 봐야 한다.

21 다음 대화를 나누고 있는 두 사람의 관계로 가장 알맞은 것은?

A : So, what were you and Uncle Steve talking about?

B : He was telling me about how surprised you and mom were when I was born. Everyone was expecting a boy? Is that true?

A : Yes, it is. Even the doctor thought so. We were so sure that we even decorated your room with all sorts of sports designs. Can you imagine how surprised we were when we discovered that we would have to redecorate the room?

B : Were you disappointed? I mean, all that work to prepare my room ....

A : Are you kidding me? Of course not! I don't think there was a happier person in the world on that day. I'll never forget it.

① uncle and nephew
② mother and son
③ mother and daughter
④ father and daughter

22 다음 빈칸 (A), (B)에 들어갈 말로 가장 적절한 것은?

Italian visitors to American shores are sometimes taken aback when they are served what Americans think of as authentic Italian food. With its Italian sounding name, Chicken Tetrazzini, for example, would seem to be the perfect dish to make an Italian tourist feel right at home. __(A)__, Chicken Tetrazzini was named for an Italian opera singer Luisa Tetrazzini, but it was invented in New York. The Italians are not the only ones who might be puzzled by dinner entrees that supposedly originated in their country. Most Russians never tasted anything that resembles Russian salad dressing served in restaurants in the US. __(B)__, that staple of Chinese meals, the fortune cookie, first saw the light of day, not in Beijing but in Los Angeles.

	(A)	(B)
①	In fact	Otherwise
②	In fact	Likewise
③	As a result	Conversely
④	In other words	Likewise

23 빈칸에 들어갈 말로 가장 적절한 것은?

[Telephone rings.]
Wong : Police Department. Sergeant Wong speaking.
Ingram : Hello. My name is Ingram Jones, 4512 Eisenhower Boulevard, Apartment 18-J. I think my bicycle's been stolen! It's gone!
Wong : Okay. Please calm down. Could you give me a description of the missing bicycle?
Ingram : Well, it's a red and black Schwinn — a racing bike, and it has a yellow horn and a dent in the handlebars.
Wong : Okay. Does it have a regis tration number?
Ingram : Yes. It's LPA-6100895.
Wong : Hold on just a minute. I'll check the database … (pause) Hello? Mr. Jones, your bicycle wasn't stolen. It was removed from the street in front of your apartment for illegal parking.
Ingram : Oh, really? I've been parking it there for over a month.
Wong : ________________

① Oh, when you find my bicycle, please let me know.
② But the bad news is we couldn't find out who stole it.
③ Well, you can't lock your bicycle to a fire hydrant, sir.
④ I know. That's why you need to give me a description.

24 우리말을 영어로 잘못 옮긴 것은?

① 나는 그가 시험시간에 부정행위하는 것을 본적이 있다.
→ I have seen him to cheat at a test.
② 머지않아서 곧 아시안 컵 축구 경기가 열릴 것이다.
→ It will not be long before the Asian soccer games are held.
③ 당신은 이런 케이크를 살 필요가 없었을 것이다.
→ You need not have bought such kind of cake.
④ 그는 이런 사악한 법은 이번 회기에 폐지되어야만 한다고 주장했다.
→ He insisted that the wicked law be abolished in this session.

25 다음 빈칸에 들어갈 말로 가장 알맞은 것은?

Kijoo : This English class is so difficult. I don't think our professor understands the tough life we have at the academy.

Minji : Maybe you need to pay more attention. I've seen you nod off a couple of times during class.

Kijoo : But it's the first class on Monday morning. Sometimes I'm just so tired from the weekend.

Minji : So you're tired from all the weekend studying you're doing?

Kijoo : Uh... not exactly. Sometimes I play computer games during my free time on Sundays. I've been playing computer games since I started high school.

Minji : I think you need to stop complaining about the class and manage your time more wisely. There's nothing wrong with using free time to relax, but only after your studies are in order. And then get some rest.

Kijoo : That's good advice. _____ ____________________.

① You'll have to study harder for the next exam

② We both like to stay up late on Saturdays and Sundays

③ I'll study and then make sure I go to sleep early this Sunday

④ I always get the highest score on my favorite computer game

26 다음 빈칸에 들어갈 말로 가장 적절한 것은?

Consider an experiment conducted by Matthew McGlone. He wanted to test the hypothesis that nice-sounding statements make even dubious notions more believable. He gave students a list of rhyming sentences, such as "Woes unite foes", and asked them how accurately the sentences described human behavior. Then he asked the same students to judge the accuracy of nonrhyming statements, such as "Misfortunes unite foes." The result was that the students considered the rhyming statements more accurate. Later, when asked whether they agreed that financial success makes people healthier, nearly all of the students said no. But they regarded "Wealth makes health" as somehow more ______. All this led the researcher to speculate that at O. J. Simpson's 1995 murder trial, the defense lawyer's repeated intonation of "If the glove doesn't fit, you must acquit"* may have had its desired impact on the jurors.

* acquit 무죄를 선고하다

① suspicious ② prosaic

③ irrational ④ plausible

27 다음 글의 밑줄 친 부분 중 어법상 틀린 것은?

The modern concept of packaging is based on the understanding that ① what really interests the consumer is not the brand, or the ingredients, or even the product itself. Essentially, the consumer is interested in the benefits he thinks he will get from using the product. Thus, a package of baby food might be more interesting to the potential purchaser - a mother who wants her child to be healthy - if ② it carried a picture of a baby bursting with good health, rather than a picture of the grain and milk from which the food was made, or a bowl of the prepared food. Finding out ③ what good effects consumers are looking for, and then ④ supply them, has become a central element in marketing strategy for mass consumption products. Package design has become a major vehicle for implementing that strategy.

28 다음 밑줄 친 부분 중, 문맥상 낱말의 쓰임이 적절하지 않은 것은?

The ultimate life force lies in tiny cellular factories of energy, called mitochondria, that burn nearly all the oxygen we breathe in. But breathing has a ① price. The com-bustion of oxygen that keeps us alive and active sends out by-products called 'oxygen free radicals*'. They have Dr. Jekyll and Mr. Hyde characteristics. On the one hand, they help guarantee our survival. For example, when the body mobilizes to fight off infectious agents, it generates a burst of free radicals to ② propagate the invaders very efficiently. On the other hand, free radicals move uncontrollably through the body, attacking cells, turning their fats rancid*, rusting their proteins, piercing their membranes and corrupting their genetic code until the cells become ③ dysfunctional and sometimes give up and die. These fierce radicals, built into life as both protectors and avengers, are the ④ potent agents of aging.

* oxygen free radical 활성산소

* rancid (기름기가 든 음식이) 산패(酸敗)한[맛이 변한]

29 필자에 관한 설명이 다음 글의 내용과 일치하지 않는 것은?

A few years ago, when I was back in Kansas, I gave a talk at my old college. It was open to the public, and afterward a very old man came up to me and asked me if my maiden name had been Wemyss. I said yes, thinking he might have known my father or my grandfather. But no. "When I was young," he said, "I once worked for your great-grandfather, Robert Wemyss, when he had the sheep ranch here." I think that was a moment when I realized all over again something of great importance to me. My long-ago families came from Scotland. My true roots were there.

① 선조가 Scotland에서 왔다.
② 몇 년 전 대학에서 공개 강연을 하였다.
③ 결혼 전 성이 Wemyss이었다.
④ 강연 내용은 자기의 뿌리에 대한 것이었다.

30 다음 빈칸 (A), (B)에 들어갈 말로 가장 적절한 것은?

When we behave irrationally, our behavior usually seems reasonable to us. When challenged, the mind says (to itself), "Why are these people giving me a hard time? I'm just doing what makes sense. Any reasonable person would see that!" ___(A)___, we naturally think that our thinking is fully justified. As far as we can tell, we are only doing what is right and proper and reasonable. Any fleeting thoughts suggesting that we might be at fault typically are overcome by more power ful self-justifying thoughts: "I don't mean any harm. I'm just! I'm fair! It's the others who are wrong!" It is important to recognize this nature of the human mind as its natural state. ___(B)___, humans don't have to learn self-justifying, self-serving, self-deceptive thinking and behavior. These patterns are innate in every one of us.

	(A)	(B)
①	In short	In other words
②	However	For example
③	In case	Otherwise
④	Nevertheless	In conclusion

31 다음 빈칸에 들어갈 말로 가장 적절한 것은?

> Keep the following tips in mind if you want to make a good impression in a job interview. First, do your best to appear confident, no matter how nervous you feel. It's also important for you to answer all the interviewer's questions honestly. But there's no need to volunteer negative information about yourself. Be sure to emphasize how your skills and abilities will be of great use to the company. And don't press the interviewer to hire you right away. ________, express your strong interest in the job and ask when you can expect an answer. Finally, at the close of the interview, be sure to thank the interviewer for his or her time.

① In short　② Otherwise
③ Instead　④ For example

※ 다음을 읽고 물음에 답하시오. (32 ~ 33)

> Most child abuse occurs in a child's home, with a smaller amount occurring in the organizations, schools or communities the child interacts with. A number of treatments are available to victims of child abuse. Trauma-focused cognitive behavioral therapy(TF-CBT), first developed to treat sexually abused children, is now used for victims of any kind of trauma. It targets trauma-related symptoms in children including post-traumatic stress isorder(PTSD), clinical depression, and anxiety. It also includes a component for non-offending parents. Several studies have found that sexually abused children undergoing TF-CBT improved more than children undergoing certain other therapies. Abuse-focused cognitive behavioral therapy was designed for children who have experienced physical abuse. It targets externalizing behaviors and ________. Offending parents are included in the treatment, to improve parenting skills. It is supported by one randomized study. Other forms of treatment include group therapy, play therapy, and art therapy.

32 윗글의 child abuse에 대한 내용으로 일치하지 않는 것은?

① 아동 학대는 대부분 아이의 집에서 발생한다.
② 인지행동치료법은 성적 학대를 받은 아이를 위해 처음 개발되었는데 지금은 정신적 외상의 희생자들을 위해 사용된다.
③ TF-CBT를 경험한 성적 학대를 받은 아이들이 다른 종류의 치료를 받은 아이들보다 더 개선되었다는 것을 발견했다.
④ 아이들을 학대하는 부모는 치료에 배제하고, 양육 기술을 개선한다.

33 윗글의 빈칸에 들어갈 말로 적절한 것은?

① strengthens pro-social behaviors
② doesn't make a child play all the time
③ ignores the vice of our society
④ communicates with each other for survival

※ 다음을 읽고 물음에 답하시오. (34 ~ 35)

Today we hear a lot about activities or games that create a convivial atmosphere in the classroom and thus promote speech production. The emphasis is always on the theme or debate question that will suddenly make all our students participate orally without hesitation. What is the ideal study plan or the perfect computer link? Teachers are searching for "fun" exercises that will provide an enjoyable atmosphere. ___(A)___ what is the aim of our teaching? Is it to foster friendliness and amusement through entertainment? Or isn't it rather to teach learners something they actually need to learn? When preparing classes I have always thought about ways to have students get as much "individual speaking time" as possible while producing sentences that are not only comprehensible but which also respect basic rules for grammar and vocabulary usage. I seldom look for the "ideal" theme or question, because I believe student passiveness is not due so much to lack of interest in the subject but rather to a fierce lack of linguistic tools to express themselves on the topic at hand or on any other topic for that matter. ___(B)___, our objective then is to provide those much needed language tools.

34 윗글의 빈칸 (A), (B)에 들어갈 말로 가장 적절한 것은?

	(A)	(B)
①	But	Therefore
②	But	For example
③	By contrast	In addition
④	By contrast	Likewise

35 윗글의 내용상 일치하지 않는 것은?

① 교실에서 생생한 분위기를 만들어 내는 많은 게임과 활동들을 듣는다.
② 선생님들은 즐겁게 학습할 수 있도록 하는 것들을 찾는다.
③ 화자는 기본 문법과 단어 사용을 위한 문장을 만들면서 학생들이 가능한 많은 개인 발표 시간을 갖는 방법을 생각해 왔다.
④ 화자는 늘 항상 이상적인 주제와 질문을 찾는다.

※ 다음 글의 빈칸에 들어갈 말로 가장 적절한 것을 고르시오. (36 ~ 37)

36

It is very common to think that youngsters have specific characteristics. For instance, many people say that youngsters are non-conformist, and that such non-conformity is expressed through their clothing, the music they listen to, and their limited dialogue with the adults who have some authority over them. They complain that these youngsters, born into a highly technological world, have created new languages such as textspeak, and that because of this, their oral and written abilities have decreased. However, many young people study and play classical instruments, and others win literary awards before the age of 20. Many of these youngsters are absolutely convinced that their parents are the model to follow and ______________________ - they may even dress as formally as their parents do.

① have indulged in rebellions against authority
② try to lead an independent life of their own
③ reveal their non-conformity
④ have never questioned authority

37

Everyday life in the British colonies of North America may now seem to have been glamorous, especially as reflected in antique shops. But judged by modern standards, it was quite a(n) ____________. For most people, the labor was heavy and constant from daybreak to nightfall. Basic comforts now taken for granted were lacking. Public buildings were often not heated at all. Drafty homes were heated only by inefficient fireplaces. There was no running water or indoor plumbing. The flickering light of candles and whale oil lamps provided inadequate illumination. There was no sanitation service to dispose of garbage; instead, long-snouted* hogs were allowed to roam the streets, consuming refuse.

* long-snouted 긴 주둥이가 달린

① outdated style
② ingenious living
③ perfect way of life
④ miserable existence

38 다음 밑줄 친 부분 중 문맥상 낱말의 쓰임이 적절하지 않은 것은?

There are ① considerable cultural differences in personal space. People in the Middle East, France, and Latin America have small personal space zones, especially in public, and therefore tend to stand ② close to each other while talking, with perhaps a lot of physical contact. People in the United States, England, and Germany more ③ vigorously defend their personal space and are typically annoyed when people touch them during casual conversation. These differences may lead to ④ compromise among travellers. English tourists in the Middle East may feel threatened by the closeness of local residents. But they in turn find the English rude.

39 다음 밑줄 친 부분 중 어법상 틀린 것은?

There are many activities you can do to help make your family reunion a success. For instance, you can tell stories, have a family talent show, talk about family history, or even make a time capsule. Such activities are ① not only fun, but they encourage everyone to interact closely, and to get to know each other better. As a result, everyone will feel more comfortable, especially if they haven't seen each other for a long time. ② Varying the type of activities, from sports to crafts to guessing games, you'll ensure that everyone can get ③ involved. Giving everyone a choice of activities to do at any one time can also help. While planning the activities, it is good idea to send a questionnaire to everyone you are inviting to see what they are interested in doing. Be sure to include a self-addressed, stamped envelope. ④ Unless, you may not get as many responses as you would like.

40 다음 밑줄 친 부분 중 문맥상 낱말의 쓰임이 적절하지 <u>않은</u> 것은?

> We all know people who are unpleasant to deal with. They approach every interaction with an attitude-angry, competitive, or constantly ① <u>faultfinding</u>. Each time you deal with them, they talk angrily about someone or something. They may routinely imply, in behavior or tone of voice, that whatever you say is ② <u>stupid</u>. They are impatient or critical. You're always on guard because it feels as if everything you say will be ③ <u>supported</u>. You finish an interaction, depressed and tired. So we say doing work with such people requires ④ <u>high</u> "costs." Their ability doesn't make up for these faults, for research shows that such "talented fools" can be isolated because others avoid working with them.

제 10 회 적중모의고사 | 영어

제한시간 : 50분 | 시작 ___시 ___분 - 종료 ___시 ___분

정답 및 해설 283p

01 밑줄 친 부분이 생략될 수 없는 문장은?

① He is not <u>what</u> he used to be.

② There was a woman <u>who</u> I met this afternoon.

③ The woman <u>who is</u> waiting for Bill is his girl friend.

④ Who is the man <u>that</u> you saw yesterday?

※ 다음 밑줄 친 부분의 뜻과 비슷한 것을 고르시오. (02 ~ 03)

02

Blue jeans are <u>out of place</u> for this occasion.

① not suitable ② had better
③ suit ④ wise

03

Does this blouse <u>go with</u> that skirt?

① wear ② accompany
③ match ④ complain

※ 다음 빈칸에 들어갈 말로 가장 알맞은 것을 고르시오. (04 ~ 05)

04

A : May I help you?
B : Yes. Which one of these hats do you recommend?
A : Well, __________ If I were you, I would buy this one.

① never mind.
② let me see.
③ what do you want?
④ what's the matter?

05

A : Hello, this is Tom speaking. Is Mary in?
B : Sorry. She's out. May I have your __________ for her?

① request
② word
③ message
④ order

※ 다음 밑줄 친 부분과 뜻이 가장 가까운 것을 고르시오. (06 ~ 08)

06

> It is impossible to <u>account for</u> tastes.

① explain ② decide
③ estimate ④ add up

07

> She <u>caught sight of</u> a car in the distance.

① drive ② rush
③ occur ④ glimpse

08

> What do you do when you <u>come across</u> an unfamiliar word?

① appreciate ② encounter
③ learn ④ accumulate

09 다음 중 어법상 옳은 것은?

① The wind blew cold.
② She is engaged with John.
③ Hundred cents make a dollar.
④ She has born two children.

10 다음 중 우리말을 영작한 것 중 <u>틀린</u> 것은?

① 그가 누구인지 물어볼 필요까지는 없다.
→ It is needless to ask who he is.
② 그녀는 이제 모든 것을 하는 것이 매우 힘들다는 것을 알고 있다.
→ She now finds very hard to do everything.
③ 나는 이 일을 하는 것이 올바른 일이었는지 아니었는지가 궁금하다.
→ I wonder whether this was the right thing to do.
④ 나는 이처럼 대접받는 것은 신경 쓰지 않았다.
→ I did not mind being treated like this.

11 다음 중 대화가 <u>어색한</u> 것은?

① A : There's a cool breeze today, isn't there?
B : Yes, there is.
② A : It's been beautiful this spring, isn't it?
B : Yes, it is.
③ A : May I help you, sir?
B : I want to buy a personal gift for my brother.
④ A : It'll probably clear up this afternoon, won't it?
B : Yes, it will.

※ 다음 밑줄 친 부분이 뜻하는 것을 고르시오. (12 ~ 13)

12

His speech was short, but <u>to the point</u>.

① to the minute ② on purpose
③ not long ④ to the purpose

13

<u>Bare walls</u> can create a clean and simple atmosphere in a room. However, many people prefer walls of different colors and patterns.

① walls with windows
② walls with pictures and maps
③ walls without anything on them
④ walls isolated from the outside

14 다음 문장을 바꾸어 쓸 때 가장 옳은 것은?

It seems that he has been working hard these days.

① That seems he has been working hard these days.
② It seems to me that he is working hard these days.
③ He seemed to have been working hard these days.
④ He seems to have been working hard these days.

※ 다음 빈칸에 들어갈 말로 가장 적절한 것을 고르시오. (15 ~ 18)

15

Previous incidents have shown the high probability of foreigners illegally ___________ the country during cultural events in search of illegal employment.

① enter
② to enter in
③ entering
④ entering to

16

A few natural elements exist in ___________ that they are rarely seen in the natural environment.

① small quantity
② such a small quantities
③ so a small quantity
④ a such quantity

17

I'm letting you go ______ I love you so much.

① when
② despite
③ although
④ because

18

We ____________ meet Laura at the railway station.

① are supposed to
② are supposing
③ suppose
④ are to suppose

19 다음 밑줄 친 'this problem'이 가리키는 것으로 가장 적절한 것은?

We've known about <u>this problem</u> for several years. We've warned the owners and managers of the factories concerned and they have promised to install antipollution equipment as soon as they can afford to. Of course, we would like them to stop polluting the river now but we can't force them because they pay a lot of taxes and employ a lot of workers. If we made them close their factories, many people would lose their jobs.

① 공장 폐쇄 문제
② 수질 오염 문제
③ 부당 해고 문제
④ 부실한 공해 방지 장치

20 다음 빈칸에 들어갈 말로 가장 적절한 것은?

An allergic reaction is an action of the immune system in the body. The job of the immune system is to make antibodies to protect you from things that are dangerous to your body. But external factors which make antibodies in your body are not really a problem for some one without an allergy. __________, milk and cat hair are not dangerous to humans. But, for some reason, your body might produce antibodies to them. Your body is trying to protect you from these things.

① But
② In short
③ Consequently
④ For example

21 다음 글의 바로 앞에 올 문단의 내용으로 가장 자연스러운 것은?

Despite these similarities with other creatures, however, the evolution of mankind differs from that of other species. Our evolution had led to a very generalized capability. But, in other species, evolution had led to a specialization in their ability. For example, the giraffe has adapted to grazing on treetops but it is specialized and thus restricted to grazing on trees. Only with great difficulty can it bend down to graze on the ground.

① 적자생존의 필연적 결과
② 초식 동물의 생존 방식
③ 동물 보호 운동의 필요성
④ 인간과 동물의 유사점

22 다음 중 밑줄 친 'This'가 의미하는 것으로 알맞은 것은?

<u>This</u> is a detailed list of all the subjects, titles, and materials in the book arranged in alphabetical order with specific page references. It is located at the end of the book and is the most practical and timesaving way of locating any particular information in the book.

① Prologue　② Bibliography
③ Index　④ Preface

※ 다음 글을 읽고 물음에 답하시오. (23 ~ 24)

A fox was very hungry. He looked for food but couldn't find any. He began to feel poorly because he hadn't eaten in a long time. He was too weak ________ rabbits or steal chickens from farms. One day, he walked into a pretty garden and smelled something fresh and sweet. He looked up and saw a bunch of large, delicious-looking grapes. He stood up on his legs but couldn't reach them. The fox jumped up several times but still couldn't quite reach the grapes. Finally, he gave up. "I don't care about the grapes anyway," said the fox. "I'm sure they're sour and don't taste good. I didn't want to eat them anyway."

23 윗글의 빈칸에 들어갈 말로 가장 적절한 것은?

① hunted
② hunting
③ to hunt
④ hunt

24 다음 중 윗글에서 얻을 수 있는 교훈으로 적절한 것은?

① 아첨에 귀 기울이지 마라.
② 포기하지 않는 자만이 성공한다.
③ 외모는 내면에 있는 것처럼 중요하지 않다.
④ 사람은 자기가 얻을 수 없는 것을 싫어하는 경향이 있다.

25 다음 빈칸에 들어갈 말로 가장 적절한 것은?

During a visit to Chicago, I stayed on the 25th floor of a downtown hotel. As I gazed out the window, I was fascinated by the maze of cars flowing four lanes abreast in opposite directions. One motorist faced an emergency. He had engine trouble and was stalled in the middle of all that traffic. From my vantage point I could see for blocks. I watched several drivers switch into the same lane as the stalled car, unaware of what was ahead. Thinking they were gaining time, these motorists were actually crossing over into a lane ________________________.

① that was under construction
② that would only bring about greater delay
③ which helped them escape from a serious accident
④ which was the shorter way

26 다음 글의 요지는 무엇인가?

Back in the early 1960s, when the laser was first being developed, it was viewed by some as a fascinating research tool; others called it a science fiction toy. Since that time, the laser has proved to be an instrument of many uses. In fact, in many places it's becoming a part of everyday life.

① The laser is an important instrument of many uses.
② The laser was developed in 1960s.
③ The laser is a science-fiction toy.
④ The laser is becoming a part of everyday life.

※ 다음 글을 읽고 물음에 답하시오. (27 ~ 29)

> During my lunch hour, I made a purchase at a crowded bookstore and decided to charge it. When I got outside, I noticed I had both the customer and merchant copies of the charge form. I thought to myself that I'd just gotten a free book. But by the time I sat down at my desk, my conscience was bothering me, and I reached for the phone. When a clerk answered, I explained the situation and told her I would return their copy after work. "Thank you." the woman replied. "I'm glad you called. You left your charge card on the counter."

27 다음 빈칸에 들어갈 말로 가장 적절한 것은?

> The writer bought the book ______________.

① by check
② in cash
③ on credit
④ at a discount

28 다음 빈칸에 들어갈 말로 가장 적절한 것은?

> The writer ______________.

① got the book for no reason
② tried to cheat the clerk
③ phoned to return the book
④ forgot to bring his charge card

29 제시된 글에서 얻을 수 있는 교훈은?

① Easy come, easy go.
② Honesty pays in the end.
③ Better late than never.
④ Grasp all, lose all.

30 다음 글의 제목으로 가장 알맞은 것은?

> Since so many of our conversations are held on the telephone, telephone calls are situations worthy of special consideration. Good manners on the telephone, of course, are the same as good manners elsewhere. What is more important is thoughtfulness for others. But thoughtfulness for others in the use of the telephone is based on one important point. Do not keep the telephone to yourself. Remember that it is shared by several people who have an equal right to its use.

① Manners in Making Telephone Calls
② The Content of the Telephone Conversation
③ Situations Worthy of Special Consideration
④ Frequent Conversations Over the Telephone

31 다음 밑줄 친 부분과 같은 뜻은?

> In spite of his failure, he did not <u>lose heart</u>.

① fall ill
② get angry
③ become discouraged
④ get old

32 다음 중 밑줄 친 부분이 <u>어색한</u> 것은?

> He who ① <u>reads</u> a book twice with speed ② <u>is</u> not necessarily a ③ <u>best</u> reader than he who reads once but ④ <u>with care</u>.

※ 다음 글의 빈칸에 들어갈 말로 가장 알맞은 것을 고르시오. (33 ~ 36)

33

> Christmas was a quiet affair when I was growing up. There were just my parents and me. I vowed that someday I'd marry and have ________ children, and at Christmas my house would vibrate with energy and love. I now have three children, not as many as I hoped for, but rather a satisfactory crowd.

① six ② three
③ two ④ no

34

> Developing countries cannot afford social services and old age pensions. And people cannot get enough income to set aside for savings. As a result, people expect their ______ to provide them security in their old age. Having a large family can be a form of insurance for them.

① country
② pensions
③ parents
④ children

35

> A specially treated glass fabric that is able to withhold terrific heat is now available. Only a few layers of this fabric can afford protection and still allow bodily movement. Suits of this material are used by ____________.

① lifeguards
② firefighters
③ deep-sea divers
④ pioneers

36

> At the beginning the land was extremely barren, but after many years of hard work it finally became ________.

① vain ② vacant
③ fertile ④ poor

※ 다음 글을 읽고 주어진 빈칸에 들어갈 말로 가장 알맞은 것을 고르시오. (37 ~ 38)

Tom wanted to learn how to cook so he got a job at a restaurant. After the first night, Tom wanted to quit. All he did was to run around and clean up. When he went to work the second night, one of the chefs was out. Some workers began to panic because the restaurant was getting busy. Quickly, Tom offered to help prepare the food. He did a good job and all the workers praised him. Tom's boss told him that he could use someone with ability in the kitchen. Tom said he would be delighted to work in the kitchen.

37

After the first night Tom wished to stop working in the restaurant ____________________.

① because he quarreled with the boss
② because he got another job
③ because he thought he couldn't learn how to cook
④ because he panicked to hear what the boss said

38

At last Tom ____________________.

① quit working at the restaurant
② decided to work in the kitchen
③ couldn't get a job because the boss found another cook
④ told the boss that he could use the boss' ability

39 다음 대화 중 어색한 것은?

① A : Could I use this phone?
B : Why not?
② A : How do you like your coffee?
B : Not too strong, thank you.
③ A : It's a lovely day, isn't it?
B : No, it couldn't be better.
④ A : I failed to get the prize in the contest.
B : Better luck next time.

40 다음 중 어법상 옳은 것은?

① What do you say to going out for a stroll?
② He objected to treating like that.
③ Give this magazine to whomever wants to read it.
④ It is kind for you to do it.

영어

정답 및 해설

얼마나 많은 사람들이 책 한 권을 읽음으로써 인생에 새로운 전기를 맞이했던가.

– 헨리 데이비드 소로 –

제 1 회 정답 및 해설 | 영어

01	02	03	04	05	06	07	08	09	10	11	12	13	14	15	16	17	18	19	20
①	②	④	①	③	②	③	③	④	①	②	③	②	④	③	②	④	③	④	②
21	22	23	24	25	26	27	28	29	30	31	32	33	34	35	36	37	38	39	40
②	③	④	④	②	①	④	④	①	②	①	④	①	③	②	③	②	①	③	④

01 정답 ①

해석 당신이 만약 나를 도와준다면 확실히 성공할 수 있을 텐데.

해설 With your assistance = If you assisted me(가정법 과거)

02 정답 ②

해석 Waste not, want not. 낭비하지 않으면 부족한 것도 없다.

cf) As the boy, so the man. 세 살 버릇 여든까지 간다.

03 정답 ④

해석 설문지를 작성하는 데 5분밖에 걸리지 않을 것입니다.

해설 no more than 단지, 겨우(= only)

ex) No more than five of them have passed. 겨우 5명만 합격했다.

단어 • questionnaire 설문지

04 정답 ①

해석 선생님이 너무 엄해서 학생들이 불안해한다.

해설 ill at ease 불안한

(= concerned, anxious, uneasy)

ex) She is often ill at ease with strangers. 그녀는 종종 낯선 사람들과 있으면 불편하다.

① uncomfortable 불안한

② relax 편하게 하다

③ unhappy 불행한

④ displease 불쾌하게 하다

단어 • strict 엄격한

05 정답 ③

해석 한국 출판사의 취업 제의를 왜 거절하기로 했어요?

해설 turn down은 '거절하다'의 뜻으로 reject와 같은 의미이므로, 정답은 ③이다.

① hire 고용하다

② delay 연기하다

④ recommend 추천하다

단어 • decide 결정하다

• offer 제안(하다)

06 정답 ②

해석 ① 스키 클럽에 가입하는 방법을 저에게 설명해 주세요.

② 그녀는 내가 하는 충고를 결코 듣지 않는다.

③ 그녀가 외국인이라는 사실이 일자리를 얻는 걸 어렵게 한다.

④ 그의 아버지는 여름 내내 5주 동안 병원에 계셨다.

해설 목적어 it과 which가 중복되므로 it을 삭제해야 한다.

07 정답 ③

해석 A : 질문 하나 할게요.

B : 그래, 얘기해 봐.

해설 '질문 하나 할게요.'라는 A의 말에 대한 B의 응답으로 올바른 것은 '얘기해 봐.'라는 뜻의 go ahead가 적절하다.

단어 • go ahead (이야기 · 일 등을) 진행시키다, 앞으로 나아가다, 진행하다

ex) Don't be afraid. Go ahead and give it a try. 겁먹지 말고 일단 한번 해 보세요.

08 정답 ③

해석 A : 당신은 기계 없이도 살 수 있다고 생각합니까?

B : 아니요, 나는 그렇게 생각하지 않습니다. 기계들은 우리 현대 생활의 중요한 부분입니다.

A : 나도 당신과 같은 생각입니다. 우리의 삶은 기계에 얽매여 있습니다.

해설 빈칸 다음에 나오는 A의 '우리 삶은 기계에 얽매여 있습니다.'라는 말로 미루어 빈칸에는 '나도 당신과 같은 생각입니다.'라는 뜻의 ③ 'I agree with you.'가 적절하다.

단어 • agree with + 사람 ~에 동의하다

ex) We cannot temperamentally agree with each other. 우리들은 기질상 서로 뜻이 맞지 않는다.

• be tied to ~에 얽매이다

09 정답 ④

해석 속담들은 우리에게 정직과 근면과 같은 (A) 미덕을 찬양하도록 가르친다. 그리고 그것들은 우리에게 부정직, 분노와 같은 (B) 악덕에 대하여 경고한다.

해설 (A) 다음에는 'as honesty and diligence'가 나오고, (B) 다음에는 'as dishonesty and anger'가 나오므로, (A)에는 virtues(미덕), (B)에는 vices(악덕)가 와야 하므로, 정답은 ④이다.

단어 • virtue 미덕, 덕, 선행

• vice 악덕, 부도덕

• ethic 윤리, 도덕

• abstract 추상, 개괄, 추상 개념

• proverb 속담

• honesty 정직

• diligence 근면

• dishonesty 부정직, 불성실

10 정답 ①

해석 A : 너는 건강을 유지하기 위해 무엇을 하니?

B : 나는 일주일에 두 번 몇 마일씩 규칙적으로 달려.

② 몸이 안 좋아.

③ 목이 많이 아파.

④ 좋은 생각이야.

해설 A가 '너는 건강을 유지하기 위해 무엇을 하니?'라고 했으므로, '나는 일주일에 두 번 몇 마일씩 규칙적으로 달려.'라고 답하는 것이 적절하다.

단어 • in shape 건강이 좋은

• make it a rule to 늘 ~하기로 하다

11 정답 ②

해석 내 결정에 반대한다면 네 의사를 나에게 이해시켜라.

해설 밑줄 친 make oneself understood는 '자기의 말[생각]을 남에게 이해시키다'라는 뜻이므로, 정답은 ②이다.

단어 • against ~에 반대하여

• decision 결정

12 정답 ③

해석 새로운 화학물질이 암을 유발하거나 유전적인 변이를 일으키는지 측정하기 위해 항상 검사받는 것은 아니다.

해설 genetic mutation은 '유전적인 (돌연)변이'이다.

단어
- chemical 화학의, 화학물질
- test 시험하다, 검사하다
- determine 측정하다, 결정하다
- cause 일으키다, 유발하다
- cancer 암

13 정답 ②

해설 taste는 2형식 동사이므로 뒤에 형용사가 와야 한다.

ex) This tastes strange. 이것은 맛이 이상하다.

14 정답 ④

해석 그녀는 경청하고 있었다.

해설 'all + 추상명사 = very + 형용사'는 '매우 ~한'이라는 뜻이다.

15 정답 ③

해석 나는 4명의 동생이 있는데, 한 명은 부산에 있고, 나머지는 서울에 있다.

해설 나머지를 나타낼 때 the가 들어가야 하고, 동사가 are이므로 복수 형태인 the others가 정답이다.

16 정답 ②

해석 남아 있는 것이 전혀 없어서 아무것도 줄 수가 없다.

해설 not any = no 명사 = none

17 정답 ④

해설 출입 금지 → 통행 금지

cf) 출입 금지 Off limits(= No trespassing)

18 정답 ③

해석 ① 나는 이전에 그녀를 보았던 것을 기억한다.
② 너는 말하지 않고 떠나는 게 낫겠다.
③ 그는 내 친구들 중 나를 잘 이해해 주는 유일한 친구이다.
④ 내일 날씨가 좋으면, 우리는 피크닉을 갈텐데.

해설 문맥을 해석해 보면 '내 친구들 중 나를 잘 이해해 주는 유일한 친구'이므로, 선행사는 my friends가 아닌 the only이다. 그러므로 뒤에서 꾸며 주는 동사는 단수 동사 understands가 되어야 한다.
① remember + -ing ~했던 것을 기억하다
② had better + 동사 원형 ~하는 편이 낫다
④ 시간과 조건의 부사절에서는 미래시제 대신에 현재시제를 쓴다.

19 정답 ④

해설 notorious는 (나쁜 의미로) '유명한'이라는 뜻으로, 'to be well-known for something bad'이다.
① identical 아주 동일한, 일치하는
② pathetic 애처로운
③ anonymous 익명의

20 정답 ②

해석 미국에서는 약 천만 개의 컴퓨터들이 해마다 버려지고 있다. 대부분의 불필요한 컴퓨터들이 쓰레기 더미로 보내지고 있기 때문에 그것들은 문제를 일으켰다. 컴퓨터 산업과 정부는 그것을 해결할 만한 방법들을 연구하고 있다. 그들은 컴퓨터 조립 방법이 바뀌어야 한다고 결론지었다. <u>컴퓨터의 부속품들이 재사용될 수 있는 방식대로 만들어져야 한다.</u>

해설 컴퓨터 산업과 정부가 컴퓨터 쓰레기 문제와 관련하여 해결 방법들을 연구했으며, 컴퓨터의 조립 방법이 바뀌어야 한다고 결론을 지었다는 내용이 나오므로, 부속품들이 재사용될 수 있는 방식대로 만들어져야 하는 것은 (일반) 컴퓨터들이다.

단어
- dump (석탄・쓰레기 따위의) 더미, 쓰레기 버리는 곳
- work on 착수하다, 애쓰다
- recycle 재생하여 이용하다, 재순환시키다

21 정답 ②

해석 북미에서는 종업원이나 택시 운전자와 같은 특정한 종사자들의 서비스에 대한 보상으로 일정한 양의 돈을 내놓는 것이 관습이다. 이 돈을 팁 또는 수고료라고 한다. 대부분의 사람들은 음식 값의 15~20%의 팁을 준다. 지난주에 Taylor 가족은 결혼기념일을 축하하기 위해 근사한 식당에 저녁을 먹으러 갔다. 식사 값은 세금 포함 60달러였다. 이들은 15%의 팁을 주고 싶었다. 종업원을 위해 얼마를 남겨 놓아야 하는가?

해설 60달러 × 0.15 = 9달러

단어
- custom 관습, 관례
- leave 남기다, 떠나다
- gratuity 팁, 선물, 수고료
- celebrate 축하하다
- cost 비용이 들다

22 정답 ③

해석 귀사에 주문했던 책과 잡지들을 받아 보았는데, 귀사는 『The Globe』 6월호 3부 대신에 5월호 3부를 보냈습니다. 이것을 확인해 보시고 주문한 것을 가능한 한 빨리 보내 주십시오.

해설 필자는 책과 잡지를 주문해서 받았는데, 그중 잡지가 잘못 배송돼 회사에 항의하고 있다.

단어
- instead of ~ 대신에
- copy (같은 책・잡지의) 부
- check up 조사하다, 확인하다, 검토하다

23 정답 ④

해석 한 가지 해결책은 오염시키지 않는 차를 생산하는 것이다. 몇몇 중요한 자동차 제조업자들이 하려고 하는 일이 바로 그것이다. 그러나 공해를 유발시키지 않는 차를 만드는 것은 말처럼 쉽지 않다. 지금까지는 별로 진전이 없었다. 또 하나의 해결책은 내연 기관을 없앰으로써 자동차의 배기가스를 근절하는 것이다. 발명가들은 증기나 전기로 동력을 얻는 차에 관하여 연구하고 있다.

해설 글의 첫 문장인 'One answer is to build a car that does not pollute(한 가지 해결책은 오염시키지 않는 차를 생산하는 것이다).'라는 문장으로 미루어 정답은 ④ '공해를 줄이려는 노력'이다.

단어
- pollute ~을/를 더럽히다, 오염시키다
- eliminate 제거하다
- fume 증기, 발연
- combustion 연소

• try to ~하도록 노력하다
• get rid of ~을/를 제거하다, 없애다

24 정답 ④

해석 어떤 연구자들은 자는 동안에 뇌와 신경계가 필수적인 활동을 수행하고 있다고 믿는다. 불면증이 있는 사람들은 종종 불안해하거나 우울해한다. 그들은 낮에는 걱정스러운 생각들을 극복할 수 있지만, 잠들려고 시도하면, 신체는 긴장이 풀린다. 그러면 이런 생각들을 피하기란 불가능해진다. 이것이 그들의 불면증을 심하게 만든다. 아마도 그들이 불면증을 치료하기 위해서는 의학적인 도움이 필요할 것이다.

해설 그들의 불면증을 심하게 만드는 '이것'이 무엇인지 주어진 문장 앞에 제시되어야 한다. 잠들려고 시도할 때 신체가 긴장이 풀리기 때문에 걱정스러운 생각들을 피하기가 불가능해지며, 이로 인해 불면증이 심해진다고 보는 것이 적절하다.

단어
• reinforce 강화하다, 보강하다
• insomnia 불면증
• nervous system 신경계
• carry out 수행하다
• cope 겨루다, 대치하다, 맞서다, 극복하다
• the chances are that ~ 아마 ~일 것이다

25 ~ 26

해석 Harry는 읽던 책을 집어던졌다. "이런 바보 같은 책이 있나." 그는 화난 듯 투덜댔다. 그러고 나서 그는 라디오를 켰다. 몇 분 후 그는 싫증이 나서 라디오를 껐다. "왜 이리 광고가 많아."라고 그는 중얼거렸다. 마침내 그는 텔레비전을 켰다. 텔레비전을 보다가 그는 못 미더워 하며 말했다. "세상에나 이 쇼를 재방송하는 게 벌써 세 번째야." 그는 곧 텔레비전을 꺼버렸다.

단어
• silly 어리석은, 지각없는
• grumble 투덜거리다
• ad 광고(advertisement의 준말)
• in disbelief 불신하는, 못 미더운, 믿지 않는

25 정답 ②

해설 'in disgust'는 '싫증나서'라는 뜻이다.
① with pleasure 기꺼이
③ with satisfaction 만족하여
④ in expectation 예상되는

26 정답 ①

해설 Harry는 마지막에 이 쇼가 재방송되는 것이 세 번째라고 말하고 난 뒤 텔레비전을 껐다. 따라서 그가 이미 쇼를 보았음을 유추할 수 있다.

27 정답 ④

해석 파충류와 물고기는 여지없이 무리 또는 떼로 발견된다. 그들은 집단으로 부화하고, 유사한 조건들 때문에 그들은 계속 다 함께 생활한다. 사회성과 군집성을 지닌 포유동물들의 경우, 유대감은 단순하게 공동체 외부의 세력으로부터 일어나는 게 아니라 내부의 충동에 의해서 유지된다. 그들은 단순히 서로 유사하기 때문에 동일한 장소와 동시간대에 보이는 게 아니다. 그들은 서로 좋아하기 때문에 계속 한데 모여 있게 된다. 파충류 세계와 인간 마음의 세계의 차이점은 우리가 공감하기에 불가능해 보인다는 것이다. 우리는 파충류 한 개체의 본능적인 동기와 식욕, 두려움, 증오에서 나오는 재빠르고 단순한 절박함을 우리 안에서 인지할 수 없다. 우리는 그들의 단순함을 이해할 수 없는데 왜냐하면 우리 인

간의 동기는 모두 복잡 미묘하기 때문이다. 우리들의 동기는 균형과 결과로 생긴 단순히 충동에 의한 것이 아니다. 하지만 포유동물과 새들은 자제력과 다른 개체에 대한 배려, 사회적 호소를 갖고 있으며 가장 낮은 수준이긴 하지만, 우리 인간의 방식과 같은 자기 조절능력이 있다. 우리는 결과적으로 거의 모든 종류의 그들과 관계를 형성할 수 있다. 그들은 고통스러우면 우는 소리를 내고 우리의 감정을 불러일으키도록 행동한다. 우리는 상호적인 인식을 가지고 그들을 반려동물로 기를 수 있다. 그들은 우리에 대한 자제력에 길들여지고, 가축화되고, 배울 수도 있다.

해설 파충류와 물고기에 대한 이야기가 먼저 언급되고 포유동물에 대한 설명이 나온다. 포유동물과 우리 인간과의 공통점이 나온 후에 관계를 형성할 수 있다는 문장이 나오는 것이 올바르다.

단어
- all sorts of 모든 종류의, 많은
- reptile 파충류
- swarm 무리, 떼
- shoal 물고기 떼
- hatch 부화하다
- in quantities 다량으로
- gregarious 군집의
- association 협회, 연계
- sustained 지속된, 한결같은
- impulse 충동
- merely 한낱, 그저
- sympathy 동정, 동감, 공감
- conceive 인식하다
- swift 재빠른
- urgency 충동, 긴박함
- instinctive 본능적인
- appetite 식욕
- resultant (앞에 언급한) 그 결과로 생긴
- self-restraint 자제력
- utter 완전한, (말을) 하다
- rouse (어떤 감정을) 불러일으키다
- be tamed 길들여지다

28 **정답** ④

해석 더욱 많은 여성이 직업과 중요한 일을 가지면서, 신종 가족 문제가 (생겨나) 더욱 보편적으로 되었다. 여성이 다른 도시에서의 더욱 좋은 직업을 제안받을 때 무슨 일이 일어날까? 만약 그녀가 그 제안을 받아들인다면, 그녀의 남편이 직장을 그만둬야 한다는 것을 의미한다. 그는 같은 도시에서 다른 직업을 구하는 데 어려움을 겪을지도 모른다. 혹은, 그가 찾은 직장이 예전 직장보다 좋지 않을 수도 있다. 과거에 여성들은 종종 그들의 남편이 새 직장을 구하게 되면 이런 문제에 직면해야 했다. 하지만 지금은 남자들에게 이런 문제가 더욱 더 일반화되었다. 많은 남자들은 그런 상황을 쉽게 받아들이지 않는다. 남자들은 종종 새로운 도시로 아내를 따라가 직장을 구하는 것을 불편하게 느끼고 있다.

해설 빈칸 앞 문장에 'Many men do not accept the situation easily(많은 남자들은 그런 상황을 쉽게 받아들이지 않는다).'라고 했으므로, 빈칸에는 남자들이 불편을 느끼는 것이 와야 한다. 따라서 정답은 ④이다.

29 **정답** ①

해석 느리지만 확실하게 미국의 많은 여객 열차들은 철도에서 사라지고 있다. 짧은 구간을 운행하는 통근 열차는 여전히 덜컥거리며 도시를 들어오고 나간다. 주요 도시 구간에서 여전히 찾아볼 수 있지만 운행 횟수는 점점 줄어들고 있다. 시속 60~80마일로 노래를 부르며 철도를 달리던 20세기사(社)와 브로드웨이사(社), 그 밖의 호화스러운 열차들은 더 이상 운행하지 않는다. 다른 장거리 구간 승객들은 질 낮은 서비스, 낡은 시설, 그리고 시간과 돈의 손실을 불평한다. 장거리 여행자는 오늘날 제

트기의 소음과 공항의 혼잡 그리고 공항과 도시 사이의 교통을 받아들인다. 더욱 우아하고 품위 있는 방법은 단지 추억이 되고 있다.

해설 마지막 문장인 'A more elegant and graceful way is becoming only a memory(더욱 우아하고 품위 있는 방법은 단지 추억이 되고 있다).'로 미루어, 정답은 ①이다.

단어
- rattle (차량이) 덜컹거리다
- congestion 혼잡
- elegant 사람들이나 사람의 행동이 우아한

30 정답 ②

해석 패션은 현재 용인되고 있는 외모나 행동의 스타일이다. 어떤 스타일이 '패션'이라 불린다는 사실은 그것이 일시적이고 결국 새로운 스타일로 대체될 것이라는 사회적 인식을 암시하고 있다. 소규모 전통적인 공동체의 패션은 사실상 알려져 있지 않다. 이러한 사회에서는 비슷한 나이와 성별의 사람들은 아주 똑같은 옷을 입고 똑같은 방식으로 행동한다. 그리고 해마다 또는 심지어 세대 간에도 변화가 거의 없다. 그러나 현대 사회에서 패션은 매우 빨리 변한다. 자동차의 외관은 매년 새롭게 바뀌고 여성들의 치마 길이도 계절의 변화와 함께 오르락내리락한다.

해설 지문의 마지막 문장에서 현대 사회에서는 '자동차의 외관이 해마다 변하고 여성들의 치마 길이도 계절에 따라 오르락내리락한다'고 했으므로, 다음에 올 내용은 '현대 사회에서 패션이 변하는 이유들'이 적절하다.
① 현대 사회에서 자동차의 대량 생산
③ 전통 사회에서 패션의 착취
④ 현대 사회에서 패션의 쇠퇴

31 정답 ①

해설 come to(= cross, come into, enter, pass through one's mind) (어떤 생각이) 마음에 떠오르다

단어
- rise – rose – risen 자동사(수동태 불가)
- raise – raised – raised 타동사(수동태 가능)

32 정답 ④

해설 주장(insist)・충고(advise)・소망(desire)・요구(require)・제안(propose, suggest)・명령(order) 등을 나타내는 명사 또는 형용사, 동사 다음에 이어지는 목적절에서는 '(should) + 동사 원형'을 쓴다.

33 정답 ①

해설 부정 의문문에 대한 대답도 긍정 표현일 때는 'Yes + 긍정문', 부정 표현일 때는 'No + 부정문' 형태를 취한다. 그러나 번역은 우리말과 반대로 해야 한다. 즉, '아니, 추웠어.'는 'Yes, it was.'로 대답하고 '응, 춥지 않았어.'는 'No, it wasn't.'로 대답한다.

34 ~ 35

해석 한 자동차 운전자가 새로운 속도위반 탐지기에 걸려들었다. 그의 차가 제한 속도를 넘어선 것이 자동카메라에 잡혔을 때, 그는 집으로 가는 중이었다. 며칠 뒤 그는 우편으로 위반 딱지를 받았는데, 그 위에 위반 날짜와 속도가 적혀 있는 그의 자동차 사진까지 함께 우송되었다. 잠시 후에 그는 벌금으로 지불해야 할 100달러짜리 지폐를 찍은 사진과 함께 위반 딱지도 되돌려 보냈다.

단어 • motorist 자동차 운전자
• radar trap (레이더에 의한) 속도위반 탐지 장치
• identify ~의 신원을 밝히다, (본인, 동인물임을) 확인하다
• exceed 초과하다, 넘다
• speed limit 제한 속도, 최고 허용 속도
• bill 지폐, 계산서, 법안

34 정답 ③

해설 우편으로 받았는데 위반 날짜와 속도가 적혀 있는 그의 자동차 사진까지 함께 우송되었고, 100달러짜리 지폐를 찍은 사진과 함께 되돌려 보냈다는 내용으로 미루어, 정답은 ③ 'ticket'이다.

단어 • ticket (교통 위반자에 대한) 위반 딱지, 호출장

35 정답 ②

해설 속도를 위반한 자동차 운전자는 100달러 지폐를 사진 찍어 위반 딱지와 함께 되돌려 보냈다.

36 정답 ③

해석 정확히 매일 오후 3시 30분이면 Kant는 조용한 길가를 따라 산책하곤 한다. 그 길은 '철학자의 길'이라는 별명이 붙었다. 이야기는 다음과 같다. Kant는 매우 정확하게 시간을 엄수해서 읍내 사람들이 그가 보도 위를 지팡이로 가볍게 두드리는 소리를 내며 걸어가는 것을 보면서 자기 시계를 맞출 정도였다. 60년 이상을 매일 Kant는 자기 혼자 산책을 하였다. 그가 비를 맞을까봐 그의 충실한 하인에게 우산을 들고 따라오게 했던 때를 제외하곤 말이다.

해설 지문의 '~ Kant was so punctual ~'에서 유추할 수 있다.

단어 • regularity 규칙적임, 일정불변
• stroll 산책하다
• nickname 별명(애칭)으로 부르다
• set (시계를) 맞추다
• tap 가볍게 두드리기(두드리는 소리)
• sidewalk 인도

37 정답 ②

해석 사람들이 수질 오염의 원인을 생각할 때 그들은 대개 zap에 대해 생각지 않는다. 그러나 식용 물고기에 대한 수요가 증가함에 따라 zap의 숫자도 늘어나고 있다. 어떤 곳에서 이들은 환경오염을 유발한다. 사실 물고기가 자연 환경에 있을 때는 환경을 오염시키지 않는다. 그러나 zap 안에서는 자연적인 환경이 아니다. 보통 매우 적은 물에 수많은 물고기가 산다. 이것은 물을 자주 갈아줘야 한다는 것을 의미한다. 그리고 그 물을 교체할 때마다 더러운 물은 내버려야 한다. 버릴 때는 대개 zap에서 강이나 대양으로 바로 버린다. 이 더러운 물에 의해서 강이나 해안의 화학적 균형이 바뀌게 된다. 그래서 그곳에 사는 동식물들이 고통을 겪는다.

해설 'But in zaps, the situation is not natural. There are usually lots of fish in very little water.'로 미루어 zap은 fish farm(양식장)임을 알 수 있다.

단어 • water pollution 수질 오염
• chemical balance 화학적인 균형

38 정답 ①

해석 Oak Village 주민으로서 나는 여러분들이 우리 마을이 제공하는 자연미를 높은 수준으로 유지하는 데 관심 있다고 생각합니

다. 비록 우리가 기본 시설을 보전하기 위해 세금을 낸다고 해도, 어떤 일은 우리 지역 정부의 능력으로서는 감당할 수가 없습니다. 매년 마을 사람들이 모이는 중요한 한 가지 사업은 Memorial Park 청소 날입니다. 우리는 이 아름다운 공원 시설을 즐기고, 이제는 우리 각자가 협력해서 공원을 청소할 때입니다. 당신이 몇 시간의 즐거움과 사회봉사를 위해 기꺼이 이웃 사람들과 함께 참여하고 싶다면, 며칠 내에 당신을 방문할 마을 자원 봉사자에게 긍정적 답변을 주십시오. 나는 마을 일에 대한 당신의 협조에 대해 미리 감사드리겠습니다.

해설 'If you are willing to join your neighbors for a few hours of fun and community service, ~'로 미루어, 글을 쓴 목적은 ① '공원 청소에 주민들의 참여를 도모하기 위해서'이다.

단어
- maintain (수준 등을 동일하게) 유지하다[지키다]
- pitch in (작업・충고・자금 등을 지원하며) 협력하다

39 **정답** ③

해석 나는 대개 출근할 때 지하철을 이용한다. 나는 오전 8시쯤 직장에 도착한다. 일을 시작하기 전에 유니폼을 입고 거울 속 내 모습이 깔끔한지 살핀다. 아침 8시 30분에 일을 시작하고, 대개 12시부터 1시까지 점심을 먹는다. 나는 오전과 오후에 10분의 휴식을 가진다. 4시 30분에 일을 마친다. 나는 내 직업에 매우 만족한다. 나는 모든 부류의 사람들을 만나고 모든 사람에게 이야기한다. 많은 사람들이 내게 질문을 하고 나는 그들에게 필요한 정보를 준다. 나는 도움이 되려고 노력한다. 나는 한곳에 오랫동안 머물지 않고, 그와는 반대로 계속 이동한다. 대부분 사람들은 내 차에서 모자를 벗는다. 가끔 나는 승객에게 담배를 끄라고 말한다. 어떤 사람들은 내게 미소를 짓고 또 어떤 사람들은 나를 무시한다. 내 인생은 오르막과 내리막의 연속이다.

해설 '모든 부류의 사람들과 만나고 이야기하며, 사람들의 질문에 필요한 정보를 준다. 대부분 사람들은 내 차에서 모자를 벗는다.' 등의 지문 내용으로 미루어 필자의 직업은 택시 기사임을 알 수 있다.

40 **정답** ④

해석 우리의 지적인 주기는 어떠할까? 언제 우리는 가장 창의적인가? 몇몇 기자들이 Goethe, Victor Hugo, Mozart, Charles Darwin과 같은 유명한 인물들이 남긴 일간・월간 기록을 살펴보았다. 이 연구에 의하면, 훌륭한 미술가, 작가, 음악가, 그리고 과학자는 약 7.6개월마다 창의력이 절정에 달하는 시기를 맞고, 그 뒤에는 저조한 시기가 이어지는 경향이 있다고 한다. <u>게다가</u>, 그 연구는 창의력의 최절정기는 보다 더 긴 7년 주기로 나타난다고 제안한다. Sigmund Freud는 자신의 최고 작품이 7년 주기로 온다고 믿었다. 아마 우리 모두에게도 창의적 주기의 '고점'과 '저점'이 있는 것일지도 모른다. 이 때문에 우리가 일할 때 '잘 되는 날'과 '안 되는 날'이 있고, 시험에서 어떤 날은 성적이 잘 나오고 어떤 날은 그렇지 않은 이유가 여기에 있을 수 있다.

해설 빈칸 앞 문장에서 '위대한 사람들은 약 7.6개월 마다 창의력이 올라가고 그 후에 저조한 기간이 온다'고 했고 빈칸 다음에 창의성의 최절정기는 보다 더 긴 7년 주기로 온다는 내용이 나온다. 따라서 빈칸에는 ④ 'Moreover(게다가)'가 적절하다.

제 2 회 정답 및 해설 | 영어

01	02	03	04	05	06	07	08	09	10	11	12	13	14	15	16	17	18	19	20
④	②	①	④	①	③	①	①	④	④	②	②	③	③	④	③	①	①	③	①
21	22	23	24	25	26	27	28	29	30	31	32	33	34	35	36	37	38	39	40
①	④	③	①	②	③	②	④	④	③	④	④	①	④	③	③	②	①	①	①

01 정답 ④

해석 경험 많은 영업사원들은 적극적인 것과 강요하는 것에는 차이가 있다고 주장한다.

단어
- experienced 경험 있는
- assert 적극적인
- pushy 강요하는
- thrilled 흥분한
- timid 소심한
- aggressive 공격적인

02 정답 ②

해석 그는 일찍 자고 일찍 일어나는 것을 습관으로 하고 있다.

해설 keep good hours는 '일찍 자고 일찍 일어나다'라는 뜻이므로, 정답은 ② 'get up and go to bed early'이다.

단어
- keep good[early] hours 일찍 자고 일찍 일어나다
- keep bad[late] hours 늦게 자고 늦게 일어나다
- make it a habit[rule] to ~ ~하는 것을 습관으로 하다

03 정답 ①

해석 네가 부자든 아니든 그것은 조금도 중요하지 않다.

해설 make a difference 중요하다, 영향을 미치다

04 정답 ④

해석 내 친구들 앞에서 나를 놀리지 말아라.

해설 make fun of ~(= ridicule) ~을/를 놀려대다 ↔ be fond of ~ ~을/를 좋아하다

05 정답 ①

해석 어려우면 언제라도 주저하지 말고 내게 얘기해 다오.

해설 feel free to는 '마음대로 ~해도 좋다'라는 뜻이므로, 정답은 ① 'Don't hesitate to'이다.

단어
- feel free to (보통 명령문으로) 마음대로 ~ 해도 좋다
  ex) Please feel free to make suggestions.
  마음껏 제안하십시오.

06 정답 ③

해석 그녀는 계속 체중이 늘고 있다.

해설 put on weight 체중이 늘다, 살찌다

단어
- sell at full weight 중량을 꽉 채워서 팔다

07 정답 ①

해석 나는 당신이 그녀에게 가능한 한 빨리 이 편지를 타자치도록 시켰으면 한다.

해설 '아무개가 ~하기를 바라다'라고 할 때는 'want someone to do' 문형이 쓰이고, '아무개에게 ~ 하게 하다'라고 할 때는 'get someone to do' 문형이 쓰인다.

단어 • as soon as possible 가능한 한 빨리

08 **정답** ①

해석 나무는 성장하는 데 오랜 시간이 걸린다는 것을 기억해야만 한다.

해설 that 이하의 목적절은 시간을 나타내는 문장이므로 비인칭주어 it이 필요하다. 'It takes + 간접 목적어 + 시간을 나타내는 직접목적어 + to do'는 '목적어가 ~하는 데 시간이 얼마 걸리다'라는 뜻이다.

단어 • take (시간이) 걸리다

09 **정답** ④

해설 ① A fat lady → The fat lady로 고쳐야 한다. 명사가 형용사구에 의해 수식을 받을 경우 정관사를 사용한다.
② on a leg → on the leg로 고쳐야 한다. 신체부위 앞에 정관사를 사용한다.
③ from the door to the door → from door to door로 고쳐야 한다. 명사가 전치사와 연결되어 있을 때는 무관사이다.

10 **정답** ④

해석 이 작은 개는 장내 기생충으로 시달리는 것처럼 행동한다.

해설 as if 가정법 과거는 동사의 과거형을 쓴다.

단어 • be afflicted with ~에 시달리다
• intestinal parasite 내장의 기생충

11 **정답** ②

해석 도예가들은 진흙으로 단지나 접시를 만든다.

해설 pot(단지)과 dish(접시)는 명사이고, out of clay는 '진흙으로'라는 수식어이므로 이 문장에서는 동사가 빠져 있음을 알 수 있다. 동사가 들어 있는 것을 고르면 된다.

단어 • pot 단지, 항아리
• clay 진흙
• making 제작, 제조
• pottery 도기(류)
• potter 도예가

12 **정답** ②

해석 모든 전화번호가 전화번호부에 기재되어 있습니까?

해설 list(~을/를 명부에 올리다)는 타동사이므로, 이 문장은 'be동사 + 주어(all telephone numbers) + 과거분사'의 수동 의문문이 되어야 한다.

단어 • directory 전화번호부
• be listed 기재되어 있다

13 **정답** ③

해석 A : 배가 고파서 이 빵을 먹고 싶어.
B : 뭐라구! 그건 상했어.

해설 형용사 good을 수식할 수 있는 말을 고르면 된다. 부정사는 앞에 오는 형용사를 수식할 수가 있다. 'It's not good to eat.'은 '먹기에 좋지가 않다.', 즉 '상했다'라는 뜻이다.

단어 • eatable 먹을 수 있는

14 정답 ③

해석 종소리를 듣자마자 우리는 서둘러 출발했다.

해설 Upon hearing ~의 주어가 주절의 주어가 되어야 하므로, 사람이 주절의 주어로 와야 한다.

단어
- upon –ing ~하자마자(= On –ing)
- departure 출발
- hasty 급한, 바삐 서두는
- hastily 성급히, 바쁘게
- be filled 가득 차다
- immediately 즉시, 곧

15 정답 ④

해석 인플레이션이 극심하면 많은 가정이 자신들에게 익숙해 있던 생활 패턴을 유지하기가 어렵다는 것을 알게 된다.

해설 to maintain 이하를 받는 가목적어 it이 필요하다. 이 문장의 주절은 find it difficult to do(~하는 것이 어렵다는 것을 알다)의 구문이다. to which they are accustomed는 관계대명사가 이끄는 형용사절로서, which의 선행사는 the life style이고, they는 many families를 받는다.

단어
- inflation 인플레이션, 가격 등귀
- rampant 맹렬한, 만연하는
- maintain 유지하다
- life style 생활 패턴
- be accustomed to ~ ~에 익숙해지다

16 정답 ③

해석 그녀는 해야 할 일이 많아서, 그 파티에 갈 수 없었다.

해설 때, 이유, 조건, 양보, 부대상황 등을 나타내는 부사절(접속사 + 주어 + 동사)을 분사로 시작하는 부사구로 간단히 나타내는 분사구문 문제이다. 이때 접속사는 없애고, 부사절의 주어와 주절의 주어가 같으면 생략하며, 부사절의 동사는 분사로 바꾼다.

17 정답 ①

해석 ① 나는 그를 전에 만났기 때문에, 즉시 그를 알아봤다.
② 나는 어제부터 아무것도 먹지 않았다.
③ 그는 한국에서 내년까지 10년 동안 쭉 살 것이다.
④ 내가 그를 방문했을 때, 그는 2주 동안 계속 아팠다.

해설 '계속적 용법'은 주로 기간 부사와 함께 쓰이며, ① 'for'는 '이유'를 나타내는 전치사이다.

18 정답 ①

해석 ① Columbus는 1492년 아메리카 대륙을 발견했다.
② 지구는 태양 주위를 돈다.
③ 그녀는 내일 아침 보스턴으로 떠날 예정이다.
④ 그는 그 당시에 보통 6시에 일어났다.

해설 과거를 지칭하는 시간 부사구(in 1492)는 항상 과거시제를 쓴다.
② 불변의 진리를 나타내는 경우이므로 현재형을 쓴다.
③ 왕래발착의 동사가 시간 부사(tomorrow morning)와 함께 사용하여 현재형으로 가까운 미래를 나타내는 경우이다.
④ 과거를 나타내는 부사구(in those days)와 함께 사용되었으므로 과거의 습관적 행동을 나타낸다.

19 정답 ③

해석 A : 송 선생님과 통화할 수 있을까요?

B : 죄송합니다. 그는 지금 다른 전화를 받고 있어요. 잠시 기다려 주시겠습니까?

A : 예, 고맙습니다.

해설 앞 문장에서 '그는 지금 다른 전화를 받고 있어요.'라고 했으므로, 빈칸에는 ③ 'Can you hold the line?(잠시 기다려 주시겠습니까?)'가 들어가야 한다.

① 그는 지금 없어요.

② 전화 잘못 거셨어요.

④ 뭘 도와 드릴까요?

20 정답 ①

해석 행운은 모든 사람에게 다가온다. 그러나 준비되어 있지 않은 사람은 행운을 가질 수 없다. 행운은 문으로 들어와서 창문으로 나간다.

해설 ①은 '쇠가 달았을 때 두드려라'라는 뜻으로, 기회를 놓치지 말라는 의미이다.

② 쉽게 얻은 것은 쉽게 나간다.

③ 구르는 돌은 이끼가 끼지 않는다.

④ 서두르면 일을 그르친다.

21 정답 ①

해석 ① 그는 그런 말을 할 사람이 아니다.

② 나는 프랑스어를 1년 안에 완전히 익히는 것은 어렵다는 것을 알았다.

③ 그런 사람을 믿다니 그는 정말 어리석구나!

④ 문을 열어보니 방이 비어 있었다.

해설 앞에 나온 the last man을 수식하고 있으므로 형용사적 용법이다.

② 가목적어(it)의 진목적어로 사용되었으므로 명사적 용법이다.

③ 그를 바보로 판단한 이유를 나타내므로 부사적 용법이다.

④ '문을 연 결과 그 방이 비었음을 발견했다'는 뜻이므로 부사적 용법이다.

22 정답 ④

해설 일반적으로 to 부정사는 미래지향적이기 때문에 아직 행동하지 않아서 그 결과가 없다. 그러나 동명사는 과거지향적으로 이미 행동했기 때문에 결과가 나와 있다.

④ to post는 '앞으로 부쳐야 하는 것을 기억하라'는 뜻이다.

① 담배를 끊었다 → 담배 피우기 위해 멈췄다

② 그녀를 만나야 한다는 사실을 → 그녀를 만났다는 것을

③ 시험 삼아 길러봤다 → 기르기 위해 노력했다

23 정답 ③

해석 그가 내 생일을 잊었다는 것에는 의심의 여지가 없었다.

해설 that절을 전치사를 이용한 동명사구로 전환하는 문제이다. 동명사의 의미상 주어는 바로 앞에서 소유격을 취하며, that절의 시제가 주절의 시제보다 앞서므로 완료동명사를 쓴다.

24 정답 ①

해석 불이 희미해졌다. 분주한 재잘거림은 조곤조곤한 소곤거림과 기대에 찬 고요함이 된다. 커튼이 천천히 올라가고 사람들은 사실의 세계와 가상의 세계에 살기 시작한다. 이곳에서 어떤 사람들은 웃고 쉬고 일상의 걱정과 관심으로부터 도피하려고 온다. 이들은 정서적으로 감동받으려고, 무대 위의 인물들의 문제와 위기를 통해 간

접적인 방식으로 살기 위해 온다. 다른 사람들은 순전한 모험과 흥분을 찾는다. 몇몇은 다른 사람의 삶을 통해 어떻게 다르게 사는지 알아보려고 궁금해한다. 다른 사람들은 사람의 삶을 통제하는 규칙을 배우거나 발견하려고 온다.

해설 밑줄 앞 문장인 'The curtain slowly rises and people begin to live in a world of fact and make-believe(커튼이 천천히 올라가고 사람들은 사실의 세계와 가상의 세계에 살기 시작한다).'로 미루어, 이 장소는 ① '극장'임을 알 수 있다.

단어
- chatter 수다를 떨다, 재잘거리다
- make-believe 가장, 환상
- sheer 순전한
- govern 지배[좌우・통제]하다

25 정답 ②

해석 우유가 상하지 않게 냉장고에 넣어라.

해설 keep from -ing ~하지 않도록 하다, ~을/를 삼가다

단어
- refrigerator 냉장고

26 정답 ③

해석 모든 사람을 만족시킨다는 것은 결코 쉬운 것이 아니다.

해설 by no means 결코 ~이 아니다

27 정답 ②

해석 다름 아닌 여기서 너를 만나다니!

해설 Fancy -ing 공상(상상)하다, (명령형으로) 생각해 보라 가벼운 놀람을 나타낸다.

28 정답 ④

해석 더위가 그에게 영향을 미쳤다.
(= 그는 더위에 지쳤다.)

해설 tell on ~ ~에 심하게 영향을 미치다, ~에 직효가 있다

29 정답 ④

해석 얼마 전 나는 다섯 살 된 소년이 성냥에 불을 켜서 아파트 한 동을 불태웠다는 기사를 읽었다. 사고였지만 20가구가 집을 잃었고 1층에 있던 상점은 이전해야 했다. 최근 우리 지역 대부분의 아파트 화재는 성냥이나 라이터를 가지고 노는 아이들에 의해 발생하는 것 같다. 나는 왜 부모들이 그런 것들을 아이들이 손닿는 곳에 놔두는지 모르겠다. 이것은 중대한 과실이다. 아이들은 항상 호기심이 있지만, 부모는 불이 위험하다고 말하는 것 이상을 해야 한다. 성냥과 라이터는 아이들의 손이 닿지 않는 곳에 두어야 한다. 그리고 화상이 얼마나 고통스러운 것인지, 얼마나 쉽게 화재가 걷잡을 수 없게 되는지를 아이들에게 반복해서 이야기해 주어야 한다.

해설 지문은 어른들의 부주의로 아이들이 성냥이나 라이터로 장난치다가 큰 불이 일어난다는 내용이므로 ④ '화재 예방에 대한 충고'가 적절하다.
① 최근 아파트 화재
② 손쉽게 화재를 제어하는 법
③ 화재에서 아이들을 구조하는 방법

30 정답 ③

해석 미국은 수송 위기에 직면해 있다. 미국의 고속도로와 항공로는 점점 더 붐빈다. 20년 후에는 혼잡한 고속도로로 인하여 자동차 운전자가 허비하게 되는 시간이 연간

30억 시간에서 120억 시간으로 증가할 것으로 예상된다. 같은 기간에, 8분 이상씩 지연되는 항공 비행이 3배가 될 전망이다. 고속도로와 항공 여행을 합치면, 지연으로 인한 승객들의 비용은 어림잡아 현재 연 150억달러에서 20년 후에는 610억달러로 올라갈 것이다.

해설 첫 문장인 'The United States faces a trans portation crisis(미국은 수송 위기에 직면해 있다).'가 나오고 그 이후로 앞으로 20년 후에 생길 문제에 대해 말하고 있으므로, 글의 요지는 ③ '미국 내 수송 문제가 늘어나고 있다.'가 적절하다.

31 **정답** ④

해석 나는 예전에 백화점의 서비스 창구에서 일을 했는데, 그곳은 고객들이 연주회, 스포츠 행사, 연극 공연 등에 대한 표를 사는 곳이었다. 하루는 한 여자 손님이 내가 근무 중인 창구로 왔다. 그녀는 나에게 몇 개의 꾸러미를 밀어 넣으면서, "셔츠 박스 3개, 넥타이 박스 1개, 캐서롤 접시를 넣기에 충분한 큰 박스 1개 주세요." 하고 말했다. 나는 "박스는 선물 포장 코너로 가야 됩니다." 하고 공손하게 설명해 주었다. 내 위에 있는 표지를 좀 더 잘 보려고 한발 물러서서 소리 질렀다. "아가씨, 나를 속이지 마세요. 표지판에 'Box Office'라고 써 있잖아요. 지금 박스를 내놔요."

해설 'Box Office'는 '매표소'라는 뜻인데, 고객은 말 그대로 '상자를 파는 곳'으로 오해했다는 내용이다.

32 **정답** ④

해석 주식은 회사의 일부분이다. 어떤 회사가 돈이 필요하면 은행으로부터 대출을 받을 수 있다. 또 회사채를 판매하거나 어느 정도의 주식을 판매 할 수도 있다. 다시 말해서 회사는 회사의 일부분을 파는 것이다. 주주들은 회사의 일부분을 소유하고 있다. 사람들은 그 주식들을 살 수 있다. 주식은 은행에 맡긴 돈이나 채권보다 안전하지 못하다. 투자가는 회사가 성공할지 실패할지를 모르기 때문에 주식을 사는 것은 위험하다. 만약, 한 회사가 성공하게 된다면 그 회사는 많은 돈을 벌게 된다. 회사가 스스로 벌어들인 돈은 이익이라 불리며, 주주들도 역시 얼마간의 이익을 얻게 된다. <u>회사가 실패하거나 돈을 잃게 되면, 주주들 역시 돈을 잃게 된다</u>. 투자가들은 회사의 일부를 소유하고 있기 때문에 돈을 벌 수도, 잃을 수도 있다. 그것은 회사의 성패에 달려있다.

해설 'If a company succeeds, it earns more money.'가 나오고 '회사가 스스로 벌어들인 돈은 이익이라 불리며, 주주들도 역시 얼마간의 이익을 얻게 된다.'고 했으므로, 다음에는 '회사가 실패하거나 돈을 잃게 되면, 주주들 역시 돈을 잃게 된다.'는 내용이 오는 것이 적절하다. 따라서 정답은 ④이다.

33 **정답** ①

해석 내 마음속에 사랑을 가지고 오늘 하루를 맞이할 것이다. 이것을 어떻게 할 수 있을까? 모든 것을 사랑을 가지고 바라보며 그리하여 나는 다시 태어날 것이다. 태양을 사랑하리라, 내 몸을 따뜻하게 해 주기에. 또한 비도 사랑하리라, 나의 마음을 깨끗하게 씻어 주기에. 빛을 사랑하리라,

빛은 길을 보여 주기에. 나는 어둠도 사랑하리라, 어둠이 있기에 별을 볼 수 있으므로. 나는 행복을 받아들일 것이다, 그것은 나의 마음을 넓혀주기에. 또한 나는 슬픔도 참아 내리라, 그것은 내 영혼을 열어 주므로.

해설 모든 것을 긍정적으로 바라보고 사랑하고자 하는 필자는 매우 낙관적이다.

34 정답 ④

해설 be sure to는 '틀림없이 ~하다'라는 의미이고, be sure of는 '확신하다'라는 의미이다.

① be busy –ing(= be busy with) ~하느라 바쁘다
② attend to(= be attentive) 주의하다
③ It appears that(= probably) ~인 것 같다

35 정답 ③

해설 was read는 수동태이므로 어색하다. read로 써야 적절하다.

36 정답 ③

해설 가정법 과거완료를 묻는 문제이다. 접속사가 생략되면서 도치된 문장이다.

37 정답 ②

해석 목수나 전기기사 둘 중의 하나는 도구들을 창고에 보관할 수는 있으나, 두 세트 모두 보관할 공간은 없다.

해설 their → his로 고쳐야 한다. either, neither, each 등이 주어로 쓰이면 단수로 취급된다.

38 정답 ①

해석 A : 안녕, 수진. Bill에 대해 들은 적 있니?
B : 아니, 무슨 일 있었어?
A : 그가 입원했어. 그는 3일째 거기에 있어.
B : 그에게 무슨 일이 있는 거니?

해설 현재완료는 과거의 이야기가 아니라 과거의 동작으로 현재의 상태에 영향을 미치는 것이다.

① 그는 입원해 있어. 그는 3일째 거기에 있어.
② 멋진데! 그는 9월에 결혼할 거래.
③ 그는 나와 같이 소풍갈 거야.
④ 그의 어머니가 아파서 누워 계셔. 그녀는 회복되는 중이야.

단어
- be in (the) hospital 입원해 있다
- get married 결혼하다
- be ill in bed 병으로 누워 있다
- get well 병이 낫다

39 정답 ①

해석 미국에서는 모든 물건을 사는 데 신용카드나 수표를 이용한다. 전형적인 미국인들은 자판기에 사용할 잔돈을 들고 다니지만, 쇼핑이나 외식을 할 때는 신용카드나 수표를 사용한다. 신원을 증명할 수 있는 운전면허증이나 여권 같은 신분증이 있다면, 수표는 사용하기 편리하다. 많은 미국인은 주유하고 식사, 항공권, 여타 물건을 사는 데 사용할 수 있는 다목적용 카드를 들고 다닌다. 물론 미국에서는 현금 없이도 살 수 있지만, 수표장이나 신용카드를 들고 다니는 것을 잊어서는 안 된다.

해설 맨 첫 문장에서 '미국에서는 모든 물건을 사는 데 신용카드나 수표를 이용한다.'라고 했고, 마지막에 '물론 미국에서는 현금 없이도 살 수 있지만, 수표장이나 신용카

드를 들고 다니는 것을 잊어서는 안 된다.' 라고 했으므로, 제목으로 적절한 것은 ① '신용 위주의 사회'이다.

40 정답 ①

해석 식물은 지구상의 생명체에 반드시 필요하다. 광합성 과정에서 식물의 뿌리, 줄기, 잎은 햇빛으로부터 당분을 얻기 위해 함께 작용한다. 광합성 과정 중에 식물은 햇빛, 엽록소, 이산화탄소, 물을 사용하여 양분을 만든다. 이러한 방식으로 녹색식물은 그들과 다른 생물을 위한 양분을 만들기 위해 태양에너지를 사용한다. 녹색식물은 이산화 탄소를 흡수하고 산소를 방출한다. 모든 인간과 동물은 살아가는 데 산소가 필요하다. 동물과 같은 살아 있는 유기체는 식물을 먹음으로써 에너지를 얻는다. 인간은 에너지를 얻기 위해 동식물을 둘 다 먹는다. 녹색식물 없이는 태양에너지는 지구에서 사용될 수 없으며, 지구상의 다른 모든 살아 있는 유기체는 죽게 될 것이다.

해설 첫 문장에서 'Plants are necessary for life on earth(식물은 지구상의 생명체에 반드시 필요하다).'라고 하고, 마지막에 'Without green plants, the sun's energy could not be used on the earth, and all other organisms living on the earth would die(녹색식물 없이는 태양 에너지는 지구에서 사용될 수 없으며, 지구상의 다른 모든 살아 있는 유기체는 죽게 될 것이다).'라고 했으므로, 글의 요지는 ① '식물은 지구상 생명체의 양식의 원천이다.'이다.

단어
- photosynthesis 광합성
- stem (식물의) 줄기
- living organisms 살아 있는 유기체

제 3 회 정답 및 해설 | 영어

01	02	03	04	05	06	07	08	09	10	11	12	13	14	15	16	17	18	19	20
②	②	①	③	②	③	③	①	②	②	④	①	④	①	③	①	①	④	②	①
21	22	23	24	25	26	27	28	29	30	31	32	33	34	35	36	37	38	39	40
②	③	①	③	①	③	①	③	④	③	②	③	②	②	④	③	④	②	④	④

01 정답 ②

해석 나는 밤에 늦게까지 자지 않고 깨어 있어야 한다는 생각을 무척 싫어했다.

해설 stay up late의 의미를 활용해 문맥을 유추할 수 있다.

단어
- absolutely 절대적으로, 몹시, 매우
- detest 몹시 싫어하다(abhor)
- stay up 밤늦게까지 자지 않고 있다
- defend 방어하다
- confirm 확인시키다, 확인하다
- abandon 포기하다, 버리다

02 정답 ②

해석 나는 금방 그것을 끝낼 것이다.

해설 be through with ~ ~을/를 끝마치다, 끝내다

단어
- throw away 내다 버리다, 허비하다

03 정답 ①

해석 Jack은 가끔 농담이 지나치다.

해설 carry ~ too far[to extremes]는 '~의 도를 지나치다'라는 의미이므로, 정답은 ① '잭의 농담은 극에 달한다.'이다.

단어
- go to extremes 극에 달하다
- wide of the mark 엉뚱한, 과녁을 벗어난
- act recklessly 엉뚱한 짓을 하다

04 정답 ③

해석 그들은 김 선생이 올 때까지 기다려야만 했다.

해설 mark time은 '(일이) 제자리걸음을 하다, 기다리다'이므로, 정답은 ③ 'wait'이다.

단어
- hit the mark 과녁을 맞히다

05 정답 ②

해석 공짜로 이것을 얻었습니까?

해설 for nothing은 '무료로, 공짜로'라는 뜻이므로, ② 'free of charge'와 같은 뜻이다.

06 정답 ③

해석 다음날 아침, Mary는 마침내 의식을 회복했다.

해설 come to는 '의식을 찾다'라는 의미로, ③ 'Mary는 의식을 회복했다.'와 같은 뜻이다.

07 정답 ③

해석
- 너는 어떻게 그렇게 비싼 차를 손에 넣을 수 있었니?
- 이 풍습은 우리 조상 대대로 전해져 내려왔다.
- 그녀는 아버지가 돌아가시면 많은 재산을 물려받게 될 것이다.

해설 (A) come by ~을/를 손에 넣다, ~의 곁을 지나가다
(B) come down 전해지다, 내려가다, (값이) 내리다
(C) come into (재산 등을) 물려받다, (계획 등에) 참가하다

08 정답 ①

해석 A : 너무 덥다. 난 더 이상 공부할 수 없어.
B : 10분간 쉬자.
② 그래, 물론이야.
③ 일기예보에 의하면 내일은 쾌청할 거라고 해.
④ 그렇게 된 지 얼마나 됐어?

09 정답 ②

해석 우리는 사람들이 붐비는 극장에서 영화를 보지만 그것은 개인적 경험이다.

해설 ②에서 crowding → crowded로 고쳐야 한다.
theaters 앞에는 꾸며 주는 수동의 의미를 가진 수식어가 필요하므로 과거분사 crowded가 되어야 한다.

10 정답 ②

해석 • 수박은 겨울에는 나오지 않습니다.
• 나는 5개월째 실직 상태이다.

해설 • out of season 시기(철)를 벗어나, 제철을 잃어, 한물 간
• out of work 실직한, 고장 난

11 정답 ④

해설 must는 '~해야 한다'라는 의미의 조동사이다. 과거형은 had to이다.

12 정답 ①

해석 ① harsh 거친
② honest 정직한
③ hollow 속이 빈
④ humble 겸손한

해설 주어진 두 어휘는 반대의 관계이다. 따라서 soft(부드러운)와 반대의 관계인 harsh(거친)가 빈칸에 들어가기에 적절하다.

단어 • plain 꾸밈없는
• colorful 화려한

13 정답 ④

해석 ① 아이들은 온종일 나비를 쫓아다니면서 보냈다.
② 그는 최선을 다했지만 실패했다.
③ 그녀는 난폭 운전으로 면허가 정지되었다.
④ 불시에 기습당한 그녀는 정신을 잃지 않으려고 애썼다.

해설 Taking by surprise → Taken by surprise로 고쳐야 한다. '그녀가 일격을 당한' 것으로 수동의 의미가 되어야 하므로 과거분사 형태의 분사 구문을 써야 한다.

14 정답 ①

해석 ① 정부 관리들은 그들의 의무를 좀 더 진지하게 받아들여야 한다.
② 그는 그녀를 또 다시 만나지 않은 것에 매우 마음이 언짢았다.
③ Miranda는 쌍둥이 중에서 더 예쁘지만, 유머 감각은 부족하다.
④ 호화스러운 배는 당당하게 항해를 떠났다.

해설 ② felt very badly → felt very bad
③ of the twins이므로 most → more, least → less
④ majestic → majestically

15 정답 ③

해석 나는 책 한 권에 40달러나 주고 살 여유가 없습니다! 좀 더 싼 것은 없습니까?

해설 can not afford~ ~할 여유가 없다, ~할 수 없다

16 정답 ①

해석 A : 댁의 아들은 새 학교를 좋아합니까?
B : 그렇기만 하면 좋겠는데!

해설 If only he did 그가 ~하기만 하면, ~하면 좋을 텐데

17 정답 ①

해석 A : 담배 피워도 되겠습니까?
B : 네, 피우십시오.

해설 Would you mind -ing(~해도 되겠습니까?)의 질문에 대답할 때 No는 '괜찮습니다.', Yes는 '안 되겠는데요.'라는 의미이다.

18 정답 ④

해석 나는 양파 맛이 나는 수프는 좋아하지 않는다.

해설 taste of ~ ~의 맛이 나다

19 정답 ②

해석 그 두 가지 어려운 임무 중에서 좀 덜 어려운 것을 선택해야 할 것이다.

해설 lesser of ~ ~ 중에 더 작은 편의 것

단어
- less(little의 비교급) 수나 양이 적음
- lesser 가치나 중요성의 덜함

20 정답 ①

해석 서둘러라, 그렇지 않으면 너는 지각할 것이다.

해설 명령법 + or + S + V : ~하라, 그렇지 않으면 …할 것이다
cf) 명령법 + and + S + V : ~하라, 그러면 … 할 것이다
ex) Push the button, and the door will open. 버튼을 눌러라, 그러면 문이 열릴 것이다.

21 정답 ②

해석 평판과 인격은 조화를 이룰 수도 있지만 빈번히 빛과 어둠만큼이나 상반된다.

해설 in harmony와 light and darkness가 상반되기 때문에 부정 접속사 but이 사용된다.

22 정답 ③

해석 그 전화 회사는 전체 전화 산업을 장악하고 있는데, 그것은 독점의 한 예이다.

해설 ③에서 it is an example of → is an example of로 고쳐야 한다. which controls the entire telephone industry는 관계대명사가 이끄는 형용사절로서 앞의 the telephone company를 수식하는 말이므로 빼놓고 생각한다. 그러면 the telephone company it is ~로 연결되어, 동사 is 앞에 the telephone company와 it 두 개가 놓이게 된다. 둘 다 주어로 쓸 수 있는 말이므로 어느 하나는 삭제되어야 하는데 의미상 it이 불필요하다는 것을 알 수 있다.

단어
- control 장악하다
- entire 전체의
- monopoly 독점

23 정답 ①

해석 무릎은 허벅다리뼈와 종아리의 굵은 뼈가 만나는 접합부이다.

해설 ①에서 which the thigh bone → where the thigh bone으로 고쳐야 한다.
joint는 '허벅다리뼈와 종아리뼈가 만나는 접합부'란 의미로 장소를 나타내고 있으므로 관계부사 where를 쓰는 것이 적합하다. 이 문장의 골격은 The knee is the joint이다. where the thigh bone ~ the lower leg는 관계부사절로서 the joint를 수식하고 있다.

단어
- knee 무릎
- joint 접합부
- thigh 허벅지
- lower leg 종아리

24 정답 ③

해석 세계 정보 시장은 엄청나게 커져서 인간의 물자, 서비스, 사고가 교환되는 방식을 다양하게 결합시킬 것이다. 실용적인 차원에서 이 시장은 당신에게 물건을 선택할 수 있는 좀 더 폭넓은 기회를 제공할 것이다. 어떻게 수익을 기대하고 투자해야 할지, 무엇을 얼마에 살 것인지, 당신의 친구가 누구이며 그 친구와 어느 정도 어울려 지내야 할지, 어떤 동네로 가야 당신의 가족이 안전하게 살 수 있을지를 그 시장에서 알아볼 수 있을 것이다. 당신의 일터나 '교육받는다'는 것에 대한 개념은 당신이 알아볼 수 없을 만큼 바뀔 것이다. 내가 누구고 어디에 속해 있는가 하는 자아 관념도 아주 개방적으로 변할 것이다. 간단하게 말하면, 모든 것이 달라질 것이다. 나는 그날이 어서 오기를 학수고대하고 있으며, 그날이 오는 데 있어 나름대로 애쓰고 있다.

해설 세계 정보 시장이 엄청나게 커져, 간단하게 말하면 모든 것이 달라질 것이라고 했으므로, ③이 지문의 요지로 가장 적절하다.

25 정답 ①

해석
- 그는 뉴욕이나 보스턴 <u>두 곳 중 한 곳</u>에 살고 있다.
- 나의 형도 그녀를 만나고 싶어 하지 않고 나도 <u>역시</u> 그녀를 만나고 <u>싶지 않다</u>.

해설 '또한, 역시'의 의미를 갖는 말은 too(긍정문)와 either(부정문)가 있다.

단어
- either A or B A이거나 B이거나

26 정답 ③

해설 ③에서 'have(get) + 목적어(사물) + p.p.'는 '~을/를 당하다(수동), ~을/를 시키다(사역), ~로 해두다(완료)'라는 의미이다.

27 정답 ①

해설 ①에서 부정어 Never가 문두에 위치하면 조동사 has는 주어(a more exciting movie) 앞으로 도치된다.
cf) 부정어구 never, seldom, hardly, scarcely 등은 be 동사나 조동사의 뒤, 일반동사 앞에 위치한다.

28 정답 ③

해설 ③에서 long before → before long으로 고쳐야 한다.
long before는 '오래 전에', before long은 '곧, 머지않아(= soon)'라는 의미이다.

29 정답 ④

해석 A : 이 버스가 서울역으로 가는 버스입니까?
B : 아니요, 버스를 잘못 타셨군요.

해설 '버스를 잘못 타다'는 take a wrong bus이다. wrong을 사용한다는 것에 유의한다.

30 정답 ③

해석 A : 죄송하지만, 서울역으로 가는 길을 가르쳐 주시겠습니까?
B : 네, 그것(서울역)은 바로 두 블록 앞에 있습니다. 당신은 그것을 놓칠 리 없습니다.

해설 ① 당신은 그것을 잃어버릴 리 없습니다.
② 당신은 그것을 알 것입니다.
④ 당신은 거기에 도착할 수 없습니다.

31 정답 ②

해설 ① so difficult → too difficult
• too … to ~(= so … that ~ cannot) 너무 …해서 ~할 수 없다
③ not to mention of English → not to speak of English
• to say nothing of(= not to speak of) ~은 말할 것도 없이
④ had no choice over accepting → had no choice but to accept
• have no choice but to (do) ~하지 않을 수 없다

32 정답 ③

해석 Insu : 뭐 안 좋은 일 있어? 안색이 나쁜데.
Miri : 수학시험을 망쳤어.
Insu : 기운 내! 다음 번에는 잘할 거야.
Miri : 고맙다. 하지만 자신감이 전혀 없어.

해설 Miri의 마지막 말인 '~ but I have no confidence at all(~ 하지만 자신감이 전혀 없어).'로 미루어 보아, 정답은 ③임을 알 수 있다.

33 정답 ②

해석 (C) 1500년대에 사람들은 태양이 지구 주위를 돈다고 믿었다.
(A) Copernicus가 지구는 태양 주위를 돈다고 말했을 때 사람들은 모두 그를 비웃었다.
(B) 그러나, 오늘날 우리 모두는 그가 옳았다는 것을 안다.

해설 태양이 지구 주위를 돈다는 1500년대 사람들의 생각을 말한 (C)가 맨 처음에 오고, 그 다음에 Copernicus가 지구가 태양 주위를 돈다고 말했을 때 그 당시 사람들이 비웃었다는 내용인 (A)가 오고, 마지막으로 하지만 오늘날 우리는 모두 그가 옳았다는 것을 알고 있다는 (B)가 와야 논리적으로 적절한 순서가 된다.

34 정답 ②

해석 사랑에 대해 의문시되는 좀 더 호기심 어린 질문들 가운데에는 다음과 같은 것이 있다. 즉, '그것(사랑)은 중간 중간 끊어지는 단음적인 것인가, 아니면 끊어지지 않고 부드럽게 이어지는 것인가?'이다. 다시 말해, 누군가가 낭만적인 사랑을 느낄 때 중단하거나 변화해 가면서 끊겨지는 사랑을 느끼는가, 아니면 중단이나 변화 없이 계속해서 사랑을 느끼는 것인가? 비록 사랑에 대해 끊어짐이 없는 태도가 호감을 줄지라도 사랑은 끊어지는 것이라는 주장이 보다 현실적이다.

해설 or 다음의 continuously와 대조가 되는 단어나 구를 찾아야 한다.
② in breaks 중단하여, 끊겨
① in public 공공연히
③ in secret 비밀히, 몰래
④ in silence 조용히, 침묵하여

단어
• staccato 단음적인
• legato 끊기지 않고 부드럽고 매끄럽게
• interruption 방해
• appeal 흥미를 끌다, 호소하다, 간청하다, 상소하다

35 정답 ④

해석 공해, 범죄, 폭동, 계획의 부족, 운송 같은 도시의 문제들은 심각하다. 그러나 Charles Adrian 박사에 따르면, 그것들은 소위 '좋았던 옛 시절'에는 더 심각했다. 그는 자동차 공해를 한 가지 예로 들었다. 그는 그것이 현재 나쁘지 않지만, 19세기 미국의 도시에서 말과 다른 동물들로 인한 많은 오염이 있었다는 데 동의한다. 그는 말했다. "1세기 전 대부분 도시에는 소와 돼지를 잡는 도살장이 많이 있었는데, 사람들은 그 동물들의 시체와 다른 쓰레기들을 조심성 없이 마구잡이로 버렸다. 그리고 오물 처리를 위한 하수 처리장은 거의 없었다."

해설 지문은 오늘날의 자동차 공해보다 1세기 전 도시들이 더 오염이 심각했는데, 그 이유로 그 당시 말과 다른 가축들을 무분별하게 도살하고 처리했는데 제대로 된 하수 처리 시설이 없었기 때문이라고 서술하고 있다.
④ 과거의 도시들은 현재보다 훨씬 안 좋았다.
① 도시는 살기에 최악의 장소이다.
② 예전 좋았던 시절에는 사정이 훨씬 좋았다.
③ 도시의 문제들은 해결하기에 쉬운 편이다.

36 정답 ③

해석 내 남편은 타고난 쇼핑객이다. 그는 물건을 구경하고 만져 보기를 좋아한다. 그는 동일한 물건 가격을 서로 다른 가게에서 비교하기를 좋아한다. 그는 어떤 것을 살 생각이 있으면 반드시 몇군데 다른 가게에 들어가 둘러본다. 반면, 나는 쇼핑객이 아니다. 나는 쇼핑이 따분하고 즐겁지 않다. 어떤 물건이 마음에 들고 살 여유가 있다면 나는 그것을 즉각 사버린다. 나는 결코 세일이나 나은 거래를 위해 둘러보지 않는다. 나는 염가 판매에 관심이 없다. 말할 필요도 없이, 남편과 나는 결코 함께 쇼핑하러 가지 않는다. 그 경험은 우리 둘에게 너무나 괴로운 것이었다. 쇼핑에 관하여 말하자면 우리는 서로 다른 길을 간다.

해설 지문에서 필자의 남편은 쇼핑을 즐기고, 나는 그렇지 않다. 빈칸 앞에서 남편에 대해서 말하고 있고 빈칸 뒤에서는 나에 대해서 말하고 있으므로, 빈칸에는 서로 반대되는 내용을 연결해 주는 접속사가 들어가야 한다.

37 정답 ④

해석 인류학자들은 낭만적 사랑이 중세의 유럽인들에 의해서 생겨났다고 믿었다. 낭만적 사랑이란 사랑하는 사람에게 강렬하게 끌리고, 같이 있고 싶은 감정을 의미한다. 어떤 인류학자들은 이러한 종류의 사랑이 최근에서야 서구로부터 다른 문화권에까지 확산되었다고 믿었다. 다른 인류학자들은 그것이 다른 문화권에도 존재해 왔으나 단지 부유층과 특권층 사이에만 있었다고 생

각 했다. 그러나 오늘날 대부분 인류학자들은 낭만적 사랑이 아마 모든 인류에게 항상 존재해 왔다는 데 의견을 같이 한다. 그렇다면, 로미오와 줄리엣 같은 로맨스 이야기를 세계 여러 문화권에서 찾아 볼 수 있다는 것은 놀라운 일이 아니다.

해설 지문은 낭만적 사랑이 서구에서만 있었던 게 아니라 모든 인류의 공통된 감정이라는 내용이므로, 빈칸에는 '세계 여러 문화권에서 발견된다.'는 내용이 들어가야 한다.

38 **정답** ②

해석 영화관의 통로에 큰 대자로 누워 있는 어떤 사람에게 안내원이 "손님, 길을 막고 있습니다."라고 말했다. "좀 일어나세요." 그 사람은 움직이지도 않고, 대답도 하지 않았다. 안내원은 지배인을 불렀고, 지배인은 "일어나서 가세요."라고 말했다. 누워 있는 사람은 여전히 대답이 없었다. 그래서 지배인은 경찰을 불렀다. "일어나세요. 그렇지 않으면 잡아넣겠어요."라고 경찰관이 말했다. "당신은 어디서 왔습니까?" 그 사람은 마침내 꿈틀거리며 말했다. "2층 발코니에서요."

→ 지문에 따르면, 통로에 엎드려 있는 남자는 발코니에서 떨어졌다. / 감옥에 가고 싶지 않았다. / 다쳤을지도 모른다.

해설 지문은 영화관 통로에 엎드려 누워 있는 남자에 대한 내용인데, 계속 말해도 일어나지 못하고 경찰관이 왔을 때에야 가까스로 2층 발코니에서 왔다고 대답하는 것으로 미루어 발코니에서 떨어졌거나, 다쳤거나, 감옥에 가고 싶지 않을 거라고 짐작할 수 있다. 따라서 ② '지배인을 무시할 만큼 용감했다.'는 빈칸에 들어갈 말로 적절하지 않다.

단어
- usher 좌석 안내원
- sprawl 팔다리를 아무렇게나 벌리고 앉다, 큰대자로 눕다
- prone (배를 바닥에 대고) 엎어져[엎드려] 있는

39 **정답** ④

해석 주님께서 랍비에게 말씀하셨다. "이리 오시오, 내가 당신에게 지옥을 보여 주겠소." 그들은 한무리의 사람들이 큰 스튜 단지 주위에 둘러앉아 있는 방에 들어갔다. 모두가 굶주렸으며, 필사적이었다. 그들은 각자 단지에 닿는 스푼을 들고있었다. 그러나 스푼들은 손잡이가 너무 길어서 입에 닿을 수 없었다. 그 고통은 끔찍했다. "자, 이제 이리 와 보시오. 내가 천국을 보여 주겠소." 주님께서 잠시 후 말씀하셨다. 그들은 다른 방으로 들어갔다. 처음과 똑같았다. 스튜 냄비, 사람들, 똑같은 긴 스푼. 그러나 거기 사람들은 행복했고 영양 상태가 좋았다. "이해가 안 됩니다."랍비가 말했다. "모든 것이 똑같은 다른 방의 사람들은 비참한데 여기 이들은 왜 행복합니까?" 주님께서는 미소를 지었다. "아, 보이지 않는가? 여기 그들은 서로를 먹여 주는 것을 배웠다오."라고 주님께서 말씀하셨다.

① 자유의 가치
② 충실한 약속 이행
③ 자연의 법칙에 순종하기
④ 타인에 대한 배려심

해설 마지막 문장 'Here they have learned to feed each other.'로 미루어 지문의 요지는 ④ '타인에 대한 배려심'임을 알 수 있다.

단어
- famished 배가 고파 죽을 지경인
- desperate 필사적인[극단적인]
- miserable 비참한

40 정답 ④

해석 교사는 성격이 유쾌하고 발랄하며 매력적이어야 한다. 이것은 신체적인 매력이 없거나, 심지어 못생긴 사람들을 제외하지는 않는다. 왜냐하면 그런 사람들 중에는 인격적으로 큰 매력을 가지고 있는 사람들이 많기 때문이다.

(C) 그러나 지나치게 흥분을 잘하고, 우울하고, 냉담하며, 냉소적이고, 오만한 유형의 사람들은 배제된다.

(A) 또한 따분하거나 순전히 부정적인 성격을 가진 사람들 역시 모두 제외된다고 나는 말하고 싶다.

(B) 학생들은 아마 '난폭한 것보다는 지루한 일에 더 고통스러워할 것이다.'

해설 지문은 교사의 성격적인 자질에 대해 말하고 있다. 신체적인 매력이 없고 심지어 못생겼어도 인간적인 매력이 있는 사람이 교사로서 이상적이라고 했다. 하지만, (C) 성격적인 결합, 예를 들어 지나치게 흥분을 잘하고, 우울하고, 냉랭하며, 냉소적이고, 고압적인 사람들은 제외된다고 했다. (A) 지루하고 부정적인 사람 역시 제외된다고 했는데, (B) 학생들은 난폭한 것보다 지루한 것을 못 견뎌한다고 그 이유를 덧붙였다.

단어
- over-excitable 지나치게 흥분을 잘 하는
- frigid 냉랭한
- over-bearing 고압적인, 남을 지배하려 드는

제 4 회 정답 및 해설 | 영어

01	02	03	04	05	06	07	08	09	10	11	12	13	14	15	16	17	18	19	20
③	②	④	③	④	③	③	④	③	④	②	③	③	①	③	②	④	③	③	②
21	**22**	**23**	**24**	**25**	**26**	**27**	**28**	**29**	**30**	**31**	**32**	**33**	**34**	**35**	**36**	**37**	**38**	**39**	**40**
④	①	②	④	④	①	③	②	①	③	④	②	④	③	④	①	③	②	②	③

01 정답 ③

해석 1분 더 늦었더라면, 나는 버스를 놓칠 뻔했다.

해설 조건의 표현 중에서 특정어구가 가정법의 의미를 지니는 경우이다. 주절의 시제(should have missed)가 가정법 과거완료이므로 One minute later에도 가정법 과거완료의 의미가 포함되어 있다는 점을 잘 기억해 두도록 한다.

02 정답 ②

해석 그녀는 남편을 멸시한다.

해설 look down 깔보다, 경멸하다(= despise)

① respect 존경하다

③ glimpse 흘끗 보다

④ annoy 성가시게 굴다, 화나게 하다

03 정답 ④

해석 나는 쉽게 결정한다. 진퇴양난에 빠져 고민하는 일은 없다.

해설 make up one's mind 결심하다(= decide)

① realize 깨닫다

② settle 해결하다

③ forget 잊다

04 정답 ③

해석 A : 이 셔츠를 반품하고 싶어요. 소매 부분이 찢어졌어요.

B : 정말 죄송합니다. 다른 걸로 교환하시겠어요?

해설 같은 종류의 다른 하나로 교환한다는 의미이므로 another가 되어야 한다.

05 정답 ④

해석 A : 스테이크 2인분을 주문해도 괜찮지?

B : 사실, 그러지 않았으면 좋겠어.

A : 오, 알겠어.

B : 실은 내가 채식주의자라는 것을 알아둬.

A: 오, 미안해, 난 그걸 몰랐어.

해설 마지막 문장에 'Oh, I'm sorry. I didn't know that.'이라고 했으므로, 빈칸에는 A의 물음에 대한 반대의 의미가 들어가야 한다. 따라서 정답은 ④ '사실, 난 네가 그러지 말았으면 해.'이다.

① 난 뭐든 괜찮아.

② 솔직히 말하면, 나 스테이크 좋아해.

③ 물론이지. 어서 주문해.

단어 • vegetarian 채식주의자

06 정답 ③

해석 교통 문제가 지속된다면, 도시에서 운전하는 것은 불가능하게 된다.

해설 becomes → will become으로 고쳐야 한다. 지문은 가정법 현재 문장으로 If절의 내용이 현재의 현실성·가능성 있는 내용에 대해 서술하는 경우이다. 'If절 현재 동사, 주절 조동사(will, can, may, shall) + 동사원형'이 와야 한다.

단어 • traffic 교통
• persist 지속하다

07 정답 ③

해석 크기, 색상, 그리고 밝기는 교실의 분위기에 영향을 준다.

해설 atmosphere는 '분위기'라는 의미이다.

단어 • furniture 가구
• temperature 기온, 온도

08 정답 ④

해석 산꼭대기가 눈으로 뒤덮인 그 산을 보아라.

해설 'Look at the mountain. The top of it is covered with snow.'를 관계대명사를 사용해 바꾸면, 'Look at the mountain of which the top is covered with snow.' 또는 'Look at the mountain whose top is covered with snow.'가 된다.

09 정답 ③

해석 밤새 비가 내렸기 때문에 길이 매우 축축했다.

해설 종속절의 행위가 주절보다 앞선 행위이므로 한 시제 빠른 과거완료 시제가 와야 한다.

10 정답 ④

해석 3일 동안 끊임없이 비가 내렸다.

해설 ① immediately 즉시
② irresistibly 저항할 수 없이
③ heavily 몹시, 심하게

단어 • without let-up 끊임없이(= incessantly, constantly, unceasingly, endlessly)

11 정답 ②

해석 두 번째 조치는 의회에 의해서 신속하고 애국적으로 통과된 법률이었다.

해설 ① ideally 이상적으로
③ definitely 확실히
④ unanimously 만장일치의

단어 • promptly 신속한, 재빠른(= quickly, timely, rapidly, instantly, immediately)
• step 조치
• legislation 법률
• patriotically 애국적으로
• pass 통과하다
• Congress (미국 및 일부 다른 국가들의) 의회

12 정답 ③

해설 동사 forgive의 명사형은 forgiveness이다.

13 정답 ③

해석 오늘 아침, 매니저는 그의 사무실에 있는 Ms. Laura에게 전화해서 조언을 부탁했다.

해설 명사 advice와 advice의 다른 품사인 동사, 형용사를 구별하는 문제이다. 문맥상 명사가 들어가야 하므로 ③이 정답이다.
③ advice 충고
① advisable 권할 만한, 타당한, 현명한
② advised 신중한
④ advise 충고하다, 조언하다

14 정답 ①

해석 민주주의는 너무나 친숙한 말이어서 우리는 민주주의가 무엇인지를 일부러 묻지 않는다.

해설 선행사 a word가 사물이므로 관계대명사 which가 오며 빈칸에는 with가 필요하다. be familiar with + 사물 ~에 익숙하다

단어
- democracy 민주주의
- rarely 드물게, 좀처럼 ~하지 않는
- take the trouble to do 일부러 ~하다

15 정답 ③

해설 '~해도 소용없다'는 It is no use –ing 구문을 사용한다. try to부정사는 '~하려고 노력하다, 애쓰다', try –ing는 '~해 보는 걸 (한번) 시도하다'이다. 따라서 ③이 정답이다.

16 정답 ②

해석
- 용기는 공포가 없는 것이 아니라, 공포를 정복하는 것이다.
- 용기는 다른 모든 미덕들이 밟고 올라갈 수 있는 사다리이다.
- 인생의 큰 슬픔에 용기를 가지고, 사소한 것들에 인내를 가져라.
- 용기는 다른 모든 것을 보장하는 특성이기 때문에 용기를 사람의 첫째가는 자질로 소중하게 여기는 것은 마땅하다.

해설 공포를 정복하는 것으로 가장 적절한 것은 '용기'이다.

단어
- absence 부재
- fear 공포, 두려움
- conquest 정복하다
- ladder 사다리
- virtue 미덕, 장점
- mount 오르다
- sorrow 슬픔
- patience 인내심
- quality 소질, 자질
- guarantee 보장하다

17 정답 ④

해석 색채는 전 세계에서 똑같은 반응을 일으키지는 않는다. 예를 들면, 일본에서는 붉은색은 위험을 연상시키는 반면에, 중국에서는 행복과 즐거움의 감정과 연결된다. 같은 문화권 내에도 색채에 대한 느낌은 상당히 다를 수 있다.

해설 색상이 의미를 다르게 가지는 경우를 예로 들고 있다.
① 게다가(= in addition)
② 결국, 따라서
③ 우선, 무엇보다도

18 정답 ③

해석 Charlie Chaplin은 사람들을 웃기는 모든 기록을 깨뜨렸다. 어느 누구도 이 작은 사람만큼 전 세계를 웃도록 하지 못했다. 그가 죽은 지 몇 년 후에도 영화배우 겸 감독인 Charlie Chaplin의 희극영화는 계속 인기를 끌고 있다. 그는 성공한 패러디 창시자로 특히 잘 알려졌는데, 패러디는 어떤 사람들, 기관들, 제도들의 잘못을 지적해 놀려 대는 익살맞은 공연을 말한다.

해설 빈칸 앞의 parody와 humorous 단어들로 보아서 '놀리다'라는 동사구가 적절한 답이 된다.
③ 놀리다, 조롱하다
① 떠벌이다, 소란피우다
② 이해할 수 없다
④ 이해하다

단어
- comic film 희극영화
- creator 창조자
- parody (풍자적) 모방 시문, 서투른 모방, 흉내
- make fun of 놀리다, 조롱하다
- presentation 상연, 공연
- institution 협회, 기관

19 정답 ③

해석 수세기 동안 우리는 건강을 단지 육체적인 관점에서만 생각해 온 경향이 있다. 의학계는 우리의 정신이 발병과 치유에 중요한 역할을 할 수 있다는 가능성을 진지하게 고려하지 않았다. 그러나 최근에 정신이 발병과 치유에 영향을 미친다는 것을 증명하는 많은 연구가 행해졌다. 한 종합 의료센터는 보고하기를 환자들 중 대부분이 어떤 기질적 질병을 갖고 있는 게 아니라 심리적 도움을 구하고 있다고 했다.

해설 지문은 도입부(제1~2문장), 주제문(제3문장), 구체적인 예(제4문장)의 형태로 구성되어 있으므로 제3문장을 다듬으면 요지를 얻어 낼 수 있다. 'however' 다음의 내용에 글쓴이의 견해가 본격적으로 드러나는 글이 종종 있음에 유의해야 한다.

단어
- tendency 경향
- in terms of ~의 관점에서
- physical 신체의
- medical 의학의
- community 공동체
- possibility 가능성
- illness 병
- healing 치유
- portion 일부
- psychological 심리적인

20 정답 ②

해석 그러나 또 다른 측면도 있다. 외롭고 늙은 사람들이나 집에 틀어 박혀 있는 사람들에게는 텔레비전이 축복이 될 수 있다. 텔레비전은 값싸고 편리한 오락이며 집 안에 있는 '친숙한 얼굴'이다. 당신이 텔레비전에 푹 빠진 중독자가 되지만 않는다면 텔레비전을 보는 것은 긴장을 풀 수 있는 이상적인 방법이 될 수 있다. 물론 텔레비전이 오락만 주는 것은 아니다. 텔레비전이 정보를 제공하고 가족 대화의 좋은 원천을 제공해 줄 수 있는 때도 있다. (텔레비전 때문에) 다른 취미와 관심사들을 잃었다는 증거 역시 없다.

해설 첫 문장에서 'Yet there is another side to the picture.'라고 하고 나서 TV의 긍정적인 면에 대해서 말하고 있으므로, 지문의 앞 문단은 ② 'TV의 부정적인 측면'에 대한 내용이라고 유추할 수 있다.

단어
- housebound 집에서 꼼짝 못하는
- blessing 은혜
- entertain 즐겁게 하다
- addict 중독자
- informative 정보를 제공하는
- lost out 지다, 실패하다

21 ~ 22

해석 Chris는 작은 마을에서 살았던 소년이었다. 그의 아버지는 산에 나무를 아주 많이 심었다. Chris는 매일 그의 아버지를 도왔다. 어느 날 밤 힘들게 일한 후 그는 방으로 가서 책을 읽기 시작했다. 어머니가 방으로 와서 Chris에게 말했다. "책을 치우고 자거라. 아버지 나무 심는 걸 도우러 일찍 일어나야 하니까."

단어
- plant (나무 등을) 심다
- put away 치우다

21 정답 ④

해설 두 번째 문장 'Chris helped his father every day.'를 통해 ④가 정답임을 알 수 있다.

22 정답 ①

해설 ① 그들은 사과를 사려고 가게에 갔다(부사적 용법 중 목적).
② 그는 다른 사람들을 돕는 걸 좋아한다(명사적 용법).
③ 그것을 들으니 유감이다(부사적 용법 중 원인).
④ 그 여자는 살 집이 없다(형용사적 용법).

23 ~ 24

해석 나는 전화상으로 상품 판매하는 게 직업인데, 꽤 혼란스러운 대화에 휘말렸다. 최근 어떤 번호로 전화를 걸었을 때, 어떤 남자 목소리가 들렸다. 나는 안주인과 전화할 수 있는지 물었다. 남자는 슬픈 어조로 말했다. "내 아내는 죽어가고 있어서(염색하고 있어서) 얘기할 수 없어요." 내가 정말 유감이라고 말하자, 그가 말을 계속했다. "나도 그래요. 그녀가 금발로 있어 주길 원했어요."

단어
- get involved in ~에 휘말리다, 연루되다, ~에 몰두하다
- confusing 혼란시키는, 당황케 하는
- call up 전화를 걸다
- the lady of the house 안주인
- dye 물들이다, 염색하다
- blonde 금발의

23 정답 ②

해설 남자는 아내가 '염색하고(dyeing)' 있어서 전화를 받을 수 없다고 말하고 있다. '염색하다(dye)'와 '죽다(die)'의 발음이 같아서 벌어진 해프닝이다.

24 정답 ④

해설 문맥상 '그 상태를 유지하다'의 의미이므로 정답은 ④이다.

25 ~ 26

해석 Jane은 화랑 안을 천천히 걷고 있었다. Jane은 이모의 뒤를 따라 걷고 있었는데 이모는 풍경화를 바라보는 데서 즐거움을 느끼는 사람이었지만 Jane에게는 그것들이 모두 엇비슷하게만 느껴졌다. Jane은 그것들의 희미한 회색과 엷은 파란색에 거의 흥미를 느끼지 못했다. 하지만 둘이 끝없이 뻗어 있는 듯한 긴 복도를 걷던 중, 무심히 그림들을 바라보다가 어느 방구석에 덩그라니 걸려 있는 한 그림에 갑자기 Jane의 주의가 이끌렸다. 그림에는 우아함과 세련미로 가득 찬 모습을 하고 달리는 말 위에서 춤추는 자세로 서 있는 어린 소녀의 모습이 그려져 있었다. Jane은 곡예단의 불그스름한 색상을 배경으로 한 소녀의 따스함과 아름다움에 매혹되었다.

단어
- picture gallery 미술관, 화랑
- gaze 응시하다
- misty 안개가 짙은, 희미한
- corridor 복도
- with indifference 무관심하게
- circus ring 곡마장
- fascinate 매혹하다, 반하게 하다

25 정답 ④

해석 Jane의 이모는 시골 풍경의 그림들을 좋아한다.

해설 지문에 따르면, Jane의 이모는 풍경화를 바라보는 데서 즐거움을 느끼는 사람이었다고 했다.

26 정답 ①

해설 지문에 따르면 마지막 문장에서 Jane은 소녀의 따스함과 아름다움에 매혹되었다고 했다.

27 정답 ③

해설 would rather 다음의 절에는 가정법 과거 시제가 온다.

① Except your help → Without your help
Without(= But for = Except for = If it were not for = Were it not for) 만약 ~이 없다면

② time you buy → time you bought
It is (high) time ~ 가정법 과거(should + 동사원형) ~할 때 ~이다

④ he might win → he might have won
가정법 과거완료 문장이므로 주절에는 might have + p.p.가 온다.

28 정답 ②

해석 A : 너는 얼마를 가지고 있니?
B : 난 10달러 있어.

해설 '수사 + 명사'가 형용사적으로 쓰일 때에는 단수 형태로 쓰인다.

29 정답 ①

해석 A : 너의 솔직한 의견을 말해 줘.
B : 그것에 대해 내가 무엇을 생각하는지 정말 알길 원해?

해설 간접의문문의 어순은 '의문사 + 주어 + 동사'이다.

30 정답 ③

해석 통계는 인구 1,000명당 사망 지수를 나타낸다.

해설 statistics는 단수와 복수로 쓰일 때 의미가 달라 진다. 단수 취급할 때는 '통계학', 복수로 쓰일 때는 '통계, 통계수치' 등의 의미로 쓰인다.

31 정답 ④

해석 태풍이 이 마을을 휩쓸고 지나갔음에도 불구하고, 피해는 거의 없었다.

해설 damage(손해, 피해)가 불가산명사로 쓰이고 부정의 의미가 되어야 하므로, ④ 'little damage'가 정답이다.

단어
- sweep through ~을/를 휩쓸고 지나가다
- damage 손해, 손상, 피해

32 정답 ②

해석 A : 우린 학교 축제를 위해 운동장을 청소할 계획이에요.
B : 일이 꽤 많은 것 같은데요. 혹시 도움이 필요한가요?(= 도와 드릴까요?)
A : 그럼요! 많으면 많을수록 좋죠.

해설 밑줄 친 문장의 more(더 많은), better(더 나은)라는 단어에서 '더 많으면 더 낫다' = '많으면 많을수록 좋다'라는 뜻을 유추할 수 있다.

33 정답 ④

해석 좋은 작가는 주제 선택에 현명하고, 자료 축적에 철두철미하다. 훌륭한 작가는 자신과 자신의 아이디어를 전적으로 신뢰해야 한다. 훌륭한 작가들은 수많은 정보에서 중요한 사실들을 캐내는 방법을 알고 있다. 작가에게 가장 고통스러운 것은 그의 상상력에 활기와 풍부함을 유지하는 일이다. 대부분 작가들은 단지 그들이 순수한 작가로서의 필수적인 자질이 부족하기 때문에 실패한다. 그들은 심하게 편견에 사로잡혀 있다. 교육을 받았음에도 불구하고 그들의 시각은 아주 좁다.

해설 밑줄 친 They 앞 문장에 '대부분 작가들은 단지 그들이 순수한 작가로서의 필수적인 자질이 부족하기 때문에 실패한다.'고 했으므로, They는 ④ '실패한 작가들(Failed writers)'을 가리킨다.

단어
- exhaustive 철저한
- accumulation 축적
- irresistible 저항할 수 없는
- confidence 신뢰
- excavate 발굴하다
- significant 중요한
- mass 크기, 양, 집단
- toughest 가장 힘든
- vigor 활기
- fertility 풍부함
- indispensible 필수적인
- genuine 진짜의
- intensely 심한
- prejudiced 편견이 있는
- in spite of ~에도 불구하고
- narrow 좁은, 한정된

34 정답 ③

해석 우리가 언어를 쓰는 방식이 우리가 말하는 방식과 항상 같지는 않다.

(C) 예를 들어, 사람들이 말하는 똑같은 단어가 다른 단어처럼 들릴 수 있고, 다른 단어가 똑같은 단어로 들릴 수 있다.

(B) 반면, 문어에서 같은 단어는 항상 같은 방식으로 표기된다. 따라서 다른 단어들은 인쇄 상태에서 구별하기 쉽다.

(A) 이러한 차이점 외에도, 더 중요한 것은 문체에서 문어는 구어와 다르다.

해설 글의 순서를 연결하는 문제는 언제나 논리적인 흐름에 유의해야 하며, 특히 접속사, 지시사, 대명사를 통해 정답을 유추할 수 있다.

단어
- distinguish 구별하다

35 정답 ④

해석 우리는 출생을 선택하지 않는다. 우리는 우리의 부모를 선택하지 않는다. 우리 대부분은 죽음을 선택하지 않는다. 그러나 우리는 어떻게 살 것인지 선택한다. 우리는 인생에서 중요한 것 또는 사소한 것을 결정하고, 우리가 해야 할 일과 하지 않아야 할 일을 결정한다. 우리의 선택과 결정에 대해 세상이 아무리 무관심해도 이러한 선택과 결정은 우리가 해야 할 일이다. 우리의 선택과 결정에 따라 우리의 인생도 그렇게 형성된다.

해설 인생에서 중요한 것이든 사소한 것이든 스스로 결정해야 한다는 내용에 관한 글이므로 정답은 ④이다.

36 정답 ①

해석 저는 귀사가 6월 20일자 『The New York Times』에 광고한 그래픽 디자인 자리에 관심이 있습니다. 저는 Whitman 출판사에서 지난 2년 동안 디자이너로서 일했습니다. 저는 광고에 관심이 많습니다. 대학에서 상업 미술을 공부했고 광고 디자인 강좌도 들었습니다. 또한 스페인어도 잘합니다. 저를 면접 보고자 하시면 (212) 908-8094로 전화해 주십시오. 저의 이력서를 보냅니다. 관심을 기울여 주셔서 감사합니다.

해설 지문은 그래픽 디자이너 자리에 관심이 있는 구직자가 쓴 자기소개서이다.

37 ~ 38

해석 많은 종류의 바이러스가 존재했고 앞으로도 계속 변화할 것이다. 이러한 변화는 주로 돌연변이가 원인이 되었다. 인류는 바이러스와 싸우기 위하여 항바이러스 약품을 개발하고 있으며, 그리고 이는 얼마 동안 지속될 것이다. 그러나 바이러스의 형체가 변함에 따라서 거기에 대응하는 항바이러스 약은 쓸모없게 되었고, 그것은 다시 마음껏 그 숙주에게 해를 끼치게 한다. 결국 인류는 새로운 바이러스를 물리치기 위해 새로운 항바이러스 약품을 개발한다. 이 과정은 자체적으로 여러 번 반복되었다. 바이러스를 격퇴하는 새로운 방법을 발견하는 것은 금세기에서 계속적으로 중요한 우선순위가 될 것이다.

단어
- mutation 돌연변이
- antiviral 항바이러스의
- combat 싸우다
- corresponding 대응하는
- render ~이 되게 하다
- priority 우선권

37 정답 ③

해설 바이러스는 격퇴되고 다시 해를 끼치기를 반복한다. 영원히 그대로 계속된다는 언급은 없다.
① 그들은 숙주에 영향을 줄 수 있다.
② 그들은 돌연변이에 의해 자주 변한다.
④ 어떤 항바이러스 약품은 일정 기간에만 효과가 있다.

38 정답 ②

해설 바이러스는 모양을 자주 바꾸기 때문이다.
① 바이러스는 인간에게 해를 끼칠 수 있다.
③ 인간은 항바이러스 약품을 계속 개발한다.
④ 시간이 지나도 항바이러스 약품은 효과가 지속된다.

39 ~ 40

해석 전설은 민담의 널리 알려진 형태이다. 어떤 면에서 전설은 또 다른 형태의 민담인 신화와 비슷하다. 그러나 신화는 고대로부터의 사건을 묘사하고, 보통 신의 탄생과 같은 종교적인 주제를 다룬다. 전설은 쉽게 알아볼 수 있는 사람들과 장소들, 사건들에 대해 이야기하는데, 상대적으로 최근 발생한 것들이다. 어떤 전설들은 실제 사람이나 사건에 근거해 있지만, 많은 것들은 완전히 허구이다. Paul Bunyan과 Pecos Bill의 초인간적 업적에 대한 전설은 가상적인 것이다. 반면에 Washington과 Lincoln에 관한 전설은 대부분 그 두 대통령이 가지고 있던 실제 특성들을 과장한 것이다.

단어
- resemble 비슷하다
- antiquity 고대
- religious 종교적인

- recognizable 쉽게 알아볼 수 있는
- take place 발생하다
- comparatively 상대적으로
- superhuman 초인적인
- accomplishment 성취
- exaggeration 과장

39 정답 ②

해설 ① 신화는 고대로부터 사건을 묘사했다.

③ Washington과 Lincoln에 대한 전설은 실제의 특성을 과장한 예이다.

④ Paul Bunyan and Pecos Bill의 이야기는 사람과 사건이 완전히 가상적인 것이다.

40 정답 ③

해설 imaginary 상상에만 존재하는, 가상적인

단어
- imaginative 창의적인, 상상력이 풍부한
- imagined 상상의
- imaginable 상상할 수 있는, 생각할 수 있는

제 5 회 정답 및 해설 | 영어

01	02	03	04	05	06	07	08	09	10	11	12	13	14	15	16	17	18	19	20
③	④	②	④	①	③	②	④	④	③	②	④	③	①	③	②	④	③	①	①
21	22	23	24	25	26	27	28	29	30	31	32	33	34	35	36	37	38	39	40
④	④	③	②	①	②	④	④	①	③	①	③	②	④	②	①	③	②	②	④

01 정답 ③

해석 그녀뿐만 아니라 나도 영화 보러 가야 한다.

해설 not only A but also B 구문에서 동사는 B에 일치시킨다.

02 정답 ④

해석 소는 고기, 우유, 가죽을 얻기 위해서 기른다.

해설 cattle은 집합명사로서 복수형 동사를 취한다.

03 정답 ②

해석 즉시 병원에 가는 게 좋겠어.

해설 had better + 동사원형 (~하는 것이) 좋을 것이다

04 정답 ④

해석 그의 수업은 나에게 매우 귀중하다.

해설 invaluable 값을 헤아릴 수 없는, 매우 귀중한(= priceless)

① 무가치한

② 가치 없는

③ 소용없는

05 정답 ①

해석
- 미안하지만, 굴은 제철이 아닙니다. 저희 집에는 없습니다.
- 그는 실직하여 일자리를 찾고 있다.

해설
- out of season 철이 지난
- out of work 실직한

06 정답 ③

해설 통화 중임을 알릴 때는 'the line is busy'라고 한다.

07 정답 ②

해석 A : 임대 계약서에 서명하시기 전에 질문 있으십니까?

B : 예, 반려동물 키워도 되나요?

A : 아니요, 그건 불가능합니다. 우리는 반려동물을 기르는 것을 허용하지 않습니다.

해설 out of the question 불가능한

단어 • lease 계약, 임대

08 정답 ④

해석 A : Wagner 교수님, 이번 학기에 생리학을 그만 두어야 할지, 말아야 할지에 관해 교수님의 충고를 듣고 싶습니다.

B : 끝까지 그 과목을 다 들어야 할 것 같네.

해설 A는 충고의 말을 구하고 있기 때문에 여러 보기 중에서 충고의 말이 될 수 있는 표현을 답으로 고르면 된다.

④ 내가 보기에는 자네가 그 과정을 다 끝내야 할 것 같네

① 그런 일이 일어날 가능성은 많지 않네

② 유감스럽지만 자네 말이 맞는 것 같네

③ 자네 말에 동의하지 않는 게 싫네

09 정답 ④

해석 그해 초 여러 주 동안 계속된 유별나게 지독한 스모그 현상은 어림잡아 4,000명 내지 8,000명의 죽음을 초래한 것으로 추정되었다.

해설 ④에서 to be caused → to have caused로 고쳐야 한다. 스모그가 사상자를 유발했으므로 수동으로 할 필요는 없으며, 시제상 완료의 뜻이 있으므로 완료부정사로 고친다.

단어
- smog 스모그(연기와 안개의 혼합물)
- estimate 어림잡다, 평가하다, 견적하다

10 정답 ③

해석 비록 컴퓨터가 인간의 편견 없이 작동한다 하더라도, 어떤 사람들은 그것들의 논리적인 해법이 인간에게 해가 될 수 있음을 두려워한다.

해설 ③에서 its → their로 고쳐야 한다. its가 가리키는 것은 computers이므로 their가 되어야 한다.

단어
- even though ~임에도 불구하고
- prejudice 편견
- logical 논리적인
- solution 해법

11 정답 ②

해석 나는 오늘은 몸이 안 좋아서 회사에 갈 수 없다.

해설 under the weather 몸이 안 좋은

12 정답 ④

해석 전문가가 제안했던 디자인으로 판단해 보면, 이 혁신은 컴퓨터 저장에서 효과가 있을 것이다.

해설 judging from(~로 판단해 보면)은 관용적 분사구문으로 부사처럼 쓰인다.

단어
- specialist 전문가
- innovation 혁신
- storage 저장

13 정답 ③

해석 이 경우에는 기존의 하드 드라이브 수리가 새 컴퓨터 장비를 구입하는 것보다 비용이 더 든다.

해설 hard drive를 꾸며 주는 형용사가 들어가야 하므로 exit의 현재분사 existing을 쓴다.

14 정답 ①

해설 'A가 ~하는 데 시간이 걸린다'는 'It takes + A + 시간 + to부정사'이므로, ①이 정답이다.

단어
- find out 발견하다
- counterfeit (돈, 상품) 위조의, 모조의

15 정답 ③

해석 • 다른 사람들이 네게 하기를 원하는 대로 다른 사람들에게 대해라.
• 그는 아침 식사 전에 달리기를 하곤 했다.

해설 would는 소망(wish to), 고집(의지), 과거의 반복된 동작을 나타낸다.

16 정답 ②

해석 나는 전에 그녀를 보았던 것을 기억할 수 없었다.

해설 remember 다음에는 to부정사나 동명사가 올 수 있는데, 이 문장에서는 과거의 일에 대해 말하고 있으므로 동명사가 되어야 한다.

단어 • remember + to 부정사 (미래) ~할 것을 기억하다
• remember + -ing (과거) ~한 것을 기억하다

17 정답 ④

해석 세계는 매일 많은 에너지를 사용하고 필요한 연료량은 해가 갈수록 더 늘어간다. 미래가 필요로 하는 에너지를 채우기 위해서 우리는 무엇을 해야 할까? 석탄, 석유, 가스의 공급량은 한정되어 있다. 다음 백 년 동안도 지속되지 않을지도 모른다. 그러면 무엇이 그것들의 자리를 대신할 것인가?

해설 마지막 문장인 Then what will take their place?(무엇이 그것들의 자리를 대신할 것인가?)의 답이 나와야 한다.

단어 • fuel 연료
• supply 공급
• limit 한정하다
• take place ~을/를 대신[대체]하다

18 정답 ③

해석 나의 어머니는 허약하셔서 가끔 집안일을 할 수 없으셨다. 그럼에도 불구하고, 어머니로서의 역할에 최선을 다하고자 노력하셨다. 특히 내게 있어 어머니는 훌륭한 선생님이셨다.

해설 마지막 문장을 통해 정답이 ③임을 알 수 있다.

단어 • do one's best 최선을 다하다
• try + to 부정사 ~하려고 노력하다
• especially 특히

19 정답 ①

해석 전 세계 사람들의 건강은 기계에 의해서 영향을 받는다. 우리 조부모님 시대에는 단지 극소수만이 살 수 있었던 (A) 약이 이제는 대량 생산되고, 가격도 매우 저렴해서 누구나 구입할 수 있다. (B) 기계는 다양한 종류의 약을 대량으로 제조하는 것뿐만 아니라, 전 세계에 이 약품들을 배급하는 것도 가능하게 했다.

해설 대량 생산되고 누구나 구입할 수 있는 것은 '약'이고, 이를 제조하고 배급하는 것은 '기계'이다.

단어 • affect ~에 영향을 미치다
• manufacture 제작하다, 생산하다
• in large quantities 대량으로
• distribution 분배, 보급

20 정답 ①

해석 1940년대에 세 명의 프랑스인이 원주민 카누를 타고 Niger 강을 따라 내려갔다. 2,600마일을 항해하는 도중에 그들은 협조적인 아프리카 원주민들의 집을 방문하기 위해 자주 멈추곤 했다. 이들 탐험가들은 Niger 강가에 사는 원주민 생활을 인터뷰와 수천 장의 사진으로 기록했다.

해설 1940년대 Niger 강을 탐험했던 탐험가들의 이야기이다.

단어
- sail down 배를 타고 내려가다
- in a native canoe 원주민의 카누를 타고

21 정답 ④

해석 Theodore Caplow라는 사회학자에 의하면, 출생의 우연은 종종 사람이 어떠한 직업을 선택할지를 결정하는 데 중요한 역할을 한다고 한다. 아이들은 부모의 직업을 따른다. 즉, 농부들은 농부의 자손에게서, 교사들은 교사의 자녀들에 게서 재생산된다. 부모는 자녀들에게 직업을 '물려준다'. 게다가, 출생 시간과 장소, 인종, 국적, 사회계층, 부모의 기대 같은 요인들은 모두 우발적이다. 즉, 계획되거나 통제되지 않는다는 것이다. 그것들은 모두 직업 선택에 영향을 끼친다.

해설 지문의 'Children follow their parents' occupation.'과 'Furthermore, such factors as time and place of birth, race, nationality, social class, and the expectations of parents are all accidental, that is, not planned or controlled. They all influence choice of occupation.'에 부모의 직업, 기대, 출생 시기와 장소가 언급되었다.

단어
- sociologist 사회학자
- accidental 우연한, 우발적인

22 ~ 23

해석 오늘날 많은 사람들이 역사적으로 여성은 대부분 문화에서 남성과 동등하게 대우받지 못하고 있다고 느낀다. 서구 세계에서 최근 100여 년 전까지도 여성들은 선거에서 투표권이 허용되지 않았으며 대부분 전문 직종에서 배제되었다. 한 성(남성)을 다른 성보다 선호하는 태도를 (여성에 대한) <u>성차별주의</u>라고 부르는데, 많은 사람들이 생각하기를 우리들이 말하는 언어에서도 나타난다고 한다. 예를 들면, 기사의 후반에 사용되는 "mother"라는 동사는 일반적으로 "돌보다, 재생하다"라는 뜻이 있다(예를 들어, "그 선생은 그녀의 학생들을 모두 돌본다"). 반면에, "father"라는 동사는 보통 "위험에 빠뜨리다, 유래하다"라는 뜻이 있다(예를 들어, "그는 세 아들의 아버지가 되었다."). 여기 남성이 아닌 여성이 아이들을 돌보아야 한다는 고정관념이 우리들의 일상적인 대화에도 깔려 있는 것이다.

단어
- exclude 배제하다
- endanger 위험에 빠뜨리다
- originate 비롯되다

22 정답 ④

해설 지문의 'Here the idea that women, not men, shculd take care of the children is locked into our everyday speech.'으로 미루어 알 수 있다.

23 정답 ③

해설 문맥으로 보아 여성보다 남성 우위라는 인식이 강하기 때문에 ③ '성차별주의(sexism)'가 들어가는 것이 적절하다.

① 동성애
② 불면증
④ 성적 취향, 성정체성

24 ~ 26

해석 낙천주의는 훌륭한 특성이긴 하지만, <u>너무 지나치면</u> 어리석은 것이 된다. 우리는 이

나라의 자원들이 무궁무진하다고 말하기 쉽지만, 그렇지 않다. 석탄, 철, 석유, 가스 등과 같은 광물 자원은 재생산될 수 없으며, 따라서 결국 고갈될 것이 확실하다. 그리고 지금 자원을 낭비하면 우리의 후손들이 1세대나 2세대 먼저 고갈을 느끼게 될 것이다. 그러나 완전히 근절시킬 수 있는 다른 형태의 낭비가 있다. 예를 들어 세탁으로 인해서 황폐화된 토양은 현재 지금 미국에서 진행 중인 모든 낭비 중에서 가장 위험하지만, 손쉽게 예방할 수 있다. 따라서 현재 진행되는 비옥한 토지에 대한 엄청난 손실은 전적으로 불필요한 것이다. 삼림 보존이나 대체 삼림도 이러한 손실을 막을 수 있는 가장 중요한 방법들 중의 하나이다. 우리는 삼림 보존을 시작했지만, 과거에 자행된 목재 남벌이 순식간에 미국 전역으로 퍼져 이제 이 땅의 모든 가정이 목재 기근에 처하기 직전임을 절실히 느끼게 될 것이다.

단어
- optimism 낙관주의
- foolishness 어리석음
- be prone to ~기 쉽다
- inexhaustible 무궁무진한
- ultimately 결국
- wastefulness 낭비
- descendant 후손
- on the verge of ~기 직전
- famine 기근
- preventable 예방 가능한
- exhaustion 고갈
- timber 목재

24 정답 ②

해설 문맥과 excess로 보아 ② '너무 지나치면'이 정답이다.

25 정답 ①

해석 낭비는 <u>예방 가능한 것과 불가능한 자원 고갈로</u> 분류할 수 있다.

해설 지문의 앞부분에서는 예방 불가능한 자원 고갈에 대해 뒷부분에서는 예방 가능한 자원 고갈에 대해 설명하고 있다.

26 정답 ②

해석 필자가 자원으로서의 목재의 고갈에 대해서 걱정하고 있는 이유는 무엇인가?

① 낙천주의는 아무것도 예방할 수 없기 때문에

② 목재는 삼림 보존의 필수적인 부분이기 때문에

③ 그것이 국가의 중요한 대중적인 이슈이기 때문에

④ 광물 자원이 충분히 남아 있을 것이기 때문에

해설 천연자원인 목재의 고갈에 대해 필자가 우려하고 있는 것은 목재가 숲 보존에 필수적인 역할을 하기 때문이다.

27 정답 ④

해석 〈기숙사의 학생 규칙〉

- 모든 학생이 해야 할 것 :
  1. 오전 6시 기상
  2. 오후 10시 취침
- 학생들이 해도 되는 것 :
  1. 한 달에 두 명의 방문객이 올 수 있다.
  2. 개를 제외한 반려동물을 키울 수 있다.
- 학생들이 하면 안 되는 것 :
  1. 오후 6시 이후 외출
  2. 휴대전화 소지

해설 학생들은 한 달에 두 명의 방문객을 맞이할 수 있다.

28 정답 ④

해석 A : 맥주 좀 드시겠어요?

B : 예, 주세요. 목이 말라요.

해설 'No, thank you.', 'No, thanks.' 등은 상대편의 제안을 거절할 때 쓰며, 'Her you are.'는 상대편이 찾는 물건을 건네줄 때 사용한다.

29 정답 ①

해석 A : 무슨 일이야?

B : 계단에서 미끄러져 넘어졌어. 팔이 부러진 것 같아.

A : 오, 다친 게 아니었으면 좋겠어. 어느 쪽 팔이야?

B : 왼쪽 팔. 바로 여기가 아파.

A : 어디보자. 팔이 부러진 것 같지는 않지만 지금 당장 의사 선생님께 가 보는 게 좋겠어.

해설 B가 A에게 팔이 부러진 것 같다고 했으므로, 다친 게 아니었으면 좋겠다는 의미의 말이 빈칸에 들어가야 한다.

30 정답 ③

해설 ③에서 a little → a few로 고쳐야 한다. a little은 불가산명사 앞에 쓰므로 가산명사인 bananas 앞에는 many, a few 등을 써야 한다.

31 정답 ①

해석 오늘 오후 구내식당 자판기 구역 냉동식품 머신에 간단한 저녁 먹거리를 구비해 놓을 것이다.

해설 ①에서 freezing → frozen으로 고쳐야 한다.

food는 freeze(얼리다)의 행위 대상이므로 frozen food(냉동식품)가 되어야 한다.

32 정답 ③

해석 KFC에서 점심을 먹고 난 후에 친구들과 나는 패스트푸드 식당 앞에 있는 Sanders 대령의 동상을 배경으로 사진을 찍기 위해 걸음을 멈추었다. 나는 현상소에 필름을 맡기면서 사진 속에 있는 사람과 같은 수로 사진을 뽑아 달라고 부탁했다. 며칠 후 그 가게에 갔을 때 예상보다 (A) 사진을 한 장 더 받았다. 나는 불현듯이 가게 주인이 동상을 그의 (B) 계산에 포함시켰다는 것을 깨달았다.

해설 지문은 KFC 매장 앞에서 친구들과 함께 사진을 찍고 인원수대로 사진을 뽑아 달라고 했더니, 매장 앞에 있는 동상까지 인원수에 포함해서 사진을 뽑아 주었다는 내용이다.

단어
- pause 잠깐 멈추다
- statue 동상, 조상
- as many 같은 수의
- calculation 계산

33 정답 ②

해석 친애하는 Gorden 씨에게,

1월 3일과 다시 2월 3일에 우리는 귀하의 주치의와 보험 대리점의 이름과 주소를 묻는 편지를 보냈습니다. 귀하는 답장하지 않았습니다. 만약 중요한 정보를 보내 주지 않으면서 귀하의 요청을 어떻게 계속적으로 진헝할 것을 기대하겠습니까? 만약 이번 달 말까지 아무런 소식이 없으면 귀하의 서류를 제쳐 놓겠습니다.

Lisa Garden으로부터

해설 필자는 긴급하게 응답을 촉구하고 있다.

① reconciliatory 화해의

③ indifferent 무관심한

④ ill-mannered 버릇없는

단어
- insurance agent 보험 대리점
- proceed 나아가다, 진행되다

34 정답 ④

해석 자동차는 많은 도시에서 가장 중요한 대기 오염 원인이다. 대부분의 사람들이 자동차로 직장에 출근하는 로스앤젤레스와 같은 도시에서는 특히 그러하다. 대기오염을 줄이기 위하여 도시는 거리에 다니는 자동차의 수를 줄여야 한다. 하지만 이것은 사람들이 출근하는 다른 방법이 있을 경우에만 가능하다. 이런 이유로 대다수 시 정부는 대중교통 체계를 개선하기 위하여 노력하고 있다.

해설 문맥상 앞에 언급한 이유들 때문에 결과적으로 교통체계의 개선에 노력한다고 하므로 ④가 정답이다.

단어
- air pollution 대기오염
- reduce 줄이다
- transportation system 교통체계

35 정답 ②

해석 사람들은 누구나 소풍이나 캠핑을 가서 좋은 시간을 보내고 싶어 한다. 여러분은 조용하고 멋진 장소에 가기를 원한다. 여러분이 그곳을 떠날 때는 깨끗하게 해야 한다는 것을 명심해야 한다. 항상 쓰레기를 담을 빈 가방을 가져가는 것을 기억해야 한다.

해설 공공 예절에 대해 일러주는 선도적인 내용이다.

단어
- make sure 확인하다
- empty 비어 있는
- wastes 쓰레기

36 정답 ①

해설 (A) 이곳은 그가 살고 있는 집이다.
(장소의 관계부사 where)
(B) 나는 그가 언제 도착하는 시간을 알고 있다.
(시간의 관계부사 when)
(C) 네가 가야 할 이유는 없다.
(이유의 관계부사 why)
(D) 이것이 그것이 발생한 방법이다.
(방법의 관계부사 how)
(E) 그는 내가 도착한 날에 죽었다.
(시간의 관계부사 when / that도 가능)

37 ~ 38

해석 당신은 오래 살기를 원하는가? 그러리라고 생각한다. 당신은 늙기를 바라고 있는가? 그렇지 않다고 생각한다. 인간은 수천 년 동안 후자가 아닌 전자를 원했고 항상 실망했다. Cleopatra가 젊음과 아름다움을 유지하기 위해 당나귀 젖에 목욕했다는 말은 있으나 노년에 그 위력을 발휘할 수 있을 만큼 오래 살지는 못했다. 스페인의 정복자 Juan Ponce de Leon은 1513년 Florida 주를 발견한 것보다 젊음의 샘을 찾으려 했던 것으로 더 유명했다. 그는 원주민이 그에게 말한 다시 젊어지게 하는 샘을 찾지 못하고 몇 년 후에 인디언의 독화살을 맞고 죽었다.

단어
- invariably 변함없이, 항상
- rejuvenate 다시 젊어 보이게 하다, 활기를 되찾게 하다

37 정답 ③

해설 전자(one) = 오래 사는 것, 후자(the other) = 늙는 것

38 정답 ②

해석 Cleopatra와 Juan Ponce de Leon은 모두 장수를 원했지만, 그러지 못했다는 점에서 비슷하다.

해설 지문에 따르면 두 사람 모두 오래 살기를 원했지만 성공하지 못했다.

39 정답 ②

해석 올림픽 경기에서 가장 힘든 일 중에 하나는 표를 사지 않은 사람들을 입장하지 못하게 하는 것이다. 누구나 올림픽 경기를 보기 원하고, 많은 사람들이 돈을 내지 않고 경기장에 들어가려고 애쓴다. 어떤 사람들은 선수용 유니폼을 입고 선수나 관계자인 체한다.

해설 pretend ~인 체하다

40 정답 ④

해석 어린 새끼들에게 젖을 먹여 키우는 동물 부류는 일반적으로 암컷들이 알을 낳기보다는 새끼를 낳는다.

해설 새끼를 낳고, 젖을 먹이는 포유동물에 대한 설명이다.

① 가금(家禽)
② 야수
③ 어류

제 6 회 정답 및 해설 | 영어

01	02	03	04	05	06	07	08	09	10	11	12	13	14	15	16	17	18	19	20
①	②	③	④	③	②	①	④	③	④	①	③	③	②	②	④	③	③	④	①
21	22	23	24	25	26	27	28	29	30	31	32	33	34	35	36	37	38	39	40
④	①	②	②	①	④	②	④	①	④	④	②	①	②	②	④	②	①	③	②

01 정답 ①

해석 ① 그는 무엇이 그를 기다리고 있는지 전혀 모른다.
② 그녀는 전적으로 정직한 것은 아니다.
③ 반짝이는 것이 모두 다 금은 아니다.
④ 부자들이 언제나 행복한 것은 아니다.

해설 ②·③·④는 모두 부분 부정을 나타내는 표현인데, ①은 '전혀 알지 못한다'는 부정이다.

02 정답 ②

해석 일반적으로, 돌은 그것이 형성된 방식에 따라 분류된다.

해설 돌이 분류를 하는 주체가 아니라 분류되는 대상이므로 수동태를 써야 한다.

03 정답 ③

해석 그는 자신의 운명에 만족하지 않을 수 없었다.

해설 • cannot help -ing ~하지 않을 수 없다
• be satisfied with ~에 만족하다

04 정답 ④

해석 사람은 그가 사귀는 친구를 보면 안다.

해설 be known by ~을/를 보면 안다

단어 • be known to ~에게 알려지다
• be known as ~로서 알려지다

05 정답 ③

해석 나는 매운 음식을 먹는 데 익숙하다.

해설 be used to -ing ~하는 데 익숙하다

06 정답 ②

해석 그 사람은 여행을 취소하지 않고 연기했을 뿐이다.

해설 call off 취소하다(= cancel)

07 정답 ①

해석 도와 드렸으면 좋겠지만, 금요일은 불가능해요.

해설 out of the question 불가능한(= impossible)

08 정답 ④

해석 ① 나는 몇 달만 지나면 대학을 졸업할 예정이다.
② 요행을 의지하지만 말고, 할 수 있는 최선을 다해라.
③ 잘못된 자료들은 잘못된 결정을 야기할 수 있다.
④ 위원회는 회원 10명으로 구성되었다.

해설 ④에서 consists in → consists of로 고쳐야 한다.
① ~을/를 졸업하다
② ~에 의지하다
③ 야기하다

09 정답 ③

해석 A : 몇 시에 체크인해야 하나요?
B : 3시 이후 언제든지 체크인할 수 있어요.

해설 ① 아직 30분이 남았어요.
② 5시 정각이에요.
④ 오전 9시에 체크아웃할 테니 계산서를 준비해 주세요.

10 정답 ④

해설 인칭대명사 who는 사람의 이름, 가족 관계를 물을 때 사용한다.

11 정답 ①

해석 A : 휴대 전화 번호를 알려 주실 수 있으세요?
B : 물론이죠.

해설 'Would you mind ~?'는 부정으로 답해야 허락의 뜻이다.

단어 • mind 신경 쓰다, 싫어하다

12 정답 ③

해석 A : 실례하지만, 시청 가는 길 좀 가르쳐 주시겠습니까?
B : 네, 직진하다가 좌회전하세요.
A : 저는 여기가 처음이어서 길을 잃을까 봐 걱정됩니다.
B : 걱정하지 마세요. 절대 못 찾을 리 없어요.

해설 ① 도와주셔서 대단히 감사합니다.
② 천만에요.
④ 당신에게 달렸어요.

13 정답 ③

해석 조금씩 이동해서 이 노인분께 자리를 만들어 주시겠습니까?

해설 make room for ~을/를 위해 (앉을) 자리를 내어주다

14 정답 ②

해석 그녀는 매우 똑똑하고 많은 분야에서 다재다능하다.

해설 all-round 다재다능한(= versatile)

15 정답 ②

해석 • 나는 보통 그곳에 가기 위해 지하철을 탄다.
• 그것이 끝나려면 30분은 걸릴 것이다.

해설 첫 번째 문장은 일상적인 습관, 두 번째 문장은 조동사 will 뒤이므로 빈칸엔 모두 현재시제가 들어가야 한다.

단어 • get (기차 · 버스 등에) 잡아타다
• take (시간 · 노력 등을) 걸리다, 들다, 필요로 하다

16 정답 ④

해석 • 건물 내에서는 금연입니다.
• 결근 시에는 하루 전에 미리 말해 주셔야 합니다.
• 근무 중 사적인 통화는 허용되지 않습니다.

해설 금연, 근무 등의 단어로 미루어 보아 ④가 정답이다.

17 정답 ③

해석 당신은 돈을 빌려줄 때 신중해야 한다. 누군가 당신에게 돈을 빌리고 싶어 한다면, 당신은 그가 빌려간 돈을 갚을 것이라고 생각될 때까지 빌려주어서는 안 된다.

해설 ③은 '돌다리도 두드려 보고 건너라.'라는 뜻으로 잘 생각하고 행동하라는 의미이다.

① 구르는 돌에는 이끼가 끼지 않는다.

② 자기 일에만 신경 써라.

④ 유유상종

18 정답 ③

해석 작가는 사실만을 말하기 위해 매우 조심해야 한다. 그는 잘못된 진술 또는 암시를 만들지 말아야 한다. 그는 정확해야 한다.

해설 사실만을 말하려면 정확해야(accurate) 한다.

① clever 영리한

② ignore 무시하다

④ diligent 근면한

19 정답 ④

해석 우리는 젊은 남자에게 직장을 그만두라고 요구해야 했던 것이 유감이었다. 그것은 그가 사무실에서 다른 사람들에게 인기가 없었기 때문이 아니었다. 모두가 그를 좋아했다. 그 문제는 너무 그의 많은 일이 만족스럽지 못했다는 것이었다. 즉, 그것은 충분히 좋지 않았다.

해설 그의 업무가 불만족스러워서(unsatisfactory) 그는 퇴직을 권고 받았다고 해야 자연스럽다.

① undecided 아직 결정되지 않은

② unable 할 수 없는

③ incapable 할 수 없는

20 정답 ①

해석 자문위원으로서 나는 부장들과 그들의 생각에 대해 논의하면서 1시간 이상을 보내기로 되어 있었다. 그럼에도 불구하고, 약속은 잊혀졌다. 15분에서 45분가량 긴 시간 동안 사무실 밖에서 기다리기 일쑤였으며 종종 논의 시간은 10분이나 15분으로 단축되기도 했다. 논의 중에도 내게는 비인격적인 거리감이 유지되었다. 즉, 그들은 책상 뒤에서 움직일 줄 몰랐다.

해설 두 번째 문장인 'Nevertheless, appointments were forgotten' 다음에 나오는 사무실 밖에서의 긴 기다림과 논의 시간은 종종 10~15분으로 줄어들었고 논의 중에도 비인격적인 거리감이 느껴졌다는 내용으로 미루어, 필자는 매우 분개하고 있다는 것을 알 수 있다.

① resentful 분개한

② kind 친절한

③ humorous 유머러스한

④ sorrowful 애도하는

21 정답 ④

해석 올-스타 스포츠용품점은 상점 내 모든 스포츠 용품을 일생에 한 번뿐인 가격 인하를 하고 있습니다. 우리는 당신이 생각할 수 있는 모든 스포츠에 대한 유명 상표 용품들을 갖추고 있습니다. 사람들은 우리가 어디서나 최상의 용품과 최저의 가격을 가지고 있다는 것을 알고 있습니다. 올스타 선수 Rocky Horwitz 씨는 "나는 모든 스포츠 용품을 '올-스타'에서 삽니다."라고 말합니다. 가격 인하는 1주일만 실시합니다. 그러니 서둘러 Rocky처럼 우리 상점의 고객이 되십시오.

해설 once-in-a-lifetime sale, ~ stock, ~ finest equipment, ~ lowest prices 등의 어구를 통해 광고문임을 알 수 있다.

단어 • equipment 기구
• lifetime 일생
• stock 갖추어 놓다
• name-brand 유명 상표
• last 계속되다
• join 합류하다

22 정답 ①

해석 미국에서는 소년, 소녀들이 독립하는 것이 중요하다. 부모들은 자녀들에게 다른 사람들의 도움 없이 일하도록 노력하라고 말한다. 한국에서는 사람들이 다른 사람들과 함께 일하는 데 익숙해 있으며, 부모들은 자녀들에게 단체나 가족 속에서 최선을 다하라고 말한다.

해설 미국과 한국 부모가 자식에게 가르치는 가치관을 비교하고 있다.
① 자녀를 가르치는 다른 견해들
② 부모님에게 최선을 다하기
③ 좋은 부모가 되는 법
④ 어제와 오늘날의 부모들

단어 • be good at ~에 익숙하다
• do one's best 최선을 다하다

23 정답 ②

해석 점점 더 갈수록 흡연은 이제 빈곤 계층과 노동자 계층의 습관이 되고 있다. 또한 새로운 연방정부의 한 흡연 데이터는 지역 간 흡연율의 격차가 점점 증가하고 있음을 나타낸다. 국가적인 흡연율은 점점 감소하고 있지만, 지리적으로 차이가 크다. 워싱턴의 상류층 주거 지역에서는 단지 10명 중 1명만이 담배를 피운다. 하지만 동부 켄터키의 클레이 카운티 같은 빈곤 지역에서는 10명 중 거의 4명이 흡연을 한다.

해설 지문 중 'The national smoking rate has declined steadily, but there is a deep geographic divide.'가 주제문이다.

24 정답 ②

해석 오늘날은 흔히 과학의 시대라고 불리는데, 우리들의 일상생활에 영향을 주는 과학적 발견이 많았으며, 그것들이 여러 면에서 우리의 생활을 조상들의 생활과 다르게 만들었기 때문이다. 점점 팽창하는 도시에서의 현대적인 편의 시설들은 과학이 우리의 환경과 생활 방식 중 많은 부분을 어떻게 바꾸어 놓았는지 보여 준다. 그러나 현재를 과학적인 시대라고 부르는 것이 과연 합당한가? 우리의 사고방식은 정말로 과학적인가?

해설 지문의 마지막 문장에서 현대를 과학적인 시대라고 부르는 게 합당한 것인지, 우리의 사고방식은 정말로 과학적인지에 대해 묻고 있으므로 ②가 정답이다.

단어 • ancestor 조상
• convenience 편의

25 정답 ①

해석 한 학년에서의 성공이 다음 학년의 보다 힘겨운 경쟁에 참여할 수 있는 자격을 부여하는 학교에서와 마찬가지로, 성인이 된 삶의 한 분야에서의 성공은 다음 단계의 "소득 계층"이나 전문직 집단에서 경쟁할 자격을 부여한다. 우리 삶에 있어 누군가가 최후의 성공을 거두어 더 이상 노력할 필요가 없는 상황이란 사실상 존재하지 않는다. 항상 더 높은 단계가 있기 마련이다.

해설 마지막 문장 'There is always a higher grade.'가 주제문이다.
① 성공은 상대적이지 결코 절대적인 게 아니다.

② 실패가 성공을 가르친다.
③ 성공은 부단한 노력이 필요하다.
④ 인간은 더 높은 지위에 있지 않으면 성공할 수 없다.

단어
• grade 학년
• qualify ~에게 자격을 주다
• tough 힘든
• income bracket 소득 계층
• concede 인정, 양보하다
• strenuous 몹시 힘든, 격렬한

26 정답 ④

해석 차고나 정원에서 하는 중고품 세일은 사과 파이와 팝콘 같이 미국 문화에서 커다란 부분을 차지한다. 정기적으로 사람들은 집에 있는 여분의 의류, 가구, 비품 등을 처분하려고 집 앞 잔디밭이나 차고에 진열해서 지나가는 사람들에게 판매한다. 물건들은 항상 아주 싼값으로 팔린다. 왜냐하면 필요 없는 물건을 치우는 것이 물건 판매로부터 얻는 대단치 않은 이익보다 더 중요하기 때문이다.

해설 밑줄 친 다음 문장인 'since getting rid of unwanted goods is more important than realizing even a modest profit from the sales.'가 이유이다.

단어
• garage sale 차고에서 하는 중고품 세일
• periodically 정기적으로
• appliance 기구
• passersby 통행인들
• garage 차고
• get rid of ~을/를 제거하다
• unwanted 불필요한
• modest 겸손한

27 정답 ②

해석 평판이 좋은 것은 바람직한 일이다. 동료와 지인들의 좋은 평가는 무시할 게 아니다. 성격과 평판 사이에는 종종 큰 차이가 있다. 평판은 세상 사람들이 당분간 우리를 믿어 주는 것이고, 성격은 진정한 우리의 모습이다. 평판과 성격이 조화를 이루기도 하지만 그 둘은 종종 빛과 어둠처럼 정반대이기도 한다.

해설 빈칸 다음 문장에 opposite이 있으므로, 부정 접속사 but이 사용된다.

단어
• reputation 평판
• associate 동료
• acquaintance 아는 사람
• character 성격
• for the time 당분간
• opposite 정반대의

28 정답 ④

해석 Smith 씨는 연말이 되기 전에 매니저가 되어(승진해서) 월급이 오르기를 희망했다. 그는 새 가구와 큰 차 한 대를 주문하기 시작했다. "김칫국부터 마시지 말아요."라고 그의 부인이 경고했다. 이것은 훌륭한 조언이었다. 왜냐하면 매니저가 된 사람은 Jones 씨이고 Smith 씨는 재정적인 어려움에 처하게 되었기 때문이다.

해설 부화하기도 전에 병아리를 세지 말라(떡 줄 사람은 생각지도 않는데 김칫국부터 마신다)는 의미의 ④가 정답이다.
① 어려울 때 돕는 친구가 진정한 친구다.
② 제비 한 마리가 왔다고 해서 여름이 온 것은 아니다(사물의 일면만 보고 전체를 단정하지 마라).
③ 먹은 과자는 손에 남지 않는다(양쪽 다 좋을 수는 없다).

29 정답 ①

해석 흡연과 음주를 동시에 심하게 하는 사람은 술고래이지만 담배를 전혀 피우지 않는 사람 또는 굴뚝처럼 담배를 피우지만 술은 전혀 마시지 않는 사람보다 병에 걸릴 위험이 더 클지도 모른다.

해설 앞에 비교급 greater가 있으므로 than이 와야 한다.

30 정답 ④

해석 지구가 자전하면서 태양 주위를 돌고 있다는 Galileo의 생각은 그 당시의 모든 믿음과 상식을 부정했다.'라는 의미이다.

해설 contradict는 '(진술·보도 따위를) 부정(부인)하다'라는 의미이다.

① combine ~을/를 결합시키다

② concern ~에 관련되다

③ compose 구성하다

31 ~ 32

해석 "얘야, 너는 네 어머니에 대해서 지금도 생각하고 있니?"

"예, 때로는요." 그녀는 모호하게 대답했다.

"나는 네가 어머니를 잊어버리기를 원하지 않는다. 너는 어머니의 사진을 가지고 있니?"

"예, 그럴 거예요. 어쨌든 Marion 이모가 가지고 있어요. 어째서 내가 어머니를 잊어버리기를 원하지 않나요? 어머니는 아빠를 매우 많이 사랑했어요."

"나도 역시 어머니를 사랑했단다." 그들은 잠시 동안 침묵했다.

"아빠, 저는 아빠와 함께 살고 싶어요." 그녀가 갑자기 말했다. 그의 심장이 뛰었다. 그는 이렇게 되기를 원했기 때문이다.

"너는 더없이 행복하지 않니?"

"예, 그렇지만 저는 누구보다 아빠를 사랑해요. 그리고 아빠는 어떤 누구보다 저를 사랑하구요, 안 그래요? 이제 엄마는 돌아가셨으니까요."

단어 • vaguely 모호하게, 막연히

• anyhow 여하튼, 어떻게 해서든지

31 정답 ④

해설 지문의 맨 마지막 문장 중 mummy를 통해 빈칸에 들어갈 말을 유추할 수 있다.

32 정답 ②

해설 지문에 나오는 'Darling, do you ever think about your mother?'과 'Dad, I want to come and live with you.'로 미루어 두 사람은 아버지와 딸의 관계임을 알 수 있다.

33 정답 ①

해석 비가 지나가고 기나긴 뜨거운 여름날이 오기 전 봄날의 와인즈버그 근처 교외는 아름답다. 그 도시는 넓은 들판 한가운데 있지만, 그 너머에는 쾌적한 삼림 지역이 있다. 나무가 우거진 곳에는 연인들이 일요일 오후마다 와서 앉는 작고 조용한 장소들이 많이 있다. 그들은 나무들 사이로 들판을 바라보며, 헛간 근처에서 일하는 농부들이나 자동차로 도로를 오르내리는 사람들을 본다. 그 도시에서는 종이 울리고 이따금 기차가 지나가는데, 멀리서 보면 장난감처럼 보인다.

해설 지문은 교외의 한 지역을 그림 그리듯이 묘사하고 있다.

① 묘사적인

② 창작적인

③ 교훈적인
④ 치명적인

단어
- patch 작은 구획, 밭
- woodland 삼림(지대)
- barn (농가의) 헛간, 광

34 정답 ②

해석 꿀벌들 사이에서는 의사소통이 후각을 통해서도 이루어질 수 있다. 군집이라고 불리는 꿀벌 집단은 다른 꿀벌로부터 자신을 보호하기 위해 후각을 이용한다. 한 집단 내의 모든 꿀벌들이 공통의 냄새를 지니고 있기 때문에 이것이 가능하다. 이러한 후각은 화학적인 신호처럼 작용한다. 다른 집단의 꿀벌 한 마리가 접근하면 그 (내부) 꿀벌 집단에게 경고한다. 이 방식으로 외부에서 꿀벌들이 들어와서 벌집을 교란할 수 없게 한다. 만일 외부에서 꿀벌이 들어오려고 하면 그 (내부) 집단의 꿀벌들이 그 냄새를 맡아 공격하려 할 것이다.

해설 첫 문장에 글의 주제가 드러나 있다.
② 꿀벌들이 후각을 통해 의사소통하는 방법
① 꿀벌들이 생활하는 방법
③ 꿀벌들의 화학적 신호들
④ 꿀벌들이 냄새를 맡고 공격하는 방법

단어
- colony (같은 인종・동업자 따위의) 집단
- disturb 방해하다, 교란하다
- hive 벌집

35 정답 ②

해석 그는 여전히 신이 언제라도 바람이나 구름으로부터 모습을 드러낼지도 모른다고 믿었지만, 더 이상 그러한 인식을 요구하지는 않았다. 대신 그는 그것을 위하여 기도했다. 때로 그는 의심에 사로잡혔고, 신이 세상을 버렸다고 생각했다. 그는 운명이 그를 더 소박하고 다정한 시대에 살도록 허락하지 않은 것이 유감스러웠는데, 그 당시 사람들은 하늘 위 어떤 낯선 구름의 유혹에 이끌려 그들의 땅과 집을 떠나 새로운 민족을 창출하고자 황무지로 나아갔다.

해설 지문의 doubtful과 regretted에서 추론할 수 있다.

단어
- at any moment 언제라도
- manifest 나타내다
- recognition 인식
- beckon 손짓으로 부르다
- go forth 나가다

36 정답 ④

해석 어두워진 후에야 그는 목적지에 도착했다.

해설 '~하고 나서야 비로소 …했다'는 'not … until ~, It was not until ~ that' 등으로 표현한다. 제시문은 It ~ that 강조 구문으로 not until after dark의 부사구가 강조되어 있다. 강조되기 전의 문장은 다음과 같다.
→ He reached the destination not until after dark.
→ He did not reach the destination until after dark.
→ Not until after dark did he reach the destination.

37 정답 ②

해석 notorious 악명 높은
≠ having a social reputation 사회적 명성을 지닌

단어
- solemn 엄숙한
- pathetic 애처로운
- identical 아주 동일한

38 정답 ①

해석 이것을 조금 수리하면 꽤 쾌적하고 매혹적인 집을 만들 수 있을 텐데.

해설 do up (~을/를) 수리하다(= repair)

① 수리(수선)하다, 정정하다

② 청소하다, 쓸다(sweep – swept – swept)

③ 깨끗이 치우다

④ 생산하다

39 정답 ③

해석 A : 너는 겨울에 눈을 본 적이 있니?

B : 응, 나는 눈에 익숙해.

해설 눈에 친숙하다고 했으므로 '익숙하다'가 정답이다.

단어 • be familiar with ~에 익숙[친숙]하다

40 정답 ②

해설 ②에서 to shout → shouting으로 고쳐야 한다. feel like는 '~하고 싶다'의 뜻으로 뒤에 동명사 (-ing)가 와야 한다.

② 그녀는 나를 너무 성가시게 만들어서 그녀에게 소리치고 싶었다.

① 그는 내가 지난 여름에 그를 만났을 때보다 더 여위어 보인다.

③ 그는 손을 호주머니에 넣은 채 벽에 기대어 있었다.

④ 비가 오기 시작했을 때에야 그는 어딘가에 우산을 두고 왔다는 걸 알아챘다.

제 7 회 정답 및 해설 | 영어

01	02	03	04	05	06	07	08	09	10	11	12	13	14	15	16	17	18	19	20
②	②	③	④	①	①	④	②	①	③	③	①	①	②	①	②	③	①	①	①
21	22	23	24	25	26	27	28	29	30	31	32	33	34	35	36	37	38	39	40
④	①	④	④	④	②	④	④	②	④	①	③	①	②	③	②	③	①	②	②

01 정답 ②

해설 reveal의 명사형은 revelation이다.

단어 • revelation 폭로, 누설, 발각

02 정답 ②

해설 as ~ as …(…만큼 ~하다)는 동등 비교를 나타내며, as와 as 사이에는 형용사나 부사의 원급이 와야 한다.

03 정답 ③

해석 나는 그녀를 사랑하지만, 그녀는 내게 냉담하게 대한다.

해설 '냉담함'과 의미가 유사한 것은 disinterest(무관심)이다.

① sympathy 동정

② difficulty 어려움

④ concern 우려

04 정답 ④

해석 오염을 없애고자 하는 그 캠페인은 만약에 그것이 대중들의 이해와 전적인 지지가 없다면 헛된 일이 될 것이다.

해설 ① enticing 유인하는, 유혹적인

② enhanced 향상된

③ fertile 비옥한, 다산의(= prolific), 다작의

④ futile 헛된, 무익한(= in vain)

05 정답 ①

해설 ①은 다시 한 번 말해달라는 표현이다.

cf) I beg your pardon. 실례합니다.

② 부탁드릴 말이 있는데요.

③ 당신께 뭔가 물어봐도 될까요?

④ 당신은 이에 대해 어떻게 생각하나요?

06 정답 ①

해석 내 여동생의 아들은 (남자) 조카이다.

해설 nephew는 (남자) 조카를 가리키는 말이다.

② niece 조카딸, 질녀

③ uncle 아저씨, 외삼촌

④ grandson 손자

07 정답 ④

해석 A : 실례합니다. 시청까지는 얼마나 걸립니까?

B : 걸어서 30분 정도 걸립니다.

해설 take(it을 주어로 하여) (시간이) 걸리다

08 정답 ②

해석 그곳에서 고기는 파운드 단위로 판매된다.

해설 'by the 계량을 나타내는 단수 명사' ~을/를 단위로(기준으로), ~ 단위로

09 정답 ①

해설 수여동사는 간접목적어와 직접목적어를 모두 취하여 4형식을 이루는 동사를 가리킨다.

① 나는 그에게 일자리를 약속했다.
(promise는 수여동사)

② 그 실험은 우리들의 관심을 끌었다.
(interest는 3형식 완전타동사)

③ 그는 차가운 물을 좋아하지 않는다.
(like는 3형식 완전타동사),

④ 법원은 그에게 유죄를 선고했다.
(declar는 5형식 완전타동사)

10 정답 ③

해설 ③ 그가 정직하다는 것은 사실이다.
(가주어・진주어 구문)

① 내가 어제 여기서 만난 사람은 다름 아닌 Jone이었다.
(목적어 John을 강조하는 강조 용법)

② 잘못한 사람은 바로 그 남자이다.
(주어인 he를 강조하는 강조 용법)

④ Tom이 유리창을 깬 것은 바로 어제다.
(부사 yesterday를 강조하는 강조 용법)

> **※ It is(was) ~ that 강조 구문과 가주어・진주어 구문의 차이**
>
> 강조 구문은 It is(was)와 that을 없앤 나머지 부분만으로도 완전한 문장이 되나, 가주어・진주어의 It is(was) ~ that은 생략할 경우 완전한 문장이 될 수 없다.
>
> ex) (It was) Bill (that) called me yesterday.
> (주어 강조)
> 어제 나에게 전화한 사람은 다름 아닌 Bill이었다.
>
> cf) It was true that Bill called me yesterday.
> (It ~ that절)
> Bill이 어제 나에게 전화한 것은 사실이었다.
> True Bill called me yesterday. (×)

11 정답 ③

해석 나의 어머니는 너를 볼 것을 기대하고 계신다.

해설 look forward to + –ing ~을/를 기대[고대]하다(= expect to)

> **※ 동명사의 관용표현**
>
> - cannot help + –ing ~하지 않을 수 없다
> - spend time[money] + –ing ~하는 데 시간[돈]을 소비하다
> - be busy + –ing ~하느라 바쁘다
> - have trouble[difficult] + –ing ~하는 데 어려움을 겪다

12 정답 ①

해석 John과 Jane은 수영을 잘한다.

해설 be good at ~을/를 잘하다
↔ be poor at ~에 서툴다

② 잘 배우다

③ 잘 알다

④ 잘 나타나다

13 정답 ①

해석 그 사고가 일어난 지 5년이 되었다.

해설 기간을 나타내는 부사절 since(~한 이래 쭉) 이하로 보아 문장의 내용이 현재까지 계속됨을 나타내므로 현재완료 시제가 와야 한다. since절 안의 동사는 보통 과거형이지만, 계속적인 동작・상태에는 현재(과거)완료도 사용된다.

14 정답 ②

해석 네 도움이 없었다면 나는 틀림없이 실패했을 것이다.

해설 without은 가정법 조건절 상당어구로서 but for와 같은 뜻이다. 지문은 주절의 시제(should have failed)로 미루어 보아 직설법으로는 과거, 가정법으로는 과거완료임을 알 수 있다.

ex) Without your help, I should certainly have failed.
= If it had not been for your help, ~
= Had it not been for your help, ~
= But for your help, ~

15 **정답** ①

해석 ① 이 도구는 사용하기에 편리하다.
② 건널 강이 하나 더 있다.
③ 우리는 오늘 저녁 6시에 시작할 예정이다.
④ 그는 그런 말할 사람이 아니다.

해설 ①은 형용사 convenient를 수식해 '사용하기에 편리한'의 의미이므로 부사적 용법이다.
형용사가 들어갈 수 있는 자리는 주격·목적격 보어 자리와, 명사의 앞(혹은 뒤)에서 명사를 수식하는 경우이다. ③은 are의 보어 자리이므로 형용사적 용법이다. ②와 ④는 명사(구) river, man을 수식하므로 형용사적 용법이다.

> ※ **'be + to부정사'는 가능, 운명, 예정, 의무, 의도로 문맥에 맞게 해석한다.**
> - ~할 예정이다 〈예정〉
> (주로 공식적인 일정 / 계획 등)
> The six leaders <u>are to meet</u> in Beijing.
> 여섯 명의 지도자들은 베이징에서 만날 예정이다.
> - ~해야 한다, ~해라 〈의무 / 지시 / 명령〉
> You <u>are to eat</u> all your supper before you watch TV.
> 너는 TV를 보기 전에 저녁을 다 먹어야 한다.
> - ~할 운명이다 〈운명〉
> They <u>were</u> never <u>to see</u> their homeland again.
> 그들은 다시는 조국을 보지 못할 운명이었다.
> - ~할 수 있다 〈가능〉
> (이 경우 to부정사는 수동태인 경우가 많다.)
> No one <u>was to be seen</u> in the park.
> 공원에서는 아무도 보이지 않았다.
> - ~하려면 〈의지 / 의도〉 (주로 if절 안에서)
> If you <u>are to succeed</u>, you must work hard.
> 성공하려면 열심히 일해야 한다.

16 **정답** ②

해석 그는 나에게 "무서워하지 마."라고 말했다.

해설 명령문의 화법 전환에서 전달동사 say to는 피전달문의 내용에 따라 고쳐 쓸 수 있는데, 금지를 나타내는 경우에는 'tell[advise] + 목적어 + not + to R'로 고쳐 쓴다.

17 **정답** ③

해설 have[get] + 목적어(사물) + p.p. ~을/를 당하다
(수동), ~을/를 시키다(사역), ~로 해 두다(완료)

ex) I had my watch stolen. (당하다)
I had my watch mended. (시키다)

> ※ have + 사람 + 동사원형
> have + 사물 + p.p.
> 사역동사 + 목적어 + 동사원형

18 정답 ①

해석 이 사전은 시대에 뒤떨어진다.

해설 old-fashioned는 '구식(고풍)의, 시대(유행)에 뒤진'이라는 뜻이다.

② useless 쓸모(소용)없는, 무익한

③ temporary 일시의

④ handy 다루기 쉬운, 편리한

단어 • out-of-date 구식인, 시대에 뒤떨어진

cf) 보어로 쓰일 때는 out of date로 하는 것이 보통이다.

19 정답 ①

해석 더 크게 말해라, 그렇지 않으면 아무도 네 말을 못 들을 것이다.

해설 명령법 + or + S + V : ~하라, 그렇지 않으면 …할 것이다

cf) 명령법 + and + S + V : ~하라, 그러면 … 할 것이다

ex) Push the button, and the door will open. 버튼을 눌러라, 그러면 문이 열릴 것이다.

20 정답 ①

해설 명백한 과거를 표시하는 부사 yesterday(어제)가 있으므로 현재 시제(goes)는 같이 쓰일 수 없다. '버스로 등교하다'는 현재의 반복적·습관적인 동작을 나타낸다.

21 정답 ④

해설 water는 '물을 주다'라는 동작동사이고, 나머지는 상태동사이다. 상태동사는 '-ing' 형태로 쓸 수 없다.

22 정답 ①

해석 식당이 1500 평방 피트(42평)보다 (A) 더 작은 집에서는 모든 가구가 제 몫을 (B) 다해야 한다. 다양한 기능을 가진 가구들이 바로 그러하다. Maria는 거실의 공간을 낭비하기보다 그녀가 필요한 (C) 때에 펼쳐서 쓸 수 있는 이동식 식탁을 선택했다.

해설 (A) than은 형용사·부사의 비교급 뒤에서 쓰인다. 따라서 little의 비교급 형태인 less가 적절하다.

(B) 주어가 every furniture(불가산명사)로 3인칭 단수이기 때문에 needs가 적절하다.

(C) she extends 앞에 목적격 관계대명사 which가 생략된 형태로, 명사절을 이끄는 what 대신에 시간의 부사절인 when이 들어가야 한다. → a movable table (which) she extends when (it is) needed

단어 • square feet 평방 피트

• pull one's weight 자기 몫을 다하다

• movable 이동시킬 수 있는, 움직이는

23 정답 ④

해석 어느 작은 마을의 은퇴한 목사가 낚시 여행에서 돌아오지 않았다. 경찰은 호수로 가는 길 중간쯤 그의 차가 (A) 주차되어 있는 것을 발견했다. 차문은 잠겨 있었고 손상되지 않았다. 경찰관들은 차 안에서 반쯤 먹은 햄 샌드위치, 낚시 도구, 탄환 한 발이 (B) 발사된 총, 그리고 펜트하우스 모형을 발견했다. 그 목사는 (C) 실종된 상태이다. 당신은 기자이고 기사를 써야 한다.

해설 (A) his car(사물)가 목적어이므로 목적격 보어에는 수동의 의미를 갖는 과거분사인 parked가 적절하다.

(B) with 이하는 분사구문이다. 목적어가 one shell(사물)이므로 목적격보어로

는 수동의 의미를 갖는 과거분사 fired 가 와야 한다.

(C) A retired minister가 실종되었다는 내용이므로 '사라진'의 의미를 갖는 형용사인 missing이 와야 한다.

단어
- retired 은퇴한
- minister 목사
- fishing trip 낚시 여행
- fishing tackle 낚시 도구
- half-eaten 절반 정도 먹은
- shell 포탄, 껍데기
- missing 사라진, 실종된

24 정답 ④

해설 I have never met such a generous man before.에서 강조하기 위해 never를 문장 제일 앞으로 보내고 주어와 동사를 도치한 문장이다. 도치란 주어와 동사의 위치가 서로 바뀌는 것이다. 따라서 ④ 'Never have I met such a generous man before.'가 정답이다.

단어
- generous 관대한, 너그러운

25 정답 ④

해석 두 물체 간의 중력의 세기는 두 가지 사항, 즉 물체의 크기와 그 사이의 거리에 달려 있다. 큰 물체들은 작은 것들보다 더 강하게 잡아당긴다. 서로 가까이 있는 사물은 멀리 떨어져 있는 물체들 보다 더 크게 잡아당긴다.

해설 ④에서 does → do로 고쳐야 한다.
does는 대동사로 objects farther apart가 주어이고, 앞의 have a greater pull을 받고 있으므로 do로 고쳐야 한다.

26 정답 ②

해석 ① 언뜻 들은 몇 단어 때문에 나는 생각에 잠겼다.
② 그녀가 그 집에 들어가자마자 누군가가 불을 켰다.
③ 우리는 호텔로 계속 차를 몰고 가서, 호텔 발코니에서 마을을 내려다 볼 수 있었다.
④ 노숙자들은 보통 직장을 찾는 데 매우 어려움을 겪으므로 희망을 잃고 있다.

해설 ②는 Hardly had she entered로 고쳐야 한다.
'~하자마자 ~하다'는 '주어 + had + hardly + p.p. ~ when + 주어 + 동사(과거시제)'이다.
하지만 이때 hardly라는 부정부사가 문장 제일 앞으로 나갔으므로 동사 had가 앞으로 나가면서 도치된다.
① 가산명사 앞에 a few를 붙일 수 있다. 이때 caught(붙잡힌, 잡혀진)라는 과거분사는 앞의 명사를 수식한다. words와 과거분사 caught의 사이에 which were가 생략되어 의미상 수동이므로 과거분사 caught가 바르게 사용되었다.
③ whose의 선행사는 the hotel로, from whose balcony는 from the hotel's balcony를 의미하며, '전치사 + 명사구' 뒤에는 완전한 문장이 위치한다.
④ the + 형용사는 '~하는 사람들'이라고 해석하며, 복수 취급하기 때문에 동사 have를 사용한다.

단어
- in passing 지나는 말로
- the homeless 노숙자들
- have difficulty -ing ~하는 데 어려움을 겪다

27 정답 ④

해석 대부분 유럽 국가들은 전쟁이 끝난 후에 유대인 난민들을 환영하지 않았고, 이는 많은 유대인들을 다른 곳으로 이주하게 했다.

해설 ④에서 immigrate → to immigrate로 고쳐야 한다. cause는 목적격보어로 to부정사를 취한다.

28 정답 ④

해석 ④ 'What you have to do'는 문장에서 명사절로 주어 역할을 하는데, 이 문장에 동사가 없다. 따라서 be동사를 추가한다면 '청소하는 것'이라는 '의무'에 해당하는 의미를 충족하는 'be to 용법'으로도 적절한 문장이 된다. 즉, 'What you have to do is to clean your room everyday.'가 자연스러운 문장이다.

단어
- had better ~하는 편이 낫다
- too ~ to 너무 ~해서 ~하다
- look forward to ~을/를 기대하다
- as soon as possible 가능한 한 빨리

29 정답 ②

해석 나는 보통 내 문제들을 가볍게 여기는데, 그것이 내 기분을 좀 더 좋게 한다.

해설 make light of는 '경시하다, 얕보다'라는 뜻으로 이와 의미가 가장 유사한 의미는 ② '무언가를 중요치 않게 대하다'이다.
① 무언가를 심각하게 고려하다
③ 문제를 해결하도록 노력하다
④ 만족스러운 해결책을 찾다

단어
- serious 심각한, 진지한
- make an effort 노력하다
- acceptable 받아들일 만한

30 정답 ④

해석 돌이켜 보면, 내가 다른 선택 사항을 고려했더라면 얼마나 좋았을까.

해설 In retrospect는 '돌이켜 생각해 보면'이라는 뜻으로 이와 가장 유사한 의미는 ④ 'Looking back(돌이켜 보면)'이다.
① 모든 것을 고려하면
② 일반적으로
③ 모든 것에도 불구하고

단어
- retrospect 회고, 회상

31 정답 ①

해석 새로운 LP들을 구매하기가 어렵기 때문에, 그는 그의 낡은 턴테이블을 없애기로 결심했다.

해설 dispense with는 '~없이 지내다'라는 뜻으로 이와 가장 유사한 의미는 ① do without (~없이 지내다)이다.
② 폭발하다
③ 제안하다
④ 시작되다

단어
- dispense with ~없이 지내다

32 정답 ③

해석 A : 무슨 사업을 구상하고 있니?
B : 너는 요즘 꽃집 운영이 전망이 좋다고 생각하니?
A : 그럴거야. 하지만 너 스스로 정신적 · 금전적으로 준비가 되었니?
B : 나는 내가 가지고 있는 것으로 시작하고 운에 맡길 거야.
A : 멋져! 그럼 너는 전략적인 장소와 알맞은 구역을 고르면 돼. 너는 좋은 결과를 얻기 위해서는 철저한 조사를 해야 해.
B : 나도 알아. 사업을 시작하는 것이 잘 운영하는 것보다 더 쉬울 거야.

해설 준비가 되어 있냐는 질문에 ③ '나는 내가 가지고 있는 것으로 시작하고 운에 맡긴다.'는 대답이 올바르다.
① 나는 내일 병원을 갈 계획이야.
② 나는 그렇게 할 수 없어! 나는 직업을 얻기 위해 분투해야만 해.
④ 나는 나만의 사업을 시작하는 것에 대해 생각하고 싶지 않아.

33 정답 ①

해석 A : 경찰관님, 절도 사건을 신고하고 싶습니다.
B : 네, 무엇이 없어졌나요?
A : 호텔 앞에서 지갑이 없어졌어요.
B : 알겠습니다. <u>이 신고서를 작성해 주세요.</u>

해설 절도 사건을 신고하기 위해서 신고서를 먼저 작성해야 한다.
② 저는 이미 이 설명서를 읽었어요.
③ 제가 보고한 사실들은 정확해요.
④ 저는 되도록 빨리 검사(조사)받고 싶어요.

단어
- rob (사람, 장소를) 털다, 도둑질하다
- fill out 신청서에 (필요한 사항을) 기입하다

34 정답 ②

해석 A : Lucy 있나요?
B : 아뇨. 그녀는 없어요. 메시지를 남기시겠어요?
A : 네. 부탁드려요. 저는 시카고에서 전화한 Jenny입니다. 그녀에게 토요일 오전 10시에 비행기가 도착한다고 전해 주시겠어요?
B : 네. <u>그녀에게 메시지를 전하겠습니다.</u>

해설 Jenny가 메시지를 남긴 후, Lucy가 할 말로 가장 적절한 것은 ②이다.
① 그녀는 시카고에서 돌아오지 않습니다.
③ 당신은 전화를 끊을 수 있습니다.
④ 제가 당신을 위해 가져와야 할 것이 있나요?

35 정답 ③

해석 ① A : 벌써 자정이 넘었다니 믿을 수가 없어!
B : 우리가 6시간이나 영어를 공부했어요!
A : 계속할까 아니면 그만할까?
B : <u>오늘은 이걸로 마치죠.</u>
② A : 우리 부모님은 내가 머리 염색을 하지 못하게 하셔. 불공평해.
B : <u>긍정적으로 생각해 봐.</u> 넌 염색 안 해도 여전히 보기 좋아.
③ A : 어이, 빨리 움직여! 부산행 기차는 항상 정시에 도착해. 그렇게 꾸물거리다가는 제시간에 맞출 수 없을 거야.
B : 알아요. <u>제가 당신의 감정을 상하게 했군요.</u>
④ A : 실례합니다. 제가 길을 건너는 걸 도와 드려도 괜찮을까요?
B : 고맙습니다. 도와주셔서 감사해요.
A : <u>별말씀을요.</u> 제가 좋아서 하는 거예요.
B : 사실, 길 건너기가 두려웠거든요.

해설 빨리 움직이라는 말에 감정을 상하게 했다는 답변은 자연스럽지 않다.

단어
- let's call it a day 오늘은 그만하자
- look on the bright side 밝은 면을 보다 (긍정적으로 생각하다)
- linger 꾸물거리다
- step on one's toe ~의 발을 밟다, 심기를 불편하게 하다

36 정답 ②

해석 뉴욕시 교육부는 수요일부터 교내 휴대 전화 금지령 해제를 발표할 예정이라고 담당자가 화요일에 말했다. 이 금지 조항은 이전 시장 Michael R. Bloomberg에 의해서 시행되었는데, 이는 수업 시간과 그 전 후에 아이들과의 연락이 불가능한 것을 걱정하는 부모들 사이에서 지지받지 못했다. 다른 뉴스 보도에 의하면, 교장은 새로운 정책하에 교사와 학부모들과 협의하여 휴대 전화 사용에 대한 선택 범위를 결정할 것이다.

해설 지문에서는 정책에 대한 사실을 발표하고 있으므로, ② '뉴스 기사'임을 알 수 있다.
① 광고
③ 휴대 전화 설명서
④ 법적 처분에 대한 성명서

단어
• lift the ban on ~에 대한 금지를 해제하다
• put in place 시행되다
• in consultation with ~와 협의하여

37 정답 ③

해석 George Stephenson은 영국의 북동쪽과 스코틀랜드의 탄광에서 사용된 초기 증기기관을 작동한 것으로 명성을 얻었다. 1814년 Stephenson은 그의 첫 번째 기관차인 'Blucher'를 만들었다. 1821년 Stephenson는 스톡턴과 달링턴 철도 건설 기술자로 임명되었다. 그것은 1825년에 개통했고, 첫 번째 공공 철도였다. 1829년 10월, 철도의 소유주들은 대회를 열어서 가장 성능 좋은 기관차를 알아보기로 했다. 대회는 무거운 화물을 싣고 먼 거리를 달리는 것이었다. Stephenson의 기관차인 'Rocket'이 시속 36마일의 기록으로 우승했다. 스톡턴과 달링턴 철로 개통과 'Rocket'의 성공에 자극받아, 모든 나라들이 철도를 놓고 기관차를 생산했다. Stephenson은 수많은 프로젝트에서 엔지니어로 일했으며, 벨기에와 스페인의 철도 개발에도 참가했다.

해설 'Stephenscn's locomotive 'Rocket' was the winner'로 미루어 대회에서 우승했음을 알 수 있으므로 지문과 일치하지 않는다.
① 첫 문장에서 확인할 수 있다.
② 두 번째 문장에서 확인할 수 있다.
④ 마지막 문장에서 확인할 수 있다.

단어
• primitive 원시적인, 초기의
• locomotive 기관차

38 정답 ①

해석 색은 다른 문화에서 서로 다른 의미를 지닌다. 어떤 색은 한 문화권에서 좋은 느낌을 나타내지만 다른 문화권에서는 좋지 않은 느낌을 나타낼 수 있다. 가령, 미국에서 흰색은 선과 신성한 것을 나타낸다. 이것은 종종 신부의 웨딩드레스 색이다. 그러나 인도, 중국 그리고 일본에서 흰색은 죽음을 의미한다. 녹색은 미국에서는 달러 지폐의 색이다. 그래서 초록은 미국인들이 돈을 생각하도록 만들 수 있다. 그러나 중국에서는 녹색은 존경심을 잃는 것을 의미한다.

해설 지문에 따르면 녹색은 미국에서 달러 지폐의 색이라 미국인들에게 돈을 생각나게 한다.

단어
• represent 나타내다
• goodness 선(善)
• loss 손실, 상실

39 정답 ②

해석 액션영화에서 추격 장면을 볼 때면, 당신의 심장 역시 요동친다. 당신은 약간 두려워하거나 흥분할지도 모른다. 당신의 신체와 정신은 마치 그 일이 지금 당신에게 일어나는 것처럼, 그 경험이 실제인 것처럼 반응할지 모른다. 그 일은 당신이 마음속에 상상할 때 일어나는데, 당신은 경험을 요구하고 당신의 정신은 그것이 진짜라고 믿게 된다. 이것은 매력을 창출해서 당신의 인생에 받아들이게끔 한다. 이 방법은 세계적으로 뛰어난 코치들이 즐겨 쓰며, 시합 전에 선수들을 격려하기 위해서 실제 경기나 대회를 미리 상상하도록 하는 것이다. 모든 타격, 걸음, 근육의 움직임을 생생하게 머릿속에 그려 본다. 이 생각은, 당신이 마음속에 그리면, 당신의 몸도 당연히 따라갈 것이라는 것이다. 그리고 중요한 날이 다가오면, 신체와 정신은 협조하여 작용하도록 잘 훈련되어 최상의 성적을 내는 것이 사실상 거의 확실하다.

해설 머릿속으로 상상해 보면서 신체와 정신을 잘 준비시키면 '최상의 성적'을 낼 수 있을 것이라고 하는 것이 자연스럽다.

① 단체 협력
③ 대중의 평판
④ 시각적 관찰

단어
- chase 뒤쫓다
- visualize 마음속에 그려 보다
- stroke 타격
- exertion 노력
- vividly 생생하게
- assure 확신하다

40 정답 ②

해석 어린 소녀들이 성숙한 여성이 되는 과정을 축하하기 위한 가장 큰 행사가 라틴아메리카와 히스패닉 문화권에서 열린다. 이 행사는 La Quinceañera, 혹은 15주년이라고 불린다. 이것은 어린 여성이 이제 혼인이 가능한 나이라는 것을 인정하는 것이다. 이날은 주로 추수감사절 미사와 함께 시작된다. (한 문화의 통과 의례들을 다른 문화의 통과 의례들과 비교함으로써, 우리는 계층 간의 차이점을 가늠할 수 있다.) 어린 소녀는 발목까지 오는 흰색, 혹은 파스텔 색깔 드레스를 입고, 14명의 친구들과 친척들의 시중을 받는다. 이들은 신부들러리와 에스코트 기사 역할을 한다. 그녀의 부모와 대부모는 제단 아래 쪽에서 그녀를 에워싼다. 미사가 끝나면, 어린 친척들이 참석한 사람들에게 작은 선물을 주고, 그 동안에 성인식 주인공 소녀는 처녀의 제단에 꽃다발을 놓는다. 미사에 이어 정성스러운 파티가 열리는데, 춤과 케이크, 축배가 따른다. 마지막으로 저녁을 마무리하기 위해, 성인식 주인공 소녀는 자신이 가장 좋아 하는 에스코트 기사와 함께 왈츠를 춘다.

해설 지문은 어린 소녀들이 성숙한 여성이 되는 것을 축하하기 위한 의식이 어떻게 진행되는지를 설명하고 있는 글이다. 하지만 ②는 각기 다른 문화권 사이의 의식을 비교하는 것을 통해 두 문화권 사이의 차이점이 무엇인지를 알아낼 수 있다고 했으므로, 글의 흐름에 가장 어색한 문장이다.

제 8 회 정답 및 해설 | 영어

01	02	03	04	05	06	07	08	09	10	11	12	13	14	15	16	17	18	19	20
④	③	④	③	①	④	②	②	③	①	④	④	③	②	③	①	③	②	④	②
21	22	23	24	25	26	27	28	29	30	31	32	33	34	35	36	37	38	39	40
①	③	①	②	④	②	③	①	④	①	④	①	②	①	②	③	③	④	③	③

01 정답 ④

해석 ① 그의 딸은 부자와 결혼했다.
② 우리는 그가 우리 합창단에 들어오는 걸 반대하지 않는다.
③ 너희들 중 몇 명이나 콘서트에 참석했니?
④ 그는 나보다 화학을 잘한다.

해설 excel(~을/를 능가하다, ~보다 낫다) + 목적어 + 전치사(in, at) + 명사
① married with → married(with 삭제)
② object → object to
'object to + 의미상 주어(소유격) + 동명사' ~을/를 반대하다
③ attended at → attended(at 삭제)
attend는 타동사이므로 전치사를 수반하지 않는다.

※ discuss, answer, greet, attend, marry, approach, mention, resemble, address, become, enter 등은 타동사이므로 전치사가 필요 없다.

02 정답 ③

해석 ① 너는 지금 집으로 가는 게 좋겠다.
② 그들은 그녀로 하여금 차를 기다리게 했다.
③ 나는 군대가 도로를 따라 행진하는 것을 보았다.
④ 나는 운전해서 그곳에 가느니 차라리 걷겠다.

해설 ① had better to go → had better go
② made her waited → made her wait
④ rather to walk → rather walk

03 정답 ④

해석 Mr. Lee는 약속을 이행했다.

해설 be as good as one's word 약속을 이행하다, 언행이 일치하다 = keep[break] one's promise 약속을 지키다[어기다]

04 정답 ③

해석 나는 빚지지 않고 살아가기 위해 돈을 긁어모으며 저축해야 하는 것이 싫다.

해설 수요에 맞게 꽤 충분한 돈을 가지고 있다는 내용과 일맥상통한다.

단어
- so as to ~기 위해서
- make both(two) ends meet 수지를 맞추다, 빚지지 않고 살다
- scrape (자금・선수 등을) 긁어모으다, 마련하다, 문지르다

05 정답 ①

해석 그녀는 친한 친구가 자기에 대해 나쁜 소문을 퍼뜨리고 있었음을 알고는 깜짝 놀랐다.

해설 surprise 놀라게 하다, 아연실색하게 하다 (= astound)

② irrigate 관개하다
③ disappoint 실망시키다
④ cumber 방해하다

단어 • dear 사랑하는, 소중한, 비싼
• spread (명성・소문・유행・불 따위를) 퍼뜨리다

06 정답 ④

해석 우리는 비행기를 놓쳐서 당황했다.

해설 in a muddle 어리둥절하여
(= in a mess 혼란에 빠져, 쩔쩔매어)

단어 • territory 영토, 지역

07 정답 ②

해석 ① 그는 시내에 친구가 거의 없었다.
② 그것을 의심하는 사람들이 꽤 많았다.
③ 소수의 군인들이 여전히 살아 있었다.
④ 너는 성공할 확률이 아주 적다.

해설 not a few, quite a few는 주로 many의 뜻으로 쓰인다.
① few만 사용되면 '거의 없는'이라는 뜻이다.
③ Some few는 '소수의'라는 뜻이다.
④ but few는 'only few' 정도의 뜻이다.

08 정답 ②

해석 그 조세는 명목상이지만 그럼에도 불구하고 승인되었다.

해설 ② 그럼에도 불구하고
① 동시에, 일제히
③ 어쨌든, 결국
④ 유사(비슷)하게

단어 • all the same 그럼에도 불구하고
• tribute 공물, 조세, 찬사, 감사를 나타내는 말(행위, 선물, 표시)
• nominal 유명무실한, 보잘것없는
• acknowledgement 승인, 감사의 표시, 사례(품)

09 정답 ③

해석 고대 의사들은 많은 병들을 행성의 탓으로 돌렸다.

해설 ① 비교하다
② 묘사하다
④ 알리다

단어 • impute A to B (불명예 따위를) A를 B에게 돌리다, A를 B의 탓으로 하다(= attribute A to B, ascribe A to B)

10 정답 ①

해석 네 코트는 내 것 (B) 보다 품질이 (A) 더 우수하다.

해설 superior, inferior, senior 등의 라틴어 비교급은 than 대신 to를 사용한다.

11 정답 ④

해석 어떤 사람들은 색맹이다. 그들은 청색과 녹색을 구별하지 못한다.

해설 ④ 식별하다
① 얼버무리다
② 흥분시키다
③ (어떤 상태에) 갑자기 빠뜨리다

단어 • color-blind 색맹의

12 정답 ④

해석 새로운 기술을 배우거나 어떤 학문 분야를 지지하고자 하는 큰 동기는 그것을 이용하고자 하는 절박한 필요성이다. 이런 이유 때문에 많은 과학자들은 배

우도록 압력이 가해져서야 비로소 새로운 기술을 배우거나 새로운 학문을 정통하게 된다.

해설 선택지 중 절박한 필요성과 의미가 통하는 것은 '압력'이다.

단어
- incentive 격려, 자극, 유인, 동기
- discipline 훈련, 학과, (학문의) 분야
- urgent 긴급한, 절박한
- not A until B B가 되어서야 비로소 A하다

13 정답 ③

해석 미국 상원에서 각각의 주(州)들은 인구에 관계없이 동일하게 대표된다.

해설 빈칸에는 문장의 주어 역할을 하는 품사(명사, 대명사)가 와야 한다.

단어
- Senate 상원
- regardless of ~에 관계없이
- equally 평등하게
- represent 대표하다

14 정답 ②

해석 일반적으로 혜성은 부피 면에서 크지만 질량 면에서는 작다.

해설 주어가 a comet이므로 빈칸에는 접속사가 필요하며, 종속절과 주절의 주어가 동일하므로 종속절의 주어가 생략되었다.

단어
- volume 부피
- comet 혜성
- mass 질량

15 정답 ③

해석 심리학자들과 정신 병리학자들은 정서장애가 있는 어린이는 가능한 한 빨리 전문적인 치료를 받는 것이 가장 중요하다고 우리에게 말할 것이다.

해설 ③에서 receives → receive로 고쳐야 한다. It is important + that + 주어 + (should)(이성적 판단) + 동사 원형

단어
- psychologist 심리학자
- psychiatrist 정신과 의사
- utmost 최고의, 극도의
- disturbed 정신적 장애가 있는

16 정답 ①

해석 추상 표현주의는 1940년대 예술 운동의 하나로, 비구상적인 틀 내에서 형식과 색을 강조했다.

해설 ①에서 that it → that으로 고쳐야 한다. 관계대명사 that은 접속사와 대명사 역할을 동시에 수행하므로 it은 필요 없다.

단어
- abstract expressionism 추상 표현주의
- emphasize 강조하다
- nonrepresentational 비구상적인
- framework 틀

※ **관계대명사 that**

① that은 한정용법에만 쓰이고, 계속적 용법에서는 쓸 수 없다. that은 사물, 사람, 동물에 모두 쓰이며 소유격이 없다. that 앞에는 전치사를 쓸 수 없다.

② 선행사가 사람과 동물일 때 쓴다.
ex) A man and his dog that were passing by were injured.

③ 최상급, 서수사, the very, the only, the last, the same, every, all, any, no 다음에 that을 쓴다.
ex) He is the greatest poet that Korea has ever produced.

④ 의문대명사 who, what, which 다음에 that을 쓴다.
ex) Who that has common sense can believe such a thing? (주격)
Which is the book that you want to read? (목적격)

17 정답 ③

해석 A : 와서 포도주 좀 마실래?

B : 그러고는 싶지만, 지금 다른 할 일이 있거든.

해설 but으로 미루어 보아 빈칸에는 그러고 싶다는 내용의 말이 와야 한다. to는 대부정사로 대화 A의 come 이하가 생략되었다.

18 정답 ②

해설 가치 따위가 높다는 표현에는 high를 쓰는 것이 자연스럽다.

19 정답 ④

해석 내가 그것을 세탁했을 때, 색은 바래지기 시작했고, 단추 하나는 금이 갔고 어떤 것은 떨어져 나갔다. 또 어깨솔기는 벌어지고 소매는 벌써 2인치나 줄었다.

해설 세탁 후 셔츠가 변형된 것으로 미루어 보아 구입한 셔츠는 형편없이 만들어진 것임을 알 수 있다.

단어
- fade (색이) 바래다
- crack 금가다
- fall off (이탈하여) 떨어지다
- seam (천 따위의) 솔기, 이음매
- shrink (천 따위가) 오그라들다, 줄다
- secondhand 중고의

20 정답 ②

해석 과학 그 자체는 도덕적으로 중립되어 있어 그것이 사용되는 목적 가치에 무관심하다. 뿐만 아니라 어떤 도덕적 방향도 완전히 제시해 줄 수는 없다.

해설 that is를 통해 neutral을 풀어 쓰고 있음을 알 수 있다.

② 무관심한, 냉담한, 중립의(to)

단어
- morally 도덕적으로
- neutral 중립의

21 정답 ①

해석 그녀의 작품은 우리의 기대에 부응했다.

해설 equal ~에 필적하다, ~에 못지않다

② turn up 소리를 크게 하다, 밝게 하다

③ return 되돌리다

④ take up for ~의 편을 들다

단어
- come up to ~에 달하다(이르다), (기대)에 부응하다

22 정답 ③

해석 내 룸메이트는 모든 일을 천천히 한다.

해설 don't hurry 서두르지 않다, 천천히 하다

① put off 미루다

② delay 연기하다, 미루다

④ make a chance 기회를 얻다

단어
- take one's time 천천히 하다

23 정답 ①

해석 이 창문은 아름다운 정원을 향하고 있다.

해설 face~에 직면하다[향하다]

② gain 얻다, 회복하다

③ execute 실행[집행]하다

④ recollect 회상하다(= recall)

단어
- look out on(upon) ~을/를 향하다, ~을/를 바라다보다

24 정답 ②

해석 이 규칙은 정확하게 지켜져야 한다.

해설 faithfully 정확히, 성실하게
① immediately 곧, 즉각
③ in written form 문서로
④ passionately 열렬히, 강렬하게

단어 • to the letter 문자(그)대로, 정확히
• regulation 규칙
• obey (명령·법 등을) 따르다[지키다]

25 정답 ④

해석 집을 페인트칠하는 것을 끝내고 나서, 그들은 힘든 청소일을 해야 하는 처지다.

해설 laborious 힘든, 고된, 부지런한

단어 • arduous 힘든, 곤란한

26 정답 ②

해석 그의 보고서는 연대순으로 짜여 있었다.

해설 ②는 '시간 순서에 따라'라는 뜻이다.

단어 • chronologically 연대순으로, 연대기적으로
• sequence 연속, 순서, 차례

27 정답 ③

해석 그 이사들은 최종 기한을 맞추느라 곤경에 빠졌다.

해설 dilemma 진퇴양난, 궁지
① enigma 수수께끼(= riddle)
② failure 실패, 실수
④ extension 연장, 확대, 증설

단어 • predicament 곤경, 궁지
• deadline 마감 시간, 최종 기한

28 정답 ①

해석 평판과 인격은 조화를 이룰 것 같지만, 종종 빛과 어둠만큼이나 정반대이기도 하다.

해설 in harmony, but ~과 light and darkness를 보면 반대의 개념이 들어가야 함을 유추할 수 있다.

29 정답 ④

해석 무언가가 즉각적인 행동이나 주의를 요구한다면 이는 긴급하다고 말할 수 있다.

해설 urgent 긴급한, 절박한
① prompt 신속한, 즉석의
② pure 순수한, 맑은
③ live 생생한, 활기 있는

단어 • immediate 즉시의, 직접의

30 정답 ①

해석 우리 집은 산 위에 있어서 마을과 격리되어 있다.

해설 ① 격리된, 분리된, 고립된
② 정교한, 섬세한
③ 추억(회고)의
④ 깊은, 심오한

31 정답 ④

해석 나는 그녀의 악행을 질책했다.

해설 upbraid 질책하다, 호되게 나무라다
① abscond 도망(실종)하다
② repel 쫓아버리다, 거절하다
③ impute ~의 탓으로 하다

단어 • misdeed 악행, 비행, 범죄

32 정답 ①

해석 악수하는 습관은 고대로까지 거슬러 올라간다. 길에서 누군가를 만났을 때 당신이 어떤 무기도 지니지 않았음을 보여 주기 위해 손을 내미는 것이 관례가 되었다. 이 것이 점차 악수로 발전했다.

해설 악수의 기원에 대해 설명하고 있다.

단어
- shake hands (with) (~와) 악수하다
- go back 거슬러 올라가다
- customary 습관적인
- handshake 악수(하다)

33 ~ 35

해석 1913년에 Albert Schweizer와 그의 아내 Helene는 많은 사람들이 각종 질병으로 고생하는 아프리카를 향해 출항했다. 그 전 해에 결혼 한 Helene는 아프리카에서 같이 일하고자 하는 그의 소망을 함께 나누었다(즉, 아프리카에서 같이 일하고 싶어 했다). 그가 의사가 되기 위해 공부했던 반면, 그녀는 간호사가 되고자 공부했다. 그들은 함께 그 당시 프랑스의 식민지였던 가봉의 람바레네에서 병원을 개업하기로 계획했다. Schweizer 박사의 병원은 오고웨 강가에 위치했다. 어느 날 큰 강을 거슬러 올라가던 중에 '생명에 대한 경외'라는 말이 떠올랐다. 그는 이 말이 인간뿐만 아니라 동물, 새, 나무, 꽃과 같이 살아 있는 모든 것들에 대한 자신의 경의를 가장 잘 표현한다고 생각했다. 그의 신념은 그가 공부하였던 동양의 종교와 공통점이 많았다. Gandhi는 모든 형태의 생명체들을 존중했고 Schweizer 또한 그러했다. 1952년에 그는 전 인류에게 공헌한 것에 대해 노벨 평화상을 탔다. 이 돈은 나환자들을 위한 병원을 설립하는 데 보태졌다. 그는 형제애의 한 본보기가 되었다.

단어
- sail for ~을/를 향하여 출항(항해)하다
- share 공유하다, 분배하다
- bank 둑, 제방
- reverence 숭배, 존경(= respect)
- come into[cross, come to, enter, pass through] one's mind (어떤 생각이) 마음에 떠오르다
- …as well as ~ ~뿐 아니라 …도(= not only ~ but also …), ~은 물론, ~와 마찬가지로
- human being 인간

33 정답 ②

해석 Albert Schweizer는 <u>1912년에</u> Helene와 결혼했다.

해설 지문의 'In 1913 ~ Helene, whom he had married the year before, ~'로 미루어 Schweizer는 1913년 아프리카로 떠났고, 그 전해에 결혼했음을 알 수 있다.

34 정답 ①

해석 '생명에 대한 경외'로써 Schweizer는 <u>살아 있는 모든 것들에 대한 사랑</u>을 의미했다.

해설 지문의 these words는 reverence for life를 가리킨다.

② 아내에 대한 그의 진정한 애정

③ 그는 의사로서의 자기 직업에 만족하였다

④ 가난한 자들, 병든 자들, 버림받은 자들에 대한 인간애

35 정답 ②

해석 Schweizer 박사는 형제애의 모범을 보였다.

해설 'He provided ~ love'를 참고할 수 있다.

① 정치적 지도자
③ 종교적인 신념
④ 평온한 삶

36 정답 ③

해석 웨이터 : 음식은 어떠셨나요[식사는 괜찮으셨나요], 선생님?
Tom : 훌륭했어요! 계산서 좀 갖다 주시겠어요?
웨이터 : 물론입니다. 금방 가지고 오겠습니다.

해설 ③ 금방 가지고 오겠습니다.
① 정말 그래요. (당신 말에) 전적으로 동의합니다.
② 당신은 내일 무료 식사를 할 수 있습니다.
④ 에피타이저는 3분 안에 준비될 예정입니다.

37 정답 ③

해석 A : 내게 이메일 보내는 방법 좀 보여 줄래[알려 줄래]?
B : 그래. 우선, 이메일 프로그램을 열어. 그 다음에 상단에 있는 "새로운 메일"을 클릭해. 잘 따라오고 있지(잘 이해하고 있지)?

해설 ① 나 좀 도와줄래?
② 다른 건 없니?
④ 이해가 안 돼.

38 정답 ④

해석 비록 모든 과학 수사 사건이 다를지라도, 각 사건은 동일한 단계를 거친다. 각 단계는 절차와 전문성을 필요로 한다. 매 단계 내내 일련의 증거들은 훼손되지 않고 남아 있어야 한다. 첫 단계는 보통 사건의 발견이다. 이러한 발견은 십중팔구 우연히 일어난다. 두 번째 단계는 시신 수습과 증거물의 복원이다. 이 단계와 이후의 단계는 전문적인 도움을 필요로 한다. 그 다음으로 시신과 증거에 대해 실험실 분석과 조사가 진행된다. 어느 시점에서 다른 실험실과 조사관들로부터 온 모든 자료들은 사건 보고서로 종합된다. 변동이 있을 수는 있지만, 이 종합 보고서는 공식적인 자료 해석으로 사건에 대한 가장 논리적 설명 또는 재구성이며 시신에 대한 신원 확인을 제공한다.

해설 증거 복원 절차가 진행된 후 실험실 분석과 조사가 진행되므로 정답은 ④이다.

단어
- forensic 법의학적인, 범죄과학수사의
- go through 통과되다, ~을/를 거치다
- expertise 전문지식(기술)
- intact 온전한, 손상되지 않는
- remains 잔해, 유해
- laboratory 실험실
- synthesis 종합, 합성
- reconstruction 재구성

39 정답 ③

해석 춤은 주로 두 가지 유형이 있는데, 무대용과 사교용이다. 무대용 춤은 관중들을 즐겁게 하려고 공연된다. 무대용 춤은 발레, 모던 댄스, 뮤지컬 코미디 댄스, 그리고 탭댄스를 포함한다. 무대용 춤을 추는 사람들은 아름다움을 만들어 내는 것에 자부심을 느낄 것이다. 사교용 춤은 참가자들이 자신의 기쁨을 위해 춤을 춘다. 많은 종류의 사교용 춤은 특정한 스텝과 리듬을 요구한다.

해설 자신의 기쁨을 위해 춤을 추는 사람들은 무대에서 무대용 춤을 추는 사람들이 아닌 사교용 춤을 추는 사람들이다.

단어
- theatrical 연극의
- social 사교적인
- take pride in 자부심을 가지다
- participant 참가자

40 정답 ③

해석 Ryan Cox는 미국 인디애나의 한 패스트푸드 드라이브 스루에서 커피를 주문하고 지불하기 위해 기다리면서 TV 뉴스에서 보았던 것을 시도해 보기로 결심했다. 그는 자신의 뒤차 운전자의 커피 값을 대신 지불했다. 이 사소한 행동이 인디애나폴리스의 젊은 기업가의 기분을 좋게 해주었고, 그는 그 이야기를 페이스북에 공유했다. 오랜 친구가 사람들의 커피 값을 대신 내기보다는 학교 학생들의 밀린 점심값을 지불하면 어떨지 제안했다. 그래서 그 다음 주에 조카의 학교 식당을 방문한 Ryan은 밀린 점심값을 조금 내도 괜찮은지 묻고 100달러를 지불했다.

해설 뉴스에서 본 선행을 본받아 다른 사람의 커피 값을 대신 내주고, 이를 더욱 발전시켜 학생들의 밀린 점심값을 대신 지불한다는 내용으로 글의 내용은 감동적이다.

① 우울한
② 고요한
④ 지루한

단어
- delinquent 연체된
- account 계산서, 계좌

제 9 회 정답 및 해설 | 영어

01	02	03	04	05	06	07	08	09	10	11	12	13	14	15	16	17	18	19	20
②	①	④	②	④	②	①	①	④	②	③	④	①	④	③	④	④	③	③	④
21	22	23	24	25	26	27	28	29	30	31	32	33	34	35	36	37	38	39	40
④	②	③	①	③	④	④	②	④	①	③	④	①	①	④	④	④	④	④	③

01 **정답** ②

해석 그 방에는 의자 하나만이 있다.

해설 ① 정돈된, 정연한
③ 전적으로, 완전히
④ 거의, 대부분

단어 • nothing but(= only) 오직

02 **정답** ①

해석 그들은 우리를 항상 업신여긴다.

해설 ② 놀라게 하다
③ 존경하다
④ 명령하다

단어 • look down on(= despise) 업신여기다, 얕잡아 보다

03 **정답** ④

해석 Nancy는 그 시험 결과에 불안해했다.

해설 ① 느긋한, 여유 있는
② 화난
③ 무력한, 속수무책인

단어 • ill at ease(= uncomfortable, embarrassed) 불안한 ↔ at ease

04 **정답** ②

해석 주택과 아파트를 임대해서 사는 미국인들은 임대료로 적어도 수입의 25%를 지불한다.

해설 at least는 '적어도'라는 의미이다.

단어 • rent 임대료, 임대하다

05 **정답** ④

해석 때때로 당신은 의도하지 않은 말을 할지도 모른다. 그러나 일단 입 밖에 나온 말은 발사된 총알과 같아서 취소할 수가 없다. 그리고 말이란 남에게 상처를 입힐 수도 있다. 쓸데없이 상처 주는 것을 말하기 전에 마음을 가라앉혀라. 이성적으로 말하고 감정적으로 말하지 마라. 만일 그렇지 않으면 당신은 항상 후회하게 될 어떤 말을 하게 될지도 모른다.

해설 말하기 전에 마음을 가라앉히지 않으면 쓸데없이 남에게 상처를 줄 수 있고, 항상 후회하게 될 어떤 말을 할 수도 있다고 했으므로, 말을 할 때 신중을 기해야 한다는 것이 요지임을 알 수 있다.

단어 • mean 의도하다
• bullet 총알
• fire 발사하다
• recall 취소하다
• wound 상처내다
• needlessly 불필요하게
• hurtful 해로운, 유해한
• calm down 마음을 가라앉히다

• reason 이성
• emotion 감정
• regret 후회하다

06 정답 ②

해설 deliver는 '(아기를) 출산하다, 인도하다, 배달하다' 등 여러 가지 뜻이 있지만, 지문에서는 '출산하다'라는 뜻이다.

07 정답 ①

해설 bring up은 '(화제를) 꺼내다, 양육하다' 등 여러 가지 뜻이 있지만, 지문에서는 '(화제를) 꺼내다'라는 뜻이다.

단어 • offensive 모욕적인, 불쾌한

08 정답 ①

해석 낙타는 짐을 실어 나르는 유용한 짐승으로 세계도처에서 볼 수 있다. 낙타는 사람들에게 식량으로 고기와 우유를 제공하고, 천을 짜기 위한 털을 제공한다. 그러나 낙타는 쉽게 길들일 수 없고, 때로 고약하게 성질을 부린다. 아주 중요한 동물이지만 주인에게 사랑받지는 못한다.

해설 of great importance 아주 중요한

09 정답 ④

해석 산꼭대기가 눈으로 뒤덮인 그 산을 보아라.

해설 of which the + 명사(소유격의 의미) = whose + 명사

10 정답 ②

해석 내 자전거가 도난당한 이후 늘 나는 정확하게 귀중품들이 어디에 있는지를 보여주는 GPS추적 장치를 내 귀중한 물품들에 부착해 놓았다.

해설 물건 + be stolen / 선행사(devices)를 꾸며주는 관계대명사 which를 선택한다.

11 정답 ③

해석 그녀는 해야 할 일이 많아서, 그 파티에 갈 수 없었다.

해설 때, 이유, 조건, 양보, 부대상황 등을 나타내는 부사절(접속사 + 주어 + 동사)을 분사로 시작하는 부사구로 간단히 나타내는 분사구문 문제이다. 이때 접속사는 없애고, 부사절의 주어와 주절의 주어가 같으면 생략하며, 부사절의 동사는 분사로 바꾼다.

12 정답 ④

해석 Schubert는 일생을 가난하게 살았다. 하지만 그의 삶에는 하나의 숭고한 목적이 있었다. 그것은 그의 머릿속에서 끝없이 흘러나오는 멜로디를 아름다운 음악적 상념으로 기록하는 것이었다. 가장 많은 곡을 쓴 작곡가 중 한 사람으로서 Schubert는 마치 정다운 편지를 쓰듯이 자유롭게 작곡했다. 그는 단지 자신의 안에 있는 것을 꺼내서 우리에게 다채로운 보물과도 같은 음악을 들려주었다.

해설 produced의 목적어이면서 was의 주어 역할을 할 수 있는 what이 적절하다.

단어 • noble 고상한, 숭고한, 고결한
• composer 작곡가
• treasure 보배, 재보, 금은, 보물, 귀중품

13 **정답** ①

해석 ① A : 당신은 다음주에 한가합니까?
B : 예, 저는 시험 준비를 해야 합니다.
② A : 도와 드릴까요?
B : 고맙지만 괜찮아요. 그냥 구경할 게요.
③ A : 커피 좀 드시겠어요?
B : 예, 좋습니다.
④ A : 파고다 공원이 어디에 있습니까?
B : 서울 YMCA에서 한 블럭 동쪽에 있습니다.

해설 다음주에 한가하냐고 물었지만 시험 준비를 해야 한다고 했으므로 부정으로 대답해야 자연스럽다.

14 ~ 15

해석 나의 누나 Tara는 가족 내에서 아주 조용한 아이였다. 그녀는 형과 나만큼 모험을 좋아하지 않았다. 학업이나 운동을 잘하지 못했다. 물론, 나는 누나를 사랑했지만 때때로 그게 쉽지 않았다. 그녀는 좀처럼 나와 시선을 마주치지 않았다. 우리가 우연히 학교에서 마주치면 그녀는 때로 나를 모르는 체했다. 어느 날 아버지의 직장일로 우리는 새로운 동네로 이사하게 되었다. 우리가 전학 간 에머슨에 있는 학교 양호 선생님이 난생 처음으로 청력과 시력 검사를 하셨다. 나는 테스트를 우수하게 마쳤다. “독수리 같은 눈과 코끼리 같은 귀를 가졌구나.”라고 선생님은 말씀하셨다. 그러나 Tara는 시력 차트를 읽는 것이 힘겨웠다. 양호 선생님은 Tara가 심각한 근시여서 안경을 써야 한다고 말씀하셨다. 안경이 준비되었을 때 우리는 모두 안경을 가지러 시내에 나갔다. 처음 안경을 썼을 때 Tara는 계속 머리를 아래 위로 움직였다. 내가 물었다. “왜 그래?” 대략 100피트 정도 떨어져 있는 시카모어 단풍나무를 가리키며 그녀가 물었다. “저기 있는 나무를 볼 수 있니?” 나는 고개를 끄덕였다. 그녀는 훌쩍이며 말했다. “가지들만이 아니라 나뭇잎도 모두 볼 수가 있어.” Tara는 울음을 터트렸다. 집으로 돌아오는 길에 그녀에겐 이 모든 것들이 처음 보는 것들이었는데, 다른 사람들은 있는지도 모르고 지나치는 것들이었다. 그녀는 거리 간판들과 광고판을 큰소리로 읽었다. 전화선 위에 앉은 참새들을 가리키기도 했다. 집에 돌아온 Tara는 내게 안경을 써 보라고 권했다. 내가 안경을 써보니 세상이 흐릿하고 초점이 맞지 않는 상으로 변했다. 나는 몇 걸음을 걷다가 커피 테이블에 무릎을 부딪쳤다. 바로 그 순간, 나는 처음으로 Tara를 진정으로 이해하게 되었다. 왜 그녀가 탐험 놀이를 좋아하지 않았는지, 혹은 학교에서 나를 모르는 체했는지 알게 되었다. Tara는 세상을 명확하게 보는 것을 사랑했다. 안경을 쓴 지 얼마 되지 않아 그녀는 미술 선생님이 되기로 결심했다. 그녀는 자신이 발견한 모든 경이로운 것들을 데생하고 그리고 싶어했다. 시카모어 단풍나무를 그린 첫 번째 그림을 그녀는 여전히 제일 좋아한다. 현재 그녀는 에머슨 학교의 미술 선생님으로 모든 학생들이 실력을 최대한 발휘하도록 가르치고 있다.

단어
- run into 우연히 만나다, 뛰어가다
- first ever 생전 처음
- shortsighted 근시안의
- nod 끄덕이다
- billboard 광고판
- sparrow 참새
- fuzzy 애매한, 불분명한
- point out 가리키다
- unfocused 초점이 맞지 않는
- bang 부딪치다, 탕치다
- not long after 오래지 않아

• compulsively 마지못해, 강제적으로, 강박적으로
• drawing 데생, 그림, 소묘

14 정답 ④

해설 Tara가 처음 안경을 쓰고 시력을 회복한 전후 상황에 대한 화자의 회상을 서술하고 있다.

15 정답 ③

해설 'I put them on, and the world turned into fuzzy, unfocused shapes.'라고 했으므로, 지문의 내용과 일치하지 않는 것은 ③이다.

16 정답 ④

해석 스토리텔링은 story와 telling의 합성어이며, 말 그대로 '이야기를 한다'는 의미이다. 다시 말해서 스토리텔링은 재미있고 생생한 이야기로 내용을 전달하는 것이다. 고대 예술의 스토리텔링은 특히 학생 탐구 활동에 적합하다. 민속 예술의 하나로 스토리텔링은 연령과 능력을 불문하고 접근이 용이하다. 예술적 심상을 만들어 내기 위해 상상력과 듣기, 말하기 능력 이상의 특별한 장치는 필요치 않다. 학습 도구로서의 스토리텔링은 학생들에게 자신들의 독특한 표현을 탐구하도록 북돋우며, 분명하고 명쾌한 방식으로 그들의 생각과 감정을 전달하는 능력을 고양시킬 수 있다. 이러한 이점들은 일상의 기술을 뒷받침하는 예술적 경험을 초월한다. 숨 가쁘게 진행되는 미디어 중심 세계에서, 스토리텔링은 글로 기록하는 것의 위력과 경청의 중요성, 사람들 간의 분명한 의사소통의 기술을 아이들에게 상기시키는 양육 방법이 될 수 있다.

해설 문맥상 쓰인 단어가 아닌 쓰기가 강력한 힘을 가지는 것이므로 ④는 동사의 명사적 용법, 즉 동명사 형태의 writing이 되는 것이 적절하다.

단어
• well-suited 적절한
• accessible 접근하기 쉬운, 이해하기 쉬운
• transcend 초월하다

17 정답 ④

해석 그 이야기는 Homer의 세계에서 시작되는데, 그곳에서는 신화 속 신들이 폭풍우 몰아치는 하늘과 어둠 속 바다를 지배했다. 그 이후 인간 지성의 모든 발전은 과감하게 미지의 어둠 속으로 발을 내디디고, 기존의 사고방식에서 벗어난 용감한 사람들에 의해 이루어졌다. 이러한 발전들의 대부분은 작고 힘들었지만, 몇몇은 찬란하고 아름다웠다. Gustave Flaubert가 기록한 바와 같이, "바다로 나간 사람들 중에는 새로운 세상을 발견해서 지구에 대륙을 더하고, 하늘에 별을 더한 탐험가들이 있다. 그들은 달인이며, 위대한 사람들이고, 영원히 빛날 사람들이다." 끊임없는 시도와 실수를 통해 우리가 따라갈 길을 닦아 준 사람들은 바로 그러한 탐험가들이다.

해설 신들의 시대인 Homer의 세계 이후, 인간들의 세계가 펼쳐지기 시작한다.

단어
• eternally 영원히
• unceasing 끊임없는, 쉴새 없는
• era 세기

18 정답 ③

해설 see, hear, watch, feel 등의 지각동사 다음에 원형부정사가 목적격보어로 쓰인다.

① had not better stay → had better not stay
had better + 동사원형 ~하는 것이 좋다

② cannot but respecting → cannot but respect
cannot but + 동사원형 ~하지 않을 수 없다

④ felt my house shaking → felt my house shake
지각동사의 목적격보어로 동사원형이 와야 한다.

19 ~ 20

해석 우리 엄마는 내가 중국어로 편지를 쓰는 유일한 사람이다. 그녀는 중국에서 태어나 자랐다. 미국에서 출생한 그녀의 네 자녀가 중국어를 전혀 모르는 것은 오로지 그녀 때문이었다. 중국어로 대화할 수는 있지만, 우리의 구사 능력은 초보자 수준이다. 우리의 읽고 쓰는 능력은 그녀보다 훨씬 더 못하다. 미국에서 태어난 내 세대의 다른 많은 중국인과 달리, 나는 어렸을 때 중국어로 교육을 받지 않았다. 우리 엄마는 오빠와 언니를 6년 동안 중국인 학교에 등록시켰다. 그곳에서 그들은 정규 미국 공립학교를 다닌 후 매일 2시간씩 중국어 말하기, 읽기, 쓰기를 공부했다. 그녀의 노력 (A) 에도 불구하고, 두 자녀들은 배운 것을 지속적으로 사용하거나, 유지하지 않았다. 그래서 엄마는 어린 두 딸에게는 그런 교육비를 쓰지 않기로 결심했다. 우리 둘은 나중에 대학에 가서야 중국어를 공부했다. 나는 엄마를 자주 만나기 때문에 편지를 쓰는 게 필요하지 않았지만, 나는 그녀의 언어 형식으로 쓴 편지를 통하여 엄마와 대화하려고 한다. 내가 전문적인 작가일지라도 중국어 또는 영어로 엄마에게 시나 설득력 있는 글을 결코 쓸 수 없다. 학교를 다니는 내내 다른 먼 세계의 산물인 언어, 즉 엄마와 같은 언어로 읽고 쓰는 것은 말할 것도 없이 생각조차 하지 못한다는 사실은 종종 나를 슬프게 했다. (B) 그럼에도 불구하고, 나는 도시를 떠날 때마다 엄마에게 단지 선물과 함께 짧은 메모나 엽서를 쓸지라도 중국어를 계속하고 있다. 한자로 글을 쓰는 것에는 약간의 즐거움이 있다. 하지만 나에게 쓰기는 슬프게도 매우 느리고 지루하다. 나는 영중사전에서 모든 문자를 찾아봐야 한다. 한 획 또는 한 점이 삭제되거나 잘못 쓰거나 잘못된 방향으로 쓰게 되면 단어 전체가 바뀌게 된다. 그리고 엄마에게 그런 실수들은 용서될 수 없다. 나는 몇 안 되는 한자를 외우고 있는데, 그중 3개 단어로 이루어진 '我愛你(사랑해요)'는 우리를 가장 기쁘게 한다.

단어
- rear 기르다
- converse 대화하다
- fluency 유창함, 구사 능력
- literacy 읽고 쓰는 능력
- formally 정식으로
- enroll 등록하다
- retain 유지하다
- eloquent 설득력 있는
- woefully 슬픈, 비참한, 애처로운
- tedious 지루한, 싫증나는
- stroke 한 획(선)
- inexcusable 용서할 수 없는
- by heart 암기하여

19 정답 ③

해설 (A)와 (B)에 들어갈 말은 앞뒤 문맥상 의미를 파악해 보면 In spite of(~에도 불구하고)와 nevertheless(그럼에도 불구하고)가 적절하다.

20 정답 ④

해설 ① 필자의 어머니는 중국에서 태어나 자랐다.
② 필자와 필자의 남매는 미국에서 태어났다.
③ 필자는 나중에 대학에서 중국어를 배웠다.

21 정답 ④

해석 A : 그래서 너랑 Steve 삼촌이랑은 무슨 이야기를 하고 있었니?
B : 삼촌이 제가 태어났을 때 아빠와 엄마가 얼마나 놀라셨는지 말해 주셨어요. 모두가 남자아이를 기대하고 있었다는데요? 그게 사실이에요?
A : 그래. 의사조차 그렇게 생각했을 정도야. 우리는 확신해서 너의 방을 모두 스포츠 디자인으로 꾸미기도 했었지. 다시 방을 꾸며야 한다는 걸 알았을 때 우리가 얼마나 놀랐는지 상상이 가니?
B : 실망하셨어요? 제 방을 준비했던 것들 때문에…….
A : 농담이지? 물론 아니지! 그날 세상에서 나보다 더 행복한 사람이 있었다고 생각하지 않는단다. 난 그 순간을 결코 잊을 수가 없어.

해설 아들인 줄 알고 꾸몄던 방을 모두 다시 꾸며야 했다는 A의 말과 B의 'you and mom ~'이라는 말을 통해 아버지와 딸의 대화임을 알 수 있다.

22 정답 ②

해석 미국 해안가를 찾는 이탈리아 관광객들은 미국인들이 진짜 이탈리아 음식이라고 생각하는 음식을 서비스할 때, 때때로 당황한다. 예를 들어, 이탈리아 어감의 이름을 가진 Chicken Tetrazzini는 이탈리아 관광객에게 집에 온 것 같이 만들어 줄 완벽한 식사인 것처럼 보인다. (A) 사실, Chicken Tetrazzini는 이탈리아 오페라 가수 Luisa Tetrazzini의 이름을 딴 것이다. 하지만, 이것은 뉴욕에서 발명되었다. 이탈리아 사람들만이 그들의 도시에서 기원한 저녁 식사 요리에 혼란스러워 하는 것은 아니다. 대부분의 러시아 사람들은 미국에 있는 러시아 샐러드 드레싱과 비슷한 어떤 것도 절대 맛본 적이 없다. (B) 이와 마찬가지로, 중국 음식의 주요 상품인 포춘 쿠키는 베이징이 아니라, 로스앤젤레스에서 처음 만들어졌다.

해설 이탈리아 어감의 이름을 가진 음식이 사실(In fact) 이탈리아 오페라 가수의 이름을 딴 것이며 뉴욕에서 발명되었다는 내용이 나오고, 이와 마찬가지로(Likewise) 중국의 대표 상품 포춘 쿠키는 베이징이 아닌 로스앤젤레스에서 처음 만들어졌다는 내용이 나온다.

단어
- be taken aback 깜짝 놀라다, 충격을 받다
- authentic 진짜의, 진정한
- entree 주요리, 메인 요리
- supposedly 아마도, 어쩌면
- staple 주요 상품

23 정답 ③

해석 Wong : 경찰부 경사 Sergeant Wong입니다.
Ingram : 안녕하세요. 제 이름은 Ingram Jones입니다. 아이젠하워로 4512번지 아파트 18-J에 살아요. 제

자전거를 도난당한 것 같아요. 없어져 버렸어요!

Wong : 알겠습니다. 진정하세요. 분실한 자전거의 특징을 알려 주시겠습니까?

Ingram : 음, 빨간색과 검은색의 Schwinn 경주용 자전거이고, 자전거 손잡이에 노란색 경적과 움푹 파인 자국이 있어요.

Wong : 알겠습니다. 등록 번호를 가지고 있습니까?

Ingram : 네, LPA-6100895입니다.

Wong : 잠시만 기다리세요. 자료를 한 번 확인해 볼게요. (잠시 후) 여보세요? Jones씨, 당신의 자전거는 도난당한 것이 아닙니다. 불법 주차로 당신의 아파트 앞에 있는 길에서 치워진 것입니다.

Ingram : 오, 정말이에요? 저는 한 달 넘게 그곳에 주차해 왔어요.

Wong : 음, 자전거를 소화전에 자물쇠로 묶어두시면 안 됩니다.

해설 대화 내용으로 보았을 때, Ingram의 자전거는 누가 훔쳐간 것이 아니라, Ingram이 아파트 앞 도로에 자전거를 불법 주차하고 소화전에 묶어두어서 경찰이 치운 것이다.

단어
- sergeant 경사(직위)
- description 묘사, 특징
- horn 뿔, (자동차 따위의) 경적기
- dent 움푹 들어간 곳(자국)
- lock 자물쇠를 채우다, 잠그다
- fire hydrant 소화전

24 **정답** ①

해설 ① see가 지각동사이므로, to cheat 대신에 cheat로 바꾸어 주어야 한다.

② "머지않아서 곧 ~할 것이다." = It will not be long before + s + v(현재~)

③ need not have p.p ~ ~할 필요가 없었는데 (했다)

④ 주장동사 (that) s + (should) + 동사원형 : 미래지향성, 당위성 내포

단어
- cheat at a test 시험에 부정행위를 하다
- be held 열리다, 개최되다, 치러지다
- wicked 사악한(= malicious)

25 **정답** ③

해석 기주 : 이 영어 수업은 너무 어려워. 우리 교수님은 학원에서의 힘든 생활을 이해하지 못하시는 것 같아.

민지 : 넌 더 집중해야 할 것 같아. 네가 수업 도중에 조는 걸 몇 번 봤어.

기주 : 하지만 이 수업은 월요일 아침 첫 수업이야. 가끔은 주말의 여파로 지쳐.

민지 : 주말 내내 네가 하는 공부 때문에 지치는 거야?

기주 : 음, 꼭 그렇진 않아. 가끔은 일요일 자유 시간에 컴퓨터 게임을 해. 난 고등학교에 입학한 이후부터 컴퓨터 게임을 해 왔어.

민지 : 난 네가 수업에 대한 불평을 그만하고 보다 현명하게 시간을 관리할 필요가 있다고 생각해. 자유 시간을 통해 휴식을 취하는 것은 아무 문제가 되지 않지만, 너의 공부가 끝난 후에만 하는 것이 순서지. 그리고 휴식을 좀 가져.

기주 : 그건 좋은 충고구나. 이번 일요일에는 공부하고 나서 일찍 자도록 할게.

해설 민지의 마지막 대사에서 민지는 기주에게 현명하게 시간을 관리하여 공부를 한 이후에 자유 시간을 가지라고 조언했다. 그리고 기주는 그 조언을 받아들였다.

26 정답 ④

해석 Matthew McGlone이 시행한 실험에 대해 생각해 보자. 그는 듣기 좋은 표현이 의심스러운 개념마저 더 믿을 만하게 보이게 한다는 가설을 시험해 보고 싶어 했다. 그는 학생들에게 "Woes unite foes(고민은 적을 뭉치게 한다)" 같은 운율 있는 문장들을 주고 그 문장들이 얼마나 인간의 행동을 정확하게 묘사했는지 물었다. 그런 다음 동일한 학생들에게 "Misfortunes unite foes(불행은 적을 뭉치게 한다)" 같은 운율 없는 문장의 정확성을 판단해 보라고 했다. 그 결과, 학생들은 운율 있는 문장이 더 정확하다고 간주했다. 그 후에 경제적 성공이 사람들을 더 건강하게 만든다는 말에 동의하는지 물어보았을 때, 거의 모든 학생이 아니라고 대답했다. 하지만 그들은 "Wealth makes health(부가 건강을 만든다)"를 왠지 더욱 그럴듯하다고 간주했다. 이런 점들로 연구자들은 1995년 O. J. Simpson 살인 사건에서 피고 측 변호사가 "If the glove doesn't fit, you must acquit(그 글로브가 딱 맞지 않는다면, 당신은 분명히 무죄를 선고하시겠군요)"라고 한 말의 되풀이되는 반복된 억양이 배심원들에게 의도적으로 영향을 미쳤을 거라고 추측하기에 이르렀다.

해설 운율이 맞는 문장은 그 내용이 의심스러울지라도 더 정확하고 그럴듯하게 보인다는 요지의 글이다. 따라서 빈칸에는 plausible(그럴듯한)이 들어가야 한다.

단어
- statement 표현, 문장
- dubious 확실하지 않은
- notion 개념
- woe 걱정거리
- foe 적
- plausible 그럴듯한

27 정답 ④

해석 현대의 포장 개념은, 정말로 소비자의 흥미를 끄는 것은 브랜드나 재료, 심지어는 제품 그 자체도 아니라고 이해하는 것을 기반으로 한다. 본질적으로, 소비자들은 그 제품을 사용함으로써 얻을 것이라고 생각하는 이득에 관심이 있다. 따라서 이유식 패키지에 음식 재료인 곡물과 우유, 혹은 조리된 음식 한 그릇 사진보다는 건강한 아기 사진이 붙어 있다면 잠재적인 소비자인 그녀(아기가 건강해지길 원하는 엄마)에게 더욱더 흥미로울 것이다. 소비자들이 찾는 좋은 효과를 알아내 공급하는 것이 대량 소비 제품의 마케팅 전략에서 중심 요소가 되었다. 패키지 디자인은 그 전략을 구현하기 위한 주요 수단이 되었다.

해설 ④에서 Supply → Supplying으로 고쳐야 한다. Finding out으로 시작하는 문장에서 Finding과 Supply가 주어이고 has become이 동사이다. 동사가 주어가 되기 위해서는 동명사나 to 부정사의 형태로 바뀌어야 하는데, 앞부분에서 Finding으로 시작하고 있으므로 Supply가 Supplying으로 바뀌어야 한다.

단어
- find out 알아내다
- mass-consumption 대량 소비
- vehicle 수단
- implement 구현하다

28 정답 ②

해석 근본적인 생명력은 우리가 들이마시는 거의 모든 산소를 연소하는 미토콘드리아라는 아주 작은 에너지 세포 기관에 자리 잡고 있다. 하지만 호흡하는 데는 그 대가가 있다. 우리가 살아서 활동할 때 산소가 연소되는데, 그때 산소는 '활성산소'라는 부산물을 내보낸다. 활성산소는 Jekyll 박사와 Hyde 씨 같은 특징을 가지고 있다. 한편으로는, 그들은 우리에게 생존을 보장해주는데, 예를 들어 몸이 감염원을 물리치기 위해 동원될 때, 우리 몸은 침입자들을 효과적으로 번식시키기(→ 물리치기) 위해 활성산소를 폭발적으로 많이 생성한다. 또 다른 한편으로 활성산소는 통제할 수 없을 정도로 우리 몸속을 돌아다니면서 세포를 공격하고, 지방을 변질시키고, 단백질을 부식시킨다. 또 세포막을 관통해서 유전자 코드를 오염시키기 때문에 세포가 제 기능을 하지 못하거나 어떤 경우 소멸하기도 한다. 맹렬한 에너지를 지닌 이들 활성산소는 생명자의 보호자인 동시에 공격자이며 노화의 강력한 원인이다.

해설 글 전체에서는 Jekyll 박사와 Hyde 씨 같은 이중적인 면을 지닌 활성산소에 대해 설명하고 있다. On the one hand로 시작하는 문장에서는 활성산소의 순기능을, On the other hand로 시작하는 그 뒤 문장에서는 활성산소의 역기능을 이야기한다. 따라서 On the one hand로 시작하는 문장에서는 활성산소의 장점이 나타나야 하고, 그것은 병원체를 번식시키는(propagate) 것이 아니라 물리치는 것이라고 하는 것이 문맥상 알맞을 것이다.

단어
- combustion 연소
- by-procuct 부산물
- on the one hand 한편으로는
- mobilize 동원되다
- propagate 번식시키다
- rust 부식시키다
- membrane 세포막
- dysfunctional 제대로 기능을 하지 않는
- potent 강력한

29 정답 ④

해석 몇 년 전 Kansas로 돌아왔을 때 나는 출신 대학교에서 강연을 했다. 그 강연은 일반인에게도 개방되었는데, 강연이 끝난 후 아주 나이가 많은 노인 한 분이 내게 다가와 결혼 전의 성(姓)이 Wemyss가 아니었느냐고 물었다. 나는 그 노인이 나의 아버지나 할아버지를 알고 있었을지 모른다는 생각에 그렇다고 대답했다. 하지만 그게 아니었다. 그 노인이 말했다. "젊었을 때 나는 댁의 증조부이신 Robert Wemyss 씨를 위해 일을 한 적이 있었어요. 그때 그분께서는 양 목장을 가지고 계셨지요." 나는 그 순간 내게 뭔가 중요한 걸 새삼 깨닫게 된 순간이었다고 생각한다. 오래 전 나의 가족들은 스코틀랜드에서 왔다. 나의 진짜 뿌리는 그곳에 있었던 것이다.

해설 지문에 강연 내용은 나와 있지 않다.

30 정답 ①

해석 우리가 비이성적으로 행동할 때, 우리의 행동은 스스로에게는 합리적인 것으로 보이기 마련이다. 곤란한 상황에 직면하면, 우리의 마음은 (스스로에게) 말한다. "왜 이들은 나를 힘들게 하지? 나는 그저 타당한 일을 할 뿐인데. 합리적인 사람이라면 그걸 알 거야!" (A) 요약하면, 우리는 자연스럽게 우리 생각이 전적으로 정당하다고 생각한다. 우리가 알기로는, 우리는 단지 정당하고 올바른 합리적인 일을 할 뿐이다. 우리가 실수하고 있을지도 모른다는 순간의 생각은 일반적으로 "나는 나쁜 것을 의도하지 않았어. 나는 공정해! 공평해! 틀린 건 다른 사람들이야!"라고 생각하는 더 강력한 자기 정당화에 압도된다. 이런 인간 마음의 본능을 자연적인 상태로 인식하는 것은 중요하다. (B) 다시 말해서, 인간은 자기 정당화와 자기 잇속만 챙기는 이기심, 자기기만적인 사고와 행동을 배울 필요가 없다. 이런 행동 양식은 우리 모두가 타고나는 것이다.

해설 (A) 앞 문장들이 말하고 있는 바를 요약하고 있으므로 In short가 적절하다.
(B) 인간이 자기 합리화하는 것이 자연스러운 일이므로, '다시 말해서(In other words)' 그것을 배울 필요도 없다는 것이다.

단어
- in short 요약하면
- fleeting 순식간의
- just 공정한
- innate 타고난

31 **정답** ③

해석 취업 인터뷰에서 좋은 인상을 만들기 원한다면 다음 조언들을 잘 새겨라. 우선, 당신이 아무리 초조할지라도 자신감을 보이도록 최선을 다해라. 또한 면접관의 모든 질문에 진심을 다해 답하는 것이 중요하다. 그러나 당신의 결점을 자발적으로 언급할 필요는 없다. 당신의 기술과 능력이 그 회사에 아주 유용하다는 것을 확실히 강조하라. 면접관이 당신을 당장 고용하도록 부담을 주지 마라. 대신에 직무에 대한 당신의 강한 관심을 표현하고 언제 대답을 받을 수 있을지 물어라. 끝으로, 인터뷰를 마칠 때 면접관에게 시간을 내주어서 고맙다는 뜻을 확실히 전달하라.

해설 빈칸의 앞뒤로 면접관에게 채용을 압박하는 대신 다른 방법으로 자신을 알리라는 내용이 나온다. 따라서 Instead가 가장 자연스럽다.

32 ~ 33

해석 대부분의 아동 학대는 아이의 집에서 발생한다. 기관, 학교나 아이들과 상호작용하는 지역 사회에서 발생하는 경우가 더 적다. 아동 학대 희생자에게 적용 가능한 몇 가지 치료법이 있다. 트라우마(정신적인 충격)에 초점을 둔 인지행동치료법은 성적 학대 아동을 위해 처음 개발되었는데, 현재는 어떤 종류이건 트라우마를 지닌 환자들을 위해 사용된다. 그것은 외상 후 스트레스 장애와 우울증, 불안장애를 비롯한 트라우마 관련증상을 가진 아이들의 치료를 목표로 한다. 인지행동치료법은 아동의 부모가 학대자가 아닌 경우 부모를 위한 요소를 포함한다. 몇몇 연구 결과, 인지행동치료(TF-CBT)를 받은 성적 학대 아동들이 다른 종류의 치료를 받은 아이들보다 더 개선되었다는 사실이 알려졌다. 인지행동치료는 신체적 학대를 받은 아이들을 위해 고안되었다. 그것은 표면적으로 드러난 행동을 목적으로 하고 사회 친화적 행동을 강화한다. 아이들을 학대하는 부모는 양육 기술을 개선하기 위해 치료 대상에 포함된다. 그것은 무작위 연구에 의해 지지된다. 그 밖의 치료에는 집단 치료, 놀이 치료, 예술 치료가 있다.

단어
- pro-social 친사회적인
- post-traumatic stress disorder 외상 후 스트레스성 장애

32 **정답** ④

해설 'Offending parents are included in the treatment'라고 했으므로, ④는 지문의 내용과 일치하지 않는다.

33 정답 ①

해설 인지행동치료가 가져오는 결과로 가장 적절한 것은 '사회 친화적 행동 강화'이다.

34 ~ 35

해석 오늘날 우리는 교실에서 생생한 분위기를 만들어 내어 발화를 촉진시키는 많은 게임과 활동들을 듣는다. 이들 활동은 항상 모든 학생들이 순식간에 주저함 없이 말하도록 하는 주제나 논쟁의 질문에 중점을 두고 있다. 이상적인 학습 계획 혹은 완벽한 컴퓨터 링크는 무엇인가? 선생님들은 "즐거운" 환경을 제공하는 흥미를 주는 활동을 찾고 있다. (A) 하지만 우리 교육의 목적은 무엇인가? 오락을 통한 친선과 즐거움을 증진시키는 것인가? 아니면 오히려 그들이 실상 필요로 하는 것을 학습자들에게 가르치는 것인가? 수업을 준비할 때 나는 언제나 이해하기 쉬울 뿐 아니라 문법과 단어 사용에 대한 기본 문법에 충실한 문장을 만들면서 학생들이 가능한 한 "개인 발표 시간"을 많이 갖는 방법을 생각해 왔다. 나는 결코 "이상적인" 주제와 질문을 찾지 않는다. 나는 학생들이 소극적인 것은 주제에 관한 관심이 부족해서가 아니라 오히려 그 주제 또는 그와 관련된 다른 주제를 그들 스스로 표현하기 위한 언어적인 도구가 심각하게 부족하기 때문이라고 생각한다. (B) 그러므로 우리의 목표는 쓸모가 많은 그러한 언어적 도구를 제공하는 것이다.

단어
- student passiveness 학생들의 소극성
- objective 목표

34 정답 ①

해설 지문 추론을 통하여 (A)에는 But이 들어가며, (B)에는 Therefore가 들어간다는 것을 알 수 있다.

35 정답 ④

해설 'I seldom look for the "ideal" theme or question'을 통해 답을 찾을 수 있다. seldom은 '좀처럼 ~않는'이라는 뜻이다.

36 정답 ④

해석 사람들은 일반적으로 청소년들이 구체적인 특성이 있다고 생각한다. 예를 들어, 많은 사람들이 말하기를 청소년들은 일반적인 관행을 따르지 않으며 이러한 성향은 그들이 입는 옷과 듣는 음악, 그들에게 권위적인 어른들과 대화하지 않으려 하는 것으로 표현된다고 한다. 사람들은 불평하기를 이들 청소년들이 고도로 기술화된 사회에서 태어나 문자메시지에서 사용하는 새로운 언어를 만들었고, 이런 점 때문에 그들의 말하기와 쓰기 언어 능력이 감소했다고 한다. 그러나 많은 젊은이들이 클래식 악기를 공부하고 연주하며, 20세가 되기도 전에 문학상을 받기도 한다. 많은 젊은이들이 그들의 부모님을 본받아야 할 모델로 확신하며 결코 권위에 대해 의심을 품지 않는다. 그들은 부모님만큼이나 격식 있게 옷을 입기도 한다.

해설 글에서 언급하고 있는 청소년들은 부모님을 존중하고 따르는 유형의 청소년들이므로 그들의 부모님의 권위에 대해 의심하지 않을 것이다.

단어
- conformist 순응주의자
- textspeak 인터넷이나 핸드폰 메시지에서 쓰이는 줄임말 같은 것
- convince 확신하다
- formally 격식 있게

37 정답 ④

해석 특히 골동품 가게에 나타난 것들을 보면, 영국 식민지로서 북아메리카의 일상생활은 상당히 화려했던 것처럼 보인다. 그러나 현대적인 기준으로 판단해 보면, 상당히 초라한 생활이었다. 대부분 사람들은 동틀 녘부터 해질녘까지 끊임없이 이어지는 과중한 노동을 해야 했다. 지금은 당연하게 여겨지는 기본적인 생필품이 부족했다. 공공건물들은 대개 난방이 전혀 되지 않았고, 일반 가정집은 벽난로로 난방을 했지만, 외풍이 심해서 별 도움이 되지 못했다. 수도가 전혀 없었고 집안에 화장실이 없었다. 깜박거리는 촛불과 고래 기름 램프 빛은 충분하지 않았다. 쓰레기를 치울 수 있는 위생 서비스도 전혀 없었고, 대신, 길쭉한 주둥이를 가진 돼지들이 거리를 돌아다니면서 쓰레기를 먹어치우도록 했다.

해설 역접의 접속사 but이 있으므로 빈칸에는 앞 문장의 glamorous와 반대되는 miserable existence가 가장 적절하다.

단어
- snout (돼지・개・악어 등의) 삐죽한 코
- plumbing 배관
- flickering 깜박이는
- illumination 조명
- sanitation 위생
- roam 배회하다

38 정답 ④

해석 개인 공간에 관해서는 상당한 문화적 차이가 있다. 중동, 프랑스, 라틴 아메리카 사람들은 특히 공공장소에서 개인 공간이 작기 때문에 다른 사람과 이야기를 하는 동안 아마도 많은 신체 접촉을 하면서 서로 가깝게 서는 경향이 있다. 미국, 영국, 독일 사람들은 좀 더 강력하게 자신의 개인 공간을 지키며, 일상적인 대화를 나눌 때 상대방이 자신과 접촉을 하면 보통 짜증을 낸다. 이런 차이점이 여행자들 사이에서 타협(→ 갈등)을 일으킬 수 있다. 중동 지역을 여행하는 영국 여행자들은 현지 사람들이 가까이 오는 것에 위협을 느낄 것이다. 그러나 중동 사람들은 영국인들이 무례하다고 여길 것이다.

해설 개인 공간에 대해 문화적 차이가 있다는 내용으로, 마지막 문장에서 갈등 상황을 제시하고 있으므로 compromise(타협)보다는 conflict(갈등)와 같은 의미의 단어가 오는 것이 적절하다.

단어
- considerable 중요한, 유력한, 꽤 많은, 상당한
- vigorously 활발하게, 힘차게, 강력하게
- annoy 괴롭히다, 귀찮게 굴다, 속 태우다
- resident 거주자, 정주자, 거류민
- in turn ~도 또한
- rude 무례한

39 정답 ④

해석 가족 모임을 성공적으로 치르도록 당신이 할 수 있는 일은 많다. 예를 들어 이야기를 하거나, 가족 장기자랑을 하거나, 가족사를 말하거나, 타임캡슐도 만들 수 있다. 이런 활동들은 재미있을 뿐만 아니라 가족 모두가 가깝게 소통하여 서로 더 잘 알게 되도록 해 준다. 특히 서로를 오랫동안 보지 못했다면, 결과적으로 모두가 더 편해질 것이다. 활동의 종류를 운동에서 공예, 수수께끼까지 다양화하는 것으로 가족 모두가 참여하도록 할 수 있을 것이다. 가족 모두에게 아무 때나 할 수 있는 활동을 고를 기회를 주는 것도 도움이 된다. 활동을 계획하면서 초대할 가족 모두에게 설문지를 보내 그들이 무엇을 하는 것에 흥미가 있는지 알아보는 것도 좋은 생각이다. 반드시 봉투에 자신의 이름을 쓰고 우표를 붙여라. <u>그러지 않으면</u> 당신이 원하는 만큼 답장을 받지 못할 것이다.

해설 Unless는 '~하지 않는 한'이라는 뜻을 가지고 있다. ④에는 '~하지 않는다면'이라는 말이 문맥상 적절하므로 Unless를 If not으로 바꾸는 것이 더 알맞을 것이다.

단어
- reunion 모임
- vary 달리하다
- craft 공예
- ensure ~하게 하다
- questionnaire 설문지

40 정답 ③

해석 우리는 모두 상대하기 불편한 사람들을 알고 있다. 그들은 모든 상호작용에 화를 내거나 경쟁적이거나 끊임없이 흠을 잡는 태도로 접근한다. 당신이 그들을 상대할 때마다, 그들은 누군가나 무언가에 대해 화를 내며 말한다. 그들은 일상적으로 행동이나 목소리의 어조를 통해 당신이 말하는 것은 무엇이든지 바보 같다는 것을 암시할지도 모른다. 그들은 조급하거나 비판적이다. 마치 당신이 말하는 모든 것이 <u>지지를 받을(→ 공격을 받을)</u> 것처럼 느껴지기 때문에 당신은 항상 경계한다. 당신은 우울하고 피곤한 상태로 상호 작용을 끝낸다. 그래서 우리는 그러한 사람들과 함께 일하는 것에는 높은 "비용"이 든다고 말한다. 사람들이 그러한 "재능 있는 바보들"과 함께 일하는 것을 피함으로써 그들이 고립될 수 있다는 연구를 보면, 그들의 능력은 이러한 결점을 보완하지 못한다.

해설 매사에 조급하고 비판적인 사람들과 대화하면 말하는 것마다 공격을 받을까 두려워 경계하게 된다. 따라서 ③ 'supported(지지를 받는)'는 글의 흐름과 맞지 않고 'attacked(공격을 받는)'로 고쳐야 문맥상 적절하다.

단어
- routinely 일상적으로
- on guard 경계하여
- make up for ~을/를 보완하다

제 10 회 정답 및 해설 | 영어

01	02	03	04	05	06	07	08	09	10	11	12	13	14	15	16	17	18	19	20
①	①	③	②	③	①	④	②	①	②	②	④	③	④	③	②	④	①	②	④
21	22	23	24	25	26	27	28	29	30	31	32	33	34	35	36	37	38	39	40
④	③	③	④	②	①	③	④	②	①	③	③	①	④	②	③	③	②	③	①

01 **정답** ①

해설 관계대명사가 생략되는 경우로는 타동사나 전치사의 목적어가 되는 경우, 주격보어나 목적격보어가 되는 주격 관계대명사 which 또는 that, There is ~, Here is ~, That is ~, It is ~ 다음의 주격 관계대명사, 주격 관계대명사 + be 동사 등이 있다. 그 외에 It … that 강조 구문에서는 that이 주격 관계대명사일 경우에도 생략이 가능하다.

02 **정답** ①

해석 이런 행사에 청바지 차림은 <u>부적절하다</u>.

해설 out of place 알맞지 않은, 어울리지 않는

03 **정답** ③

해석 이 블라우스가 저 스커트와 <u>어울릴까</u>?

해설 go with 어울리다(= match), 동행하다(= accompany)

04 **정답** ②

해석 A : 무엇을 도와 드릴까요?

B : 네. 이 모자들 중 어느 것을 추천하고 싶습니까?

A : <u>글쎄요</u>, 만일 제가 당신이라면, 이것을 살 것입니다.

해설 의심, 망설임을 나타낼 때 'Let me see, Let's see' 등의 표현을 쓴다.

① 신경 쓰지 마세요.

③ 뭘 찾으세요?

④ 무슨 일이에요?

05 **정답** ③

해석 A : 여보세요. 저는 Tom입니다. Mary 집에 있어요?

B : 미안합니다만, 집에 없어요. <u>전하실 말이라도 있어요?</u>

해설 전화상에서 메시지를 남길지 의사를 묻는 표현은 'May I have your message?'라고 한다.

06 **정답** ①

해석 맛에 대해 <u>설명하는</u> 것은 불가능하다.

해설 ② 결정하다

③ 평가(하다), 추정(하다)

④ 합산하다

단어 • account for ~을/를 설명하다

07 **정답** ④

해석 그녀가 멀리서 승용차 한 대를 <u>언뜻 보았다</u>.

해설 catch sight of 언뜻 눈에 띄다(= glimpse), ~을/를 발견하다

08 정답 ②

해석 당신은 익숙하지 않은 단어를 발견하면 어떻게 하나요?

해설 come across ~을/를 우연히 만나다 (= encounter), 발견하다

09 정답 ①

해석 ① 바람이 차갑게 불었다.
② 그녀는 John과 약혼했다.
③ 100센트가 1달러가 된다.
④ 그녀는 자녀를 두 명 출산했다.

해설 ② engaged with → engaged to(~와 약혼하다)
• be engaged in ~에 종사하다
③ Hundred cents → A(One) hundred cents
④ has born → has borned(완료형이나 by를 수반하는 수동에 사용)

10 정답 ②

해설 ②에서 find는 5형식 동사이기 때문에 바로 뒤에 목적어가 와야 하는데, 목적어가 없으므로 가주어 it을 써야 한다.

11 정답 ②

해석 ① A : 오늘 바람이 선선하지요, 그렇지 않아요?
B : 네, 그렇군요.
② A : 올봄은 아름다웠지요, 그렇지 않았나요?
B : 네, 그랬어요.
③ A : 뭘 찾으세요, 선생님?
B : 내 남동생에게 줄 선물을 사려고 해요.
④ A : 오늘 오후에 날씨가 맑아질 거 같아요, 그렇지 않을까요?
B : 네, 그럴 거에요.

해설 A는 isn't it? → hasn't it? / B는 it is → it has

12 정답 ④

해석 그의 연설은 짧지만 적절했다.

해설 to the point 적절한, 요령 있는(= pertinent, proper, relevant, to the purpose)

13 정답 ③

해석 아무것도 걸려 있지 않은 벽은 깨끗하고 단순한 분위기를 실내에 연출한다. 그러나 많은 사람들은 다양한 색과 형태를 지닌 벽을 더 좋아한다.

해설 bare 아무것도 안 덮인[가려진]

14 정답 ④

해석 그가 요즈음 열심히 공부하고 있던 것처럼 보인다.

해설 It seems that + 주어 + 동사 = 주어 + seem(s) + to부정사

15 정답 ③

해석 이전 사건들은 외국인들이 불법 취업을 위해 문화 행사 기간 동안 불법적으로 입국할 수 있는 높은 가능성을 보여 주었다.

해설 의미상 주어의 동명사 구문으로 -ing 형태를 쓴다.

단어 • incident (부수적인) 사건
• probability 가능성

16 **정답** ②

해석 몇몇 천연 원소들은 너무 적은 양이라서 자연환경에서는 그것들을 거의 볼 수 없다.

해설 'so + 형용사 + a + 명사' 또는 'such + a + 형용사 + 명사(such + 형용사 + 복수명사)' 형태가 되어야 한다.

17 **정답** ④

해석 당신을 너무나 사랑하기 때문에 보내는 겁니다.

해설 문맥상 이유의 접속사가 필요하므로 정답은 ④이다.

18 **정답** ①

해석 우리는 Laura와 기차역에서 만나기로 되어 있다.

해설 be supposed to do ~하기로 되어 있다

19 **정답** ②

해석 우리는 수년 동안 이 문제에 대해 알고 있었다. 우리는 관련된 공장 소유주와 경영진들에게 경고 조치를 취했으며, 그들은 여유가 되는 대로 오염 방지 장치를 설치하겠다고 약속했다. 물론 지금 당장 그들에게 강을 오염시키지 말라고 하고 싶지만, 그들이 많은 세금을 내고 있고, 많은 노동자들을 고용하고 있기 때문에 그들에게 강제할 수 없다. 만일 우리가 그들에게 공장을 폐쇄시키도록 한다면 많은 사람은 일자리를 잃게 될 것이다.

해설 지문의 'Of course, we would like them to stop polluting the river now ~'로 미루어 'this problem'은 수질 오염 문제임을 알 수 있다.

단어 • antipollution equipment 오염 방지 장치
• afford to ~할 여유가 있다, ~할 형편이 되다

20 **정답** ④

해석 알레르기 반응은 인체 내 면역 체계의 한 작용이다. 면역 체계가 하는 일은 당신의 건강에 해가되는 물질로부터 보호하기 위하여 항체를 만들어내는 것이다. 그러나 알레르기 반응에 있어서 당신의 몸에 항체가 생겨나게 만드는 외부 요소는 알레르기가 없는 사람에게는 전혀 문제가 되지 않는 것이다. 예를 들어, 우유와 고양이털은 인간들에게 해롭지 않다. 그러나 어떤 이유로 인해 당신의 몸에는 그것들에 대한 항체가 생겨날 수도 있다. 당신의 몸은 당신을 이런 것들로부터 보호하려고 하는 것이다.

해설 우유와 고양이털을 예로 들고 있다.

단어 • allergic reaction 알레르기 반응
• immune system 면역 체계
• antibody 항체

21 **정답** ④

해석 그러나 다른 생물과의 이러한 유사점에도 불구하고 인간의 진화는 다른 종의 진화와는 다르다. 인간의 진화는 매우 일반화된 능력으로 이어졌다. 그러나 다른 종에서 진화는 그들의 능력의 특수화로 이어졌다. 예를 들면, 기린은 나무 꼭대기에서 풀을 뜯는 일에 적응해 왔지만 그것은 전문화되어 나무에서 풀 뜯는 일에만 제한되었다. 기린은 땅에서 풀을 뜯기 위해서는 몹시 어렵게 몸을 굽힐 수 있을 뿐이다.

해설 Despite와 however는 대조·역접의 연결사이므로 지문의 내용과 상반되는 내용이

앞에 올 내용이다. 지문 전체에 걸쳐서 예시를 들면서 인간과 동물의 차이점에 대해 설명하고 있으므로, 그에 대조되는 '인간과 동물의 유사점'이 바로 앞에 나올 것임을 쉽게 추론할 수 있다.

단어
- similarity 유사성
- creature 생물체
- evolution 혁명
- generalize 일반화하다
- species 종
- capability 능력
- giraffe 기린
- graze 풀을 뜯어먹다
- treetop 나무 꼭대기
- restrict 제한하다
- bend down 몸을 굽히다

22 정답 ③

해석 이것은 책에 나오는 모든 주제와 제목, 자료들을 특정 참고 페이지와 함께 알파벳순으로 정렬한 세부 목록이다. 이것은 책의 끝에 위치하며, 책 속의 어떤 특정 정보라도 찾아내는 가장 실용적이고 시간을 절약하는 방법이다.

해설 책에 나오는 모든 주제와 제목, 자료들을 특정 참고 페이지와 함께 알파벳순으로 정렬한 세부 목록은 '인덱스'이다.

단어
- detailed list 세부 목록
- specific 구체적인
- time-saving 시간 절약의
- locate 찾다
- bibliography 참고 문헌(목록)
- index 색인
- prologue 서언
  (= preface, forward, introduction)

23 ~ 24

해석 여우는 배가 몹시 고팠다. 먹을 것을 찾아보았지만 아무것도 발견할 수 없었다. 오랫동안 아무것도 먹지 못했기 때문에 여우는 몸이 안 좋아지기 시작했다. 여우는 너무 힘이 없어서 토끼를 사냥할 수도, 농장에서 닭들을 훔칠 수도 없었다. 어느 날 그는 예쁜 정원을 걷다가 무언가 신선하고 달콤한 냄새를 맡았다. 여우가 위를 쳐다보니 맛있어 보이는 커다란 포도송이가 달려 있었다. 여우는 발로 서 보았지만 포도에 닿을 수가 없었다. 여우는 여러 차례 점프를 해 보았지만 여전히 포도에 닿을 수가 없었다. 결국 여우는 포기하고 말았다. "어쨌든 난 저 포도에 관심이 없어."하고 여우는 말했다. "그것은 아마 시고 맛도 없을 거야. 어쨌든 난 포도가 먹고 싶지 않았어."

단어
- a bunch of 한 다발의 많은
- sour 신, 불쾌한
- taste 맛보다, 시식하다

23 정답 ③

해설 '너무 ~해서 …할 수 없다'는 'too ~ to …'이다.

24 정답 ④

해설 여우는 포도가 너무 먹고 싶었지만 얻을 수 없자 포도에 대해 부정적인 태도를 보였다.

25 정답 ②

해석 시카고를 방문했을 때, 나는 시내 한 호텔의 25층에서 묵었다. 창밖을 내다보면서 서로 반대 방향으로 나란히 4줄로 흘러가는 자동차들의 미로에 매료되어 있었다. 한 운전자가 곤경에 처했다. 엔진 고장으로 길 한가운데서 오도가도 못하고 있었다. 위에서 쳐다보는 나는 여러 블록을 한눈에 볼 수 있었다. 나는 몇몇 운전자들이 앞에 무슨 일이 있는지도 모르고 멈춘 차가 있는 차선으로 차선을 변경하는 것을 보았다. 시간을 아끼겠다는 생각을 하겠지만, 이 운전자들은 실제로는 더 큰 지연을 가져다 줄 뿐인 차선으로 들어오고 있는 셈이었다.

해설 빈칸 앞 문장인 '~ unaware of what was ahead. Thinking they were gaining time, ~'으로 미루어 빈칸에는 부정적인 의미인 ② '더 큰 지연을 가져다줄 뿐인'이 들어가야 적절하다.

① 건설 중인

③ 그들이 심각한 사고를 피하도록 돕는

④ 더 빠른 길인

단어
- maze 미로, 미궁
- abreast 나란히
- motorist 운전자
- stall 멎다, 꺼지다
- vantage 우세, 유리
- lane 선로, 차선

26 정답 ①

해석 레이저가 최초로 개발되었던 1960년대 초반까지만 해도, 사람들은 그것을 매력적인 연구 도구로 간주했다. 다른 사람들은 그것을 공상 과학 소설 장난감이라고 불렀다. 그 이후로, 레이저는 많은 용도를 가진 도구라는 것이 밝혀졌다. 사실, 많은 곳에서 그것은 일상생활의 한 부분이 되고 있다.

해설 레이저는 여러 가지로 쓰이는 중요한 도구이다.

② 레이저는 1960년대에 개발되었다.

③ 레이저는 공상 과학 소설 장난감이다.

④ 레이저는 일상생활의 한 부분이 되고 있다.

단어
- be viewed by ~ as⋯ ~에 의해서 ⋯으로 간주되다
- fascinating 매력적인
- research tool 연구 도구
- science-fiction 공상 과학 소설
- prove (to be) ~인 것으로 밝혀지다

27 ~ 29

해석 점심시간에 나는 혼잡한 서점에서 책을 신용카드로 사기로 마음먹었다. 밖으로 나왔을 때 나는 고객용·점포용 매출 전표를 둘 다 가지고 나왔음을 알게 되었다. 나는 그저 공짜로 책 한 권을 산 것이라고 생각했다. 그러나 책상에 앉는 순간 양심이 나를 괴롭혔고, 결국 전화를 걸었다. 점원이 전화를 받자 나는 상황을 설명하고, 퇴근 후 점포용 매출 전표를 돌려주겠노라고 말했다. 그러자 그 여점원은 "고맙습니다. 전화해 주셔서 감사합니다. 당신이 계산대에 카드를 두고 가셨더군요."라고 대답하였다.

단어
- charge 신용카드로 사다
- think to one-self 마음속으로 생각하다, 혼잣말하다
- bother ~을/를 괴롭히다, 걱정하다

27 정답 ③

해석 글쓴이는 신용카드로 책을 구입했다.

해설 마지막 문장 'You left your charge card on the counter'를 통해 글쓴이는 신용카드로 책을 샀음을 알 수 있다.

① 수표로

② 현금으로

④ 할인하여

28 정답 ④

해석 글쓴이는 자신의 신용카드를 가져오는 것을 깜빡 잊었다.

해설 ① 이유 없이 책을 샀다
② 점원을 속이려 했다
③ 책을 돌려주려고 전화했다

29 정답 ②

해설 정직하면 결국 이익이 된다.
① 쉽게 얻은 것은 쉽게 없어진다.
③ 아무것도 안 하는 것보다는 늦은 것이 낫다.
④ 욕심 부리면 다 잃는다.

30 정답 ①

해석 우리 대화 중 많은 대화가 전화상에서 이루어지기 때문에 전화 통화는 특별히 고려할 가치가 있는 상황이다. 물론 전화에서의 좋은 예절은 다른 곳에서의 좋은 예절과 마찬가지이다. 좀 더 중요한 것은 다른 사람들에 대한 배려이다. 그러나 전화 이용에 있어서 다른 사람들에 대한 배려는 한 가지 중요한 점을 기본으로 하고 있다. 혼자만 계속 전화를 독차지하지 마라. 전화 사용 권리는 여러 사람이 동등하게 공유하고 있다는 것을 기억하라.

해설 ② 전화 대화의 내용
③ 특별히 고려할 가치가 있는 상황들
④ 전화상의 잦은 대화

단어
- hold (대화 따위를) 계속하다
- elsewhere 다른 경우에
- thoughtfulness 신중함, 사려 깊음
- base on ~에 기초[근거]를 두다
- to oneself (혼자) 독차지하는
- share 공유하다

31 정답 ③

해석 그는 실패에도 불구하고 용기를 잃지 않았다.

해설 용기를 잃다, 낙담하다
① 병이 나다
② 화내다
④ 나이 먹다

단어
- lose heart 기운(용기)을 잃다

32 정답 ③

해석 책을 빨리 두 번 읽은 사람이 신중하게 한 번만 읽은 사람보다 반드시 더 좋은 독자가 되는 것은 아니다.

해설 ③에서 best → better로 고쳐야 한다. 뒤에 비교급 표현 than이 나왔으므로 best → better로 고쳐야 한다.

33 정답 ①

해석 내가 자라날 때 크리스마스는 조용한 행사였다. (그때는) 오로지 부모님과 나만 있었다. 나는 언젠가 결혼하면 아이를 6명 낳고 크리스마스 때 내 집이 활기와 사랑으로 넘치게 할 것을 맹세했다. 지금 나는 바랐던 것만큼 많지는 않지만 어느 정도 만족할 만큼 많은 3명의 아이가 있다.

해설 ~not as many as I hoped for의 문장을 통해 빈칸을 추론할 수 있다.

단어
- vow 맹세하다
- vibrate 진동하다
- satisfactory 만족한
- crowd 군중, 다수, 관객

34 정답 ④

해석 개발도상국가들은 사회복지사업과 노령연금에 대한 여유가 없다. 그리고 사람들은 저축할 것을 따로 챙겨 둘 만큼 충분한 소득도 얻지 못한다. 그 결과 사람들은 노후에 그들의 자녀들이 그들을 보호해 줄 것이라고 기대한다. 대가족을 거느리는 것은 그들을 위한 보험의 형식이라 할 수 있다.

해설 지문의 Having a large family의 문장을 통해 빈칸을 추론할 수 있다.

단어
- social service (work) 사회복지사업
- an old age pension 노령연금
- set aside ~을/를 따로 챙겨 두다
- savings 저금
- as a result of ~의 결과로서
- security 안전, 보안, 방위

35 정답 ②

해석 오늘날 지독한 열기에 잘 견뎌 낼 수 있도록 특수 처리된 유리 섬유가 이용 가능하다. 이 섬유의 불과 몇 안 되는 층이 보호 기능을 하고 여전히 몸도 움직일 수 있게 해 준다. 이 원료로 만들어진 옷은 소방관들이 이용한다.

해설 withhold terrific heat(지독한 열기를 잘 견디는)를 통해 빈칸을 유추할 수 있다.

② 소방관들
① 구조원들
③ 심해 잠수부들
④ 개척자들

단어
- fabric 직물
- withhold 저항하다
- available 이용할 수 있는
- layer 층
- protection 보호
- bodily 신체의

36 정답 ③

해석 초기에는 땅이 아주 황량했으나 오랜 기간에 걸친 견실한 작업 이후로 마침내 비옥해졌다.

해설 'At the beginning the land was extremely barren, but~'으로 미루어 빈칸에는 but 이전 문장에 있는 barren과 반대되는 의미가 들어가야 함을 유추할 수 있다.

단어
- fertile 비옥한
- vain 헛된
- vacant 공허한
- extremely 극단으로
- barren 불모의
- finally 최후로

37 ~ 38

해석 Tom은 요리법을 배우고 싶어서 음식점에서 일자리를 얻었다. 첫날밤에 일하고 나서 Tom은 그만 두고 싶었다. 그가 한 모든 일은 주위를 돌아다니며 청소를 한 것뿐이었다. 둘째 날 밤 그가 일하러 갔을 때 요리사 중 한 명이 외출하였다. 음식점이 바빠지자 몇몇 요리사들은 당황하기 시작했다. Tom은 음식 준비를 돕겠다고 제안했다. 그는 일을 잘 해냈고 요리사들은 그를 칭찬했다. Tom의 사장은 Tom에게 말하기를 주방에서 일할 능력 있는 사람이 필요하다고 했다. Tom은 주방에 일하면 기쁠 것이라고 대답했다.

단어
- chef 주방장, 요리사
- quit 그치다, 그만두다
- panic 당황해서 어쩔 줄을 모르다

37 정답 ③

해석 첫날 밤 이후에 Tom은 요리하는 법을 배울 수 없다고 생각했기 때문에 음식점에서 일하는 것을 그만두고 싶어 했다.

해설 Tom이 음식점에서 일하는 것을 그만두고 싶어 한 이유는 세 번째 문장에 나와 있다.
① 그는 사장과 싸웠으므로
② 그는 다른 일을 얻었으므로
④ 그는 사장이 말하는 것을 듣고 당황했으므로

38 정답 ②

해석 마침내 Tom은 주방에서 일하기로 결심했다.

해설 Tom이 주방에서 일하기로 결심한 내용은 마지막 문장을 통해 알 수 있다.
① 음식점에서 일하는 것을 그만두었다.
③ 사장이 다른 요리사를 구했으므로 일자리를 얻을 수 없었다.
④ 그가 사장에게 말하기를 사장의 능력을 이용할 수 있다고 했다.

단어 • chef 주방장, 요리사
• quit 그치다, 그만두다

39 정답 ③

해석 ① A : 이 전화 좀 쓸 수 있을까요?
B : 왜 안 되겠어요?[좋아요, 그렇게 하세요.]
② A : 커피를 어떻게 해 드릴까요?
B : 너무 진하지 않게 해 주세요. 감사합니다.
③ A : 날씨가 참 좋습니다. 그렇지 않나요?
B : 예, 더할 나위 없이 좋군요.
④ A : 나는 그 대회에서 상을 받지 못했어.
B : 다음 번에는 더 좋은 행운이 있을 거야.

해설 ③에서 대화 B의 No가 Yes로 바뀌어야 한다.(관용구문)

40 정답 ①

해석 ① 산책하시겠어요?
② 그는 그런 식으로 취급받는 데 반대했다.
③ 이 잡지를 읽고 싶어 하는 누구에게나 주세요.
④ 그것을 하다니 당신은 정말 친절하군요.

해설 ①은 동명사 관용어구로 What do you say to -ing 구문이다.
② treating → being treated
'object to + 동명사(~하는 것을 반대하다)'의 구문이며 의미상 수동태 문장이 와야 한다.
③ whomever → whoever
전치사(to)의 목적어인 동시에 동사 wants의 주격이 필요하므로 주격복합 관계대명사 whoever가 와야 한다.
④ for you → of you
부정사의 의미상 주어는 원칙적으로 'for + 목적격'이나 사람의 성질을 나타내는 형용사가 나올 경우는 'of + 목적격'이다.

컴퓨터용 사인펜만 사용

독학학위제 1단계 교양과정인정시험 답안지(객관식)

★ 수험생은 수험번호와 응시과목 코드번호를 표기(마킹)한 후 일치여부를 반드시 확인할 것.

전공분야	

성 명	

수 험 번 호													
(1)	1	–			–			–					
(2)	● ② ③ ④	–	①②③④⑤⑥⑦⑧⑨⓪	①②③④⑤⑥⑦⑧⑨⓪	–	①②③④⑤⑥⑦⑧⑨⓪	①②③④⑤⑥⑦⑧⑨⓪	–	①②③④⑤⑥⑦⑧⑨⓪	①②③④⑤⑥⑦⑧⑨⓪	①②③④⑤⑥⑦⑧⑨⓪	①②③④⑤⑥⑦⑧⑨⓪	①②③④⑤⑥⑦⑧⑨⓪

과목코드				
①②③④⑤⑥⑦⑧⑨⓪	①②③④⑤⑥⑦⑧⑨⓪	①②③④⑤⑥⑦⑧⑨⓪	①②③④⑤⑥⑦⑧⑨⓪	①②③④⑤⑥⑦⑧⑨⓪

교시코드
① ② ③ ④

응시과목	
1 ① ② ③ ④	21 ① ② ③ ④
2 ① ② ③ ④	22 ① ② ③ ④
3 ① ② ③ ④	23 ① ② ③ ④
4 ① ② ③ ④	24 ① ② ③ ④
5 ① ② ③ ④	25 ① ② ③ ④
6 ① ② ③ ④	26 ① ② ③ ④
7 ① ② ③ ④	27 ① ② ③ ④
8 ① ② ③ ④	28 ① ② ③ ④
9 ① ② ③ ④	29 ① ② ③ ④
10 ① ② ③ ④	30 ① ② ③ ④
11 ① ② ③ ④	31 ① ② ③ ④
12 ① ② ③ ④	32 ① ② ③ ④
13 ① ② ③ ④	33 ① ② ③ ④
14 ① ② ③ ④	34 ① ② ③ ④
15 ① ② ③ ④	35 ① ② ③ ④
16 ① ② ③ ④	36 ① ② ③ ④
17 ① ② ③ ④	37 ① ② ③ ④
18 ① ② ③ ④	38 ① ② ③ ④
19 ① ② ③ ④	39 ① ② ③ ④
20 ① ② ③ ④	40 ① ② ③ ④

과목코드				
①②③④⑤⑥⑦⑧⑨⓪	①②③④⑤⑥⑦⑧⑨⓪	①②③④⑤⑥⑦⑧⑨⓪	①②③④⑤⑥⑦⑧⑨⓪	①②③④⑤⑥⑦⑧⑨⓪

교시코드
① ② ③ ④

응시과목	
1 ① ② ③ ④	21 ① ② ③ ④
2 ① ② ③ ④	22 ① ② ③ ④
3 ① ② ③ ④	23 ① ② ③ ④
4 ① ② ③ ④	24 ① ② ③ ④
5 ① ② ③ ④	25 ① ② ③ ④
6 ① ② ③ ④	26 ① ② ③ ④
7 ① ② ③ ④	27 ① ② ③ ④
8 ① ② ③ ④	28 ① ② ③ ④
9 ① ② ③ ④	29 ① ② ③ ④
10 ① ② ③ ④	30 ① ② ③ ④
11 ① ② ③ ④	31 ① ② ③ ④
12 ① ② ③ ④	32 ① ② ③ ④
13 ① ② ③ ④	33 ① ② ③ ④
14 ① ② ③ ④	34 ① ② ③ ④
15 ① ② ③ ④	35 ① ② ③ ④
16 ① ② ③ ④	36 ① ② ③ ④
17 ① ② ③ ④	37 ① ② ③ ④
18 ① ② ③ ④	38 ① ② ③ ④
19 ① ② ③ ④	39 ① ② ③ ④
20 ① ② ③ ④	40 ① ② ③ ④

※ 감독관 확인란
㊞

관 리 번 호
(연번) / (응시자수)

답안지 작성시 유의사항

1. 답안지는 반드시 **컴퓨터용 사인펜을 사용**하여 다음 (보기)와 같이 표기할 것.
   (보기) 잘 된 표기: ● 잘못된 표기: ⓥ ⓧ ◑ ⊙ ◕ ○ ▩
2. 수험번호 (1)에는 아라비아 숫자로 쓰고, (2)에는 "●"와 같이 표기할 것.
3. 과목코드는 뒷면 "과목코드번호"를 보고 해당과목의 코드번호를 찾아 표기하고, 응시과목란에는 응시과목명을 한글로 기재할 것.
4. 교시코드는 문제지 전면의 교시를 해당란에 "●"와 같이 표기할 것.
5. 한번 표기한 답은 긁거나 수정액 및 스티커 등 어떠한 방법으로도 고쳐서는 아니되고, 고친 문항은 "0"점 처리함.

[이 답안지는 마킹연습용 모의답안지입니다.]

절취선

컴퓨터용 사인펜만 사용

독학학위제 1단계 교양과정인정시험 답안지(객관식)

★ 수험생은 수험번호와 응시과목 코드번호를 표기(마킹)한 후 일치여부를 반드시 확인할 것.

전공분야	
성　　명	

수 험 번 호													
(1)	1	–			–			–					
(2)	● ② ③ ④	–	①②③④⑤⑥⑦⑧⑨⓪	①②③④⑤⑥⑦⑧⑨⓪	–	①②③④⑤⑥⑦⑧⑨⓪	①②③④⑤⑥⑦⑧⑨⓪	–	①②③④⑤⑥⑦⑧⑨⓪	①②③④⑤⑥⑦⑧⑨⓪	①②③④⑤⑥⑦⑧⑨⓪	①②③④⑤⑥⑦⑧⑨⓪	①②③④⑤⑥⑦⑧⑨⓪

과목코드				
①②③④⑤⑥⑦⑧⑨⓪	①②③④⑤⑥⑦⑧⑨⓪	①②③④⑤⑥⑦⑧⑨⓪	①②③④⑤⑥⑦⑧⑨⓪	①②③④⑤⑥⑦⑧⑨⓪

교시코드			
①	②	③	④

응시과목			
1	① ② ③ ④	21	① ② ③ ④
2	① ② ③ ④	22	① ② ③ ④
3	① ② ③ ④	23	① ② ③ ④
4	① ② ③ ④	24	① ② ③ ④
5	① ② ③ ④	25	① ② ③ ④
6	① ② ③ ④	26	① ② ③ ④
7	① ② ③ ④	27	① ② ③ ④
8	① ② ③ ④	28	① ② ③ ④
9	① ② ③ ④	29	① ② ③ ④
10	① ② ③ ④	30	① ② ③ ④
11	① ② ③ ④	31	① ② ③ ④
12	① ② ③ ④	32	① ② ③ ④
13	① ② ③ ④	33	① ② ③ ④
14	① ② ③ ④	34	① ② ③ ④
15	① ② ③ ④	35	① ② ③ ④
16	① ② ③ ④	36	① ② ③ ④
17	① ② ③ ④	37	① ② ③ ④
18	① ② ③ ④	38	① ② ③ ④
19	① ② ③ ④	39	① ② ③ ④
20	① ② ③ ④	40	① ② ③ ④

과목코드				
①②③④⑤⑥⑦⑧⑨⓪	①②③④⑤⑥⑦⑧⑨⓪	①②③④⑤⑥⑦⑧⑨⓪	①②③④⑤⑥⑦⑧⑨⓪	①②③④⑤⑥⑦⑧⑨⓪

교시코드			
①	②	③	④

응시과목			
1	① ② ③ ④	21	① ② ③ ④
2	① ② ③ ④	22	① ② ③ ④
3	① ② ③ ④	23	① ② ③ ④
4	① ② ③ ④	24	① ② ③ ④
5	① ② ③ ④	25	① ② ③ ④
6	① ② ③ ④	26	① ② ③ ④
7	① ② ③ ④	27	① ② ③ ④
8	① ② ③ ④	28	① ② ③ ④
9	① ② ③ ④	29	① ② ③ ④
10	① ② ③ ④	30	① ② ③ ④
11	① ② ③ ④	31	① ② ③ ④
12	① ② ③ ④	32	① ② ③ ④
13	① ② ③ ④	33	① ② ③ ④
14	① ② ③ ④	34	① ② ③ ④
15	① ② ③ ④	35	① ② ③ ④
16	① ② ③ ④	36	① ② ③ ④
17	① ② ③ ④	37	① ② ③ ④
18	① ② ③ ④	38	① ② ③ ④
19	① ② ③ ④	39	① ② ③ ④
20	① ② ③ ④	40	① ② ③ ④

※ 감독관 확인란
㊞

관 리 번 호
(연번) / (응시자수)

답안지 작성시 유의사항

1. 답안지는 반드시 **컴퓨터용 사인펜을 사용**하여 다음 보기와 같이 표기할 것.
   보기 잘 된 표기: ● 잘못된 표기: ⓥ ⓧ ◑ ⊙ ◕ ○ ▩
2. 수험번호 (1)에는 아라비아 숫자로 쓰고, (2)에는 "●"와 같이 표기할 것.
3. 과목코드는 뒷면 "과목코드번호"를 보고 해당과목의 코드번호를 찾아 표기하고, 응시과목란에는 응시과목명을 한글로 기재할 것.
4. 교시코드는 문제지 전면의 교시를 해당란에 "●"와 같이 표기할 것.
5. 한번 표기한 답은 긁거나 수정액 및 스티커 등 어떠한 방법으로도 고쳐서는 아니되고, 고친 문항은 "0"점 처리함.

[이 답안지는 마킹연습용 모의답안지입니다.]

절취선

컴퓨터용 사인펜만 사용

독학학위제 1단계 교양과정인정시험 답안지(객관식)

★ 수험생은 수험번호와 응시과목 코드번호를 표기(마킹)한 후 일치여부를 반드시 확인할 것.

전공분야	
성 명	

수 험 번 호													
(1)	1	–			–			–					
(2)	● ② ③ ④	–	①②③④⑤⑥⑦⑧⑨⓪	①②③④⑤⑥⑦⑧⑨⓪	–	①②③④⑤⑥⑦⑧⑨⓪	①②③④⑤⑥⑦⑧⑨⓪	–	①②③④⑤⑥⑦⑧⑨⓪	①②③④⑤⑥⑦⑧⑨⓪	①②③④⑤⑥⑦⑧⑨⓪	①②③④⑤⑥⑦⑧⑨⓪	①②③④⑤⑥⑦⑧⑨⓪

과목코드

①②③④⑤⑥⑦⑧⑨⓪	①②③④⑤⑥⑦⑧⑨⓪	①②③④⑤⑥⑦⑧⑨⓪	①②③④⑤⑥⑦⑧⑨⓪	①②③④⑤⑥⑦⑧⑨⓪

교시코드: ① ② ③ ④

응시과목			
1	① ② ③ ④	21	① ② ③ ④
2	① ② ③ ④	22	① ② ③ ④
3	① ② ③ ④	23	① ② ③ ④
4	① ② ③ ④	24	① ② ③ ④
5	① ② ③ ④	25	① ② ③ ④
6	① ② ③ ④	26	① ② ③ ④
7	① ② ③ ④	27	① ② ③ ④
8	① ② ③ ④	28	① ② ③ ④
9	① ② ③ ④	29	① ② ③ ④
10	① ② ③ ④	30	① ② ③ ④
11	① ② ③ ④	31	① ② ③ ④
12	① ② ③ ④	32	① ② ③ ④
13	① ② ③ ④	33	① ② ③ ④
14	① ② ③ ④	34	① ② ③ ④
15	① ② ③ ④	35	① ② ③ ④
16	① ② ③ ④	36	① ② ③ ④
17	① ② ③ ④	37	① ② ③ ④
18	① ② ③ ④	38	① ② ③ ④
19	① ② ③ ④	39	① ② ③ ④
20	① ② ③ ④	40	① ② ③ ④

과목코드

①②③④⑤⑥⑦⑧⑨⓪	①②③④⑤⑥⑦⑧⑨⓪	①②③④⑤⑥⑦⑧⑨⓪	①②③④⑤⑥⑦⑧⑨⓪	①②③④⑤⑥⑦⑧⑨⓪

교시코드: ① ② ③ ④

응시과목			
1	① ② ③ ④	21	① ② ③ ④
2	① ② ③ ④	22	① ② ③ ④
3	① ② ③ ④	23	① ② ③ ④
4	① ② ③ ④	24	① ② ③ ④
5	① ② ③ ④	25	① ② ③ ④
6	① ② ③ ④	26	① ② ③ ④
7	① ② ③ ④	27	① ② ③ ④
8	① ② ③ ④	28	① ② ③ ④
9	① ② ③ ④	29	① ② ③ ④
10	① ② ③ ④	30	① ② ③ ④
11	① ② ③ ④	31	① ② ③ ④
12	① ② ③ ④	32	① ② ③ ④
13	① ② ③ ④	33	① ② ③ ④
14	① ② ③ ④	34	① ② ③ ④
15	① ② ③ ④	35	① ② ③ ④
16	① ② ③ ④	36	① ② ③ ④
17	① ② ③ ④	37	① ② ③ ④
18	① ② ③ ④	38	① ② ③ ④
19	① ② ③ ④	39	① ② ③ ④
20	① ② ③ ④	40	① ② ③ ④

※ 감독관 확인란

㊞

관 리 번 호

(연번) (응시자수)

답안지 작성시 유의사항

1. 답안지는 반드시 **컴퓨터용 사인펜을 사용**하여 다음 🄑와 같이 표기할 것.
   🄑 잘 된 표기: ● 잘못된 표기: ⓥ ⊗ ◑ ⊙ ◕ ○ ▩
2. 수험번호 (1)에는 아라비아 숫자로 쓰고, (2)에는 "●"와 같이 표기할 것.
3. 과목코드는 뒷면 "과목코드번호"를 보고 해당과목의 코드번호를 찾아 표기하고, 응시과목란에는 응시과목명을 한글로 기재할 것.
4. 교시코드는 문제지 전면의 교시를 해당란에 "●"와 같이 표기할 것.
5. 한번 표기한 답은 긁거나 수정액 및 스티커 등 어떠한 방법으로도 고쳐서는 아니되고, 고친 문항은 "0"점 처리함.

[이 답안지는 마킹연습용 모의답안지입니다.]

절취선

컴퓨터용 사인펜만 사용

독학학위제 1단계 교양과정인정시험 답안지(객관식)

★ 수험생은 수험번호와 응시과목 코드번호를 표기(마킹)한 후 일치여부를 반드시 확인할 것.

전공분야	
성 명	

수 험 번 호													
(1)	1	–			–			–					
(2)	● ② ③ ④	–	①②③④⑤⑥⑦⑧⑨⓪	①②③④⑤⑥⑦⑧⑨⓪	–	①②③④⑤⑥⑦⑧⑨⓪	①②③④⑤⑥⑦⑧⑨⓪	–	①②③④⑤⑥⑦⑧⑨⓪	①②③④⑤⑥⑦⑧⑨⓪	①②③④⑤⑥⑦⑧⑨⓪	①②③④⑤⑥⑦⑧⑨⓪	①②③④⑤⑥⑦⑧⑨⓪

※ 감독관 확인란
㊞

관 리 번 호
(연번) / (응시자수)

과목코드				
①②③④⑤⑥⑦⑧⑨⓪	①②③④⑤⑥⑦⑧⑨⓪	①②③④⑤⑥⑦⑧⑨⓪	①②③④⑤⑥⑦⑧⑨⓪	①②③④⑤⑥⑦⑧⑨⓪

교시코드			
①	②	③	④

응시과목			
1 ① ② ③ ④	21 ① ② ③ ④
2 ① ② ③ ④	22 ① ② ③ ④
3 ① ② ③ ④	23 ① ② ③ ④
4 ① ② ③ ④	24 ① ② ③ ④
5 ① ② ③ ④	25 ① ② ③ ④
6 ① ② ③ ④	26 ① ② ③ ④
7 ① ② ③ ④	27 ① ② ③ ④
8 ① ② ③ ④	28 ① ② ③ ④
9 ① ② ③ ④	29 ① ② ③ ④
10 ① ② ③ ④	30 ① ② ③ ④
11 ① ② ③ ④	31 ① ② ③ ④
12 ① ② ③ ④	32 ① ② ③ ④
13 ① ② ③ ④	33 ① ② ③ ④
14 ① ② ③ ④	34 ① ② ③ ④
15 ① ② ③ ④	35 ① ② ③ ④
16 ① ② ③ ④	36 ① ② ③ ④
17 ① ② ③ ④	37 ① ② ③ ④
18 ① ② ③ ④	38 ① ② ③ ④
19 ① ② ③ ④	39 ① ② ③ ④
20 ① ② ③ ④	40 ① ② ③ ④

과목코드				
①②③④⑤⑥⑦⑧⑨⓪	①②③④⑤⑥⑦⑧⑨⓪	①②③④⑤⑥⑦⑧⑨⓪	①②③④⑤⑥⑦⑧⑨⓪	①②③④⑤⑥⑦⑧⑨⓪

교시코드			
①	②	③	④

응시과목	
1 ① ② ③ ④	21 ① ② ③ ④
2 ① ② ③ ④	22 ① ② ③ ④
3 ① ② ③ ④	23 ① ② ③ ④
4 ① ② ③ ④	24 ① ② ③ ④
5 ① ② ③ ④	25 ① ② ③ ④
6 ① ② ③ ④	26 ① ② ③ ④
7 ① ② ③ ④	27 ① ② ③ ④
8 ① ② ③ ④	28 ① ② ③ ④
9 ① ② ③ ④	29 ① ② ③ ④
10 ① ② ③ ④	30 ① ② ③ ④
11 ① ② ③ ④	31 ① ② ③ ④
12 ① ② ③ ④	32 ① ② ③ ④
13 ① ② ③ ④	33 ① ② ③ ④
14 ① ② ③ ④	34 ① ② ③ ④
15 ① ② ③ ④	35 ① ② ③ ④
16 ① ② ③ ④	36 ① ② ③ ④
17 ① ② ③ ④	37 ① ② ③ ④
18 ① ② ③ ④	38 ① ② ③ ④
19 ① ② ③ ④	39 ① ② ③ ④
20 ① ② ③ ④	40 ① ② ③ ④

답안지 작성시 유의사항

1. 답안지는 반드시 **컴퓨터용 사인펜을 사용**하여 다음 보기와 같이 표기할 것.
   보기 잘 된 표기: ● 잘못된 표기: ⓥ ⓧ ◑ ⊙ ◕ ○ ▣
2. 수험번호 (1)에는 아라비아 숫자로 쓰고, (2)에는 "●"와 같이 표기할 것.
3. 과목코드는 뒷면 "과목코드번호"를 보고 해당과목의 코드번호를 찾아 표기하고, 응시과목란에는 응시과목명을 한글로 기재할 것.
4. 교시코드는 문제지 전면의 교시를 해당란에 "●"와 같이 표기할 것.
5. 한번 표기한 답은 긁거나 수정액 및 스티커 등 어떠한 방법으로도 고쳐서는 아니되고, 고친 문항은 "0"점 처리함.

[이 답안지는 마킹연습용 모의답안지입니다.]

절취선

2026 시대에듀 A+ 독학사 1단계 교양과정 스피드 단기완성 영어 +무료특강

개정16판1쇄 발행	2026년 01월 15일 (인쇄 2025년 10월 23일)
초 판 발 행	2010년 02월 16일 (인쇄 2010년 01월 15일)
발 행 인	박영일
책 임 편 집	이해욱
편 저	독학학위연구소
편 집 진 행	천다솜 · 심수연
표지디자인	박종우
편집디자인	차성미 · 이다희
발 행 처	(주)시대고시기획
출 판 등 록	제10-1521호
주 소	서울시 마포구 큰우물로 75 [도화동 538 성지 B/D] 9F
전 화	1600-3600
팩 스	02-701-8823
홈 페 이 지	www.sdedu.co.kr

I S B N	979-11-434-0127-4 (13740)
정 가	20,000원

독학사 시험 합격을 위한

최적의 강의 교재!

심리학과 · 경영학과 · 컴퓨터공학과 · 간호학과 · 국어국문학과 · 영어영문학과

심리학과 2 · 3 · 4단계

2단계 기본서 [6종]

이상심리학 / 감각 및 지각심리학 / 사회심리학 / 발달심리학 / 성격심리학 / 동기와 정서

2단계 6과목 벼락치기 [1종]

3단계 기본서 [6종]

상담심리학 / 심리검사 / 산업 및 조직심리학 / 학습심리학 / 인지심리학 / 학교심리학

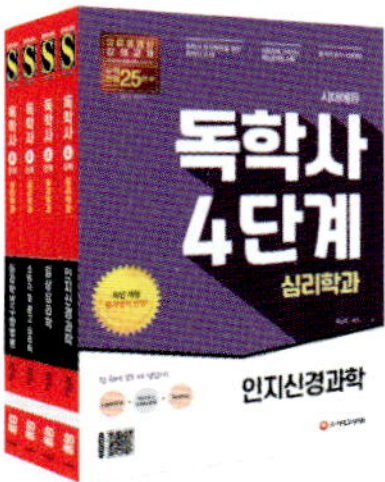

4단계 기본서 [4종]

임상심리학 / 소비자 및 광고심리학 / 심리학연구방법론 / 인지신경과학

경영학과 2 · 3 · 4단계

2단계 기본서 [7종]

회계원리 / 인적자원관리 / 마케팅원론 / 조직행동론 / 경영정보론 / 마케팅조사 / 원가관리회계

2단계 6과목 벼락치기 [1종]

3단계 기본서 [6종]

재무관리론 / 경영전략 / 재무회계 / 경영분석 / 노사관계론 / 소비자행동론

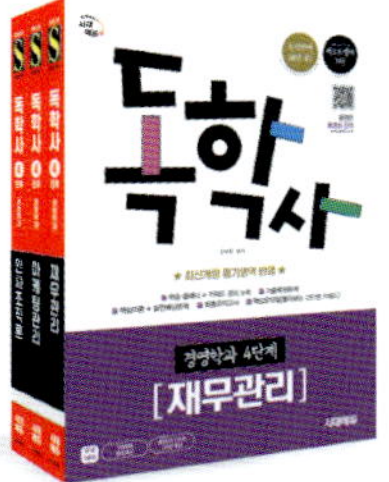

4단계 기본서 [3종]

재무관리 / 마케팅관리 / 인사조직론

※ 4단계 회계학은 2 · 3단계 교재로 겸용
2단계 겸용 : 원가관리회계
3단계 겸용 : 재무회계

컴퓨터공학과 2 · 3 · 4단계

2단계 기본서 [6종]

논리회로 / C프로그래밍 / 자료구조 / 컴퓨터구조 / 운영체제 / 이산수학

2단계 6과목 벼락치기 [1종]

3단계 기본서 [6종]

인공지능 / 컴퓨터네트워크 / 임베디드시스템 / 소프트웨어공학 / 프로그래밍언어론 / 정보보호

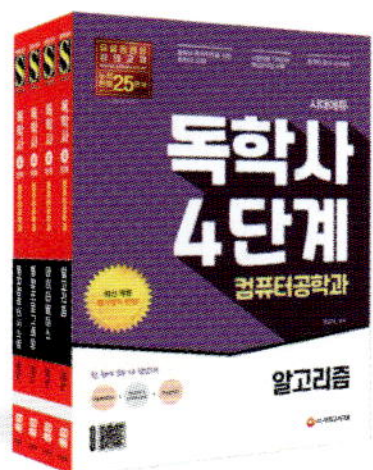

4단계 기본서 [4종]

알고리즘 / 통합컴퓨터시스템 / 통합프로그래밍 / 데이터베이스

간호학과 4단계

4단계 기본서 [4종]

간호연구방법론 / 간호과정론 / 간호지도자론 / 간호윤리와 법

4단계 적중예상문제집 [1종]

4단계 4과목 벼락치기 [1종]

국어국문학과 2 · 3 · 4단계

2단계 기본서 [6종]

국어학개론 / 국문학개론 / 국어사 / 고전소설론 / 한국현대시론 / 한국현대소설론

3단계 기본서 [6종]

국어음운론 / 고전시가론 / 문학비평론 / 국어정서법 / 국어의미론 / 한국문학사

※ 4단계는 2 · 3단계에서 동일 과목의 교재로 겸용
2단계 겸용 : 국어학개론, 국문학개론
3단계 겸용 : 문학비평론, 한국문학사

영어영문학과 2 · 3 · 4단계

2단계 기본서 [6종]

영어학개론 / 영문법 / 영어음성학 / 영국문학개관 / 중급영어 / 19세기 영미소설

3단계 기본서 [6종]

영어발달사 / 고급영어 / 영어통사론 / 미국문학개관 / 20세기 영미소설 / 고급영문법

※ 4단계는 2 · 3단계에서 동일 과목의 교재로 겸용
영미소설(19세기 영미소설 + 20세기 영미소설), 영미문학개관(영국문학개관 + 미국문학개관)

※ 본 도서의 이미지 및 구성은 변동될 수 있습니다.